Lexikon
Medizinmanagement

von
Hans-Jürgen Seelos

Oldenbourg Verlag München Wien

Bibliografische Information der Deutschen Nationalbibliothek

Die Deutsche Nationalbibliothek verzeichnet diese Publikation in der Deutschen Nationalbibliografie; detaillierte bibliografische Daten sind im Internet über <http://dnb.d-nb.de> abrufbar.

© 2008 Oldenbourg Wissenschaftsverlag GmbH
Rosenheimer Straße 145, D-81671 München
Telefon: (089) 4 50 51-0
oldenbourg.de

Lektorat: Wirtschafts- und Sozialwissenschaften, wiso@oldenbourg.de
Herstellung: Anna Grosser
Coverentwurf: Kochan & Partner, München
Cover-Illustration: Hyde & Hyde, München
Gedruckt auf säure- und chlorfreiem Papier
Druck: Grafik + Druck, München
Bindung: Thomas Buchbinderei GmbH, Augsburg

ISBN 978-3-486-58532-2

Vorwort[1]

Management, funktional verstanden als zielorientierte Gestaltung, lässt sich in der institutionalisierten Medizin auf unterschiedliche Entitäten beziehen:

- das Management von Wirtschaftssubjekten, die Gesundheitsleistungen erbringen (Medizinbetriebe),

- das Management einer Arztpraxis durch den Praxisinhaber,

- das Management von individuellen oder kollektiven Gesundheitsproblemen im System der gesundheitlichen Versorgung (Case management, Disease management),

- das Management der Gesundheitsversorgung, z. B. Public Health, Ausbildung von Gesundheitsberufen, Patientenberatung,

- das Management von Transformationsprozessen (Change management) und Forschungsprojekten (Projektmanagement),

oder, im engeren Sinn einer zielorientierten sozialen Einflussnahme,

- auf die Führung der in den Prozess der Gesundheitsleistungsproduktion involvierten Personen.

Dazu bedarf es eines interdisziplinären Vorgehens unter Einbeziehung medizinischer, wirtschaftswissenschaftlicher und gesundheitswissenschaftlicher Aspekte (Abb. 1). Ausdruck des Bestrebens einen solchen Ansatz wissenschaftlich zu unterbauen und durch Ausbildungskonzepte zu konkretisieren, ist die Entwicklung einer anwendungsbereichsspezifischen Managementlehre, die durch die besonderen Charakteristiken des Systems der Gesundheitsversorgung und seiner Systemumwelt begründet wird.

---

[1] Auszugsweise aus *HJ Seelos* (2007a) Medical Management: the scientific paradigm. J Public Health 15: 21-22; DOI 10.1007/s10389-006-0056-2. With kind permission of Springer Science and Business Media.

Abbildung 1:   Wissenschaftsgefüge des Fachgebietes Medizinmanagement

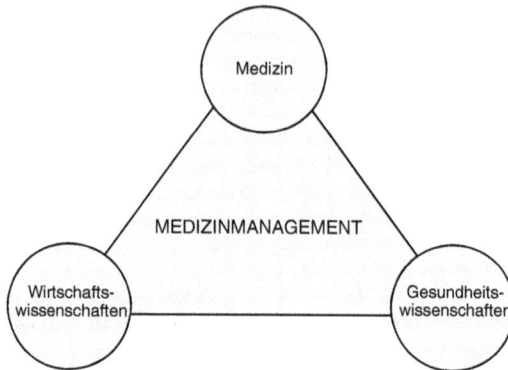

So lässt sich definieren:

**Medizinmanagement befasst sich mit der Anwendung der Managementlehre
in der institutionalisierten Medizin.**

Erfahrungsobjekt, also der Ausschnitt der realen Welt, auf den sich das wissenschaftliche
Interesse des Fachgebietes Medizinmanagement richtet, ist die institutionalisierte Medizin oder das Gesundheitssystem als Ganzes.

Erkenntnisobjekte sind die aus ihrem Erfahrungsobjekt aspektrelativ abstrahierten Wirtschaftssubjekte, die Gesundheitsleistungen erbringen (Medizinbetriebe); z.B. ärztliche
Praxen, Institutsambulanzen, Tageskliniken, poliklinische Ambulanzen, Medizinische
Versorgungszentren, Praxiskliniken, Krankenhäuser, Belegabteilungen an Krankenhäusern, Rehabilitationskliniken, Pflegeheime, Rettungsdienste, Gesundheitsämter. Insoweit
unterscheidet sich Medizinmanagement vom „Management im Gesundheitswesen" oder
„Health Care Management", weil deren Erkenntnisobjekte sämtliche im Gesundheitswesen tätigen Einrichtungen und Betriebe umfassen, so etwa auch Unternehmen der Versi-
cherungswirtschaft, der medizinischen Investitions- und Bedarfsgüterindustrie und Bil-
dungseinrichtungen einbeziehen.

Als Realwissenschaft kommt der anwendungsbereichsspezifischen Managementlehre
Medizinmanagement sowohl eine Erklärungs- als auch eine Gestaltungsaufgabe zu. Er-
klärungsaufgabe ist die Beschreibung und Analyse der Gesundheitsleistungsproduktion,
Gestaltungsaufgabe die Modellierung adäquater Managementkonzepte zur zielorientierten Gestaltung von Medizinbetrieben und Organisation der Gesundheitsleistungsproduktion sowie zur Führung der in diesen Prozess involvierten Personen (Beschäftigte in Medizinbetrieben, Patienten, Angehörige von Patienten).

Den Zielen der Medizinwissenschaft – Förderung, Erhaltung und Wiederherstellung der individuellen (Individualmedizin) und kollektiven (Sozialmedizin) Gesundheit – folgend, zielt die wissenschaftliche Auseinandersetzung mit den Fragen der Anwendung der Managementlehre in der Medizin darauf ab, durch Entwicklung und Anwendung branchenbezogener Methoden und Konzepte des Dienstleistungsmanagements, Struktur, Prozess und Ergebnis der Gesundheitsleistungsproduktion sowohl in praktischen als auch in theoretischen Aspekten zu unterstützen. Davon ausgehend können für das Fachgebiet Medizinmanagement drei Teilgebiete angegeben werden (Abb. 2):

- die zielorientierte Gestaltung von Medizinbetrieben (Strategisches Medizinmanagement),

- die Organisation der Gesundheitsleistungsproduktion (Operatives Medizinmanagement) und

- die Führung der in den Prozess der Gesundheitsleistungsproduktion involvierten Personen (Biophiles Medizinmanagement).

Abbildung 2:   Einteilung des Fachgebietes Medizinmanagement nach Bezugsobjekten

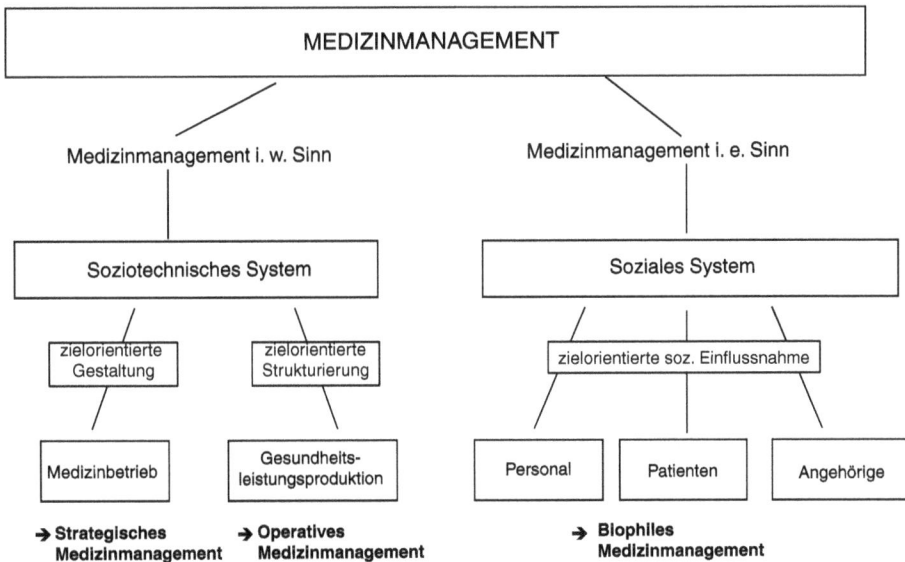

Dem wachsenden Informationsbedarf von Wissenschaft und Praxis folgend wird mit diesem Lexikon erstmals eine terminologische Synthese des Fachgebietes Medizinmanagement vorgelegt. Sie berücksichtigt mehr als 1.300 Stichwörter aus dem Bereich der Medizin, der Managementlehre, der Medizinorganisation, der Medizinbetriebslehre, der Gesundheitsökonomie, der Medizinischen Informatik und des Medizin- und Sozialrechts, die für die Forschung, Lehre und Anwendung der Managementlehre in der institutionalisierten Medizin einschlägig sind. Dabei konnte auch auf Definitionen des vom Verfasser herausgegebenen „Wörterbuchs der Medizinischen Informatik" zurückgegriffen werden, die zum Teil aktualisiert wurden. Aus Gründen des Kontinuitätsprinzips einbezogen wurden ferner Glossare bereits vom Verfasser veröffentlichter oder in Planung befindlicher Lehrbücher „Medizinmanagement in Theorie und Praxis".

Selbstverständlich erhebt die vorliegende erste Auflage keinen Anspruch auf wissenschaftliche Vollständigkeit. Der Leser ist eingeladen, durch sachkritische Hinweise und Anregungen an der steten Fortschreibung des Lexikons mitzuarbeiten.

Allen, die mit Rat und Tat zum Gelingen dieser Ausgabe beigetragen haben, sei an dieser Stelle für Ihre Mitarbeit gedankt. Mein besonders herzlicher Dank gilt Frau Nicole Graf für die Zusammenstellung und Aufbereitung der Abbildungen. Beim Oldenbourg Verlag bedanke ich mich für die Aufnahme des Buches in sein Verlagsprogramm und bei Herrn Dr. Jürgen Schechler für die angenehme Zusammenarbeit.

Den Lesern wünsche ich, dass Ihnen dieses Lexikon zur Orientierung und als Arbeitserleichterung dienen möge.

Reichenau, im August 2007   *Hans-Jürgen Seelos*

Inhaltsverzeichnis

Hinweise zur Benutzung

Alphabetische Ordnung

Die Stichwörter sind alphabetisch sortiert, wobei ä, ö, ü so eingeordnet wird, wie es der Schreibweise a, o, u entspricht; ß wird wie ss behandelt. Bei Stichwörtern, die sich aus Adjektiv und Substantiv zusammensetzen, wird das Adjektiv für die alphabetische Einordnung benutzt. Stichwörter mit numerischen Angaben sind nach ihrer Sprechweise sortiert. Grundsätzlich stehen Stichwörter im Singular; nur für Sammelbezeichnungen wird die Pluralform verwendet.

Schreibweise

Stichwörter sind im Druck hervorgehoben; verschiedene Bedeutungen gleichgeschriebener Stichwörter in Fettdruck durchnummeriert.

Verweise

Verweise finden sich an der inhaltlich passenden Textstelle, bei allgemeineren Bezügen am Ende des Eintrages (z.B. „s.a. Nachtklinik."). Im fortlaufenden Text erfolgen Verweise durch Angabe des Symbols „→" vor dem betreffenden Wort (z.B. „**Tracer:** syn. für →Indikatorproblem."), wobei dieses Wort auch in syntaxbedingten Flexionsformen auftreten kann (z.B. „...enthält das Lexikon die →Lexeme..."). Setzt sich das Stichwort aus mehreren Wörtern zusammen, steht das „→"- Symbol vor dem ersten für die alphabetische Reihenfolge relevanten Wort (z.B. „→Ärztliche Schweigepflicht"). Aus Gründen der Übersichtlichkeit wird bei einer Definition nicht auf alle im Wörterbuch definierten, sondern nur auf für den jeweiligen Sachzusammenhang wichtige Stichworteinträge verwiesen. Die in der deutschen Sprache gebräuchliche englische Übersetzung eines Stichwortes wird separat aufgeführt (z.B. „**DRGs:** Abk. für engl. →**D**iagnosis **R**elated **G**roups.").

Quellenangaben

Quellenangaben sind durch ein vierstelliges Kürzel in eckiger Klammer gekennzeichnet; z.B. „[Seel07]". Diese können über das Quellen- und Literaturverzeichnis ebenso identifiziert werden, wie zitierte Literatur (Standardwerke).

Internet-Adressen

Soweit auf Informationen aus dem Internet Bezug genommen wurde, ist im Quellenverzeichnis das Abrufdatum vermerkt. Bei Stichworteinträgen, die sich auf Einrichtungen und Organisationen des Gesundheitswesens beziehen, wurde zusätzlich die Internet-Adresse angegeben.

Gender-Erklärung

Zum Zweck der sprachlichen Vereinfachung wird nachfolgend für Personen lediglich die männliche Form verwendet. Wenn nicht anders vermerkt, sind damit stets beide Geschlechter gemeint.

Abkürzungsverzeichnis

Abb.	Abbildung
Abs.	Absatz
AMG	Arzneimittelgesetz
Art.	Artikel
BÄO	Bundesärzteordnung
BDSG	Bundesdatenschutzgesetz
BGB	Bürgerliches Gesetzbuch
BGH	Bundesgerichtshof
bzw.	beziehungsweise
engl.	Englisch
et al.	lat. et alii (und andere)
ff.	folgende
GG	Grundgesetz
GKV	Gesetzliche Krankenversicherung
i.Allg.	im Allgemeinen
i.d.R.	in der Regel
i.E.	im Einzelnen
i.e.S.	im engeren Sinn
i.S.	im Sinn
i.V.m.	in Verbindung mit
lat.	lateinisch
MBO-Ä	Musterberufsordnung für die deutschen Ärzte
PIN	Private Identification Number
s.a.	siehe auch
s.	siehe
SGB	Sozialgesetzbuch
SMS	Short Message Service
StGB	Strafgesetzbuch
syn.	synonym
Tab.	Tabelle
u.Ä.	und Ähnliche
u.a.	unter anderem
vgl.	vergleiche
z.B.	zum Beispiel
ZHG	Zahnheilkundegesetz

Quellen- und Literaturverzeichnis

Alderfer CP (1972) Existence, Relatedness and Growth – Human needs in organizational settings. Free Press: New York, London

Ansoff I (1981) Die Bewältigung von Überraschungen und Diskontinuitäten durch die Unternehmensführung – Strategische Reaktionen auf schwache Signale. In: H Steinmann (Hrsg.): Unternehmensführung I – Planung und Kontrolle – Probleme der Strategischen Unternehmensführung. Oldenbourg: München, 233-264

Bass BM (1998) Transformational Leadership: Industrial, Military and Educational Impact. Lawrence Erlbaum Associates: Mahwah

Belbin RM (1996) Management Teams – why they succeed or fail. Linacre House, Jordan Hill: Oxford

Blake RR, McCanse AA (1992) Das GRID-Führungsmodell. Econ: Düsseldorf, Wien, New York, Moskau

Borg I (2000) Führungsinstrument Mitarbeiterbefragung. Theorien, Tools und Praxiserfahrungen. Verlag für angewandte Psychologie: Göttingen

[Bäum03] *Bäuml J, Pitschel-Walz G* (2003) Psychoedukation bei schizophrenen Erkrankungen. Schattauer: Stuttgart, New York

[Bfsf07] *Bundesministerium für Familie, Senioren, Frauen und Jugend* (2007) Definition Gender Mainstreaming. *www.gender-mainstreaming.net/gm/definitionen.html*; Abruf 2.1.2007

[Bund06] *Bundesärztekammer* (2006) (Muster-)Weiterbildungsordnung für Ärzte. *www.baek.de/30/Weiterbildung/01MWBO/index.html*; Abruf: 25.11.2006

[Bund06a] *Bundesärztekammer* (2006) Glossar Qualitätssicherung. *www.baek.de/30/Qualitaetssicherung/90Glossar.html*; Abruf: 25.11.2006

[Bund07] *Bundesministerium für Gesundheit* (2007) Glossar zur Gesundheitsreform. *www.die-gesundheitsreform.de/glossar/az.html*; Abruf 28.4.2007

Charles C, Gafni A, Whelan T (1994) Shared medical decision-making in the medical encounter: what does it mean? (or it takes at least two to tango) Soc Sci Med 44: 681-692

Donabedian A (1974) The quality of medical care. Methods for assessing and monitoring the quality of care for research and for quality assurance programs. Science 200: 856-864

Eichhorn S (1975) Krankenhausbetriebslehre I. Theorie und Praxis des Krankenhausbetriebes. Kohlhammer: Stuttgart, Berlin, Köln, Mainz

Eichhorn S (1976) Krankenhausbetriebslehre II. Theorie und Praxis des Krankenhausbetriebes. Kohlhammer: Stuttgart, Berlin, Köln, Mainz

Esser A, Wolmerath M (2005) Mobbing. Der Ratgeber für Betroffene und ihre Interessenvertretung. Bund Verlag: Frankfurt

Fiedler F (1967) A theory of leadership effectiveness. McGraw-Hill: New York

Glasl F (1999) Konfliktmanagement. Ein Handbuch für Führungskräfte, Beraterinnen und Berater. Haupt: Bern, Stuttgart

Göbel G (2003) Einführung von Behandlungspfaden im Kontext eines zukunftsorientierten Krankenhauskonzeptes. In: W Hellmann (Hrsg.): Praxis Klinischer Pfade. Ecomed: Landsberg, 180-191

Graen GB, Uhl-Bien M (1995) Führungstheorien – von Dyaden zu Teams. In: A Kieser, G Reber, R Wunderer (Hrsg.): Handwörterbuch der Führung. Schäffer-Poeschel: Stuttgart, 1045-1058

[Haas04] *Haas P* (2004) Medizinische Informationssysteme und elektronische Krankenakten. Springer: Berlin, Heidelberg, New York

Hammer M, Champy J (1994) Business Reengineering. Die Radikalkur für das Unternehmen. Campus: Frankfurt, New York

Hersey P, Blanchard KH, Johnson DE (2001) Management of organizational behavior – Leading human resources. Prentice Hall: New Jersey

Herzberg F (1966) Work and the nature of man. Cleveland: New York

Hilb M (2006) Integriertes Personal-Management. Luchterhand: München

Höhn R (1967) Das Harzburger Modell in der Praxis. Verlag f. Wissenschaft, Wirtschaft und Technik: Bad Harzburg

Janis JL (1982) Groupthink. Psychological Studies of Policy Decisions and Fiascoes. Houghton Mifflin Co.: Boston

Kaplan RS, Norton DP (1997) Balanced Scorecard. Schäffer-Poeschel: Stuttgart

Karau SJ, Williams KD (1993) Social loafing: A meta-analytic review and theoretical integration. Journal of Personality and Social Psychology 65: 681-706

Kerr NL, Bruun SE (1983) Dispensability of members' effort and group motivation losses: Free-rider effects. Journal of Personality and Social Psychology 44: 78-94

Laufs A, Uhlenbruck W (2002) Handbuch des Arztrechts. Beck: München

Lauterbach KW (1997) Zum Verhältnis von Disease Management und Managed Care. In: M Arnold, KW Lauterbach, KJ Preuß (Hrsg.): Managed Care. Ursachen, Prinzipien, Formen und Effekte. Schattauer: Stuttgart, 169-178

Likert R (1992) Die integrierte Führungs- und Organisationsstruktur: Campus: Frankfurt, New York

Locke EA, Latham, GP (1990) A theory of goal setting and task performance. Englewood Cliffs: New York

Lüthy A, Schmiemann J (2004) Mitarbeiterorientierung im Krankenhaus. Soft Skills erfolgreich umsetzen. Kohlhammer: Stuttgart

Maleri R (1991) Grundlagen der Dienstleistungsproduktion. Springer: Berlin, Heidelberg, New York, Tokyo

Mandelbrot B (1991) Die fraktale Geometrie der Natur. Birkhäuser: Basel, Boston, Berlin

Maslow AH (1954) Motivation and personality. Harper & Row: New York

McClelland DC (1987) Human motivation. Univ. Press: Cambridge

McGregor D (1973) Der Mensch im Unternehmen. Campus: Düsseldorf, Wien

Organ DW (1988) Organizational Leadership Behavior – The good soldier syndrome. Lexington Book: Lexington (USA)

Pascale RT, Athos AG (1981) The art of japanese management. Simon and Schuster: New York

Peters TJ, Watermann RH (1982) In search of excellence. Harper & Row: New York

Porter ME (1999) Wettbewerbsstrategie: Methoden zur Analyse von Branchen und Konkurrenten. Campus: Frankfurt, New York

[Psych04] *Pschyrembel* (2004) Klinisches Wörterbuch, 260. Auflage. de Gruyter: Berlin, New York

Reddin WJ (1977) Das 3-D-Programm zur Leistungssteigerung des Managements. Verlag Moderne Industrie: München

Reichertz PL (1988) Konzepte der Medizin und Informatik – eine Einführung in die Medizinische Informatik. Hannover: Institut für Medizinische Informatik, Medizinische Hochschule Hannover

Roeder N, Rochell B (2003) Case-Mix in der Praxis. Handbuch für die DRG-Umsetzung Bd. 2. Deutscher Ärzte-Verlag: Köln

Schein EH (1980) Organisationspsychologie. Gabler: Wiesbaden

Schein EH (1995) Unternehmenskultur. Campus: Frankfurt, New York

Seelos HJ (1993) Das fraktale Krankenhaus – Plädoyer für eine innovative Unternehmensstruktur. Führen und Wirtschaften im Krankenhaus 10: 534-537

Seelos HJ (1993a) Ein Faktorsystem für die Gesundheitsleistungsproduktion. Gesundh.-Wes. 55: 641-643

Seelos HJ (2004) Gestaltungsvorgaben für die Gesundheitsleistungsproduktion. J Public Health 12: 365-370

Seelos HJ (2004a) Kulturbewusstes Management im Krankenhaus. Führen und Wirtschaften im Krankenhaus 21: 620-623

Seelos HJ (1994) Medical Controlling als Funktion rechnergestützter Fachabteilungsinformationssysteme. Führen und Wirtschaften im Krankenhaus 11: 374-379

Seelos HJ (2007a) Medical Management: the scientific paradigm. J Public Health 15: 21-22

[Seel07] *Seelos HJ* (2007) Personalführung in Medizinbetrieben. Medizinmanagement in Theorie und Praxis. Gabler: Wiesbaden

Seelos HJ (1998) Theorie der Medizinischen Informatik – eine Einführung. Vieweg: Braunschweig, Wiesbaden

Seelos HJ (1998b) Zur Dienstleistungsökonomie der Krankenhausleistungsproduktion. ZögU 21:107-114

[Seel90] *Seelos HJ* (1990) Wörterbuch der Medizinischen Informatik. de Gruyter: Berlin, New York

Stogdill RM (1948) Personal factors associated with leadership: A survey of the literature. Journal of Psychology 25: 35-71

Stoner JAF (1968) Risky and cautious shifts in group decisions. Journal of Experimental Social Psychology 4: 442-459

Tannenbaum R, Schmidt WH (1958) How to choose a leadership pattern. Harvard Business Review 36: 95 –101

Thom N, Zaugg RJ (2007) Die Unternehmenskrise als Auslöser für Change- und Innovationsmanagement. In: B Feldbauer-Durstmüller, J Schlager (Hrsg.): Krisenmanagement. Linde: Wien, 499-516

Tuckmann BW (1965) Developmental sequence in small groups. Psychological Bulletin 63: 384-399

Ulrich H (2005) Systemorientiertes Management. Haupt: Bern

Vroom VH (1964) Work and motivation. Wiley: New York

Warnecke HJ (1992) Die fraktale Fabrik – Revolution der Unternehmenskultur. Springer: Berlin, Heidelberg, New York

Weibler J (2001) Personalführung. Vahlen: München

Womack J, Jones D (2004) Lean Thinking – Ballast abwerfen, Unternehmensgewinne steigern. Campus: Frankfurt, New York

Wunderer R (2006) Führung und Zusammenarbeit: eine unternehmerische Führungslehre, 6. Auflage. Luchterhand: Kriftel (Taunus)

Stichwörter A–Z

A

ABC-Analyse: Analysetechnik zur Erkennung und Bildung von Schwerpunkten bei Massenphänomenen. Die ABC-Analyse vollzieht sich nach folgenden Schritten: Erfassung der zu klassifizierenden Objekte (z.B. Artikel) und Herstellung einer absteigenden Rangfolge unter diesen anhand ihres Prozentanteils vom zuvor errechneten Gesamtwert einer Bezugsgröße (z.B. Umsatz). Anschließend werden in ein Koordinatensystem für jedes Objekt der kumulierte Prozentwert bzgl. der Gesamtzahl der Objekte eingetragen und die Objekte wertmäßig (nach freiem Ermessen) zu A-, B- und C-Positionen (Klassen) zusammengefasst (die A-Position beinhaltet in der Abb. die umsatzstärksten Artikel). Die ABC-Analyse wird vor allem in der Materialwirtschaft zur Festlegung von Dispositionsregeln, Benennung von Sicherheitsbeständen und zur Artikelbereinigung (bei C-Positionen) eingesetzt [Seel90].

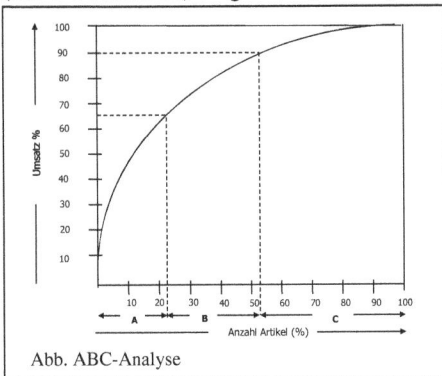

Abb. ABC-Analyse

Ablaufdiagramm: Darstellungstechnik zur Veranschaulichung der dynamischen Eigenschaften (Ablaufstruktur) von Systemen. Ablaufdiagramme sind Blockschaltbilder, die auf den Symbolen der Grafentheorie basieren. Üblicherweise werden Tätigkeiten, Zustände, Bearbeitungsstationen u.ä. als geometrische Figuren (Knoten, Kreise oder Rechtecke), deren zeitliche Abfolge durch Pfeile dargestellt; z.B. ein →Behandlungspfad.

Ablauforganisation: syn. für →Prozessorganisation.

Ableitung: in der Medizin das Abgreifen elektrischer Biopotenziale mittels Elektroden zum Nachweis von Potenzialdifferenzen an Geweben und Organen; z.B. als Elektrokardiographie, Elektroenzephalographie, Elektroretinographie, Elektromyographie [Seel90].

Abnahme: die zwischen Auftraggeber und Auftragnehmer vereinbarte Prüfung der vom Auftragnehmer erbrachten Leistungen und/oder übergebenen Produkte durch den Auftraggeber anhand des bei Auftragserteilung beschriebenen Auftrags. Die Abnahme ist i.d.R. dem Auftragnehmer innerhalb einer vereinbarten Frist schriftlich zu bestätigen (vgl. [Seel90]).

ABNull-System: in der Medizin das zuerst von *K Landsteiner* 1901 entdeckte Blutgruppensystem des Menschen. Die nach den Mendel-Gesetzen vererbten konstanten Antigen-Eigenschaften menschlicher Erythrozyten gestatten eine Einteilung in vier Gruppen: A, B, AB und 0 (z.T. mit Untergruppen A_1, A_2, A_1B, A_2B und Varianten, z.B. A_x, A_xB). Wichtiges System für immunologische, immunchemische, humangenetische und anthropologische Forschung; zusammen mit anderen Zelleigenschaften von Bedeutung bei →Bluttransfusion und →Transplantation [Seel90].

Abordnung: s. Personalgestellung.

Abschlag: bei der Abrechnung von Gesundheitsleistungen Kürzung des Leistungsentgelts; z.B. ist im →G-DRG-System bei Unterschreitung einer unteren →Grenzverweildauer ab einem im →Fallpauschalenkatalog hinterlegten Tag ein tagesbezogener Abschlag vorzunehmen.

Absentismus: Bezeichnung für das Fehlen eines Beschäftigten am Arbeitsplatz; i.Allg. auch Bezeichnung für ungeregeltes Arbeitsverhalten.

Abstimminstanz: syn. Beratungsinstanz; Einheit einer →Projektorganisation mit, im Unterschied zur →Entscheidungsinstanz, ausschließlicher Beratungsfunktion [Seel90].

Abstrich: in der Medizin die Entnahme von Untersuchungsmaterial von Haut- und Schleimhautoberflächen oder Wunden zur mikrobiologischen oder zytologischen Diagnostik (vgl. [Seel90]).

Abteilungspflegesatz: Entgelt für ärztliche und pflegerische Leistungen jeder bettenführenden Fachabteilung eines Krankenhauses, die nicht über →Fallpauschalen abgerechnet werden; entspricht einer tagesbezogenen abteilungsspezifischen Abrechnungseinheit. Nach Einführung des →G-DRG-Systems kommen Abteilungspflegesätze nur noch bei Abteilungen für Psychiatrie, Kinder- und Jugendpsychiatrie, Psychotherapie und Psychotherapeutischer Medizin zur Anwendung.

Abusus: Missbrauch; von der Weltgesundheitsorganisation definiert als die Anwendung von Pharmaka oder sogenannten Genussmitteln (Alkohol, Tabak u.a.) ohne medizinische Indikation bzw. in übermäßiger Dosierung; wiederholter Missbrauch kann zu Abhängigkeit führen [Seel90].

Adherence: engl. für Befolgung; im Gegensatz zu einem benevolenten paternalistischen Arztverhalten (→Paternalismus) partizipiert der (autonome) Patient an wichtigen Entscheidungen des Behandlungsprozesses und der Adjustierung der Therapie. Maßstab ist nicht wie bei der →Compliance das zum Behandlungsziel normativ oder ärztlich festgelegte ideale Patientenverhalten, sondern die von Arzt und Patient im Behandlungsprozess gemeinsam getroffenen Entscheidungen.

Ad-Hoc-Gruppe: zufällig entstehende, sich rasch wieder auflösende →Gruppe, z.B. eine Gruppe von Patienten im Wartezimmer einer Arztpraxis.

Affektion: Befall durch eine → Krankheit [Seel90].

Afterloading-Verfahren: sogenannte Nachladetechnik; Form der interstitiellen Strahlentherapie mit Einlegen eines oder mehrerer leerer Applikatoren in das zu bestrahlende Körperteil und anschließend automatisches Einbringen eines Radionuklids; ermöglicht Bestrahlung eines Tumors mit nur geringer Belastung des umliegenden Gewebes bei erheblich verbessertem Strahlenschutz für das beteiligte Personal (vgl. [Seel90]).

AHB: im Sozialversicherungsrecht Abk. für → Anschlussheilbehandlung.

Akademisches Lehrkrankenhaus: s. Lehrkrankenhaus.

Akkreditierung: formelle Anerkennung der Kompetenz einer Einrichtung bestimmte Prüfungen oder Prüfungsarten, z.B. eine → Zertifizierung, durchzuführen.

Akupunktur: 1. chinesische Originalbezeichnung Zhen Jiu; Nadelstechen und Räuchern mit Moxa; aus der chinesischen Medizin stammende Therapiemethode gegen funktionelle Störungen und Schmerzerkrankungen. Träger der Akupunkturwirkung sind die bekannten Leitungsbahnen (u.a. periphere Nerven), aber auch das Zentralnervensystem. Die Wirkung der Akupunktur basiert auf den neuralen Beziehungen zwischen oberflächlichen Körperschichten (Haut, Muskeln) und inneren Organen (vgl. [Seel90]); **2.** Zusatzbezeichnung, die von einem Arzt

nach Ableistung der vorgeschriebenen Weiterbildungszeit und Weiterbildungsinhalte gemäß der ärztlichen Weiterbildungsordnung geführt werden darf. Die Zusatz-Weiterbildung Akupunktur umfasst in Ergänzung zu einer Facharztkompetenz die therapeutische Beeinflussung von Körperfunktionen über definierte Punkte und Areale der Körperoberfläche durch Akupunkturtechniken, für die eine Wirksamkeit nachgewiesen ist [Bund06].

akut: in der Medizin für plötzlich auftretend, schnell, heftig verlaufend; Gegensatz: → chronisch [Seel90].

Akutkranker: ein Patient, der kurzfristiger, intensiver ärztlicher und pflegerischer Betreuung bedarf; s.a. Notfallpatient [Seel90].

Algorithmus: eine allgemein anwendbare Vorschrift zur Lösung einer Aufgabe. Die Beschreibung des Algorithmus muss endlich und jeder beschriebene Schritt elementar durchführbar sein. Konkrete programmiersprachliche oder hardwaremäßige Realisierungen von Algorithmen sind → Programme [Seel90].

Allergologie: Zusatzbezeichnung, die von einem Arzt nach Ableistung der vorgeschriebenen Weiterbildungszeit und Weiterbildungsinhalte gemäß der ärztlichen Weiterbildungsordnung geführt werden darf. Die Zusatz-Weiterbildung Allergologie umfasst in Ergänzung zu einer Facharztkompetenz die Vorbeugung, Erkennung und Behandlung der durch Allergene und Pseudoallergene ausgelösten Erkrankungen verschiedener Organsysteme einschließlich der immunologischen Aspekte [Bund06].

Allgemeinkrankenhaus: Krankenhaus, das mehrere →Fachabteilungen der allgemeinen medizinischen Disziplinen vereint, ohne dass eine bestimmte Fachrichtung im Vordergrund steht; Gegensatz: →Fachkrankenhaus [Seel90].

Allgemeinmedizin: s. Innere Medizin und Allgemeinmedizin.

Allgemeinpflege: syn. für →Normalpflege.

Allokationsentscheidungen: Angesichts der Begrenztheit der verfügbaren Mittel im Gesundheitswesen, verbunden mit den vielfältigen Bedürfnissen nach einer noch besseren Gesundheitsversorgung, ist über den Einsatz von Ressourcen (→Produktionsfaktoren) zur Erstellung von →Gesundheitsleistungen sowohl überbetrieblich als auch einzelbetrieblich zu entscheiden. Der Abb. sind die verschiedenen Ebenen zu entnehmen, auf denen eine Zuordnung (Allokation) der Ressourcen auf konkurrierende Verwendungszwecke vorzunehmen ist. Im Rahmen einer ersten Allokationsentscheidung sind die knappen Ressourcen auf unterschiedliche Aufgabenbereiche aufzuteilen. Bei gegebener →Gesundheitsquote ist zweitens darüber zu entscheiden, welcher Ressourcenanteil auf die einzelnen Leistungsarten entfällt. Wird beispielhaft die Behandlung herausgegriffen, besteht die dritte Allokationsentscheidung darin, die Verwendungsstruktur der zur Verfügung stehenden Mittel nach ambulanter und stationärer Behandlung, medizinischer Rehabilitation, Arzneien, Heil- und Hilfsmitteln

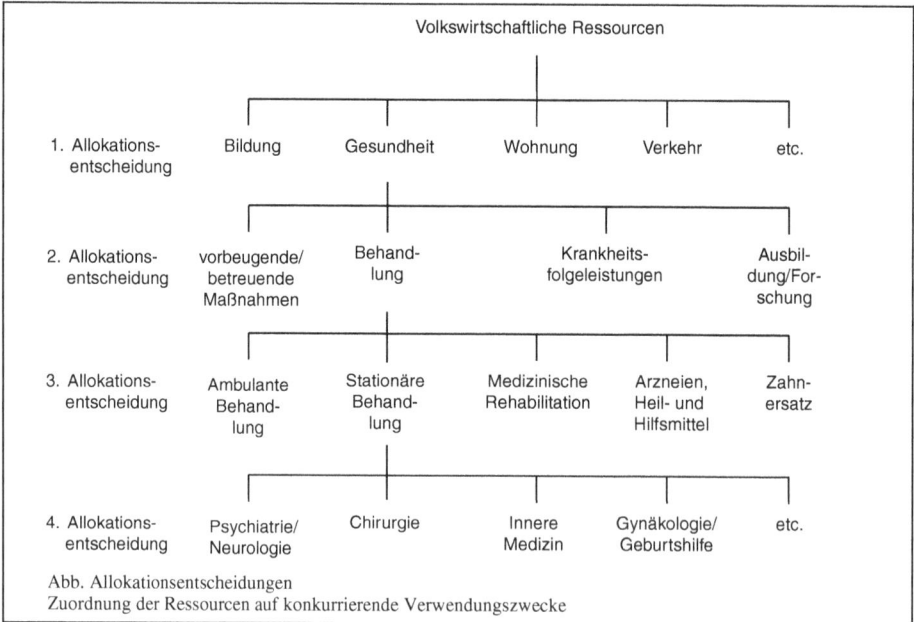

Abb. Allokationsentscheidungen
Zuordnung der Ressourcen auf konkurrierende Verwendungszwecke

und Zahnersatz zu bestimmen. Bei einer weiteren Beschränkung auf die stationäre Behandlung ist schließlich über die relative Bedeutung der verschiedenen medizinischen Fachgebiete zu entscheiden (vierte Allokationsentscheidung). Auf die Frage, wie die vorhandenen Mittel einzusetzen sind, gibt es aus Sicht der ökonomischen Theorie eine klare Antwort. Danach ist eine optimale Aufteilung der Produktionsfaktoren dann erreicht, wenn sich die Grenzerträge der verfügbaren Mittel, d.h. die zusätzlichen Erträge infolge einer kleinen mengenmäßigen Änderung der zugewiesenen Ressourcen, in allen Verwendungszwecken ausgleichen. Die Umsetzung dieser theoretischen Feststellung in die gesundheitspolitische Praxis hängt allerdings davon ab, ob es gelingt, die Wirkungen alternativer Mittelverwendungen im Gesundheitswesen auf den Gesundheitsstand der Bevölkerung empirisch zu ermitteln (vgl. [Seel90]).

Altenheim: →Heim für ältere Menschen, die in der Regel keinen eigenen Haushalt mehr führen können.

Alters- und Langzeitkranke: stationär behandlungsbedürftige, über 65-jährige, multimorbide Patienten, die überdurchschnittlich lange im Krankenhaus verweilen und neben pflegerischer vor allem diagnostisch-therapeutischer Betreuung bedürfen [Seel90].

Alterspyramide: grafische Darstellung zum Altersaufbau einer Bevölkerung. Jeder Altersjahrgang wird mit seiner Besetzung am Stichtag in Form eines waagerechten Balkens dargestellt (s. Abb). Üblicherweise werden rechts von der Mittellinie die weiblichen, links die männlichen Personen eingetragen. Die idealisierte Form der Alterspyramide einer Bevölkerung wird durch einen hohen Anteil der jungen Bevölkerungsgruppen und einen mit zunehmendem Alter geringer werdenden Anteil älterer Altersgruppen bestimmt.

ambulant: die medizinische Behandlung oder Begutachtung eines Patienten in einem Medizinbetrieb ohne dessen →stationäre Aufnahme.

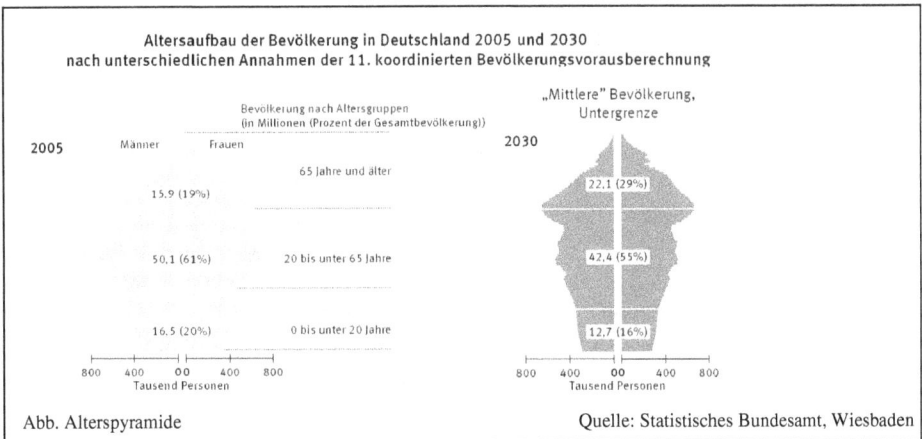

Abb. Alterspyramide   Quelle: Statistisches Bundesamt, Wiesbaden

ambulantes Operieren: nach § 115b SGB V eine →Operation, die in einem Krankenhaus ohne stationäre Aufnahme des zu Operierenden durchgeführt wird.

Ambulanz: Einrichtung eines Krankenhauses zur ambulanten ärztlichen Versorgung. Ausgenommen Hochschulambulanzen (§ 117 SGB V), Psychiatrische Institutsambulanzen (§ 118 SGB V), von Krankenhäusern gegründete →Medizinische Versorgungszentren und abgesehen von der Notfallversorgung sind Krankenhäuser in Deutschland als Institutionen zur ambulanten Krankenversorgung nicht zugelassen. Zur Deckung von regionalen Versorgungslücken in bestimmten Fachgebieten können jedoch am Krankenhaus tätige Fachärzte zur ambulanten Versorgung zugelassen werden und eine sogenannte „**Ermächtigungsambulanz**" (§ 116 SGB V) betreiben. Der sozialversicherte Patient benötigt hierfür eine Überweisung von einem niedergelassenen Arzt, der privatversicherte Patient kann sich direkt an die Ambulanz zur Behandlung wenden (vgl. [Seel90]).

AMG: Abk. für **A**rznei**m**ittel**g**esetz.

Amnioskopie: Fruchtwasserspiegelung; ambulant durchführbares Verfahren zur Überwachung erhöht gefährdeter Feten in der Spätschwangerschaft und zu Beginn der Geburt (bei intakter Fruchtblase) [Seel90].

Amtsarzt: Dienstbezeichnung für den Leiter eines →Gesundheitsamtes, der neben der ärztlichen Approbation und Promotion den erfolgreichen Besuch einer Akademie für das öffentliche Gesundheitswesen nachweisen muss [Seel90].

Analogiemethode: Ideenfindungstechnik, bei der aufgrund einer vermuteten Ähnlichkeit zwischen zwei Phänomenen von einem bekannten Phänomen auf das unbekannte geschlossen wird (Analogieschluss); z.B. in der Bionik die Lösung technischer Probleme durch das Studium von Vorbildern aus der Natur [Seel90].

Analysenparameter: Analyt eines physikalischen, chemischen oder biologischen Systems; z.B. eine →biologische Kenngröße [Seel90].

Analysenstammdaten: die zur Definition einer →biologischen Kenngröße in einem →computergestützten Laborinformationssystem hinterlegten Informationsvariablen bzw. deren Belegungen. Dazu gehören insbesondere →Analysentestcode, Langbezeichnung (für den Befundbericht), Messwerteinheit, →Resultateinheit, →Referenzbereich, →Warngrenzen, →Extremwertbereich, →Nachweisgrenze, Toleranzbereich, Regeln zur →Plausibilitätskontrolle, Gebührenziffer; ferner Systemparameter wie z.B. Reihenfolgenummer (im Befundbericht), Zugehörigkeit zu einer Gruppe von Analysenparametern, Zuordnung zu Positionen auf Anforderungsbelegen, Aufführung auf einer →Arbeitsplatzliste, Eingliederung in eine →Resteliste, Zugehörigkeit zu verschiedenen Statistikgruppen, Vorkommen in Berechnungsformeln sowie Definitionen zur Einordnung des Analysenparameters in die Labororganisation [Seel90].

Analysentestcode: im medizinischen Laboratorium die mnemotechnische Codierung von →biologischen Kenngrößen; Kurzbezeichnung eines →Analysenparameters. Bewährt hat sich eine Codierung mit z.b. einer Länge von bis zu 6 Zeichen, wobei die ersten bis zu zwei Zeichen das (Patienten-)Untersuchungsgut, die verbleibenden Zeichen den Analysenparameter bezeichnen; z.b. „SNA" = Natrium (Na)-Gehalt im Serum (S). Dieser Code zeigt deutliche Vorteile (gute Merkbarkeit, einfache Zuordnung oder Ableitung aus der Analysenbezeichnung und dadurch seltene Verwechslung) gegenüber einem in manchen Laboratorien verwendeten Zahlencode [Seel90].

Analysetechniken: Oberbegriff für Methoden und Techniken zur →Systemanalyse; z.B. →ABC-Analyse, →Black-Box-Methode, →Dauerbeobachtung, →Dokumentenanalyse, →Fragebogentechnik, →Funktionsanalyse, →Interview-Methode, →Kommunikationsanalyse, →Multimomentaufnahme, →Selbstaufschreibung [Seel90].

Analyzer: engl. für Analysator; im medizinischen Laboratorium teil- oder vollmechanisierter Automat zur Analyse →biologischer Kenngrößen. Vollmechanisierte Analyzer (Analysenautomaten) integrieren Probenaufbereitung und Messwerterstellung bzw. Endwertberechnung. Hierfür sind geeignete Transport- oder Transfersysteme für das Untersuchungsgut notwendig. Typisch für den 1947 von *LT Skeggs* entwickelten ersten vollmechanisierten Analysenautomaten (AutoAnalyzer) ist ein kontinuierliches Durchflussverfahren, d.h. Probengut und Reagenzien werden – jeweils separiert durch Luftblasen – durch ein kommunizierendes System von Kunststoffschläuchen, Glasröhren und –flaschen transportiert. Analyzer bestimmen aus einer Probe entweder stets nur eine biologische Kenngröße (Einkanalgerät) oder simultan mehrere (Mehrkanalgerät). Bei Mehrkanalanalyzern sind sowohl indiskriminierte als auch diskriminierte Analysenprogramme möglich. Geräte mit diskriminierter Arbeitsweise werden auch Selektivanalysatoren genannt [Seel90].

Anamnese: 1. die durch ein ärztliches Gespräch erfahrbare allgemeine somatische, psychische und soziale Vorgeschichte eines Patienten (Krankenvorgeschichte: Familien-, Eigen- und Sozialanamnese), die spezielle Vorgeschichte des aktuellen Konsultationsanlasses bzw. die Darstellung und zeitliche Entwicklung des aktuellen Beschwerdebildes (Krankheitsvorgeschichte); **2.** den Vorgang der Informationsgewinnung selbst. Unterstützende Instrumente zur Erhebung anamnestischer Daten, die den Befragungsablauf an eine vorgegebene Reihenfolge festgelegter Sachverhalte binden, standardisieren die Anamnese. Sie zeichnen sich aus durch die Verwendung definierter (geschlossener) Anamnesefragen und vom Befragten auszuwählende Antworten. Verbreitet sind z.B. Checklisten für den Arzt und vom Patienten mit und ohne Computerunterstützung auszufüllende Fragebogen [Seel90].

anamnestisch: die →Anamnese betreffend.

Anästhesie: Unempfindlichkeit eines Patienten gegen Schmerz-, Temperatur-, Berührungsreize als erwünschtes Ergebnis einer →Narkose, →Regionalanästhesie oder →Lokalanästhesie oder infolge einer Störung des peripheren oder zentralen Nervensystems (vgl. [Seel90]).

Anästhesiologie: medizinisches Fachgebiet; umfasst die Allgemein-, Regional- und Lokalanästhesie einschließlich deren Vor- und Nachbehandlung, die Aufrechterhaltung der vitalen Funktionen während operativer und diagnostischer Eingriffe sowie intensivmedizinische, notfallmedizinische und schmerztherapeutische Maßnahmen [Bund06].

Anatomie: medizinisches Fachgebiet; umfasst die Lehre vom normalen Bau und Zustand des Körpers mit seinen Geweben und Organen einschließlich systematischer und topographisch-funktioneller Aspekte sowie der Embryologie [Bund06].

Anbieter: Wirtschaftssubjekte, die unmittelbar →Gesundheitsleistungen für →Verbraucher erbringen; z.B. zur Ausübung der Heilkunde Berechtigte, Angehörige der →Gesundheitsberufe, Medizinbetriebe (z.B. Arztpraxen, Praxiskliniken, Medizinische Versorgungszentren, Krankenhäuser, Tageskliniken, Ambulanzen, Rehabilitationseinrichtungen, Rettungsdienste, Heime).

Andrologie: Männer(heil)kunde; Zusatzbezeichnung, die von einem Arzt nach Ableistung der vorgeschriebenen Weiterbildungszeit und Weiterbildungsinhalte gemäß der ärztlichen Weiterbildungsordnung

geführt werden darf. Die Zusatz-Weiterbildung Andrologie umfasst in Ergänzung zu einer Facharztkompetenz die Vorbeugung, Erkennung, konservative Behandlung und Rehabilitation von männlichen Fertilitätsstörungen einschließlich partnerschaftlicher Störungen und männlicher Kontrazeption, der erektilen Dysfunktion einschließlich Libido-, Ejakulations- und Kohabitationsstörungen, des primären und sekundären Hypogonadismus, der Pubertas tarda sowie der Seneszenz des Mannes [Bund06].

Anforderungsanalyse: die Analyse und Definition der qualitativen und quantitativen Anforderungen an eine zu realisierende Problemlösung oder ein Produkt; z.B. an einen überbetrieblichen Behandlungspfad, die OP-Organisation, ein Anwendungssystem, ein Krankenhausbauvorhaben. Die Ergebnisse der Anforderungsanalyse werden in einem Pflichtenheft, gelegentlich auch als Lastenheft bezeichnet, zusammengefasst.

Anforderungsbeleg: Formular zur Anforderung von Sach- oder Dienstleistungen im Medizinbetrieb; z.B. Medikamente, Verbandmaterial, Laborleistungen; Kommunikationsmittel zwischen leistungsanfordernder und –erbringender Stelle. Zu dokumentieren sind neben den angeforderten Leistungen und der anfordernden Stelle, die leistungserbringende Stelle, der Anforderungszeitpunkt, ferner bei patientenbezogenen Leistungen (→Untersuchungsauftrag) die →Patientenidentifikation. Die Ausgestaltung eines Anforderungsbeleges hängt wesentlich von der jeweiligen medizinbetrieblichen Organisation ab. Gebräuchlich sind konventionelle und maschinenlesbare Belege, auf denen die obengenannten Angaben durch Strichmarkierungen oder Klebeetiketten aufgebracht werden können, was auch zur Vereinfachung der Leistungserfassung für Zwecke der → Kosten- und Leistungsrechnung beiträgt, sowie digitale Belege (Bildschirmformulare) (vgl. [Seel90]).

Angemessenheitsgrundsatz: bezeichnet im Datenschutzrecht das Prinzip, wonach öffentliche und nicht-öffentliche Stellen, die selbst oder im Auftrag personenbezogene Daten erheben, verarbeiten oder nutzen, nur diejenigen technischen und organisatorischen Maßnahmen nach § 9 BDSG (und den entsprechenden Regelungen in den Landesdatenschutzgesetzen) zu ergreifen haben, die erforderlich sind, um die Ausführung der Vorschriften der Datenschutzgesetze zu gewährleisten. Erforderlich sind die Maßnahmen nur, wenn ihr Aufwand in einem angemessenen Verhältnis zu dem angestrebten Schutzzweck steht.

Angiogramm: das bei der → Angiographie dargestellte Röntgenkontrastbild.

Angiographie: röntgenologische Darstellung der (Blut-)Gefäße des menschlichen Körpers nach Injektion eines Röntgenkontrastmittels [Seel90].

Angiologie: Teilgebiet der → Inneren Medizin, das sich mit der Diagnostik und Therapie von Krankheiten der Blut- und Lymphgefäße befasst.

Angioplastie: klinisch gebräuchliche Bezeichnung für ergänzende oder alternative (radiologische) Verfahren der Gefäßchirurgie zur Beseitigung kurz- und mittelstreckiger Gefäßstenosen und –verschlüsse (vgl. [Seel90]).

Anhaltszahlen: Kennzahlen zur Bestimmung des Personalbedarfs im Krankenhaus. Sie dienen u.a. der einfachen Überprüfung und Vergleichbarkeit des Personals von Krankenhäusern und werden in regelmäßigen Abständen den sich ändernden Gegebenheiten und der Entwicklung des medizinischen, pflegerischen, technischen und verwaltungsmäßigen Fortschritts angepasst. Anhaltszahlen stellen keine Richtwerte dar und sind den betriebsinternen Gegebenheiten anzupassen (vgl. [Seel90]).

Anonymisierung: im Datenschutzrecht das Verändern personenbezogener Daten derart, dass die Einzelangaben über persönliche oder sachliche Verhältnisse nicht mehr oder nur mit einem unverhältnismäßig großen Aufwand an Zeit, Kosten und Arbeitskraft einer bestimmten oder bestimmbaren natürlichen Person zugeordnet werden können. Als anonym können Daten dann gelten, wenn der Aufwand für ihre Neubeschaffung geringer ist als der Aufwand für ihre Reidentifizierung und somit eine solche nicht zu erwarten ist (faktische Anonymisierung).

Anreizsystem: die Gesamtheit aller bewusst gestalteten Arbeitsbedingungen, die direkt oder indirekt bestimmte Verhaltensweisen durch positive Anreize zielgerichtet verstärken, die Wahrscheinlichkeit des Auftretens anderer dagegen durch negative Anreize mindern. Üblich ist die Einteilung von Anreizen nach Anreizarten (materiell, immateriell) und –quellen (intrinsisch, extrinsisch) [Seel07].

Anreiztheorie: von *F Hertzberg* (1966) entwickelte →Inhaltstheorie der Motivationslehre; s. Zwei-Faktoren-Theorie der Arbeitszufriedenheit.

Anschlussheilbehandlung: Abk. AHB, auch Anschlussrehabilitation (AR); Leistungen der Rentenversicherungsträger (§ 10 SGB VI) oder der Krankenkassen (§§ 40 u. 111 SGB V) zur medizinischen Rehabilitation in besonders spezialisierten Rehabilitationseinrichtungen, die sich unmittelbar oder im engen zeitlichen Zusammenhang an eine Krankenhausbehandlung anschließen. Die Dauer der Anschlussheilbehandlung ist abhängig von der Indikation und dem Rehabilitationsverlauf und beträgt im Regelfall drei Wochen. Ziel der AHB/AR ist u.a. die Wiederanpassung des Patienten an die Belastungen des Alltags- und Berufslebens. Es gilt vor allem, verlorengegangene Funktionen wieder zu erlangen und/oder bestmöglich zu kompensieren. Insofern kann die AHB/AR auch der Vermeidung oder Minderung von →Pflegebedürftigkeit dienen.

Anschlussrehabilitation: andere Bezeichnung für →Anschlussheilbehandlung.

Anstaltskrankenhaus: Krankenhaus, das neben Unterkunft, Verpflegung und pflegerischer Betreuung, im Gegensatz zum Be-

legkrankenhaus, auch die ärztliche Behandlung durch angestellte Krankenhausärzte erbringt [Seel90].

Antibiogramm: Prüfung der Empfindlichkeit von Krankheitserregern aus dem Untersuchungsmaterial von Patienten gegenüber Antibiotika bzw. Chemotherapeutika für die gezielte antibakterielle Behandlung von Infektionskrankheiten [Seel90].

Antiphlogistika: Mittel mit entzündungshemmender Wirkung [Seel90].

Anwender: in der Medizinischen Informatik Person(en), die mindestens ein →Anwendungssystem einsetzt (einsetzen); i.e.S. →Benutzer [Seel90].

Anwendungsprogramm: im Gegensatz zum →Systemprogramm der Teil der Software, der die produktive Nutzung eines Datenverarbeitungssystems zur Lösung (medizin)betrieblicher Aufgaben ermöglicht; z.B. ein Anwendungsprogramm zur Unterstützung der Arztbriefschreibung oder ein Programm für die Zuordnung von Behandlungsfällen zu diagnosebezogenen Fallgruppen im G-DRG-System (→Grouper).

Anwendungssoftware: die für die produktive Nutzung eines Datenverarbeitungssystems zur Lösung anwendungsbezogener Aufgaben notwendigen Daten und Programme, zusammen mit ihrer Dokumentation [Seel90].

Anwendungssystem: 1. in der Medizinischen Informatik ein computergestütztes Informationssystem, das in einem konkreten Anwendungszusammenhang (Bezugssystem) eingesetzt wird; **2.** die Protokollschichten 5 – 7 des ISO-OSI-Referenzmodells [Seel90].

Anzeigepflichtige Krankheiten: 1. verschiedene Infektionskrankheiten nach dem Infektionsschutzgesetz; **2.** bestimmte →Berufskrankheiten.

apathogen: nicht krankhaft, nicht krank machend; Gegensatz: →pathogen.

APGAR-Schema: Bezeichnung nach *V Apgar* (1909-1974); heute mnemotechnisch als Abk. für **A**tmung, **P**uls, **G**rundtonus, **A**ussehen, **R**eflexe; Punkteschema zur Vitalitätsbeurteilung von Neugeborenen unmittelbar nach der Geburt; die Beurteilung soll 1 Minute nach vollständiger Entwicklung (Entbindung) erfolgen; Wiederholung nach 5 Minuten und 10 Minuten. Ein optimal lebensfrisches Kind erhält 9-10 Punkte. Weniger als 7 Punkte zeigen einen Depressionszustand des Neugeborenen an [Seel90].

Apotheke: unter fachlicher Leitung eines Apothekers stehender Gewerbebetrieb für die Zubereitung und den Verkauf von Arzneiwaren nach ärztlicher Verschreibung oder im Freikauf (Handverkauf). Als Erscheinungsformen der Apotheken unterscheidet man die jedermann zugänglichen öffentlichen Vollapotheken als Normaltyp der Apotheke, die Internet-Apotheken und Apotheken, die nur einem begrenzten Personenkreis zur Verfügung stehen (z.B. Krankenhausapotheken und Bundeswehrapotheken) (vgl. [Seel90]).

Apparategemeinschaft: partielle →Praxisgemeinschaft, die sich auf eine gemeinsame Nutzung kostspieliger medizinischtechnischer Einrichtungen einschließlich des dazu erforderlichen Fachpersonals beschränkt; z.B. Laborgemeinschaft [Seel90].

Applikation: 1. in der Medizin die Verabfolgung eines Arzneimittels; **a)** orale Applikation: in Form von Pulver, Tabletten, Saft, Tropfen, Kapseln usw.; **b)** rektale Applikation: in Form von Zäpfchen, Lösungen usw.; **c)** parenterale Applikation: in Form von Injektionen, Infusionen, Inhalationen, Aerosol und Stäuben; **d)** lokale Applikation: in Form von Salben, Pflastern, Umschlägen (Pasten), Medizin(teil)bädern, Spülungen, Gurgelflüssigkeiten; **2.** in der Medizinischen Informatik syn. für ein (meist branchenspezifisches) →Anwendungsprogramm [Seel90].

Approbation: staatliche Erlaubnis zur Ausübung eines akademischen Heilberufes. Die Approbation für Ärzte richtet sich nach der ärztlichen Approbationsordnung, für psychologische Psychotherapeuten nach dem Psychotherapeutengesetz.

Arbeitsbedingte Erkrankungen: auch arbeitsbezogene Erkrankungen; sind im Unterschied zu den →Berufskrankheiten Erkrankungen, zu deren Entstehung und/oder Verlauf nach ärztlicher Erfahrung und aufgrund von epidemiologischen Untersuchungen die Arbeitsbedingungen beitragen. Arbeitsbedingte Erkrankungen manifestieren sich gruppenbezogen (belastungshomogene Arbeitsgruppen) durch eine Exzessmorbidität im Vergleich mit anderen Arbeitsgruppen oder mit der Wohnbevölkerung. Den arbeitsbedingten Erkrankungen kommt wegen ihrer starken Verbreitung eine große Bedeutung für den Arbeitsschutz zu [Seel90].

Arbeitsgemeinschaft Wissenschaftlicher Medizinischer Fachgesellschaften: Abk. AWMF; die AWMF berät über grundsätzliche und fachübergreifende Angelegenheiten und Aufgaben, erarbeitet Empfehlungen und Resolutionen und vertritt diese gegenüber den damit befassten Institutionen, insbesondere auch im politischen Raum. Neben den – angesichts der zunehmenden Spezialisierung immer dringenderen – Aufgaben der inneren Zusammenarbeit will sie damit die Interessen der medizinischen Wissenschaft verstärkt nach außen zur Geltung bringen. Die AWMF wird durch direkten Auftrag der Mitgliedsgesellschaften oder durch deren Delegierte tätig. Greift die AWMF einschlägige Probleme in eigener Initiative auf, so sucht sie die Übereinstimmung mit den Mitgliedsgesellschaften. Die AWMF wird getragen von der Delegierten-Konferenz, dem Präsidium und dem Präsidenten. Für die Bearbeitung besonderer Themen werden Kommissionen aus dem Kreise der Delegierten und gegebenenfalls durch Hinzuziehung Sachverständiger aus den Mitgliedsgesellschaften gebildet. Die AWMF ist also mit ihren eigenständigen Aufgaben neben den anderen Arbeitsgemeinschaften wie Bundesärztekammer, Medizinischer Fakultätentag, Gemeinschaft Fachärztlicher Berufsverbände und den Einrichtungen der Wissenschaftsförderung ein wichtiger Pfeiler im Rahmen der gesamten medizinischen Organisation. Die AWMF bemüht sich um fruchtbare Zusammenarbeit mit den anderen Einrichtungen sowie den zuständigen politischen Gremien im Interesse des förderlichen Zusammenwirkens und einer leistungs- und zukunftsorientierten Weiterentwicklung der medizinischen Wissenschaften und der ärztlichen Praxis. Die AWMF vertritt Deutschland im Council for International Organizations of Medical Sciences (CIOMS). Der AWMF gehören derzeit 150 wissenschaftliche Fachgesellschaften aus allen Bereichen der Medizin an. Der AWMF sind die Arbeitskreise „Ärzte und Juristen“, „Krankenhaushygiene“ und „Operative Fachgesellschaften“ angeschlossen (*www.awmf.org*).

Arbeitsliste: syn. für → Arbeitsplatzliste.

Arbeitsmedizin: medizinisches Fachgebiet; umfasst als präventivmedizinisches Fach die Wechselbeziehungen zwischen Arbeit und Beruf einerseits sowie Gesundheit und Krankheiten andererseits, die Förderung der Gesundheit und Leistungsfähigkeit des arbeitenden Menschen, die Vorbeugung, Erkennung, Behandlung und Begutachtung arbeits- und umweltbedingter Erkrankungen und Berufskrankheiten, die Verhütung arbeitsbedingter Gesundheitsgefährdungen einschließlich individueller und betrieblicher Gesundheitsberatung, die Vermeidung von Erschwernissen und die berufsfördernde Rehabilitation [Bund06].

Arbeitsplatzbewertung: in der Personalwirtschaft Oberbegriff für Methoden, die zwischen der Lohnhöhe einerseits und den spezifischen Anforderungen verschiedener Arbeitsplätze in einer Branche oder einem Unternehmen andererseits vermitteln sollen. Angewandt werden summarische (Rangfolgeverfahren, Lohngruppenverfahren) und analytische Methoden (Rangreihenverfahren, Punktebewertungsverfahren).

Arbeitsplatzcomputer: s. Personalcomputer.

Arbeitsplatzergonomie: Aspekt der Ergonomie, der sich mit der Anpassung des Arbeitsplatzes und seiner Umgebung an die physiologischen Anforderungen des Menschen befasst; z.B. bei Bildschirmarbeitsplätzen die Sitzposition, Licht-, Geräusch- und Temperaturverhältnisse, die Gestaltung von Arbeitsmitteln wie Tastatur, Bildschirm und Mobiliar [Seel90].

Arbeitsplatzliste: syn. Arbeitsliste; Auflistung der für einen Arbeitsplatz zur Bearbeitung vorgegebenen Aufträge zur Unterstützung der Arbeitsplatzorganisation; z.B. als Messplatzliste im medizinischen Laboratorium [Seel90].

Arbeitsteilung: die Zuordnung von Teilaufgaben auf verschiedene →Aufgabenträger. Sie macht eine Koordination der verschiedenen Aufgabenträger unumgänglich [Seel90].

Arbeitsunfähigkeit: Abk. AU; liegt vor, wenn ein Arbeitnehmer infolge Krankheit seine ihm vertragsgemäß obliegende, zuletzt ausgeübte Tätigkeit überhaupt nicht mehr, nicht mehr ohne erhebliche Beschwerden oder nicht mehr ohne Gefahr der Verschlimmerung seines Gesundheitszustandes ausüben kann. AU wird von einem Arzt unter Angabe ihrer voraussichtlichen Dauer befristet bescheinigt (vgl. [Seel90]).

Arbeitsunfall: i.S. der gesetzlichen Unfallversicherung ein zeitlich begrenztes, von außen auf den Körper einwirkendes Ereignis, das zu einem Gesundheitsschaden oder zum Tod führt, den ein Beschäftigter bei einer beruflichen Tätigkeit erleidet. Der Arbeitnehmer ist für diesen Fall bei der für sein Gewerbe zuständigen →Berufsgenossenschaft kraft Gesetzes pflichtversichert. Der Arbeitgeber ist gegenüber Haftungsforderungen des Arbeitnehmers ebenfalls versichert. Die Rechtsprechung durch die Sozialgerichte hat insbesondere den Begriff der beruflichen Tätigkeit relativ weit ausgelegt.

Arbeitszufriedenheit: Ziel der →Mitarbeiterorientierung. Beschrieben wird Arbeitszufriedenheit im Medizinbetrieb durch die subjektiv von den →Beschäftigten wahrgenommenen und bewerteten →Artefakte, die sich vorrangig in Arbeitsbedingungen (z.B. Art der Arbeitsaufgabe, Handlungs- und Entscheidungsspielraum, Qualität des Be- und Entlohnungssystems, physische Arbeitsplatzumgebung) und sozialen Beziehungen (Führungsverhalten, Gruppenverhalten, Umgang mit Patienten, Information und Kommunikation) abbilden. Arbeitszufriedenheit kann durch verschiedene Konzepte der →Mitarbeiterorientierung gefördert werden.

Archiv: Informations- und Dokumentationseinrichtung, die i.d.R. nicht publizierte, meist einmalig vorhandene Dokumente einer Organisation sammelt, aufbewahrt und wieder zugänglich macht; z.b. Krankenblattarchiv [Seel90].

Artefakte: in der Managementlehre die zu beobachtenden kulturellen Phänomene (Ausdrucksformen) einer →Organisationskultur [Seel07].

Arthrographie: Röntgenkontrastdarstellung einer Gelenkhöhle.

Arthroskopie: endoskopische Untersuchung eines Gelenks, meist Kniegelenks; z.B. zur Abklärung von Meniskusverletzungen; Betrachtung des Gelenkinnenraums in Narkose oder Lokalanästhesie nach Insufflation und Aufblähung des Gelenks mit Gas [Seel90].

Arzneibuch: amtliche Vorschriftensammlung für die Zubereitung, Qualität, Prüfung, Bezeichnung, Aufbewahrung und Abgabe einer bestimmten Auswahl von Arzneimitteln (sog. offizinelle Mittel). In Deutschland sind gültig: Deutsches Arzneibuch, Europäisches Arzneibuch (Pharmacopoea Europea), Homöopathisches Arzneibuch, Deutscher Arzneimittelcodex (vgl. [Seel90]).

Arzneimittel: syn. Medikament, Pharmakon; nach § 2 AMG (Gesetz über den Verkehr mit Arzneimitteln – Arzneimittelgesetz) Stoffe (§ 3 AMG) und Zubereitungen aus Stoffen, die dazu bestimmt sind, durch Anwendung am oder im menschlichen oder tierischen Körper, die in § 2 Abs. 1 Nrn. 1-5 AMG genannten gesundheitlichen Zwecke zu erfüllen. Von diesen echten Arzneimitteln sind die sogenannten fiktiven Arzneimittel des § 2 Abs. 2 AMG zu unterscheiden, zu denen u.a. nach § 2 Abs. 2 Nr. 2 AMG chirurgisches Nahtmaterial, Desinfektionsmittel, Diagnostika und verschiedene Hilfsmittel, z.B. Herzschrittmacher und Kontaktlinsen gehören. Die Abgrenzung der Arzneimittel von Lebensmitteln, Tabakerzeugnissen, kosmetischen Mitteln, Körperpflegemitteln usw. wird in § 2 Abs. 3 AMG durch Verweisung auf die Begriffsbestimmungen in den jeweils einschlägigen Gesetzen vorgenommen. Arzneimittel unterliegen in Herstellung, Vertrieb, Lagerung, Abgabe und Kontrolle besonderen gesetzlichen Bestimmungen (Arzneimittelgesetz, Apothekenbetriebsordnung).

Arzneimittelinformationssystem: pharmazeutisches →Auskunftssystem, das Informationen über →Fertigarzneimittel bietet. Abgefragt werden können z.B. Indikationen, Kontraindikationen, Nebenwirkungen, Dosierungen, Packungsgrößen, Darreichungsformen, Preise und Zusammensetzung einzelner Fertigarzneimittel; ferner →Wirkstoffe und Wirkstoffgruppen mit allen Fertigarzneimitteln und Synonymen, die diese Stoffe enthalten, sowie Interaktionen zwischen mehreren →Arzneimitteln einer Rezeptur. Dabei können je nach Leistungsumfang des Arzneimittelinformationssystems Wechselwirkungen, auch applikationsabhängig, mit zugehörigen Schwellendosierungen angezeigt, Effekt und Mechanismus erklärt sowie Alternativarzneimittel angegeben werden. Eventuell ist es auch möglich, interaktiv Arzneimittel einer Rezeptur zu substituieren und erneut auf Interaktionen zu prüfen [Seel90].

Arzneimittelkommission: eine auf freiwilliger Basis vom Krankenhausträger eingesetzte Kommission, deren Aufgabe insbesondere darin besteht, eine zweckmäßige und wirtschaftliche Verordnungsweise von → Arzneimitteln im Krankenhaus unter Wahrung der ärztlichen Verantwortung sicherzustellen (z.B. Erarbeitung von Indikationsempfehlungen für im Krankenhaus eingesetzte Arzneimittel). Der Arzneimittelkommission gehören im Allgemeinen Chef- und Oberärzte, der Leiter der das Krankenhaus versorgenden Apotheke und der Medizincontroller an (vgl. [Seel90]).

Arzneimittellisten: Preisvergleichs-, Negativ- und Positivlisten, die zur Steuerung der Arzneimittelausgaben in der gesetzlichen Krankenversicherung (GKV), insbesondere zur Steigerung der Transparenz auf dem Arzneimittelmarkt, eingesetzt und von denen Auswirkungen auf das ärztliche Verordnungsverhalten erwartet werden. In der **Preisvergleichsliste** sind nach § 92 Abs. 2 SGB V die Arznei- und Heilmittel so zusammenzustellen, dass dem Arzt ein Preisvergleich und die Auswahl therapiegerechter Verordnungsmengen ermöglicht wird. Der empfehlende Charakter der Preisvergleichsliste wird aufgehoben, wenn in Richtlinien beschlossen wird, welche Arznei- und Hilfsmittel nicht oder nur bei Vorliegen besonderer Voraussetzungen zu Lasten der GKV verordnet werden dür-

fen (**Negativliste**). So sind nach § 34 SGB V im Falle geringfügiger Gesundheitsstörungen Arzneimittel zur Anwendung bei Erkältungskrankheiten und grippalen Infekten (einschließlich der bei diesen Krankheiten anzuwendenden Schnupfenmittel, hustendämpfenden und hustenlösenden Mittel), Mund- und Rachentherapeutika (ausgenommen bei Pilzinfektionen), Abführmittel sowie Arzneimittel gegen Reisekrankheit aus der Leistungspflicht der GKV ausgeschlossen. Von der Versorgung ausgeschlossen sind außerdem Arzneimittel, bei deren Anwendung eine Erhöhung der Lebensqualität im Vordergrund steht. Ausgeschlossen sind insbesondere Arzneimittel, die überwiegend zur Behandlung der erektilen Dysfunktion, der Anreizung sowie der Steigerung der sexuellen Potenz, zur Raucherentwöhnung, zur Abmagerung oder zur Zügelung des Appetits, zur Regulierung des Körpergewichts oder zur Verbesserung des Haarwuchses dienen. Soweit deren Verordnung auf Privatrezept Bestandteil der vertragsärztlichen Versorgung bleibt und vom Versicherten lediglich selbst bezahlt werden muss, wird die Therapiefreiheit des Arztes davon nicht berührt. Allerdings führen Negativlisten nicht zwangsläufig zu Ausgabenreduzierungen in der GKV, wenn eine Substitution auf vergleichbare erstattungsfähige und teurere Arzneimittel erfolgt. In **Positivlisten** sind demgegenüber alle Medikamente enthalten, deren Verordnung im Hinblick auf die entsprechenden Indikationen vorgeschrieben wird. Eine wettbewerbspolitische Gefahr der Positivliste wird vor allem darin gesehen, dass einzelne Präparate ein mögliches Listenmonopol innerhalb der verschiedenen Indikationsgruppen erhalten; darüber hinaus wird darauf hingewiesen, dass Positivlisten durch die Auswahl von Nachahmerprodukten innovationshemmend wirken könnten (vgl. [Seel90]).

Arzt: eine Person, die aufgrund der →Approbation als Arzt oder aufgrund einer Berufserlaubnis oder als Dienstleistungserbringer i.S. von Art. 50 EG-Vertrag zur Ausübung der Heilkunde berechtigt ist (§§ 2a BÄO, 1 Abs. 1 Satz 1 ZHG). Heilkunde umfasst dabei nicht nur die unmittelbar am Patienten ausgeübte diagnostische und therapeutische Tätigkeit, sondern die gesamte auf ärztlich-wissenschaftliche Erkenntnis gerichtete und auf der Approbation als Arzt beruhende praktische, wissenschaftliche oder verwaltende Tätigkeit, die sich unmittelbar oder mittelbar auf die Verhütung, Früherkennung, Feststellung, Heilung oder Linderung menschlicher Krankheiten, Körperschäden oder Leiden bezieht, auch wenn sie im Dienste anderer ausgeübt wird (§ 2 Abs. 5 BÄO). Die Berufsbezeichnung „Arzt" oder „Ärztin" ist durch § 132a Abs. 1 Nr. 2 StGB i.V.m. § 2a BÄO geschützt. Die tatsächliche Ausübung des Arztberufes ist nicht Voraussetzung für die Berechtigung zur Führung der Berufsbezeichnung.

Arztbrief: Kommunikationsmittel, das der schriftlichen Information zwischen behandelnden und mitbehandelnden und/ oder nachbehandelnden Ärzten dient; z.B. Krankenhausentlassungsbericht. Er enthält patientenbezogene Angaben zu Anamnese, Befund, Therapie, Diagnose, Epikrise und Prognose.

Ärztehaus: 1. Bezeichnung von Verwaltungsgebäuden der ärztlichen Körperschaften und Verbände (z.B. Ärztekammern, Kassenärztliche Vereinigungen und freie ärztliche Verbände); **2.** gelegentlich noch gebräuchliche Bezeichnung von Gebäuden, in denen mehrere Arztpraxen untergebracht sind. Diese Bezeichnung ist aber nach der Rechtsprechung unzulässig [Seel90].

Ärztekammer: vom Gesetzgeber als Körperschaften des öffentlichen Rechts errichtete Berufsorganisation, der jeder Arzt kraft Gesetzes angehört. Die 17 Ärztekammern (eine in jedem Bundesland, zwei in Nordrhein-Westfalen) unterliegen staatlicher Aufsicht. Sie sind in der **Bundesärztekammer,** deren Hauptversammlung der Deutsche Ärztetag ist, zusammengeschlossen. Die Ärztekammern regeln in den Berufsordnungen und im weiteren Standesrecht die ärztliche Berufsausübung und überwachen die Einhaltung der Berufspflichten. Verstöße werden auf Antrag der Ärztekammer durch staatliche Berufsgerichte geahndet.

Ärztemuster: Proben von →Arzneimitteln, die den Ärzten von den Herstellern unentgeltlich zur Erprobung ihrer Wirksamkeit überlassen und von den Ärzten teils unmittelbar am Patienten angewandt, teils dem Patienten zur Anwendung nach ärztlicher Anweisung mitgegeben werden. Sie sind mit dem Hinweis „unverkäufliches Muster" zu kennzeichnen [Seel90].

Ärztenetz: organisatorische Vernetzung rechtlich selbstständiger oder rechtsförmlich zusammengeschlossener Arztpraxen mit dem Ziel der Verbesserung von Leistungsfähigkeit, Qualität und Wirtschaftlichkeit regionaler ambulanter Versorgung; z.b. durch den Aufbau von Behandlungspfaden, gemeinsame Qualitätsstandards, Netzkonferenzen, Anlaufpraxen, erweiterte Praxisöffnungszeiten, gemeinsamen Praxiseinkauf. In ein Arztnetz können auch weitere ambulante Leistungserbringer wie z.b. ambulante Pflegedienste, medizinische Versorgungszentren, gemeindepsychiatrische Zentren integriert werden.

Arztgeheimnis: die Verpflichtung des Arztes und des medizinischen Hilfspersonals, über die bei der Berufsausübung zur Kenntnis genommenen persönlichen Angelegenheiten des Patienten oder Dritter Verschwiegenheit zu wahren (→ Ärztliche Schweigepflicht). Eine Offenbarung von Patientendaten ist nur zulässig, wenn gesetzliche Informationspflichten des Arztes das → informationelle Selbstbestimmungsrecht des Patienten entsprechend einschränken oder eine Einwilligung des Patienten vorliegt. Die unbefugte Offenbarung ist ein Verstoß gegen die ärztliche Berufsordnung und nach § 203 Abs. 1 StGB und, falls Datenschutzvorschriften Anwendung finden, nach den Strafvorschriften des Bundes- oder eines Landesdatenschutzgesetzes strafbar [Seel90].

Ärztliche Aufklärungspflicht: Vertragliche Nebenpflicht aus dem → Behandlungsvertrag; Pflicht des Arztes den Patienten über die Krankheit (**Diagnoseaufklärung**), die Art, den Schweregrad und den Verlauf eines Eingriffes (**Verlaufsaufklärung**), die Risiken und die möglichen Nachwirkungen der Behandlung (**Risiko-**aufklärung) und das therapierichtige Verhalten (**Sicherungsaufklärung**) soweit rechtzeitig und verständlich zu unterrichten, dass er das Für und Wider der Behandlung abwägen kann. Hierzu gehört auch die Aufklärung über das Risiko der Ablehnung der vom Arzt vorgeschlagenen Behandlung ebenso wie die Aufklärung des Patienten über bestehende unterschiedliche Behandlungsmöglichkeiten und für den Patienten selbst zu tragende, für ihn zuvor nicht ersichtliche, Kosten der Behandlung. Aus haftungsrechtlichen Gründen (Beweissicherung) sollten die wesentlichen Punkte des Aufklärungsgesprächs in knapper Form in die Krankenunterlagen eingetragen werden. Zur Unterstützung bietet sich dabei die Verwendung von vorformulierten Aufklärungsbogen an, wobei derartige, vom Patienten unterzeichnete, Formulare niemals das individuelle ärztliche Aufklärungsgespräch und dessen Dokumentation ersetzen können. Verzichtet der Patient auf die Durchführung einer Aufklärung ist dies ebenfalls zu dokumentieren.

Ärztliche Schweigepflicht: Ein Patient muss sich dem Arzt und seinen Hilfspersonen frei offenbaren können, ohne die unbefugte Weitergabe der häufig sehr sensiblen Patientendaten befürchten zu müssen. Diesem Interesse des Patienten trägt die ärztliche Schweigepflicht Rechnung. Danach ist der Arzt sowohl strafrechtlich (§ 203 StGB) als auch standesrechtlich (§ 9 MBO-Ä) verpflichtet, über das, was ihm in seiner Eigenschaft als Arzt vom Patienten anvertraut oder von ihm bekannt geworden ist, Stillschweigen zu bewahren. Dazu gehören auch schriftliche Mitteilungen des Patienten, Aufzeichnungen über den Patienten, Röntgenbefunde und sonstige Untersuchungsbefunde ebenso wie die bei der Behandlung in Erfahrung gebrachten Geheimnisse Dritter (sog. Drittgeheimnisse). Diese Verpflichtung gilt auch über den Tod des Patienten hinaus. Der Arzt ist zur Offenbarung nur befugt, soweit er vom Patienten von der Schweigepflicht entbunden worden ist, die Offenbarung zum Schutz eines höherwertigen Rechtsgutes erforderlich ist oder eine Rechtsvorschrift diese erlaubt. Die Verschwiegenheitspflicht gilt auch für die berufsmäßig tätigen Gehilfen des Arztes und die Personen, die bei ihm zur Vorbereitung auf den Beruf tätig sind (§ 203 Abs. 2 StGB). Wenn mehrere Ärzte gleichzeitig oder nacheinander denselben Patienten untersuchen oder behandeln, so sind sie untereinander von der Schweigepflicht insoweit befreit, als das Einverständnis des Patienten vorliegt oder anzunehmen ist. Da das Schutzgut das allgemeine Persönlichkeitsrecht des Patienten ist, haftet der Arzt (und seine Gehilfen, § 831 BGB) bei einer Verletzung der ärztlichen Schweigepflicht auch zivilrechtlich. Bei Verletzung des allgemeinen Persönlichkeitsrechts gibt § 823 Abs. 1 BGB einen Schadensersatzanspruch. Mögliche weitere Anspruchsgrundlagen können §§ 824, 826 BGB und – bei Vermögensschäden - §§ 249 ff. BGB sein. Zum Schutz vor weiteren Beeinträchtigungen besteht ein Unterlassungsanspruch (vgl. [Seel90]).

Ärztliche Weiterbildungsordnung: Die (Muster-)Weiterbildungsordnung der Bundesärztekammer, über deren Inhalt der Deutsche Ärztetag beschließt, ist von den →Ärztekammern in Landesrecht umzusetzen. Rechtsverbindlich ist für den Arzt die Weiterbildungsordnung in der jeweils gültigen Fassung der Ärztekammer, deren Mitglied er ist. Die Weiterbildungsordnungen der Ärztekammern lehnen sich eng an die (Muster-)Weiterbildungsordnung der Bundesärztekammer an. Der erfolgreiche Abschluss der Weiterbildung führt entsprechend den Regularien zur Facharztbezeichnung in einem →medizinischen Fachgebiet, zur Schwerpunktbezeichnung im Schwerpunkt eines Gebietes oder zur Zusatzbezeichnung.

Ärztlicher Dienst: die Gesamtheit der mit der medizinischen Versorgung von Patienten beauftragten ärztlichen Mitarbeiter in einem Krankenhaus. Hierzu zählen i.w. S. auch die als Belegarzt tätigen Fachärzte sowie die Liaison- und Konsiliarärzte. Der ärztliche Dienst gliedert sich traditionell in vier Rangstufen, die zugleich eine Folge der Spezialisierung und der Arbeitsteilung auf den verschiedenen Handlungsebenen sind: Leitende Ärzte (Chefärzte), Oberärzte, nachgeordnete Fachärzte und Assistenzärzte, die sich meist in der Fortbildung zu einer Facharztqualifikation befinden.

Ärztlicher Direktor: Leitender →Facharzt, dem die Organisation und Beaufsichtigung des Krankenhausbetriebes insgesamt in ärztlicher Hinsicht obliegt. Er ist zugleich ärztlicher Leiter einer medizinischen Fachabteilung des Krankenhauses (nebenamtlicher Ärztlicher Direktor) oder ausschließlich für diese Aufgabe freigestellt (hauptamtlicher Ärztlicher Direktor).

Ärztlicher Notdienst: syn. für →Notfalldienst.

Ärztliches Gutachten: s. Attest.

Ärztliches Qualitätsmanagement: Zusatzbezeichnung, die von einem Arzt nach Ableistung der vorgeschriebenen Weiterbildungszeit und Weiterbildungsinhalte gemäß der ärztlichen Weiterbildungsordnung geführt werden darf. Die Zusatz-Weiterbildung Ärztliches Qualitätsmanagement umfasst die Grundlagen für eine kontinuierliche Verbesserung von Strukturen, Prozessen und Ergebnissen in der medizinischen Versorgung [Bund06].

Ärztliches Zentrum für Qualität in der Medizin: Abk. ÄZQ; eine gemeinsame Einrichtung von Bundesärztekammer (BÄK) und Kassenärztlicher Bundesvereinigung (KBV) mit Sitz in Berlin. Im Auftrag seiner Träger analysiert, initiiert und organisiert das Institut seit 1995 Projekte auf dem Gebiet der medizinischen Qualitätsförderung und Qualitätssicherung. Dabei kooperiert das ÄZQ mit in- und ausländischen Partnern. Arbeitsschwerpunkte des ÄZQ sind die Analyse und Aufbereitung medizinischen Wissens, der sogenannten „Evidenz", die Bewertung bzw. Erarbeitung von Leitlinien, Qualitätsindikatoren und Patienteninformationen zu wichtigen medizinischen Themen, die Verbreitung und Implementierung evidenzbasierter Leitlinien, die Koordination von Maßnahmen zur Fehlerprävention und Förderung der Patientensicherheit, die Methodenentwicklung für Leitlinien und evidenzbasierte Gesundheitsversorgung, die Sondierung und Bewertung von Qualitäts-Innovationen. Das ÄZQ unterhält ein umfassendes webbasiertes Informationsportal zu medizinischen Leitlinien, Patienteninformationen, Qualität in der Medizin, evidenzbasierter Gesundheitsversorgung und Versorgungsforschung (*www.azq.de*).

Arztpraxis: Abk. Praxis; Gesamtheit dessen, was die gegenständliche und personelle Grundlage der Tätigkeit des in freier Praxis tätigen Arztes bei der Erfüllung der ihm obliegenden Aufgaben bildet [Seel90].

Arztvertrag: der zwischen Arzt und Patient geschlossene Dienstvertrag i.S. §§ 611 ff. BGB über die Durchführung einer ärztlichen Untersuchung und/oder Behandlung; schließt eine Reihe vertraglicher Nebenpflichten wie z.B. Aufklärungs-, Sorgfalts-, Melde- und Dokumentationspflicht ein. Der Inhalt des Arztvertrages bestimmt sich nach Art der Erkrankung und den zur fachgerechten Bemühung um die Heilung indizierten ärztlichen Maßnahmen.

Arztwahl: s. Freie Arztwahl.

aseptisch: keimfrei zur Vermeidung einer Infektion oder Kontamination durch Anwendung von Desinfektion bzw. Sterilisation; Gegensatz: →septisch.

asymptomatisch: in der Medizin ohne Krankheitserscheinungen, ohne Symptome [Seel90].

Ätiologie: Krankheitsursache. Die traditionelle medizinische Ätiologielehre geht aus von den genetischen Anlagen einerseits und physiko-chemischen, auch psycho-sozialen Einflüssen auf den Organismus andererseits (z.B. Unfälle, Katastrophen, Infekte, Stress). Als Ergebnis der Stressforschung und der →Epidemiologie sind insbesondere bei chronisch-degenerativen Erkrankungen ferner psychische und soziale Faktoren wie Ernährungs- und Bewegungsgewohnheiten, Arbeitszufriedenheit, Rollenkonflikte, Schichtzugehörigkeit, Reaktion auf Leistungsdruck, soziale Desintegration, Lebensereignisse (wie Scheidung, Tod naher Angehöriger) u.Ä. als ursächliche Faktoren bei der Krankheitsentstehung zu berücksichtigen [Seel90].

ATL: Abk. für Aktivitäten des täglichen Lebens; Bezeichnung für Tätigkeiten zur Befriedigung von physischen und psychischen menschlichen Grundbedürfnissen, die Grundlage vieler Pflegekonzepte und – modelle sind; nach *L Juchli*: 1. Wachsein und Schlafen, 2. sich bewegen, 3. sich waschen und kleiden, 4. essen und trinken, 5. ausscheiden, 6. Körpertemperatur regulieren, 7. atmen, 8. sich sicher fühlen und verhalten, 9. Raum und Zeit gestalten, 10. kommunizieren, 11. Kind, Frau, Mann sein, 12. Sinn finden im Werden, Sein, Vergehen. Pflegetheoretisch und international hat sich eine unterschiedliche Terminologie, teils mit inhaltlichen Abweichungen und Ergänzungen entwickelt, z.B. Lebensaktivitäten nach *N Roper* in Großbritannien oder Aktivitäten und existenzielle Erfahrungen des Lebens (AEDL) nach *M Krohwinkel* in Deutschland [Psych04].

Attest: schriftliche Bescheinigung ärztlichen Inhalts. Ein ärztliches Attest liegt vor, wenn das Ergebnis einer ärztlichen Feststellung oder Untersuchung schriftlich niedergelegt wird, gleichgültig ob es sich um die Untersuchung eines einzelnen Organs, die zusammenfassende ärztliche Beurteilung mehrerer Untersuchungsergebnisse oder um die Gesamtbewertung eines Krankheitsbildes handelt. Der Unterschied zum ärztlichen **Gutachten** besteht darin, dass das Attest eine auf der ärztlichen Fachkunde beruhende Aussage über einen tatsächlichen Zustand darstellt, während im Gutachten darüber hinaus auf der Grundlage tatsächlicher Feststellungen Schlussfolgerungen gezogen werden [Seel90].

AU: in der Sozialversicherung Abk. für →Arbeitsunfähigkeit.

Audiogramm: bei der →Audiometrie gewonnene Darstellung der Hörschwelle in Abhängigkeit von der Frequenz.

Audiometrie: Hördiagnostik mit Hilfe von elektroakustischen Tongeneratoren, die Einzelfrequenzen mit definierter Lautstärke erzeugen (Audiometer). Für die Praxis am wichtigsten ist die Aufzeichnung des Tonschwellenaudiogramms. Bei der Feststellung der Hörschwellenkurve bestimmt man für jeden angebotenen Ton die Lautstärke, die gerade ausreicht, um beim Patienten einen Toneindruck hervorzurufen. Die Werte für die Luftleitung werden über Kopfhörer ermittelt, die für die Knochenleitung mit einem Knochenhörer, der auf den Warzenfortsatz aufgesetzt wird. Im Audiogramm sind auf der Abszisse die Messfrequenzen (in kHz) und auf der Ordinate die Lautstärke (in dB) aufgetragen. Der Hörverlust wird dabei in dB angegeben. Die Hörschwellenkurven für Luft- und Knochenleitung erlauben, im Vergleich zur Nulllinie (Normalschwelle) den

Hörverlust abzulesen und diagnostische Aussagen zu machen. Die Hörschwelle für Knochenleitung vermittelt ein Bild der Innenohrleistung, die Schallleitungskurve erlaubt Aussagen über Defekte in der Schallzuleitung (Mittelohrschwerhörigkeit).

Audit: aus dem Englischen stammender Begriff, dem im Deutschen „Revision" oder „Überprüfung" entspricht; die systematische, unabhängige Prüfung von Produkten, Verfahren, Systemen durch betriebsfremde Personen bzw. Stellen; z.B. Qualitätsaudit, Datenschutzaudit, Audit im Rahmen einer →Zertifizierung.

Aufbauorganisation: syn. für →Strukturorganisation.

Aufbewahrungsfrist: Zeitraum für die Archivierung beschriebener Datenträger. Ärztliche Aufzeichnungen (→Krankenunterlagen) sind nach der ärztlichen Berufsordnung mindestens 10 Jahre nach Abschluss der Behandlung aufzubewahren, es sei denn, gesetzliche Vorschriften oder die ärztliche Erfahrung gebieten im Einzelfall eine längere Aufbewahrungsfrist (vgl. § 10 Abs. 3 MBO-Ä). Bei gleichzeitiger Geltung unterschiedlicher Aufbewahrungsfristen (vgl. dazu die Vorgaben der Röntgenverordnung, der Strahlenschutzverordnung, der Betäubungsmittel-Verschreibungs-Verordnung, des Geschlechtskrankheitengesetzes, des Transfusionsgesetzes, des Transplantationsgesetzes, die Richtlinien für die Bestellung von Durchgangsärzten und für das Verletzungsartenverfahren) gilt stets die längere Frist. Im Hinblick auf die Tatsache, dass vertragliche Schadensersatzansprüche des Patienten gemäß § 195 BGB nach 30

Jahren verjähren, ist, unabhängig von den oben angeführten Spezialvorschriften, durchweg eine Aufbewahrungsfrist von 30 Jahren für Krankenunterlagen zugrunde zu legen, um in einem eventuellen Schadensersatzprozess aus der sich dann unter Umständen ergebenden Beweislage keine Nachteile befürchten zu müssen.

Aufbewahrungspflicht: s. Dokumentationspflicht.

Aufenthaltsdauer: syn. für →Verweildauer.

Auffüllsystem: Organisationsform der Güterversorgung über einen Ver- und Entsorgungsstützpunkt, bei der der regelmäßige Tagesdurchschnittsgüterbedarf der einzelnen Verbrauchsstellen ermittelt und ohne Anforderungen diesen zugeschickt wird. Dabei müssen Güter auf den Verbrauchsstellen zwischengelagert werden. Unvorhersehbarer und somit unregelmäßiger Bedarf kann zusätzlich durch Eiltransporte gedeckt werden [Seel90].

Aufgabe: eine aus dem Zielsystem eines Medizinbetriebs abgeleitete Maßnahme zur Zielerreichung [Seel90].

Aufgabenträger: in einer Organisation Personen (Individuen oder Gruppen) und Mensch-Techniksysteme, denen die Erfüllung definierter Aufgaben übertragen ist.

Aufgabenverhalten: beschreibt den Umfang, in dem der →Führende in einer Führungsbeziehung die →Lokomotionsfunktion verfolgt, also die Art und Weise der Wahrnehmung der sachbezogenen Managementfunktionen (Planung, Organisation, Kontrolle) [Seel07].

Aufgespaltener Krankenhausaufnahmevertrag: s. Krankenhausaufnahmevertrag.

Aufklärungspflicht: s. Ärztliche Aufklärungspflicht.

Aufnahmedatum: Datum (und Uhrzeit), an dem ein Patient in einem Medizinbetrieb stationär aufgenommen wird.

Aufnahmediagnose: die zum Zeitpunkt der stationären Aufnahme eines Patienten vom aufnehmenden (Krankenhaus-)Arzt gestellte →Diagnose; kann mit der →Einweisungsdiagnose identisch sein [Seel90].

Aufnahmenummer: zur Identifikation eines Patienten für die Dauer seines (meist stationären) Aufenthaltes in einem Medizinbetrieb fortlaufend (i.d.R. jährlich) vergebene Nummer. Über die Aufnahmenummer ist im Gegensatz zur →I-Zahl keine Zusammenführung (record linkage) von Daten verschiedener Betreuungsepisoden (z.B. stationäre Aufenthalte) ein und desselben Patienten möglich, da sie diesen nur für die Dauer einer einzelnen Behandlungsepisode (Aufenthaltes) identifiziert [Seel90].

Aufsichtsbehörden für den Datenschutz: sind für die datenverarbeitenden nicht-öffentlichen Stellen nach § 38 BDSG die nach Landesrecht zuständigen Behörden (Bezirksregierungen, Regierungspräsidenten, Regierungen etc.), für die personenbezogene Daten verarbeitenden Behörden und sonstigen öffentlichen Stellen des Bundes nach § 18 BDSG der **Bundesbeauftragte für den Datenschutz (BfD)**, für die landesunmittelbaren Behörden und sonstigen öffentlichen Stellen (nach den Landesdatenschutzgesetzen) die **Landesbeauftragten für den Datenschutz** (bzw. die Datenschutzkommission). Die öffentlich-rechtlichen Religionsgesellschaften bestellen eigene →Beauftragte für den Datenschutz. Der Bundesbeauftragte und die Landesbeauftragten kontrollieren aufgrund von Eingaben und von sich aus die Einhaltung der Datenschutzvorschriften (Initiativaufsicht), geben Empfehlungen zu Verbesserungen des Datenschutzes und führen die Register der automatisch betriebenen Dateien. Die für die Kontrolle der nicht-öffentlichen Stellen zuständigen Aufsichtsbehörden werden erst nach einer Eingabe des Betroffenen tätig (Anlassaufsicht). Die Aufsichtsbehörde der nicht-öffentlichen Stellen führt das Register der meldepflichtigen Stellen (§ 38 Abs. 2 BDSG). Festgestellte Verstöße gegen Datenschutzvorschriften können beanstandet werden (§ 25 BDSG) (vgl. [Seel90]).

Auftragsdatenverarbeitung: liegt im Sinn des Datenschutzrechts vor, wenn personenbezogene Daten nicht durch die →verantwortliche Stelle sondern im Auftrag durch andere Stellen erhoben, verarbeitet oder genutzt werden (§ 11 BDSG). Der Auftragnehmer ist kein →Dritter im Sinne des Datenschutzrechts, d.h. die Weitergabe personenbezogener Daten an den Auftraggeber ist keine Übermittlung i.S. § 3 Abs. 4 Nr. 3 BDSG; er bleibt Normadressat i.S. des Datenschutzrechts. Der Auftragnehmer darf die Daten nur im Rahmen der (schriftlichen) Weisungen des Auftraggebers erheben, verarbeiten oder nutzen (→Zweckbindung).

Auftragskontrolle: ist nach Nr. 6 der Anlage zu § 9 BDSG eine der von § 9 BDSG verlangten technischen und organisatorischen Maßnahmen, um die Ausführung der Vorschriften des Bundesdatenschutzgesetzes (und entsprechend der Landesdatenschutzgesetze) sicherzustellen. Sie soll gewährleisten, dass personenbezogene Daten, die im Auftrag verarbeitet werden, nur entsprechend den Weisungen des Auftraggebers, der →verantwortliche Stelle im Sinne des Datenschutzgesetzes bleibt, verarbeitet werden. Es ist beispielsweise sicherzustellen, dass die vorzugsweise schriftlichen Weisungen eindeutig sind, dass die Auftragsdatenverarbeitung nicht von anderen Auftragsbearbeitungen beeinflusst wird und umgekehrt personenbezogene Daten des Auftraggebers nicht anderen Auftraggebern bekannt werden und, dass gelöschte Daten auf Datenträgern, die den Bereich des Auftragnehmers verlassen, nicht wiederhergestellt werden können. Art und Umfang der zu treffenden Maßnahmen müssen in einem angemessenen Verhältnis zu dem angestrebten Schutzzweck stehen. Ob die Verhältnismäßigkeit der Maßnahmen beachtet wird, ist aus der Sicht des Betroffenen unter Berücksichtigung der Qualität und Sensibilität der Daten, des Verarbeitungszwecks und des Missbrauchsrisikos zu bestimmen (→Angemessenheitsgrundsatz) (vgl. [Seel90]).

Aufwachraum: Überwachungsraum ohne Stationscharakter für Frischoperierte; s.a. →Intensiveinheit [Seel90].

Augenheilkunde: syn. Ophthalmologie, medizinisches Fachgebiet; umfasst die Vorbeugung, Erkennung, Behandlung, Nachsorge und Rehabilitation der anatomischen und funktionellen Veränderungen des Sehorgans und seiner Adnexe einschließlich der Optometrie (Refraktionsbestimmung) und der plastisch-rekonstruktiven Operationen in der Periorbitalregion [Bund06].

Ausfallorganisation: abgestuftes Konzept geplanter organisatorischer und technischer Maßnahmen, die bei einem teilweisen oder vollständigen Ausfall einer Funktionseinheit (Organisationseinheit, Techniksystem) zu ergreifen sind, um einen „Notbetrieb" aufrecht zu erhalten; z.B. die Notstromversorgung in einem Krankenhaus.

Ausfallzeit: bei einer Funktionseinheit jede Zeitspanne, in der diese keine oder fehlerhafte Leistungen erbringt.

Ausgabenanstieg: Der Ausgabenanstieg im Gesundheitswesen kann sowohl durch systemunabhängige als auch systemimmanente (beeinflussbare) Faktoren begründet werden. Systemunabhängige Faktoren: Die demografische Entwicklung trägt durch einen Anstieg des Anteils alter Menschen in der Bevölkerung zur Ausgabensteigerung dadurch bei, dass das Krankheitsrisiko mit zunehmendem Alter ansteigt. Zugleich erhöht sich der Anteil chronisch Kranker und multimorbider Patienten. Das Gut Gesundheit zählt zu den superioren Gütern, die dadurch gekennzeichnet sind, dass die Nachfrage bei zunehmendem Einkommen überproportional steigt. Systemimmanente Faktoren: Die Nachfrage nach Gesundheitsleistungen wird nicht durch den Preis gesteuert. Es treten →Moral Hazard-Probleme durch den Versicherungsgutcharakter von Gesundheitsgütern auf, die eine Maximierung der nachgefragten Gesundheitsleistungen zur Folge haben. Durch die mangelnde Kooperation zwischen den Teilsektoren des Gesundheitswesens kann es zu Ineffizienzen auf der Seite der Leistungsanbieter kommen. Der medizinische und medizinisch-technische Fortschritt führt zu neuen therapeutischen Möglichkeiten, die die Behandlungskosten erhöhen.

Auskultation: Abhorchen der im Körper entstehenden Schallzeichen (z.B. Atmungsgeräusche bei der Auskultation der Lungen); meist mit einem Stethoskop [Seel90].

Auskunftspflicht: im Datenschutzrecht die zum →Auskunftsrecht korrespondierende Pflicht der datenverarbeitenden Stelle, dem Ersuchen eines Betroffenen um Auskunft über die zu seiner Person gespeicherten Daten nachzukommen (§§ 19, 34 BDSG und entsprechende Regelungen in den Landesdatenschutzgesetzen). Im Übrigen besteht eine datenschutzrechtliche Auskunftspflicht für öffentliche Stellen des Bundes gegenüber dem Bundesbeauftragten für den Datenschutz (§ 24 BDSG) und der datenverarbeitenden nicht-öffentlichen Stellen gegenüber den nach Landesrecht zuständigen Aufsichtsbehörden (§ 38 Abs. 3 BDSG), wenn diese die für die Erfüllung ihrer Aufgaben erforderlichen Auskünfte verlangen. Die Auskunft kann

nur auf solche Fragen verweigert werden, deren Beantwortung den Auskunftspflichtigen oder einen Angehörigen der Gefahr strafgerichtlicher Verfolgung oder eines Verfahrens nach dem Gesetz über Ordnungswidrigkeiten aussetzen würde. Außerhalb des allgemeinen Datenschutzes bestehen weitere gesetzliche Mitteilungs- und Auskunftspflichten, denen Ärzte, Krankenhäuser und Medizinalpersonen nachzukommen haben. Die Grenzen der Auskunftspflicht ergeben sich im sozialrechtlichen Bereich aus den abschließend geregelten Offenbarungsbefugnissen und dem strafrechtlich geschützten →Patiententengeheimnis (§ 203 StGB).

Auskunftsrecht: im Datenschutzrecht das Recht des →Betroffenen, auf Antrag Auskunft über die zu seiner Person gespeicherten Daten zu erhalten (§§ 19, 34 BDSG sowie entsprechende Vorschriften in den Landesdatenschutzgesetzen und besonderen Datenschutzgesetzen). Das Auskunftsrecht ist oftmals die Voraussetzung, um weitere Rechte wie das Recht auf Berichtigung, Sperrung und Löschung wahrzunehmen. Das Auskunftsrecht ist im öffentlichen Bereich nach § 19 Abs. 3 und 4 BDSG, nach entsprechenden Regelungen in den Landesdatenschutzgesetzen und →bereichsspezifischen Datenschutzvorschriften erheblichen Einschränkungen, insbesondere im Sicherheitsbereich, unterworfen. Soweit die Daten Angaben über gesundheitliche Verhältnisse des Betroffenen beinhalten, insbesondere Angaben, die die Entwicklung und Entfaltung der Persönlichkeit des Patienten beeinträchtigen können, sollte die Auskunftserteilung durch einen Arzt oder eine andere durch Vorbildung, Lebens- und Berufserfahrung geeignete und befähigte Person erfolgen; bei → Sozialdaten ist diese Möglichkeit in § 25 Abs. 2 SGB X ausdrücklich vorgesehen. Besteht der Betroffene auf Akteneinsicht ohne Vermittlung durch einen Arzt oder eine andere Person, so ist ihm diese zu gewähren (§ 25 Abs. 2 Satz 4 SGB X).

Auskunftssystem: computergestütztes Informationssystem zur Wiedergabe der in einer Datenbank gespeicherten Daten, die mit Hilfe einer Abfragesprache über Datenstationen von einem definierten Benutzerkreis abgerufen werden können; z.B. Vergiftungsdatenbank, Arzneimittelinformationssystem, Literaturinformationssystem [Seel90].

Auslastung: bei einer Funktionseinheit das Verhältnis von der in einem Zeitraum erbrachten zu der in diesem Zeitraum maximal erbringbaren Leistung [Seel90].

Ausschlussdiagnostik: die gezielte Anwendung diagnostischer, meist technologischer Verfahren zum Ausschluss eines möglicherweise vorhandenen Krankheitsbildes, deren Normalergebnisse (Nullbefunde) mit der möglicherweise vorhandenen Diagnose nicht vereinbar sind [Seel90].

Ausschreibung: das Einholen von Angeboten für Produkte und/oder Dienstleistungen verschiedener Anbieter durch den Auftraggeber selbst oder durch von diesem Beauftragte. An die Ausschreibung schließt sich eine Analyse und Bewertung der eingegangenen Angebote auf der Grundlage zuvor definierter und gewichteter Bewertungskriterien (Pflichtenheft) an. Sie ist Voraussetzung für die Auswahlentscheidung.

Austauschsystem: Organisationsform der Güterversorgung über einen Ver- und Entsorgungsstützpunkt, bei der der regelmäßige Bedarf an Gütern ohne Aufforderung gedeckt wird. Die Güter sind in den Transporthilfsmitteln einsortiert und werden in diesen auf den Verbrauchsstellen gelagert; ein Umladen entfällt, so dass man von einem integrierten Transport- und Lagersystem sprechen könnte. Die Wagen/Behälter werden täglich neu (nach Fahrplan) zu den Verbrauchsstellen verschickt und gegen die dort vorhandenen ausgetauscht [Seel90].

Aut-idem-Regelung: aut idem lat. für „oder das Gleiche". Im Apothekenrecht wird damit die Möglichkeit des Apothekers beschrieben, statt eines vom Arzt verordneten Arzneimittels ein anderes (preisgünstigeres) aber wirkstoffgleiches Präparat an den Patienten abzugeben. Das Präparat muss in Wirkungsstärke und Packungsgröße mit dem verordneten Arzneimittel identisch und für das gleiche Krankheitsbild zugelassen sein sowie die gleiche oder eine austauschbare Darreichungsform haben (z.B. Tabletten/Dragees).

AutoAnalyzer: s. Analyzer.

Autokratischer Führungsstil: Variante des → autoritären Führungsstils. Charakteristisches Merkmal des autokratischen

Führungsstils ist, dass der in seiner Willensbildung weitgehend ungebundene Führende mit Hilfe eines ihm unterstellten Führungsapparates seinen Willen durchsetzt, ohne die persönlich gestaltete Beziehung zu den Geführten, wie etwa beim →charismatischen oder →patriarchalischen Führungsstil. Der autokratische Führungsstil orientiert sich an eindeutig abgegrenzten Kompetenzen und Hierarchieebenen. Die Umsetzung der Organisationsziele erfolgt weitgehend durch Delegation an nachfolgende Linienfunktionen, die Entscheidungsfindung in Beratungen mit Stäben [Seel07].

Automatische Waren-Transportsysteme: Abk. AWT-Systeme; Mittel-Transportsysteme, die sich grundsätzlich in sieben verschiedene Techniken einteilen lassen, die je nach Hersteller aus verschiedenen Horizontal- und Vertikal-Transporteinrichtungen mit unterschiedlichem Raumbedarf zusammengesetzt sind und die sich weiterhin durch konstruktive Details in ihren Geschwindigkeiten, Tragfähigkeiten sowie eingesetzten Steuerungskonzepten und Automatisierungsstufen unterscheiden. Die automatischen Warentransportsysteme teilen sich in automatische Wagen-Transportsysteme, zu denen Hängebahnen (kontinuierlicher Betrieb) für Wagen, Hängebahnanlagen (diskontinuierlicher Betrieb), kombiniert mit Vertikalfördereinrichtungen, Power- and Free-Anlagen, kombiniert mit Aufzügen, Unterflurschleppkettenförderanlagen, kombiniert mit Aufzügen, Flurförderanlagen, kombiniert mit Aufzügen und Vertikalförderanlagen gezählt werden, und in Behälterfördersysteme, bei denen Hängebahnanlagen (kontinuierli-

cher Betrieb) für Behälter und Behälteranlagen (diskontinuierlicher Betrieb) als Band- und Rollenbahnförderer, kombiniert mit Vertikalförderanlagen, unterschieden werden [Seel90].

Automatisierung: Einsatz von Techniksystemen, die bisher vom Menschen ausgeführte mechanische Arbeit und/oder Informationsverarbeitungsaufgaben übernehmen; z.B. Transport von Gütern durch AWT-Systeme, rechnerunterstützte Bestrahlungsplanung.

Automatisierungsgrad: bezogen auf eine Funktionseinheit das Verhältnis zwischen den tatsächlich automatisierten zu den potenziell automatisierbaren Prozessen. Je nach Automatisierungsgrad unterscheidet man z.B. teil- oder vollautomatisierte Systeme.

Autoplastik: autoplastischer Ersatz; Verpflanzung von Gewebe oder einem Organ von einer Körperregion in eine andere; der Spender ist dabei zugleich der Empfänger [Seel90].

Autopsie: syn. für →Sektion.

Autoritärer Führungsstil: kontrollorientiertes Weisungsverhalten des Führenden. Beim autoritären Führungsstil weist der Führende dem Geführten die Aufgaben zu, wobei er auch die Art der Aufgabenerledigung vorgibt (vorstrukturierte Aktivität). Ziele formuliert der Führende selbst, oder übernimmt diese weitgehend von seinem Vorgesetzten. Das Führungsverhalten ist durch Anweisung und Ausführung gekennzeichnet, die Kontrolle des Geführten erstreckt sich sowohl auf den Prozess als auch auf das Ergebnis der medizinbetrieblichen Leistungserstellung. Ein solches Führungsverhalten begünstigt unselbstständiges Arbeiten des Geführten, das wiederum ein direktives Verhalten des Führenden verstärkt.

AWMF: Abk. für →**A**rbeitsgemeinschaft **W**issenschaftlicher **M**edizinischer **F**achgesellschaften.

AWT-System: Abk. für →**A**utomatisches **W**aren-**T**ransportsystem.

ÄZQ: Abk. für →**Ä**rztliches **Z**entrum für **Q**ualität in der Medizin.

B

BÄK: Abk. für **B**undes**ä**rzte**k**ammer; s. Ärztekammer.

Balanced Scorecard: : Abk. BSC; wörtlich „ausgewogener Berichtsbogen". Die BSC geht auf Arbeiten von *RS Kaplan* und *DP Norton* Anfang der 90er Jahre zurück und ist ein ganzheitlich orientiertes, ziel- und kennzahlenbasiertes Führungsinstrument zur Ausrichtung einer Organisation an ihren strategischen Zielen. Dazu werden die strategischen Ziele aus verschiedenen Perspektiven betrachtet: Finanzen, Kunden, interne Prozesse, Potenziale. Für jede der Perspektiven werden → Kennzahlen definiert, um die Erreichung der strategischen Ziele zu messen und gegebenenfalls durch korrigierende Maßnahmen zu steuern (strategisches Controlling) [Seel07].

Balkencode: syn. Strichcode, engl. bar code; Code, der Daten als normierte Folge von schwarzen Strichen und weißen Lücken, die in der Anzahl und Breite variieren, verschlüsselt. Balkencodes werden mit Scannern erkannt und vor allem für die Beschriftung von Artikeln angewandt.

Balkendiagramm: Hilfsmittel zur graphischen Darstellung der Dauer und der zeitlichen Anordnung von Vorgängen (Aktivitäten), z.B. in einem Projekt. Dabei wird die Dauer jeder Aktivität durch einen waagerechten Balken, bezogen auf eine von links nach rechts laufende horizontale Zeitachse, dargestellt. Die Aktivitäten werden vertikal tabellarisch aufgelistet. Im Gegensatz zum → Netzplan sind jedoch die logischen Abhängigkeiten einzelner Vorgänge nicht direkt und eindeutig ersichtlich [Seel90].

Base rate: engl. für → Basisfallwert.

Basisfallwert: engl. base rate; Faktor mit dem die → Bewertungsrelation einer diagnosebezogenen Fallgruppe im → G-DRG-System multipliziert wird, um einen DRG-Erlös (Fallpauschale) zu errechnen.

Basispflegesatz: Entgelt für sämtliche nicht durch ärztliche und pflegerische Tätigkeit veranlasste Leistungen bei stationärer Behandlung, soweit sie nicht anteilig über → Fallpauschalen verrechnet werden.

Basisuntersuchung: eine nach Art, Umfang und Abfolge festgelegte Menge (labortechnischer) diagnostischer Verfahren (routinemäßige Laboruntersuchungen), die trotz ihres indiskriminierten Einsatzes eine hohe Aussagekraft bei pathologischem Ergebnis haben, andererseits bei normalem Ergebnis eine größere Gruppe von Erkrankungen als Ursache des vorliegenden

Krankheitsbildes unwahrscheinlich machen [Seel90].

Bauformen von Krankenhäusern: Nach der baulich-funktionellen Struktur des Krankenhausbetriebes werden unterschieden: Horizontal-, Vertikal- und Pavillontyp. Beim Horizontaltyp sind die fachdisziplinären Pflegeeinheiten, Untersuchungs- und Behandlungseinrichtungen in einer gemeinsam genutzten Ebene zusammengefasst. Er ermöglicht durch diese räumliche Zusammenfassung eine fachspezifische Konzentration der medizinisch-pflegerischen Leistungserstellung. Beim Vertikaltyp sind die Untersuchungs- und Behandlungseinrichtungen über den Pflegeeinheiten vertikal gestaffelt (oder eventuell auch daneben als weiterer Bautrakt) angeordnet. Charakteristisch für den Vertikaltyp ist eine interdisziplinäre Arbeitsweise im Untersuchungs- und Behandlungsbereich aufgrund des funktionalen Zusammenhangs durch Anordnung dieser Einrichtungen. Eine weitere Variante ist die vornehmlich bei Großkrankenhausbetrieben anzutreffende Pavillon-Bauweise, bei der die medizinisch-pflegerischen Funktionsbereiche einer oder mehrerer Fachdisziplinen in getrennten Baukörpern angeordnet sind. Die betriebstechnischen Leistungsstellen können dabei zentral in einem oder mehreren Gebäuden oder dezentral in den Häusern der einzelnen Disziplinen betrieben werden [Seel90].

BDSG: Abk. für **B**undes**d**atenschutz**g**esetz.

Bearbeitungszeit: bei einer Funktionseinheit die Summe der Zeitintervalle, während derer sie denselben Auftrag bearbeitet (vgl. DIN 44399).

Beauftragter für den Datenschutz: Öffentliche und nicht-öffentliche Stellen, die personenbezogene Daten automatisiert verarbeiten, haben nach § 4f BDSG einen Beauftragten für den Datenschutz schriftlich zu bestellen. Nicht-öffentliche Stellen können darauf verzichten, wenn sie weniger als neun Personen ständig mit der automatisierten Verarbeitung personenbezogener Daten beschäftigen. Nicht-öffentliche Stellen sind zur Bestellung des Beauftragten für den Datenschutz spätestens innerhalb eines Monats nach Aufnahme ihrer Tätigkeit verpflichtet. Das Gleiche gilt, wenn personenbezogene Daten auf andere Weise erhoben, verarbeitet oder genutzt werden und damit in der Regel mindestens 20 Personen beschäftigt sind. Soweit aufgrund der Struktur einer öffentlichen Stelle erforderlich, genügt die Bestellung eines Beauftragten für den Datenschutz für mehrere Bereiche. Soweit nicht-öffentliche Stellen automatisierte Verarbeitungen vornehmen, die einer Vorabkontrolle unterliegen, oder personenbezogene Daten geschäftsmäßig zum Zweck der anonymisierten Übermittlung automatisiert verarbeiten, haben sie unabhängig von der Anzahl der mit der automatisierten Verarbeitung beschäftigten Personen einen Beauftragten für den Datenschutz zu bestellen. Zum Beauftragten für den Datenschutz darf nur bestellt werden, wer die zur Erfüllung seiner Aufgaben erforderliche Fachkunde und Zuverlässigkeit besitzt. Das Maß der erforderlichen Fachkunde bestimmt sich insbesondere nach dem Umfang der Datenverarbeitung der →verantwortlichen Stelle und dem Schutzbedarf der personenbezogenen Daten, die die verantwortliche Stelle erhebt oder verwendet. Zum Beauftragten für den Datenschutz kann auch eine Person außerhalb der verantwortlichen Stelle bestellt werden. Der Beauftragte für den Datenschutz hat die Ausführung der vom Unternehmen zu beachtenden Datenschutzgesetze „sicherzustellen". Zu diesem Zweck führt er eine Dateien-Übersicht (§ 4g Abs. 2 BDSG), überwacht die Anwendung der Datenverarbeitungsprogramme (§ 4g Abs. 1 Nr. 1 BDSG) und macht die mit der Datenverarbeitung befassten Personen mit den Datenschutzvorschriften vertraut (§ 4g Abs. 1 Nr. 2 BDSG). Eine Entscheidungskompetenz hat der weisungsfrei arbeitende Beauftragte für den Datenschutz nicht; wohl aber hat ihn der Arbeitgeber nach § 4f Abs. 5 BDSG bei der Erfüllung seiner Aufgaben zu unterstützen. Der Beauftragte

für den Datenschutz darf nach § 4f Abs. 3 BDSG wegen der Erfüllung seiner Aufgaben nicht benachteiligt werden (Benachteiligungsverbot).

Bedürfnispyramide: Die Bedürfnistheorie von *AH Maslow* (1954), die allerdings zunächst nicht für die Arbeitswelt entwickelt wurde, unterscheidet fünf hierarchisch (in der Abb. im Sinne einer Pyramide von I. bis V.) angeordnete menschliche Bedürfnisse: I. Physiologische Bedürfnisse, II. Sicherheitsbedürfnisse, III. Soziale Bedürfnisse, IV. Statusbedürfnisse und als höchste Stufe V. Selbstverwirklichungsbedürfnisse. Ein (aktuell) befriedigtes Bedürfnis kann keine Motivationskraft entfalten. Menschen streben danach, unbefriedigte Bedürfnisse zu befriedigen (Defizitprinzip). Menschliches Verhalten wird grundsätzlich durch das hierarchisch niedrigste unbefriedigte Bedürfnis motiviert (Progressionsprinzip). Erst wenn dieses befriedigt ist, wird das nächst höhere Be-

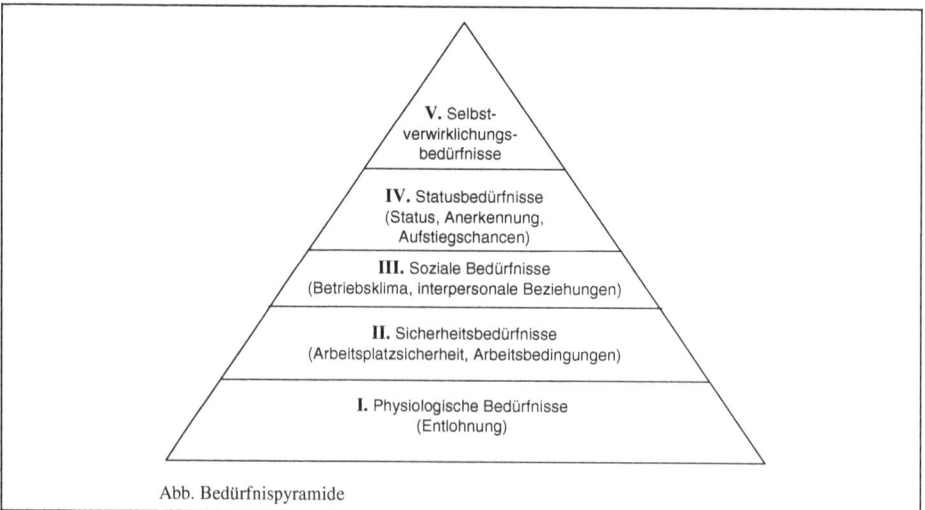

V. Selbstverwirklichungsbedürfnisse

IV. Statusbedürfnisse
(Status, Anerkennung, Aufstiegschancen)

III. Soziale Bedürfnisse
(Betriebsklima, interpersonale Beziehungen)

II. Sicherheitsbedürfnisse
(Arbeitsplatzsicherheit, Arbeitsbedingungen)

I. Physiologische Bedürfnisse
(Entlohnung)

Abb. Bedürfnispyramide

dürfnis aktiviert. Selbstverwirklichungsbedürfnisse stellen Wachstums-, die übrigen,
weil abschließend zu befriedigen, Defizit-
bedürfnisse dar. Der Grad ihrer Befriedigung ist nach neuerem Verständnis eine
Frage der Erwartung bzw. des Anspruchni-
veaus. Auf die medizinbetriebliche Arbeitswelt übertragen ist zunächst für die
existenzielle Versorgung der Beschäftigten
(Entlohnung) und die Befriedigung der Sicherheitsbedürfnisse (z.b. Arbeitsplatzsicherheit, Arbeitssicherheit, Sozialleistungen) zu sorgen, bevor die darüber liegenden Bedürfnisse verhaltensbestimmend
werden. Die dritte Stufe kann der Wunsch
nach einem guten Betriebsklima, insbesondere sozialen Beziehungen, die vierte
Stufe das Bedürfnis nach Status und Anerkennung der eigenen Leistung durch Kollegen, Vorgesetzte und Patienten sein. Die
höchste Stufe beinhaltet das Bedürfnis der
Übernahme von Verantwortung, Möglichkeiten zur beruflichen Weiterbildung und
der Arbeit an sich. Grundsätzlich sind alle
Bedürfnisse zu jeder Zeit wichtig, jedoch
variiert die Intensität ihrer Verfolgung individuell, situationsspezifisch und auch le-
bensphasenbezogen [Seel07].

Befund: in der Medizin die Beschreibung
eines Untersuchungsergebnisses (diagnostische Maßnahme); z.B. körperlicher Befund als Ergebnis der körperlichen Untersuchung oder in der Labordiagnostik die
Zusammenstellung von geprüften und beurteilten Resultaten zu Untersuchungsauf-
trägen, wobei die zugrunde liegende Fragestellung zur Diagnostik oder Therapie
einbezogen ist [Seel90].

Befundbericht: die aus dem Untersu-
chungsgang abgeleiteten dokumentierten
→Befunde zusammen mit der zugrundeliegenden diagnostischen Fragestellung,
dem zur Befundgewinnung angewandten
Verfahren, Einzelheiten des Untersu-
chungsprozesses und Identifikationsdaten
des Patienten.

Befundmusterkontrolle: die Prüfung, ob
ein Resultat in den Kontext von anderen
Werten zum selben Zeitpunkt der Untersu-
chungsgutentnahme beim selben Patienten
passt. Die Einbeziehung von Außenkriteri-
en (wie Diagnose, Therapie, Medikation)
steigert die Effektivität der Befundmusterkontrolle. Sie ist Teil der Plausibilitätskontrolle [Seel90].

Begutachtung: in der Medizin gutachtliche bzw. sachverständige ärztliche Stellungnahme zu einer vorgegebenen sozialrechtlichen Fragestellung, ferner zur
Rechtsfindung im Straf- oder Zivilrecht.
Die gutachtliche Beurteilung kann aufgrund eines entsprechenden Aktenstudi-
ums (Begutachtung nach Aktenlage), einer
körperlichen Untersuchung oder aufgrund
von beidem herbeigeführt werden. Der
ärztliche Gutachter betreibt keine Therapie
und trifft keine Verwaltungsentscheidung.
Das Ergebnis der Begutachtung wird in
einem Gutachten zusammengefasst, welches dem zur Entscheidungsfindung Zuständigen die dazu notwendigen Informationen zur Verfügung stellt. Dieser hat auch
zu entscheiden und zu verantworten, inwieweit er dem Gutachten folgt [Seel90].

Behandlung: Teil der Krankenversorgung, der ambulante, teilstationäre und stationäre Gesundheitsleistungen (Diagnostik, Therapie, Pflege) umfasst. Begrifflich und auch versicherungsrechtlich ist die Behandlung von der →Prävention und der →Rehabilitation insoweit abzugrenzen, als die Prävention die Entstehung behandlungsbedürftiger Krankheiten verhindern soll und die Rehabilitation dann einsetzt, wenn weitere Behandlung nicht mehr zu weiterer Besserung führt, sondern wenn bereits ein chronischer Defektzustand eingetreten ist oder einzutreten droht [Seel90].

Behandlungsausweis: persönliche Chipkarte für einen Anspruchsberechtigten in der gesetzlichen Krankenversicherung (→elektronische Gesundheitskarte).

Behandlungsfall: im Unterschied zum →Pflegefall, die zeitlich durchgehende medizinische Betreuung eines Patienten in einer einzelnen medizinbetrieblichen Organisationseinheit oder im Medizinbetrieb insgesamt.

Behandlungsfehler: eine nicht angemessene, zum Beispiel nicht sorgfältige, nicht richtige oder nicht zeitgerechte Behandlung eines Arztes; kann alle Bereiche ärztlicher Tätigkeit (Tun oder Unterlassen) betreffen. Dabei kann der Fehler rein medizinischen Charakters sein, sich auf organisatorische Fragen beziehen, oder es kann sich um Fehler nachgeordneter oder zuarbeitender Personen handeln. Auch die Nichterfüllung oder Verletzung der Nebenpflichten des →Behandlungsvertrages zählt zu Behandlungsfehlern. Besteht

Grund zur Annahme, dass ein Behandlungsfehler vorliegt, sollte der Patient zunächst das Gespräch mit dem behandelnden Arzt oder einer Beratungsstelle suchen, Einsicht in die Behandlungsdokumentation nehmen und sich Kopien anfertigen lassen. Beratung finden die Betroffenen u.a. bei Patientenberatungsstellen, Verbraucherzentralen oder Selbsthilfegruppen, aber auch bei den Ärzte- und Zahnärztekammern oder Krankenkassen. Im stationären Bereich können sich Patienten an die Träger des Krankenhauses oder die Krankenhausleitung wenden. In vielen Krankenhäusern gibt es auch →Patientenfürsprecher. Schadensersatzansprüche können gerichtlich oder außergerichtlich geltend gemacht werden. Ärzte- und Zahnärztekammern haben Gutachter- und Schlichtungsstellen eingerichtet, um die Meinungsverschiedenheiten zwischen Arzt und Patient außergerichtlich zu klären. Die Einschaltung der Gutachterkommissionen und Schlichtungsstellen ist freiwillig, ihre Tätigkeit für Patienten kostenlos. Sie greifen Fälle auf, die noch nicht Gegenstand eines gerichtlichen Verfahrens sind und nicht länger als fünf Jahre zurückliegen. Auch die gesetzlichen Krankenkassen unterstützen ihre Versicherten, wenn sie bei ihrer Krankenkasse einen entsprechenden Antrag stellen. Die Krankenkassen helfen mit einer außergerichtlichen Rechtsberatung und können ein medizinisches Gutachten durch den Medizinischen Dienst der Krankenkassen (MDK) einholen. Ist eine außergerichtliche Klärung nicht möglich, steht den Patienten auch der Weg zu den Gerichten offen, um ihre Schadensersatzansprüche durchzusetzen [Bund07].

Behandlungsfreiheit: Recht des Arztes, frei darüber zu entscheiden, ob er einen →Behandlungsfall übernehmen will. Die Verpflichtung des Arztes in Notfällen zu helfen bleibt davon unberührt (§ 323c StGB).

Behandlungspfad: syn. clinical pathway, medical pathway, Patientenpfad; (evidenzbasiertes) Prozessdesign für die Behandlung einer medizinischen Problemkategorie nach qualitativen, zeitlichen und wirtschaftlichen Gesichtspunkten (Referenzprozess). Das für den konkreten Behandlungsfall individualisierbare Prozessdesign legt wiederum Art, Reihenfolge, Zeitpunkt und Umfang der einzelnen Leistungen fest. Behandlungspfade können medizinbetrieblich oder überbetrieblich definiert werden [Seel07].

Behandlungspflege: Gesamtheit pflegerischer Tätigkeiten, die der Befriedigung der Bedürfnisse nach Behandlung eines Patienten dienen; z.B. Ausführung von diagnostischen und therapeutischen Maßnahmen wie Vitalzeichenkontrolle, Bereitstellung von Untersuchungsmaterial, Ausführen von Einreibungen [Seel90].

Behandlungsvertrag: bei Inanspruchnahme ambulanter Leistungen s. Arztvertrag, bei stationärer Behandlung s. (totaler) Krankenhausaufnahmevertrag.

Behandlungsziel: ein zu erreichender Zustand am Ende eines geplanten Behandlungsablaufs. Das Behandlungsziel wird vom Arzt oder von diesem gemeinsam mit dem Patienten festgelegt.

Behinderung: Nach § 2 SGB IX sind Menschen behindert, wenn ihre körperliche Funktion, geistige Fähigkeit oder seelische Gesundheit mit hoher Wahrscheinlichkeit länger als sechs Monate von dem für das Lebensalter typischen Zustand abweichen und daher ihre Teilhabe am Leben in der Gesellschaft beeinträchtigt ist. Sie sind von Behinderung bedroht, wenn die Beeinträchtigung zu erwarten ist. Die Behinderung wird aufgrund der 1996 vom Bundesarbeitsministerium in einer überarbeiteten Fassung herausgegebenen „Anhaltspunkte für die Gutachtertätigkeit im sozialen Entschädigungsrecht und nach dem Schwerbehindertengesetz" festgestellt und in nach Zehnereinheiten abgestuften Graden der Behinderung (Abk. GdB) gemessen (§ 69 Abs. 1 SGB IX i.V.m. § 30 BVG). Liegen mehrere Behinderungen vor, wird gegebenenfalls auswirkungsgemäß ein Gesamt-GdB festgestellt. Schwerbehinderte haben einen GdB von 50 und mehr, die diesen gleichgestellten Personen einen GdB von mind. 30.

Beitragssatz: in der Sozialversicherung der prozentuale Anteil am Bruttoarbeitsentgelt, der als Versicherungsprämie von dem (Versicherten) oder den Beitragspflichtigen (Arbeitnehmer, Arbeitgeber) zu entrichten ist.

Beitragssatzstabilität: Der in § 71 SGB V verankerte Grundsatz der Beitragssatzstabilität in der gesetzlichen Krankenversicherung besagt, dass die Vergütungen an Leistungserbringer so zu gestalten sind, dass Beitragssatzerhöhungen ausgeschlossen werden, es sei denn, die notwendige medizinische Versorgung ist auch nach Ausschöpfung von Wirtschaftlichkeitsreserven ohne Beitragssatzerhöhungen nicht zu gewährleisten. Ausgabensteigerungen aufgrund von gesetzlich vorgeschriebenen Vorsorge- und Früherkennungsmaßnahmen oder für zusätzliche Leistungen, die im Rahmen zugelassener strukturierter Behandlungsprogramme (§ 137g SGB V) auf Grund der Anforderungen der Rechtsverordnung nach § 266 Abs. 7 SGB V erbracht werden, verletzen nicht den Grundsatz der Beitragssatzstabilität.

Belastungs-EKG: Aufzeichnung eines →Elektrokardiogramms vor, während und nach (physik. möglichst genau definierter) körperlicher Belastung; i.d.R. unter Einsatz der Fahrradergometrie [Seel90].

Beleg: Organisationsmittel; manuell oder maschinell beschrifteter Datenträger in Papierform, der visuell oder visuell und maschinell (Belegleser) verarbeitet werden kann [Seel90].

Belegarzt: ein nicht am Krankenhaus angestellter Arzt, der berechtigt ist, seine Patienten (Belegpatienten) im Krankenhaus unter Inanspruchnahme der hierfür vom Krankenhausträger gegen Entgelt bereitgestellten Dienste, Einrichtungen und Mittel vollstationär oder teilstationär zu behandeln, ohne hierfür vom Krankenhaus eine Vergütung zu erhalten. Die belegärztlichen Leistungen werden aus der vertragsärztlichen Gesamtvergütung vergütet (§ 121 SGB V).

Belegkrankenhaus: Krankenhaus, das dem Patienten nur Unterkunft, Verpflegung und pflegerische Betreuung anbietet. Die ärztliche Behandlung nehmen →Belegärzte wahr [Seel90].

Belegorganisation: die Gesamtheit der in einer Organisation definierten →Belege und des Belegflusses.

Belegung: syn. Belegungsgrad; Maßzahl zur Bestimmung des Anteils von mit Patienten belegten Betten an den gesamten, planmäßig aufgestellten Betten einer Station, Fachabteilung oder eines Krankenhauses. Sie wird täglich stationsbezogen durch die „Mitternachtsstatistik" erfasst und als Kennzahl stations-, abteilungs- und krankenhausbezogen, beim Heim bezogen auf die anwesenden Bewohner und vorgehaltenen Plätze, ermittelt.

Belegungsgrad: syn. für →Belegung.

Belohnungsmacht: das einem Führenden zur Verfügung stehende Belohnungspotenzial; leitet sich aus der →Positionsmacht des Führenden ab.

Benchmarking: benchmark engl. für Höhenfestpunkt; kontinuierlicher Prozess des Vergleichens von eigenen Produkten, Strukturen, Prozessen und Systemen mit den besten anderen nach einem festgelegten Vergleichsschema, um neue Maßstäbe zu setzen und/oder Verbesserungspotenzial zu identifizieren. Der systematische Vergleich kann einzelbetrieblich, zwischen Medizinbetrieben oder branchenübergreifend durchgeführt werden.

benigne: gutartig; Gegensatz: →maligne.

Benutzer: Person in der Rolle eines unmittelbaren Auftraggebers gegenüber einem technischen System; z.B. einem Computertomographen. Unterscheidbar sind Personen, die das Techniksystem entwickeln oder warten und solche, die seine Funktionalitäten nutzen (**Endbenutzer**).

Benutzerdokumentation: syn. Benutzerhandbuch; schriftliche Zusammenfassung der für ein Techniksystem notwendigen Bedienungsvorschriften; enthält eine Beschreibung der organisatorischen und technischen Voraussetzungen für den operativen Betrieb, eine Funktionsbeschreibung unter Einbeziehung der Benutzeraktionen und Systemreaktionen (einschließlich der Fehlermeldungen) sowie Hinweise für den Störfall.

Benutzerhandbuch: syn. für →Benutzerdokumentation.

Benutzerorientierung: die angemessene Beachtung physischer und psychischer Eigenschaften des →Benutzers bei der Gestaltung benutzerfreundlicher Techniksysteme; z.B. im Hinblick auf die Ergonomie der Benutzerschnittstelle, des Arbeitsplatzes, der Arbeitsmittel, der Benutzerdokumentation und der Benutzerführung.

Benutzerschnittstelle: bezogen auf ein Techniksystem die Gesamtheit der zur Kommunikation mit einem Benutzer notwendigen Hard- und Software-Komponenten [Seel90].

Beratungsinstanz: syn. für →Abstimminstanz.

Berechnungstag: anrechenbarer Aufenthaltstag eines Patienten im Krankenhaus zur Abrechnung mit der Krankenkasse insoweit nicht fallpauschalierte Entgelte zur Anwendung kommen. Im Gegensatz zum Pflegetag, der auf die belegten Betten bezogen ist, bezieht sich der Berechnungstag auf die Patienten. Während ein Bett pro Pflegetag nur einmal belegt sein kann, ist beim Berechnungstag eine Abweichung durch einen Patientenwechsel (Entlassung des einen, Aufnahme eines anderen Patienten an einem Tag) um einen Tag möglich [Seel90].

Berechtigung: bezogen auf ein →Anwendungssystem eine Befugnis, die im Gegensatz zur Verpflichtung die Ausübung von bestimmten Systemfunktionen gestattet und nicht fordert. In der Informatik können Berechtigungen entweder objekt- (welche Daten dürfen gelesen werden?) oder funktionsbezogen (welche Befehle dürfen ausgeübt, welche Programme geladen werden?) definiert werden. Der Berechtigungsnachweis ist Voraussetzung für den befugten Zugriff zu Datenverarbeitungssystemen, Programmen, Dateien u.ä. oder für den befugten Zutritt zu datenverarbeitenden Stellen, Datenträgerarchiven usw. Die Berechtigungprüfung kann, sofern sie nicht an einen austauschbaren Funktionsträger gebunden ist (z.B. diensthabender Fahrer für den Datentransport), zwingend mit einer Identitätsprüfung (z.B. →Passwort, Ausweisleser) verbunden werden [Seel90].

Bereichsspezifische Datenschutzvorschriften: finden sich in unterschiedlicher Systematik und Regelungsdichte sowohl im öffentlichen Recht als auch im Privatrecht; z.B. über die Wahrung des →Sozialgeheimnisses und über die Offenbarung von →Sozialdaten nach dem Sozialgesetzbuch, über das Steuergeheimnis in der Abgabenordnung, über das Berufsgeheimnis (Patientengeheimnis) im Strafgesetzbuch, in den Statistikgesetzen, im Personalausweisgesetz, in der Telekommunikationsverordnung, in den Mediengesetzen, in den Krebsregistergesetzen, in den Meldegesetzen, im Arbeitsrecht und zahlreichen weiteren Vorschriften. Die bereichsspezifischen Vorschriften gehen dem Bundes- bzw. den Landesdatenschutzgesetzen nur soweit vor, wie sie gegenüber dem allgemeinen Datenschutzrecht eine besondere Regelung enthalten. Darüber hinaus bleibt das allgemeine Datenschutzrecht anwendbar.

Bereitschaftsdienst: organisierte Bereitstellung personeller Ressourcen zur stationären und ambulanten medizinischen Versorgung außerhalb der regelmäßigen Arbeitszeit i.S. eines Notfalldienstes [Seel90].

Bereitschaftslabor: syn. für →Eilfall-Labor.

Berichtssystem: ein →Anwendungssystem, das zu definierten oder ereignisabhängigen Zeitpunkten nach einem bestimmten Algorithmus aus einer definierten Datenbasis Informationen (z.B. Kennzahlen) für Benutzer bereitstellt; z.B. ein →Frühwarnsystem.

Berufsgenossenschaft: Selbstverwaltungskörperschaft des öffentlichen Rechts und Träger der →gesetzlichen Unfallversicherung, der die Unternehmer kraft Gesetzes als Mitglieder angehören. Für Betriebe mit gleichen oder ähnlichen Gefahren ist jeweils eine eigene Berufsgenossenschaft zuständig.

Berufskrankheit: im Sprachgebrauch der gesetzlichen Unfallversicherung eine spezifische arbeitsbedingte Erkrankung, die ein Versicherter bei einer der in §§ 2,3 und 6 SGB VII genannten Tätigkeiten erleidet (§ 9 Abs. 1 SGB VII). Im Unterschied zu den unspezifischen arbeitsbedingten Erkrankungen sind bei Berufskrankheiten spezifische Ursache-Wirkungs-Zusammenhänge klinisch-experimentell nachweisbar. Berufskrankheiten müssen als unmittelbare Folge der Berufsausübung angesehen werden und unterscheiden sich von einem Unfall nur dadurch, dass ihre Entstehung nicht einem einmaligen und zeitlich eng begrenzten Ereignis zugeschrieben werden muss, sondern einem lange Zeit einwirkenden schädlichen Einfluss. Als Berufskrankheiten anerkannte Krankheiten sind im Einzelnen Bestandteil der Berufskrankheitenverordnung. Ärztlicherseits besteht bei begründetem Verdacht des Bestehens einer Berufskrankheit eine Meldepflicht gegenüber der für den Arbeitsschutz zuständigen Stelle (Berufsgenossenschaft, Gewerbeärztlicher Dienst). Die Folgen der Berufskrankheit werden durch die →gesetzliche Unfallversicherung gedeckt.

Berufsunfähigkeit: liegt nach § 240 SGB VI vor, wenn die Erwerbsfähigkeit eines Versicherten wegen Krankheit oder Behinderung im Vergleich zur Erwerbsfähigkeit von körperlich, geistig und seelisch gesunden Versicherten mit ähnlicher Ausbildung und gleichwertigen Kenntnissen und Fähigkeiten auf weniger als sechs Stunden gesunken ist. Der Kreis der Tätigkeiten, nach denen die Erwerbsfähigkeit von Versicherten zu beurteilen ist, umfasst alle Tätigkeiten, die ihren Kräften und Fähigkeiten entsprechen und ihnen unter Berücksichtigung der Dauer und des Umfangs ihrer Ausbildung sowie ihres bisherigen Berufs und der besonderen Anforderungen ihrer bisherigen Berufstätigkeit zugemutet werden können. Zumutbar ist stets eine Tätigkeit, für die die Versicherten durch Leistungen zur Teilhabe am Arbeitsleben mit Erfolg ausgebildet oder umgeschult worden sind. Berufsunfähig ist nicht, wer eine zumutbare Tätigkeit mindestens sechs Stunden täglich ausüben kann; dabei ist die jeweilige Arbeitsmarktlage nicht zu berücksichtigen.

Beschaffung: i.w.S. sämtliche Maßnahmen, die der Beschaffung von Personal, Kapital, Betriebsmitteln und Werkstoffen (Produktionsfaktoren) dienen; i.e.S. die Beschaffung von Werkstoffen. Die Aufgaben der Beschaffung lassen sich gliedern in die routinemäßige Beschaffung, d.h. die Planung, Durchführung und Kontrolle darüber, was wann, in welcher Menge und wo bestellt werden soll, und in die strategische Beschaffung; diese umfasst die am Betriebsziel orientierten Maßnahmen zur Verbesserung der Beschaffungsmarktsituation

und der Verhandlungsposition am Beschaffungsmarkt [Seel90].

Beschäftigte: unabhängig vom Beschäftigungsverhältnis, die in einem →Medizinbetrieb tätigen Mitarbeiter.

Beschwerdemanagement: organisatorische Strukturen und Regelungen, die den Umgang mit Beschwerden von Beschäftigten und Dritten in einem Medizinbetrieb festlegen.

Bestellpraxis: Arztpraxis, in der zur Verkürzung von Wartezeiten Behandlungstermine an Patienten auf deren Anmeldung hin vergeben werden [Seel90].

Bestimmbare Person: eine natürliche Person, die nicht identifiziert ist, über die die →verantwortliche Stelle aber selbst in beliebiger Form Zusatzinformationen hat oder über die sie sich Zusatzinformationen (nach herrschender Meinung rechtmäßig und ohne erheblichen Aufwand) verschaffen kann, mit denen personenbezogene Daten eindeutig einer bestimmten Person zugeordnet werden können.

Bestrahlungsplanung: in Vorbereitung einer Strahlentherapie die zeitlich-räumliche Ermittlung einer optimalen Dosisverteilung in Abhängigkeit des zu bestrahlenden Tumors (Zielvolumens) und der anzuwendenden Bestrahlungstechnik (z.B. Elektronen-Kreis- und Linearbeschleuniger, die Photonen- und Elektronenenergien bis etwa 40 MeV ermöglichen, Cobalt-60- oder Caesium-137-Bestrahlung, Radiumtherapie). Hierzu ist zunächst das Zielvolumen festzulegen, das in ein Volumen erster und zweiter Ordnung unterteilt werden kann. Während das Zielvolumen erster Ordnung den Tumor bzw. das Tumorbett umfasst, bezieht das Zielvolumen zweiter Ordnung die regionalen Lymphabflusswege ein, die eine geringere Dosis als der Primärtumor erhalten. Zur Festlegung der Zielvolumina werden Operationsberichte, histopathologische Befundberichte, endoskopische und röntgenmorphologische Befunde, insbesondere Befunde der Computertomographie und Kernspinresonanztomographie, herangezogen. Die technische Durchführung der Bestrahlungsplanung erfolgt mit dem Therapiesimulator, der eine Röntgenbild-Dokumentation der Bestrahlungsfelder unter gleichen geometrischen Bedingungen wie am Bestrahlungsgerät ermöglicht, d.h. mit variablen Feldgrößen und Focus-Zielvolumen-Abständen. Ergänzend hierzu werden üblicherweise 3-5 individuelle Körperquerschnitte dieser Region als Computertomogramme hergestellt, in die das Zielvolumen erster und evtl. auch zweiter Ordnung eingetragen wird. Die Dosisoptimierung erfolgt mit Planungsrechnern in zwei oder drei Dimensionen. Hierbei ist das Prinzip der höchsten Dosiskonzentration im Zielvolumen bei bestmöglicher Schonung des umgebenden Normalgewebes zu beachten. Die Zielvolumendosen variieren je nach Tumorart und Volumen zwischen 24 und 74 Gy und die zulässige Dosis im Bereich von Nachbarstrukturen zwischen 12 und 50 Gy [Seel90].

Betatron: Teilchenbeschleuniger zur Erzeugung hochenergetischer Elektronen und, mit Hilfe von Streufolien, von Gammastrahlen. Grundgedanke des Betatron ist eine sogenannte Vielfachbeschleunigung derart, dass die schon beschleunigten Elektronen immer wieder ein elektromagnetisches Beschleunigungsfeld durchlaufen müssen. Man erreicht so Energien (bei med. Gerätetypen) bis zu 42 MeV, obwohl an keiner Stelle des Gerätes elektrische Spannungen von mehr als einigen zehntausend Volt vorkommen. Die beschleunigten Elektronen können direkt zur Elektronentherapie benutzt werden oder finden indirekt über die Therapie mit Röntgenstrahlung Anwendung, die aus einem metallischen Target als Röntgenbremsstrahlung beim Auftreffen energiereicher Elektronen entstehen. Aus verschiedenen Gründen wird das Betatron heute in der Strahlentherapie in zunehmendem Maß vom →Linearbeschleuniger abgelöst (vgl. [Seel90]).

Betäubungsmittelrezept: gesetzlich (Betäubungsmittelgesetz, Betäubungsmittel-Verschreibungsverordnung) vorgeschriebenes dreiteiliges amtliches Formblatt zum Verschreiben von Betäubungsmitteln; die nummerierten Vordrucke werden, mit der BtM-Nummer des Arztes und dem Ausgabedatum versehen, vom →Bundesinstitut für Arzneimittel und Medizinprodukte auf Anforderung ausgegeben und sind vom Arzt gegen Entwendung zu sichern; die Teile I und II werden dem Apotheker vorgelegt (Teil II dient der Abrechnung). Teil III verbleibt beim Arzt; für diesen gilt eine 3-jährige Aufbewahrungspflicht; auf Verlangen muss er den zuständigen Behörden vorgelegt oder zugesandt werden. Bei der

Ausstellung von Betäubungsmittelrezepten sind eine Reihe gesetzlich vorgeschriebener formaler Regeln zu beachten (vgl. [Seel90]).

Betreiber: im Unterschied zum Rechtsträger eines Medizinbetriebs, ein Betriebsträger mit dem dieser einen Geschäftsbesorgungsvertrag über den Betrieb (z.B. einer Satellitenstation) abgeschlossen hat.

Betreutes Wohnen: spezielles Wohnangebot für verschiedene Zielgruppen. **1.** Angebote für Senioren (Senioren- und Servicewohnen); „Wohnform für ältere oder behinderte Menschen, bei der im Interesse der Wahrung einer möglichst lang dauernden eigenständigen Lebensführung neben der alten- und behindertengerechten Wohnung die Sicherheit der Grundversorgung gegeben ist und im Bedarfsfall weitere Dienste in Anspruch genommen werden können" (Urteil des VGH Baden-Württemberg vom 12.9.2003 (AZ 14 S 718/03)). Senioren- und Servicewohnen versteht sich als Alternative zur Heimversorgung und soll mit dazu beitragen, die Selbstständigkeit und Eigenverantwortung älterer Menschen möglichst lange zu erhalten. Es wendet sich an all diejenigen älteren Menschen, die in der Regel noch einen eigenen Hausstand führen können und möchten, aber bei bestimmten Verrichtungen, wie etwa bei der Körperpflege, Reinigung der Wohnung, Kochen, Waschen, auf Unterstützung von außen angewiesen sind. Drei Formen des Senioren- und Servicewohnens sind unterscheidbar: Betreutes Wohnen in der eigenen Wohnung; Betreutes Wohnen in einer speziellen Wohnanlage; Betreutes Wohnen im Umfeld eines Altenpflegeheimes oder Altenhilfezentrums. Dementsprechend werden die Serviceleistungen entweder von einem externen Dienstleister oder vom Investor/Betreiber der Einrichtung erbracht. Grundserviceleistungen umfassen insbesondere den haustechnischen Service und die Organisation des Notrufes und werden in der Regel mit einer monatlichen Betreuungspauschale abgegolten. Zusatz- und Wahlleistungen wie z.B. pflegerische Betreuung werden einzeln abgerechnet. Das Senioren- und Servicewohnen unterliegt nicht den Bestimmungen des Heimgesetzes und damit auch nicht der staatlichen Aufsicht; **2.** i.e.S. Angebote für Jugendliche, die aus verschiedenen Gründen nicht bei ihren Eltern leben können oder wollen, Erwachsene in Krisensituationen, z.B. Frauen, die auf der Flucht vor familiärer Gewalt in ein Frauenhaus gehen oder Menschen, die aufgrund einer Behinderung oder einer psychischen Erkrankung nicht (oder noch nicht) allein leben können. Ziel dieser Angebote ist es vor allem, mittels sozialpädagogischer oder sozialtherapeutischer Betreuungs- und Beratungshilfen die Verselbstständigung der Betroffenen und ihre gesellschaftliche (Wieder-)Eingliederung zu fördern und zu begleiten.

Betreuungsverfügung: eine für das Vormundschaftsgericht bestimmte Willensäußerung eines Patienten für den Fall der Anordnung einer Betreuung. In ihr können Vorschläge zur Person eines Betreuers und Wünsche zur Wahrnehmung seiner Aufgaben geäußert werden. Eine Betreuung kann vom Gericht für bestimmte Bereiche angeordnet werden, wenn der Patient nicht in der Lage ist, seine Angelegenheiten selbst zu besorgen, und eine Vollmacht hierfür nicht vorliegt oder nicht ausreicht. Der Betreuer entscheidet im Rahmen seines Aufgabenkreises für den Betreuten.

Betriebliche Mentoringprogramme: s. Mentoring.

Betrieblicher Datenschutzbeauftragter: veraltete Bezeichnung; im Datenschutzrecht → Beauftragter für den Datenschutz.

Betriebsarzt: ein vom Arbeitgeber aufgrund des Arbeitssicherheitsgesetzes (ASiG) bestellter Arzt, der die Aufgabe hat, den Arbeitgeber beim Arbeitsschutz und bei der Unfallverhütung zu unterstützen, und der über die hierfür erforderliche arbeitsmedizinische Fachkunde verfügt. Die Organisation des betriebsärztlichen Dienstes fällt in die Zuständigkeit des Medizinbetriebs. Sie kann durch Bestellung eines Betriebsarztes, durch Verpflichtung eines freiberuflichen Arztes oder durch Beteiligung an einem überbetrieblichen Dienst erfolgen.

Betriebsbeauftragte: nach gesetzlichen Regelungen in einem Medizinbetrieb zu bestellende Beauftragte; im Einzelnen: Abfallbeauftragter, Beauftragter für den Datenschutz, Betriebsarzt, Brandschutzbeauftragter, Fachkraft für Arbeitssicherheit, Fachkraft für Hygiene, Gefahrgutbeauftragter, Gewässerschutzbeauftragter, Hygienebeauftragter, Immissionsschutzbeauftragter, Laserschutzbeauftragter, Medizinphysik-Experte, Qualitätsbeauftragter (Transfusion), Qualitätsmanagementbeauftragter, Sicherheitsbeauftragter, Störfallbeauftragter, Strahlenschutzbeauftragter, Strahlenschutzverantwortlicher, Transfusionsbeauftragter, Transplantationsbeauftragter, Umweltbeauftragter.

Betriebsmedizin: Zusatzbezeichnung, die von einem Arzt nach Ableistung der vorgeschriebenen Weiterbildungszeit und Weiterbildungsinhalte gemäß der ärztlichen Weiterbildungsordnung geführt werden darf. Die Zusatz-Weiterbildung Betriebsmedizin umfasst in Ergänzung zu einer Facharztkompetenz die Wechselbeziehung zwischen Arbeit und Beruf einerseits sowie Gesundheit und Krankheiten andererseits, die Förderung der Gesundheit und Leistungsfähigkeit des arbeitenden Menschen, die Vorbeugung, Erkennung und Begutachtung arbeits- und umweltbedingter Erkrankungen und Berufskrankheiten [Bund06].

Betriebsträger: Wirtschaftssubjekt, das im Auftrag des Eigentümers (Rechtsträger), dessen Einrichtung (z.B. eine Tagesklinik) betreibt.

Betriebswirtschaftliches Risikomanagement: die Gesamtheit aller Maßnahmen zur Vermeidung, Minimierung und Steuerung betriebswirtschaftlicher Risiken; i.E. Risikoidentifikation, Risikoanalyse, Risikobewertung, Risikosteuerung, Risikoüberwachung/-berichterstattung. Bezogen auf den Medizinbetrieb sind bestands- und entwicklungsgefährdende Risiken zu unterscheiden. Unterstützt wird das betriebswirtschaftliche Risikomanagement durch

→Frühaufklärungssysteme, das →Controlling, das →Qualitätsmanagement und die →Innenrevision; s.a. klinisches Risikomanagement.

Betroffener: im Datenschutzrecht (§ 3 Abs. 1 BDSG und den entsprechenden Regelungen in den Landesdatenschutzgesetzen) eine bestimmte oder bestimmbare natürliche Person, zu der Einzelangaben über persönliche oder sachliche Verhältnisse verarbeitet werden. Die Erhebung, Verarbeitung und Nutzung seiner personenbezogenen Daten hat unter Wahrung seines Rechts auf informationelle Selbstbestimmung bzw. der entsprechenden datenschutzrechtlichen Regelungen zu erfolgen. Gegenüber der →verantwortlichen Stelle als Normadressat der datenschutzrechtlichen Regelungen hat der Betroffene unabdingbare im Datenschutzrecht festgelegte Rechte und zwar auf Auskunft (§§ 19, 34 BDSG), Berichtigung, Sperrung und Löschung (§§ 20, 35 BDSG) seiner personenbezogenen Daten.

Bett: Maßeinheit für die Kapazität eines Krankenhauses mit Auswirkungen auf Personal, diagnostische und therapeutische Einrichtungen und erforderliche finanzielle Ressourcen. Man unterscheidet zwischen Planbetten im Sinne der Krankenhausplanung und den einzelbetrieblich aufgestellten Betten. Die Differenz ist durch zeitweises Schließen oder Sperren von Abteilungen oder einzelnen Betten zu erklären.

Bettenaufzug: Förderanlage für Personen, deren Türen und Fahrgasträume in ihren Maßen auf den Transport liegender Patienten abgestimmt sind. In der Regel sind diese Aufzüge für den normalen Personentransport gesperrt oder bei gemischter Benutzung mit separaten Rufeinrichtungen für Nottransporte ausgestattet [Seel90].

Bettendichte: Kennzahl; Verhältnis zwischen den in einer Region planmäßig aufgestellten →Krankenhausbetten und der dort lebenden Bevölkerung [Seel90].

Bevölkerung: Gesamtheit der Einwohner innerhalb eines bestimmten, regional abgegrenzten Bereiches [Seel90].

Bewertungsrelation: auch Relativgewicht oder relatives Kostengewicht genannt; engl. cost weight. Beim →G-DRG-System ein Maß für den durchschnittlichen Aufwand der Behandlung innerhalb einer →Hauptdiagnosegruppe. Im G-DRG-System wird jeder diagnosebezogenen Fallgruppe im →Fallpauschalenkatalog bundeseinheitlich eine Bewertungsrelation zugeordnet. Durch Multiplikation der Bewertungsrelation mit dem →Basisfallwert erhält man die Fallpauschale für eine DRG.

Bewertungsverfahren: Oberbegriff für Verfahren zur Feststellung der Erwünschtheit (Zielerreichung) geplanter oder realisierter Projekte. „Erwünschtheit" bezieht sich hierbei auf einen Kriterienkatalog, der die von den Beteiligten angestrebten Ziele widerspiegelt. Sind für gewisse Zielgrößen einzuhaltende Mindestwerte vorgegeben, so zählen diese zu den übrigen Nebenbedingungen (auch Randbedingungen), von deren Einhaltung die „Zulässigkeit" eines Projekts abhängt. Ist nur eine quantifizierbare Zielgröße und höchstens eine quantitative Nebenbedingung einzuhalten, so erlauben es die miteinander verwandten Verfahren der **Kosten-Nutzen-Analyse** im engeren Sinn, der **Kosten-Wirksamkeits-Analyse** und der klassischen **Investitionsrechnung**, „beste" Alternativen zu ermitteln. Die Kosten-Nutzen-Analyse (i.e.S.) und die klassische Investitionsrechnung monetarisieren sämtliche beteiligten Zielgrößen und stellen durch Vergleich von Aufwendungen und Erträgen die Vorteilhaftigkeit eines Projekts fest. Werden die Aufwendungen monetär, die Erträge jedoch in einer physikalischen Einheit gemessen (z.B. Zahl der durch eine Impfung geschützten Personen, Zahl der gewonnenen Lebensjahre, Maximalanrückzeit eines Rettungswagens etc.), so liegt eine Kosten-Wirksamkeits-Analyse vor. Die Kosten-Nutzen-Analyse und die Kosten-Wirksamkeits-Analyse werden dem volkswirtschaftlichen Instrumentarium zugerechnet, die Investitionsrechnung dem betriebswirtschaftlichen. Aufwendungen und Erträge fallen häufig zu verschiedenen Terminen an; Diskontierung auf einen gemeinsamen Zeitpunkt berücksichtigt dies in den oben angeführten Verfahren. Diese Konzepte können qualitativ und quantitativ erweitert werden. Die Kosten-Nutzen-Analyse im weiteren Sinn stellt dem Entscheidungsträger zusätzlich auch die nach weitestmöglicher Quantifizierung verbliebenen „restlichen" Zielgrößen in qualitativer Form zur Entscheidungsvorbereitung zur Verfügung (z.B. intangible Kosten). Die mehrdimensionale Entschei-

dungstheorie benutzt Nutzenfunktionen mit mehreren Attributen und gelangt auf diesem Weg zu einer Zielfunktion. Sind mehrere Nebenbedingungen zu berücksichtigen und die Ziele nicht explizit zu einer Nutzenfunktion aggregiert, können die Verfahren der Vektoroptimierung, einem Teilgebiet der Mathematischen Programmierung, eingesetzt werden, insbesondere wenn interaktive Programmpakete verfügbar sind. Die **Nutzwertanalyse** kann als unzulässig grobe Version einer mehrdimensionalen Entscheidungstheorie aufgefasst werden. Sie misst den Erreichungsgrad von Teilzielen auf Ordinalskalen. Nach einer theoretisch unbefriedigenden Transformation in kardinale Messwerte aggregiert das Verfahren die gewichteten Erreichungsgrade der Teilziele linear zu einem Gesamtzielerreichungsgrad. Schließlich sind noch die betriebswirtschaftlichen Simultanmodelle der integrierten, komplexen Investitions-, Produktions- und Finanzplanung zu erwähnen. Sie basieren auf der Mathematischen Programmierung [Seel90].

Bewohner: Person, die Angebote des →betreuten Wohnens oder eines →Heims in Anspruch nimmt.

Beziehungsverhalten: beschreibt den Umfang, in dem der Führende in einer Führungsbeziehung die →Kohäsionsfunktion verfolgt; z.B. durch Kommunikation und Feedback, aktives Zuhören, Entscheidungspartizipation und sozio-emotionale Unterstützung des Geführten [Seel07].

BfArM: Abk. für →Bundesinstitut für Arzneimittel und Medizinprodukte.

BfD: Abk. für Bundesbeauftragter für den Datenschutz; s. Aufsichtsbehörden für den Datenschutz.

BG: in der Sozialversicherung Abk. für →Berufsgenossenschaft.

Bildgebende Verfahren: Bezeichnung für apparative Untersuchungsverfahren, mit deren Hilfe Strukturen des menschlichen Organismus dargestellt werden können und die v.a. in der Diagnostik krankheitsbedingter morphologischer Veränderungen angewendet werden; z.B. Ultraschall- u. Röntgendiagnostik, Thermographie, Xeroradiographie, Szintigraphie, Positronenemissionstomographie, Kernspinresonanztomographie, Computertomographie [Seel90].

Biochemie: medizinisches Fachgebiet; umfasst die Chemie der Lebensvorgänge und der lebenden Organismen einschließlich der organischen und anorganischen Substanzen des Organismus sowie die bei den Lebensvorgängen ablaufenden Reaktionen [Bund06].

Biologische Kenngröße: Funktionsgröße zur Beschreibung und Beurteilung (Analysenparameter) eines biologischen Systems (Zelle, Gewebe, Organ, Organismus), die mit physikalischen, chemischen oder rechnerischen Verfahren ermittelt wird und als Ausprägung ein qualitatives oder quantitatives Resultat haben kann; z.B. Glucose, Hämoglobin, Elektrolyte, Körpergröße, -gewicht und –oberfläche [Seel90].

Biologisches System: im Gegensatz zu einem →soziotechnischen System ein natürliches System, dessen Elemente Organismen oder Teilsysteme von Organismen sind (s. Abb.). Man unterscheidet populationsbiologische Systeme, die auch evolutionäre und epidemiologische Strukturen einschließen, zellkinetische und zelldynamische Systeme, deren besonderes Merkmal die Reproduktion ist, das als Grundprinzip jedes biologischen Wachstums angesehen werden kann, sowie physiologische Systeme. Biologische Systeme (Organismen) sind in der Medizinischen Informatik Objektsystem für Simulationsmodelle oder für die teilweise Automatisierung von Informationsprozessen bei technischen Therapeutika (Biomedizinische Technik); z.B. Herzschrittmacher, Medikamentendosiersystem [Seel90].

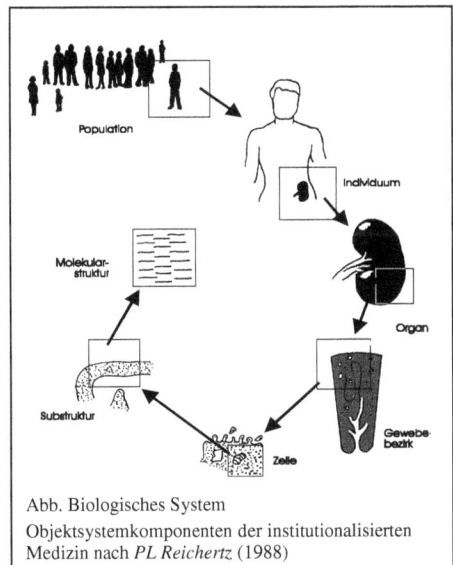

Abb. Biologisches System
Objektsystemkomponenten der institutionalisierten Medizin nach *PL Reichertz* (1988)

Biomaterialien: Werkstoffe in →Implantaten, die nicht biologischen Ursprungs sind. Hierzu gehören Metalle, Polymere, Gläser, Glaskeramiken und Keramiken, die sich nach den unterschiedlichsten physikalischen oder biologischen Merkmalen klassifizieren lassen. Geordnet nach elektrischen Eigenschaften handelt es sich um Leiter, Halbleiter und Isolatoren, geordnet nach mechanischen Eigenschaften um dauerwechsellastfeste, elastische und harte Werkstoffe, geordnet nach den biologischen Wirkungen im Körper um korrosionsfeste, degradationsfeste und nichtauslaugbare Werkstoffe, die körperverträglich und im Kreislaufsystem zusätzlich blutverträglich sind. Die Anforderungen an ein Biomaterial sind komplex und werden gegenwärtig noch von keinem Werkstoff insgesamt erfüllt (vgl. [Seel90]).

biophil: am menschlichen Individuum orientiert. Ein medizinbetriebliches →Wertesystem ist biophil, wenn es gleichermaßen die →Patientenorientierung und die →Mitarbeiterorientierung als Grundorientierungen berücksichtigt [Seel07].

Biophiles Medizinmanagement: Teilgebiet des →Medizinmanagements, das sich mit der Führung der in den Prozess der →Gesundheitsleistungsproduktion involvierten Menschen (Handelnde und Behandelte) befasst [Seel07].

Biopsie: Entnahme einer Gewebeprobe am Lebenden durch →Punktion (Nadelbiopsie), Probeexzision mit dem Skalpell oder endoskopisch (Zangenbiopsie) zur histologischen und zytologischen Untersuchung [Seel90].

Biosignal: von →biologischen Systemen (Organismen) mit Sensoren ableitbares Signal. Abhängig vom Ort des Entstehens handelt es sich um kontinuierliche, diskontinuierliche oder stochastische elektrische Potenziale, um mechanisch gleichförmige oder beschleunigte Bewegungen oder um Konzentrationsänderungen chemischer Stoffe (pH-Wert, pO_2, pCO_2 oder Elektrolyte). Die Abnahme der Biopotenziale erfolgt über Elektroden (EKG, EEG, EMG); nichtelektrische Signale werden vor der Übertragung von Biosensoren in elektrische Signale umgewandelt.

Biosignalverarbeitung: →Algorithmen zur computergestützten Erfassung und Analyse von →Biosignalen. Die Analyse kann sowohl direkt aus elektrischen Potenzialänderungen als auch nach entsprechender Umwandlung der primären Information durch einen Biosensor aus mechanischen und chemischen Messgrößen erfolgen.

Biotelemetrie: Übertragung von →Biosignalen von einem Sender auf einen Empfänger, die räumlich voneinander getrennt sind. Dies kann drahtlos (drahtlose Telemetrie) oder über öffentliche Datennetze (telefonische Telemetrie) erfolgen.

Bioverfügbarkeit: Bezeichnung für Geschwindigkeit und Ausmaß, in denen der therapeutisch wirksame Anteil eines Arzneimittels aus den jeweiligen Arzneiformen freigesetzt und resorbiert bzw. am Wirkungsort verfügbar wird; lässt sich durch Messung der Arzneistoffkonzentration in den Körperflüssigkeiten sowie des akuten pharmakologischen Effekts bestimmen [Psych04].

Black-Box-Methode: Analysetechnik; Betrachtung eines →Systems als „black box" unter (vorläufiger) Vernachlässigung seiner inneren Struktur und Abläufe zur Reduktion von Komplexität. Das Systemverhalten (Funktion) kann dann anhand der wirkungsspezifischen Input-Output-Relationen analysiert werden [Seel90].

Blockdiagramm: anschauliche Beschreibung der Komponenten eines Systems und der zwischen diesen bestehenden Beziehungen durch miteinander verbundene geometrische Figuren (Sinnbilder), z.B. zur Beschreibung der Aufbau- (→Organigramm) oder Ablaufstruktur einer Organisation.

Blutbank: syn. Blutzentrale; aus dem Amerikanischen („bloodbank") übernommene Kurzbezeichnung für **Bluttransfusionszentrale** bzw. Institut/Abteilung für Transfusionsmedizin (Bluttransfusionswesen); staatliche oder kommunale Einrichtungen an bzw. in Zusammenarbeit mit Krankenhäusern zur (a) Versorgung von Patienten/Empfängern mit Transfusionsblut (Blut zur Übertragung), unter Berücksichtigung der Unschädlichkeit für Blutempfänger wie Blutspender; (b) Ausführung der speziellen laboratoriumsmedizinischen Vortestung, insbesondere der Verträglichkeitsuntersuchungen; (c) Konsultation auf dem Gebiet der Transfusionsmedizin. Eine Blutbank umfasst folgende Funktionsbereiche: Blutkonservendepot bzw. Blut-Transfusionsdienst zur Auswahl, Ausgabe, Überwachung, Rücknahme von Blutkonserven und Organisation des Nachschubs; (eigener) Blutspendedienst (in Kombination mit dem Blutkonservendepot auch Blutspende- und Transfusionsdienst genannt); Labor für Immunhämatologie (Blutgruppenserologie) und spezielle Infekt(sero)diagnostik für Blutspender und –empfänger; Weiterverarbeitungslabor für Blutkonserven zur Spezialbehandlung wie Teilen, Filtern, Waschen, Bestrahlen unmittelbar vor ihrer Anwendung; Speziallabor für Transplantations-Immunologie. Blutbanken leisten ferner die transfusionsmedizinische Beratung des behandelnden Arztes, unterstützen Krankenhäuser im Programm für Eigenblutspenden/autologen Blutersatz und wirken bei der medizinischen Aus- und Weiterbildung (Transfusionsmedizin) mit (vgl. [Seel90]).

Blutbild: syn. Hämogramm, Blutstatus; Nebeneinanderstellung der aus einer Blutprobe durch Zählung ermittelten Erythrozyten-, Leukozyten-, Thrombozyten- und Retikulozytenwerte sowie der durch Auszählung eines Blutausstrichs (Blutbilddifferenzierung) festgestellten Prozentzahlen kernhaltiger Blutkörperchen [Seel90].

Blutersatz: Ersatz von Blutkomponenten bei Verlusten; **1.** Erythrozyten: Vollblut, Erythrozytenkonzentrat; **2.** Plasma: Albumin, Plasma-Protein-Lösung, Plasmaexpander; **3.** Flüssigkeit: Elektrolytlösungen. Bei akutem Blutverlust: vorrangig Blutvolumenersatz entweder durch Plasmaexpander zur Aufrechterhaltung des kolloid-osmotischen Drucks oder durch Bluttransfusion; bei starken Flüssigkeitsverlusten (z.B. Diarrhoe): Elektrolytlösungen i.v. [Seel90].

Blutgruppen: s. ABNull-System.

Blutkonserve: unter sterilen Bedingungen gewonnenes menschliches (Voll-)Blut, das nach Auftrennung in Komponenten (Erythrozyten, Thrombozyten, Plasma) unter definierten Temperaturbedingungen in geeigneten Behältnissen (i. Allg. Kunststoffbeutel) aufbewahrt wird (vgl. [Seel90]).

Blutspende: freiwillige Hingabe von Blut durch einen gesunden Menschen zum Zweck der direkten oder (nach Verarbeitung und Konservierung) indirekten Übertragung auf Kranke oder zur Herstellung bestimmter Blutprodukte zu Heilzwecken [Seel90].

Blutspendedienst: Einrichtung zur Entgegennahme von →Blutspenden. Es bestehen verschiedene Träger und Organisationsformen: überregionale Blutspendedienste des Deutschen Roten Kreuzes als gGmbH, staatliche und kommunale Blutspendedienste als selbstständige Abteilungen der Universitätskliniken bzw. von großen kommunalen Kliniken, private/kommerzielle Blutspendedienste (Plasmaphere-Zentren) in Zusammenarbeit mit pharmazeutischen Unternehmen. Als Aufgaben des Blutspendedienstes sind vor allem zu nennen: Sammeln und Erfassen von Blutspenden sowie Vornahme von blutgruppenserologischen, bakteriologischen und biochemischen Untersuchungen; Verarbeitung von Frischblut zu bestimmten Blutprodukten; Konservierung von Blut und Blutbestandteilen und Verteilung der Blutkonserven an die Krankenhäuser; s.a. Blutbank (vgl. [Seel90]).

Blutstatus: syn. für →Blutbild.

Bluttransfusion: Übertragung von Blutbestandteilen, die aus Vollblut eines menschlichen Blutspenders präpariert und konserviert wurden, auf einen anderen Menschen (Empfänger) durch i.v. Infusion. Voraussetzung ist die Blutgruppenkompatibilität zwischen Spender und Empfänger (Blutgruppenbestimmung, Kreuzprobe) (vgl. [Seel90]).

Bluttransfusionszentrale: s. Blutbank.

Blutzentrale: syn. für →Blutbank.

BMG: Abk. für →**B**undes**m**inisterium für **G**esundheit.

Bonus-Malus-System: Vereinbarung mit Leistungserbringern, mit der über finanziell positive (Bonus) bzw. negative (Malus) Anreize medizinbetriebliche Organisationsziele bzw. Verhaltensänderungen erreicht werden sollen, so z.B. das interne Budget einer medizinischen Fachabteilung einzuhalten oder eine wirtschaftlichere Verordnung von Arzneimitteln vorzunehmen; s.a. Pay for Performance Programme.

Bottom-up-Methode: komplementäre Vorgehensstrategie zur →Top-down-Methode, d.h. von „Teilen zum Ganzen" vorgehend.

BQS: Abk. für →**B**undesgeschäftsstelle **Q**ualitätssicherung.

Brainstorming: Ideenfindungstechnik; eine hinsichtlich ihrer problemrelevanten

Kenntnisse und Erfahrungen heterogene Gruppe von 5 bis 12 Personen sucht gemeinsam unter der Leitung eines Moderators nach Ideen zur Lösung eines vorgegebenen Problems. Sämtliche Ideen werden dokumentiert und zum Abschluss der Brainstormingsitzung systematisiert und von der Gruppe bewertet (bewertete Vorschlagsliste). Wichtige Regeln für die Durchführung eines Brainstormings sind: keine Kritik oder Beurteilung der Ideen während der Sitzung, Entwicklung möglichst vieler Ideen (Quantität vor Qualität), außergewöhnliche Ideen und die gedankliche Weiterentwicklung bereits genannter Ideen sind erwünscht; s.a. CNB-Methode, Kärtchentechnik, Methode 635 [Seel90].

Bronchoskopie: direkte Betrachtung des Bronchialsystems von innen durch ein starres oder biegsames Spezial-Endoskop (Bronchoskop) in Lokalanästhesie oder Vollnarkose [Seel90].

BSC: Abk. für engl. →Balanced Scorecard.

Bundesärztekammer: Abk. BÄK; Spitzenorganisation der ärztlichen Selbstverwaltung; (*www.baek.de*).

Bundesbeauftragter für den Datenschutz: s. Aufsichtsbehörden für den Datenschutz.

Bundesgeschäftsstelle Qualitätssicherung: Abk. BQS; eine von der Deutschen Krankenhausgesellschaft, der Bundesärztekammer, den Spitzenverbänden der gesetzlichen Krankenversicherung und dem Verband der Privatkrankenanstalten im Jahr 2000 gegründete gemeinnützige GmbH. Die BQS leitet und koordiniert die inhaltliche Entwicklung und organisatorische Umsetzung der externen vergleichenden Qualitätssicherung in den deutschen Krankenhäusern nach § 137 SGB V. Sie moderiert die Arbeit der Fachgruppen und Projektgruppen, unterstützt die Datenerfassung und Datenübermittlung durch Entwickeln von Spezifikationen für Datensätze, Plausibilitätsregeln und Exportformate, nimmt dokumentierte Datensätze entgegen, prüft diese auf Plausibilität und Vollständigkeit (Daten), führt Auswertungen der qualitätsrelevanten Daten zu definierten Leistungsbereichen durch, erstellt Berichte über die Qualitätssituation in der Versorgung. Darüber hinaus koordiniert die BQS die Arbeit von Verbänden und Institutionen auf Bundesebene und in den Bundesländern, Herstellern von Krankenhausanwendungssoftware im Krankenhaus und Anwendern in den Krankenhäusern, Arztpraxen und anderen Einrichtungen in der Gesundheitsversorgung (*www.bqs-online.com*).

Bundesinstitut für Arzneimittel und Medizinprodukte: Abk. BfArM; selbstständige Bundesbehörde im Geschäftsbereich des Bundesministeriums für Gesundheit (BMG) mit Sitz in Bonn, deren Aufgaben die Abwehr von Gesundheitsgefahren durch die kontinuierliche Verbesserung der Sicherheit von Arzneimitteln, die Risikoüberwachung von Medizinprodukten sowie die Überwachung des Betäubungsmittel- und Grundstoffverkehrs sind (*www.bfarm.de*).

Bundesministerium für Gesundheit: Abk. BMG; ist für eine Vielzahl von Politikfeldern zuständig. Dabei konzentriert sich die Arbeit auf die Erarbeitung von Gesetzentwürfen, Rechtsverordnungen und Verwaltungsvorschriften. Neben der nationalen Gesundheitspolitik gehört auch die europäische und internationale Gesundheitspolitik zu den Aufgaben des BMG. Dem BMG zugeordnet sind die Drogenbeauftragte der Bundesregierung und die Patientenbeauftragte der Bundesregierung. Der Fach- und Dienstaufsicht des BMG unterstehen das Robert Koch-Institut (RKI) in Berlin, das Paul-Ehrlich-Institut (PEI), das Bundesamt für Sera und Impfstoffe in Langen, das Deutsche Institut für Medizinische Dokumentation und Information (DIMDI) in Köln, die Bundeszentrale für gesundheitliche Aufklärung (BZgA) in Köln und das Bundesinstitut für Arzneimittel und Medizinprodukte (BfArM) in Bonn. Der Fachaufsicht im Bereich der gesetzlichen Krankenversicherung und der Pflegeversicherung untersteht das Bundesversicherungsamt (BVA), der Rechtsaufsicht die Spitzenorganisationen der gesetzlichen Krankenversicherung sowie die Kassenärztliche Bundesvereinigung und die Kassenzahnärztliche Bundesvereinigung (*www.mbg.bund.de*).

Bundeszentrale für gesundheitliche Aufklärung: Abk. BZgA; obere Bundesbehörde im Geschäftsbereich des Bundesministeriums für Gesundheit. Als Fachbehörde des Bundes für Prävention und Gesundheitsförderung nimmt die BZgA gemäß dem Errichtungserlass vom 20.7.1967 folgende Aufgaben wahr: Erarbeitung von Grundsätzen und Richtlinien für Inhalte und Methoden der praktischen Gesundheitserziehung, Aus- und Fortbildung der auf dem Gebiet der Gesundheitserziehung und –aufklärung tätigen Personen, Koordinierung und Verstärkung der gesundheitlichen Aufklärung und Gesundheitserziehung im Bundesgebiet, Zusammenarbeit mit dem Ausland (*www.bzga.de*).

Business Excellence: s. EFQM-Modell.

Business reengineering: die Reorganisation medizinbetrieblicher Geschäftsprozesse mit dem Ziel der Verbesserung von Leistungsfähigkeit, Qualität und Wirtschaftlichkeit. Im Sinne von →Lean Thinking sind Geschäftsprozesse dann perfekt, wenn keine Verschwendung mehr vorkommt, also die Prinzipien Wert, Wertstrom, Flow, Pull erfüllt sind. Business reengineering kann radikal (jap. Kaikaku) oder durch kontinuierliche Verbesserung (jap. Kaizen) erfolgen. *M Hammer* und *J Champy* (1994) definieren ihren Ansatz als grundlegendes Überdenken und radikale Neugestaltung von Unternehmensprozessen.

BZgA: Abk. für →**B**undeszentrale für gesundheitliche **A**ufklärung.

C

Case management: kooperativer Prozess durch den die für einen Patienten, entsprechend seinem individuellen Hilfebedarf notwendigen Versorgungsleistungen durch einen verantwortlichen Fallmanager (Case manager) prospektiv und behandlungsepisodenübergreifend geplant, implementiert, koordiniert, überwacht und evaluiert werden. Im Unterschied zum →Disease management bezieht sich Case management auf den einzelnen Patienten mit seinem komplexen Krankheitsbild oder Hilfebedarf.

Case-Mix: im →G-DRG-System die Summe der →Relativgewichte aller Behandlungsfälle, die abteilungsbezogen, krankenhaus- oder landesweit für eine bestimmte Zeitperiode summiert werden können.

Case-Mix-Index: Abk. CMI; im →G-DRG-System der Quotient aus der Summe der →Relativgewichte aller Behandlungsfälle und aller in der betrachteten Periode behandelten Fälle.

CCL: Abk. für engl. complication and comorbidity level. Im →G-DRG-System werden Komplikationen und Komorbiditäten in Form von bewerteten Nebendiagnosen dokumentiert. Der CCL einer Nebendiagnose schwankt im G-DRG-System zwischen 0 (keine Komplikation und Komorbidität) und 4 (katastrophale Komplikation und Komorbidität).

Change management: zielorientierte Gestaltung eines Transformationsprozesses. Die Herausforderung liegt dabei in einer schnellen, reibungslosen, akzeptierten und erfolgreichen Transformation medizinbetrieblicher Strukturen, Prozesse, Strategien und (sofern dies möglich ist) Kulturen. Der Bedarf für Change management ergibt sich bei Medizinbetrieben aus drei Gründen: (a) Als offene, soziotechnische Dienstleistungssysteme sind Medizinbetriebe ständig von Veränderungen ihrer komplexen, sich diskontinuierlich entwickelnden Umwelt betroffen, da sie sich in einem permanenten Wandel an neue Bedingungen anpassen müssen (Adaptionsproblem); (b) Innovationen sollen planmäßig und in organisierter Weise als bestandserhaltende und entwicklungsfördernde Mittel einge-

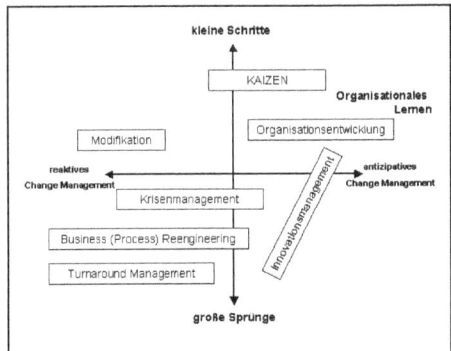

Abb. Change management
Klassifikation von Veränderungskonzepten nach *N Thom* und *RJ Zaugg* (2007), Seite 506

setzt werden (Innovationsproblem); (c) Änderungen außerbetrieblicher und medizinbetrieblicher Bestimmungsgrößen können Unternehmenskrisen auslösen, denen begegnet werden muss (Sanierungsproblem). Es kann grundsätzlich ein antizipatives oder ein reaktives Vorgehen gewählt werden. Geht man davon aus, dass sich Veränderungen zudem in kleinen Schritten oder in großen Sprüngen vollziehen, ergibt sich ein Koordinatensystem, in das viele (hier nicht weiter erläuterte) Veränderungskonzepte schwerpunktmäßig eingeordnet werden können (s. Abb.).

Charge: die jeweils aus derselben Ausgangsmenge in einem einheitlichen Herstellungsvorgang oder bei einem kontinuierlichen Herstellungsverfahren in einem bestimmten Zeitraum erzeugte Menge eines Arzneimittels.

Charismatischer Führungsstil: Variante des →autoritären Führungsstils. Beim charismatischen Führungsstil überzeugt der Führende durch seine außeralltägliche Qualität und Ausstrahlungskraft seiner Persönlichkeit, die ihm die Geführten zuschreiben. Charismatische Führungspersönlichkeiten können auf eine Unterstützung durch strukturelle Maßnahmen verzichten, denn sie beziehen ihren Erfolg vor allem aus dem persönlichen Auftritt. Ihnen gelingt es durch visionäre oder **transformationale Führung** (*BM Bass* 1998) die Organisationsziele zu Zielen der Geführten zu machen. Die Transformation geschieht, indem der Führende eine anregende Vision kommuniziert, die Geführten mittels seines Charismas inspiriert, intellektuell anregt, ihnen das Vertrauen ausspricht, dass sie die gesetzten Arbeitsziele erfüllen werden und ihnen die Bedeutung und Herausforderungen ihrer Arbeit aufzeigt [Seel07].

Checkliste: systematisierte Aufzählung (Liste) der für einen Vorgang relevanten Einzelaspekte und Tätigkeiten; z.B. als Prüfliste für eine →Zertifizierung. Ziel des Einsatzes von Checklisten ist es, insbesondere für sich wiederholende Problemstellungen (adaptive) Vorgehensmodelle anzubieten, die eine vollständige und ggf. vergleichbare Ausführung von Tätigkeiten garantieren. Dementsprechend unterscheidet man Checklisten mit obligatem oder fakultativem Charakter.

Chefarzt: ein vom Krankenhausträger in der Regel auf Zeit bestellter letztverantwortlicher →Facharzt, dem die Leitung einer (bettenführenden) medizinischen Fachabteilung eines Krankenhauses vom Arbeitgeber übertragen worden ist. Ihm kann der Krankenhausträger das Recht zur Erbringung wahlärztlicher Leistungen einräumen.

Chemotherapie: spezifische Hemmung von Infektionserregern und Tumorzellen im Organismus mittels Chemotherapeutika.

Chipkarte: eine meist bedruckte (Plastik-) Karte in die ein Speicherelement (Chip) integriert ist; findet z.B. Verwendung bei der →elektronischen Gesundheitskarte.

Chirotherapie: s. Manuelle Medizin.

Chirurgie: medizinisches Fachgebiet; umfasst die Vorbeugung, Erkennung, konservative und operative Behandlung, Nachsorge und Rehabilitation von chirurgischen Erkrankungen, Verletzungen und Verletzungsfolgen sowie angeborenen und erworbenen Formveränderungen und Fehlbildungen der Gefäße, der inneren Organe einschließlich des Herzens, der Stütz- und Bewegungsorgane und der onkologischen Wiederherstellungs- und Transplantationschirurgie. Teilgebiete bzw. Facharztkompetenzen nach der ärztlichen Weiterbildungsordnung sind: Allgemeine Chirurgie, Gefäßchirurgie, Herzchirurgie, Kinderchirurgie, Orthopädie und Unfallchirurgie, Plastische und Ästhetische Chirurgie, Thoraxchirurgie, Visceralchirurgie [Bund06].

chronisch: langsam sich entwickelnd, langsam verlaufend; Gegensatz: →akut.

Chronische Krankheit: eine Krankheit, die durch einen langsamen Verlauf gekennzeichnet ist und nicht geheilt werden kann; z.B. Asthma, Koronare Herzkrankheit, Diabetes Mellitus Typ 2, Demenz, Gicht, Colitis ulcerosa, Morbus Crohn. Im Gegensatz zur Symptomatik eines akuten Geschehens entwickeln sich die Beschwerden von chronischen Krankheiten langsam, sind häufig unspezifisch und führen nicht selten erst spät zur richtigen Diagnose (*G Kornek*). Das Management einer chronischen Erkrankung unterscheidet sich daher von dem einer akut verlaufenden Krankheit (→Disease Management Programme). Eine Krankheit ist schwerwiegend chronisch i. S. d. § 62 Abs. 1 Satz 1 SGB V, wenn sie wenigstens ein Jahr lang, mindestens einmal pro Quartal ärztlich be-

handelt wurde (Dauerbehandlung) und eines der folgenden Merkmale vorhanden ist: Es liegt eine Pflegebedürftigkeit der Pflegestufe 2 oder 3 nach dem zweiten Kapitel SGB XI vor; es liegt ein Grad der Behinderung (GdB) von mindestens 60 nach § 30 BVG oder eine Minderung der Erwerbsfähigkeit (MdE) von mindestens 60% nach § 56 Abs. 2 SGB VII vor, wobei der GdB bzw. die MdE zumindest auch durch diese Krankheit begründet sein muss; es ist eine kontinuierliche medizinische Versorgung (ärztliche oder psychotherapeutische Behandlung, Arzneimitteltherapie, Behandlungspflege, Versorgung mit Heil- und Hilfsmitteln) erforderlich, ohne die nach ärztlicher Einschätzung eine lebensbedrohliche Verschlimmerung, eine Verminderung der Lebenserwartung oder eine dauerhafte Beeinträchtigung der Lebensqualität durch die aufgrund dieser Krankheit verursachte Gesundheitsstörung zu erwarten ist.

CIRS: Abk. für engl. **C**ritical **I**ncident **R**eporting **S**ystem; →Berichtssystem unerwünschter Ereignisse zur Unterstützung des →klinischen Risikomanagements. Ein CIRS nimmt (anonyme) Meldungen über Beinahe-Zwischenfälle ohne Schaden und Meldungen über medizinische Zwischenfälle (Fehler) mit Schaden oder Regressansprüchen entgegen und wertet diese statistisch aus. Liegt ein medizinischer Zwischenfall vor, unterscheidet man vier Grade: gering (keine relevante Symptomatik, keine zusätzlichen Maßnahmen, keine Verlängerung der Verweildauer), relevant (beeinträchtigende Symptomatik, relevante Erhöhung des Behandlungsaufwandes, Verlängerung der Verweildauer), schwerwiegend (dauerhafte Einschränkung einer Funktion (psychisch oder somatisch), Notwendigkeit einer Operation), katastrophal (dauerhafter Verlust einer Funktion (psychisch oder somatisch) oder Tod des Patienten). Die Bewertung der Ergebnisse kann von einer internen medizinbetrieblichen Arbeitsgruppe oder einem externen Expertengremium erfolgen. Die Implementierung eines CIRS ist auch ein Beitrag zur Förderung einer →Fehlerkultur.

Clinical Pathway: syn. für →Behandlungspfad.

CMI: Abk. für →Case-Mix-Index.

CNB-Methode: Abk. für engl. collective notebook (gemeinsames Notizbuch); eine aus dem →Brainstorming abgewandelte schriftliche, dezentral durchführbare Ideenfindungstechnik. Einzelnen Mitgliedern einer Expertengruppe wird ein vorbereitetes CNB mit der Maßgabe zugeleitet, darin in einer vorgegebenen Frist zu einem vorgegebenen Problem alle Ideen und Verweise auf bereits vorhandene Lösungsansätze einzutragen. Nach Ablauf der Frist ist der Inhalt des CNB auf drei Punkte zu reduzieren: die beste Idee zur Lösung des Problems, Vorschläge zur weiteren Vorgehensweise und nicht zur Problemstellung gehörende Ideen. Das anschließend vom Initiator zusammengefasste Ergebnis der einzelnen „Ideenbücher" dient dann als Grundlage für die Erarbeitung einer gemeinsamen Problemlösung.

Coaching: →Führungsinstrument, das auf eine mentale Unterstützung und Beglei-

tung einzelner Mitarbeiter (Einzelcoaching) oder von Mitarbeitergruppen (Gruppencoaching) durch Gespräche, Beratung, Supervision oder Teambuilding abzielt. Unabhängig davon, ob ein Einzel- oder Gruppencoaching durchgeführt wird, lässt sich ein Coaching-Prozess in fünf Phasen unterteilen: Wie jedes erfolgreiche Gespräch beginnt auch ein Coaching-Gespräch zunächst mit der Kontaktphase (Phase 1), d.h. dem Kennenlernen der Beteiligten und dem Aufbau eines Vertrauensverhältnisses. In der Vertragsphase (Phase 2) müssen sich die Gesprächspartner auf die Rahmenbedingungen, die ihre Treffen inhaltlich und formal berühren einigen (Ort, Zeitpunkt, Dauer). In Phase 3 erfolgt eine gemeinsame Situationsanalyse, in der die aktuellen Probleme identifiziert und Ziele definiert werden. Dabei gilt es die Positionen der einzelnen Gesprächspartner möglichst genau zu bestimmen. Es folgt ein Lösungsentwurf (Phase 4), der verschiedene, unter Umständen auch konkurrierende Strategien und Maßnahmen beinhaltet, die zur Lösung der Probleme beitragen können. In der Abschlussphase (Phase 5) wird kritisch hinterfragt, ob das Coaching zu einer neuen Situation für den oder die Gesprächspartner geführt hat [Seel07].

Commitment: s. Organisationales Commitment.

Compliance: 1. in der soziologischen Rollentheorie ein Verhalten, das einer normativen (also aus allgemeinen gesellschaftlichen Normen und Werten abgeleiteten) Rolle entspricht; **2.** in der Medizin die Korrelation zwischen dem Verhalten des Patienten oder des Arztes und dem angestrebten Behandlungsziel. Dementsprechend wird zwischen Compliance und Non-Compliance einerseits und der Compliance des Patienten (Patienten-Compliance) und der des Arztes (Arzt-Compliance) andererseits unterschieden.

Computer-Exploration: interaktives, computergestütztes Verfahren zur standardisierten Anamneseerhebung, bei dem der Patient auf einem Bildschirm angebotene Fragen zur →Anamnese durch Bedienung einer (Spezial-)Tastatur beantwortet, deren Tasten die möglichen Antwortkategorien (z.B. ja/nein/weiß nicht) repräsentieren. Die Auswahl der vorzugebenden Fragen aus dem zweckmäßigerweise problemorientiert definierten Fragenkatalog erfolgt dabei in Abhängigkeit der gegebenen Antworten (Branching-Prinzip) oder bei Expertensystemen mittels Inferenzstrategien. Zum Abschluss des Dialogs wird, vorbereitend für das nachfolgende ärztliche Gespräch, das Befragungsergebnis für den Arzt in verdichteter Form ausgedruckt.

computergestützt: unter Einsatz eines →Datenverarbeitungssystems.

Computergestütztes Informationssystem: System, das durch die teilweise oder vollständige digitaltechnische Automatisierung operativer und/oder dispositiver Informationsprozesse entsteht. Computergestützte Informationssysteme sind soziotechnische oder biologisch-technische Systeme; z.B. medizinisches Bildauswertungs- und Archivierungssystem (PACS),

Krankenhausinformationssystem, Praxiscomputer, Herzschrittmacher. Sie sind Gestaltungsobjekte der →Medizinischen Informatik.

Computergestütztes Krankenhausinformationssystem: →Anwendungssystem, das durch die teilweise digitaltechnische Automatisierung der im →Informationssystem eines Krankenhauses realisierten operativen und/oder dispositiven Informationsprozesse entsteht. Sind in den Prozess der digitaltechnischen Automatisierung sämtliche miteinander kommunizierenden Betriebsbereiche des Krankenhauses (ärztlicher und paraklinischer, pflegerischer, administrativer, ver-/entsorgungstechnischer Bereich) bzw. alle Geschäftsprozesse auf der Basis eines unternehmensweiten Datenmodells einbezogen, spricht man von sogenannten (computergestützten) „integrierten Krankenhausinformationssystemen".

Computergestütztes Laborinformationssystem: Teilsystem eines medizinischen Laboratoriums, bei dem zur rationellen Durchführung und qualitativ hochwertigen Erfüllung seiner vielfältigen Aufgaben (z.B. Messwertverarbeitung, Ergebnisregistrierung, Befundschreibung, Abrechnung, Statistik, Qualitätskontrolle, Plausibilitätskontrolle) die Gesamtheit der Informationsprozesse teilautomatisiert, die Analytik →biologischer Kenngrößen teil- oder vollmechanisiert ist. Es zeichnet sich aus durch vernetzte zentrale und dezentrale Prozessoren (Verarbeitungseinheiten) mit aufeinander abgestimmter Hardware, Software und →Orgware [Seel90].

Computergestütztes Logistikinformationssystem: Teilsystem eines →logistischen Systems, bei dem die Gesamtheit der zur Steuerung →logistischer Prozesse notwendigen Informationsprozesse teilautomatisiert ist [Seel90].

Computertomographie: Abk. CT; bildgebendes Verfahren zur Erzeugung von Schnittbildern durch den menschlichen Körper senkrecht zur Körperachse, das die Gewebe in ihrer tatsächlichen Röntgendichte wiedergibt. Damit ergeben sich gegenüber der konventionellen Röntgentechnik überlagerungsfreie Bilder. Die technischen Grundlagen für die Computertomographie erarbeiteten *AM Cormack* und *G Hounsfield* und erhielten hierfür 1979 den Nobel-Preis.

Computerunterstützter Unterricht: Abk. CUU; auch als computerunterstützte Ausbildung bezeichnet; spezielle Form der Didaktik, bei der ein auf einem Datenverarbeitungssystem implementiertes Unterrichtsprogramm die Aufgaben des Lehrers übernimmt; der Lernende erhält dabei Zugang zu Lehrmitteln und kann das System zur Bearbeitung von Aufgaben benutzen. Ihr Vorteil gegenüber gedruckten Lehrmitteln und auch personengebundenem Unterricht ist die uneingeschränkt multidimensionale, individuelle Strukturierung des Lernstoffs und der Lernstrategie sowie deren komplexe Benutzung (Wiederholung und Erläuterung) und Evaluierung der vom Lernenden erbrachten Leistungen (Lernzielkontrolle) ohne Zeitverlust; ferner können auch Analysen des Lernverhaltens und eine Evaluierung des Unterrichts mit den beim CUU gewonnenen Daten (mit geringem Aufwand in großem Umfang) durchgeführt werden. In der Medizin werden neben der tutoriellen Form des CUU vor allem Fallsimulationen zu Übungen und auch in Prüfungen benutzt (vgl. [Seel90]).

Controlling: ein medizinbetrieblicher (Geschäfts-)Prozess, der sich als →Regelkreis aus Zielsetzung, Aktion, Abweichungsanalyse und Reaktion zusammensetzt (s. Abb.). Controlling beinhaltet einmal die laufende Abstimmung von Planung als Festlegung von (Teil-)Zielen und Zielerreichungsmaßnahmen im Rahmen einer vorzugebenden Zielsetzung und von Kontrolle als Gegenüberstellung von Plan-Soll und realisierter Ist-Situation. Eine Abweichungsanalyse als Ursachenforschung und Gegensteuerungsmaßnahmen sowie die Gestaltung aufeinander abgestimmter Planungs-, Kontroll- und computergestützter Berichtssysteme für die betriebliche

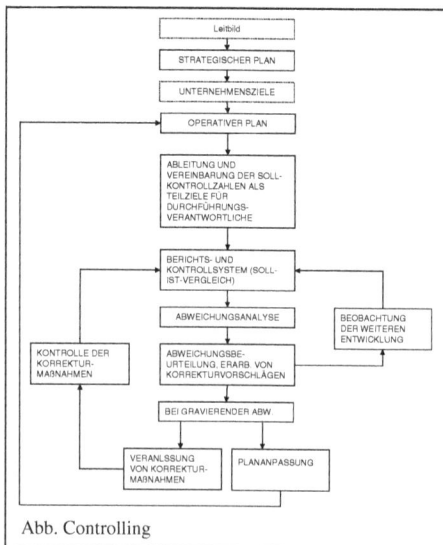

Abb. Controlling

Führung sind weitere Bestandteile des Controllings. Dazu bedarf es insbesondere einer vertikalen (Detaillierung bzw. Verdichtung von Daten auf den einzelnen betrieblichen Ebenen), horizontalen (gesamtzielorientierten Aggregation der Daten auf der obersten Führungsebene) und zeitlichen Koordination der entsprechenden Informationsprozesse. Typische Handlungsfelder des Controllings im Medizinbetrieb sind z.B. das strategisch-politische Controlling, Personal-Controlling, Finanz-Controlling, Bau-Controlling, Materialwirtschafts-Controlling, Leistungs-Controlling, Medizincontrolling.

Coping: engl. für bewältigen; Krankheitsbewältigungsverhalten; kognitiv-emotionaler Umgang mit körperlichen und seelischen Schwierigkeiten, Krisen, Krankheiten oder Behinderungen. Wie sich der Patient unter bestimmten Bedingungen verhält, um seine Schwierigkeiten zu bewältigen, hat großen Einfluss auf die Krankheit.

Corporate Governance Kodex: Verhaltensempfehlungen für eine wertorientierte und transparente Unternehmensführung und –kontrolle. Der Deutsche Corporate Governance Kodex (DCGK) wurde von der Regierungskommission DCGK am 26.2.2002 vorgelegt. Er richtet sich an deutsche börsennotierte Aktiengesellschaften bzw. Kommanditgesellschaften auf Aktien. Der DCGK hat keinen Rechtsrang jedoch haben Vorstand und Aufsichtsrat einer börsennotierten Gesellschaft nach § 161 AkG einmal jährlich eine Erklärung abzugeben, inwieweit sie die Empfehlungen des DCGK angewandt haben (sogenannte Entsprechenserklärung). Nicht börsennotierten Gesellschaften wird eine freiwillige Beachtung des Kodex empfohlen. Der DCGK wird i.d.R. einmal jährlich vor dem Hintergrund nationaler und internationaler Entwicklungen überprüft, bei Bedarf angepasst und durch das Bundesministerium für Justiz im Bundesanzeiger bekannt gemacht (*www.corporate.governance-code.de*).

Corporate Identity: ganzheitliches Konzept für das Erscheinungsbild eines Medizinbetriebs wie es von innen und außen wahrgenommen wird. Das Konzept zielt darauf ab, die medizinbetriebliche Identität durch aufeinander abgestimmte Artefakte i. S. von *EH Schein* (1995) zu unterstützen, d.h. es begründet einen schlüssigen Auftritt von Erscheinung (Corporate Design, Corporate Environment), Worten (Corporate Communications) und Taten (Corporate Behaviour) mit dem im →Leitbild formulierten Selbstverständnis. Die Definition einer Corporate Identity sollte den Kriterien Singularität (Einmaligkeit, Unverwechselbarkeit), Homogenität (Einheitlichkeit des Marktauftritts) und Kontinuität (zeitliche Konstanz wesentlicher Artefakte wie Traditionen, Logo, Marke) genügen.

Cost weight: engl. für →Bewertungsrelation.

Crossmarketing: Marketingtechnik, die das Ziel verfolgt, Kunden, die sich für ein bestimmtes Produkt interessieren, auch für ein anderes Produkt zu gewinnen; z.B. somatische Medizin und Wellnessangebote.

CT: Abk. für →Computertomographie.

Customer-Relationship-Management:
Techniken und Methoden, die mit dem
Ziel angewandt werden, im Dialog mit
dem Patienten dessen Wünsche und Kriti-
ken aufzunehmen, seine Bindung an den
Medizinbetrieb (→Marke) zu verstärken
und die Entwicklung passgenauer Service-
angebote zu unterstützen.

Customizing: die Anpassung von (branchenbezogener) →Anwendungssoftware
an die spezifischen Anforderungen eines
Mandanten.

CUU: Abk. für →computerunterstützter
Unterricht.

D

Darstellungstechniken: Oberbegriff für Techniken zur anschaulichen Darstellung (Visualisierung) verbaler Beschreibungen: z.B. Balkendiagramm, Kiviat-Graph, Mind map, Netzplan, Piktogramm, Polaritätsprofil, Strukturdiagramm, Venn-Diagramm. Bei der Beschreibung von → Systemen finden Grafen (z.B. Ablaufdiagramm, Datenflussplan, Entscheidungsbaum, HIPO-Methode, Petri-Netze) und Matrizen (z.B. Entscheidungstabellen) Verwendung.

D-Arzt: Abk. für → Durchgangs**arzt**.

Datenbank: eine strukturierte und organisierte Sammlung logisch zusammenhängender Daten eines Informationsbereiches mit der Möglichkeit, über ein entsprechendes Programmsystem (Datenbankmanagementsystem) anwendungsspezifische Teilstrukturen (Datensichten) zu definieren, zu verarbeiten und bereit zu stellen [Seel90].

Datengeheimnis: nach § 5 BDSG (und entsprechenden Regelungen in den Landesdatenschutzgesetzen) ist es den bei der Datenverarbeitung beschäftigten Personen untersagt, personenbezogene Daten unbefugt zu erheben, zu verarbeiten oder zu nutzen (Datengeheimnis). Diese Personen sind, soweit sie bei nicht-öffentlichen Stellen beschäftigt werden, bei der Aufnahme ihrer Tätigkeit auf das Datengeheimnis zu verpflichten. Das Datengeheimnis, wie übrigens auch die betriebliche Schweigepflicht, besteht auch nach Beendigung ihrer Tätigkeit fort.

Datenqualität: die Eigenschaft eines Datums in Bezug auf die Gütekriterien → Objektivität, → Reliabilität und → Validität.

Datenschutz: die Gesamtheit der technischen und organisatorischen Maßnahmen zur Abwehr gesellschaftlich unerwünschter Folgen der Informationstechnologien – einschließlich der rechtlich unzulässigen Datenverarbeitung – zum Schutz des grundrechtlich verbürgten Rechts des menschlichen Individuums auf informationelle Selbstbestimmung (→ informationelles Selbstbestimmungsrecht). Datenschutzrechtliche Prinzipien sind: 1. die Erforderlichkeit einer Befugnisnorm für den Eingriff in das informationelle Selbstbestimmungsrecht; 2. der Grundsatz der Zweckbindung; 3. die unabdingbaren Rechte des Betroffenen auf Auskunft, Berichtigung, Löschung oder Sperrung gegenüber der → verantwortlichen Stelle. Zulässig ist das Erheben, Verarbeiten und Nutzen personenbezogener Daten (a) im Rahmen der Zweckbestimmung eines Vertragsverhältnisses oder vertragsähnlichen Vertrauensverhältnisses mit dem Betroffenen; (b) soweit es zur Wahrung berechtigter Interessen der verantwortlichen Stelle erforderlich ist und kein Grund zu der Annahme besteht, dass das schutzwürdige Interesse des Betroffenen an dem Ausschluss der Verarbeitung oder der Nutzung der Daten überwiegt; (c) wenn eine Rechtsvorschrift sie erlaubt oder anordnet; (d) der Betroffene eingewilligt hat; (e) es zum Schutz eines höherwertigen Rechtsgutes geboten erscheint; (f) es sich um faktisch anonymisierte Daten handelt.

Datenschutzbeauftragter: s. Beauftragter für den Datenschutz.

Datenschutzrecht: Gesamtheit aller persönlichkeitsschützenden Vorschriften, die die informationellen Beziehungen einer natürlichen Person zu anderen natürlichen oder juristischen Personen regeln [Seel90].

Datensicherheit: Ergebnis der → Datensicherung.

Datensicherung: die Menge aller Maßnahmen (technischer, personeller, organisatorischer, rechtlicher und sonstiger Art) zum Schutz der Datenverarbeitung (einschließlich der Telekommunikation) als Ganzes wie in ihren Teilen (Daten, Programme, Hardware), in ihrem Bestand, ihrer fehlerfreien Funktion und ihrer Ablauf- wie Aufbauorganisation vor Funktionsbeeinträchtigungen aller Art, d.h. vor Störung, Verlust (z.B. durch Fehler, Katastrophen) oder Missbrauch (z.B. unberechtigte Programmierung), im Interesse des Benutzers (Unternehmer, Behörde), juristisch meist: der „verantwortlichen Stelle".

Im Gegensatz zum → Datenschutz schützt Datensicherung nicht den von den Daten abgebildeten „Betroffenen" (Terminologie des BDSG; z.B. Bürger, Gruppen), sondern den Anwender. Im Schlagwort: Datensicherung schützt die Datenverarbeitung, Datenschutz schützt vor Datenverarbeitung; oder anders: Datensicherung schützt die Interessen des Betreibers, Datenschutz das → informationelle Selbstbestimmungsrecht des Betroffenen [Seel90].

Datenverarbeitende Stelle: umgangssprachliche Bezeichnung für die Person oder Stelle, die personenbezogene Daten speichert oder speichern lässt. Gemeint sein können die Rechtsbegriffe der „verantwortlichen Stelle" i.S. von § 3 Abs. 7 BDSG (und entsprechend Landesdatenschutzgesetze), die Daten für sich selbst speichert oder speichern lässt, sowie die von § 11 BDSG erfassten Stellen, die → Datenverarbeitung im Auftrag betreiben.

Datenverarbeitung im Auftrag: syn. Auftragsdatenverarbeitung; liegt vor, wenn sich die verantwortliche Stelle i.S. § 3 Abs. 7 BDSG einer anderen Person oder Stelle zur (auch teilweisen) Erledigung der Datenverarbeitung bedient. Der Auftragnehmer ist unter besonderer Berücksichtigung der Eignung der von ihm getroffenen technischen und organisatorischen Maßnahmen sorgfältig auszuwählen. Der Auftrag ist schriftlich zu erteilen, wobei die Datenerhebung, -verarbeitung oder -nutzung, die technischen und organisatorischen Maßnahmen und etwaige Unterauftragsverhältnisse festzulegen sind. Der Auftragnehmer darf die Daten nur im Rahmen der Weisungen des Auftraggebers erheben, verarbeiten oder nutzen. Der Auftraggeber bleibt als →verantwortliche Stelle auch bei der Auftragsdatenverarbeitung Normadressat der Betroffenenrechte (s. Betroffener).

Datenverarbeitung: im Datenschutzrecht jeder Vorgang, der sich auf die Erhebung, Verarbeitung (Speichern, Verändern, Übermitteln, Sperren, Löschen) und Nutzung →personenbezogener Daten bezieht.

Datenverarbeitungssystem: Funktionseinheit zur Verarbeitung von Daten, nämlich zur Durchführung mathematischer, zeichenersetzender (umformender), übertragender und speichernder Operationen; spezieller Automat (vgl. DIN 44300).

Datenvermeidung und Datensparsamkeit: Grundsatz im Datenschutzrecht (§ 3a BDSG). Gestaltung und Auswahl von Datenverarbeitungssystemen haben sich an dem Ziel auszurichten, keine oder so wenig personenbezogene Daten wie möglich zu erheben, zu verarbeiten oder zu nutzen. Insbesondere ist von den Möglichkeiten der →Anonymisierung und →Pseudonymisierung Gebrauch zu machen, soweit dies möglich ist und der Aufwand in einem angemessenen Verhältnis zu dem angestrebten Schutzzweck steht; z.B. bei der medizinischen Forschung mit Patientendaten.

Dauerbeobachtung: Analysetechnik, bei der über einen längeren Zeitraum Tätigkeiten und Arbeitsabläufe an einem oder mehreren Arbeitsplätzen beobachtet und aufgezeichnet werden, um Kenntnisse über ein Planungsfeld (Objektsystem) zu gewinnen. Die psychologische Belastung der Beobachteten, verbunden mit der Gefahr der Aufnahme verfälschter Daten durch deren Verhaltensänderung (→Hawthorne-Effekt), sowie der relativ hohe Zeitaufwand für den Organisator setzen der Anwendung dieser Methode Grenzen.

DCGK: Abk. für **D**eutscher →**C**orporate **G**overnance **K**odex.

DD: Abk. für →**D**ifferential**d**iagnose.

DDD: Abk. für engl. →**D**efined **D**aily **D**ose.

Defined Daily Dose: Abk. DDD, mittlere Tagesdosis eines Wirkstoffs; wird herangezogen, um die durchschnittlichen täglichen Therapiekosten bei Arzneimitteln zu vergleichen.

Delegation: die Zuweisung von Aufgaben, Kompetenzen und Verantwortung durch funktionale Strukturierung bzw. Übertragung auf einen personalen Aufgabenträger (Stelleninhaber).

Delegierte Patientenmitbestimmung: demokratisch legitimierte Vertretung von Interessen im Auftrag von Patienten und Versicherten. Sie wurde mit dem GKV-Modernisierungsgesetz auf der politisch-strategischen Ebene durch Beteiligungsrechte von Patientenvertretern gesetzlich verankert; s.a. Patientenbeauftragter, Patientenorganisation.

Delphi-Technik: auch Delphi-Methode; Prognosetechnik; charakteristisch sind das kontrollierte Feedback und die Befragung einander unbekannter, anonymisierter Teilnehmer (Experten). Ablauf: (a) Einholung anonymisierter Meinungen von Experten mit Hilfe eines Fragebogens oder eines Interviews; (b) Durchführung mehrerer Befragungsrunden, wobei nach jeder Runde die eingetroffenen Antworten zusammengefasst und den Befragten erneut zur Begutachtung zugeschickt werden; so kommt es zur systematischen Modifikation und Kritik der zusammengefassten anonymen Antworten; (c) Erreichung einer Gruppenantwort durch Zusammenfassung (statistisch häufig) der individuellen Meinungen in einer Abschlussrunde. Die Delphi-Technik sollte abgeschlossen werden, wenn eine Konvergenz der Meinungen erkennbar wird oder, wenn das Interesse der Teilnehmer spürbar abnimmt.

demeritorische Güter: s. meritorische Güter.

Demographie: Beschreibung des Werdens und Vergehens einer →Bevölkerung durch die demographischen Prozesse Geburt, Heirat und Tod. Sie werden quantitativ erfasst durch →Natalität, →Fertilität, →Nuptialität und →Mortalität. Diese Maßzahlen sind u.a. dazu bestimmt, für die Bereiche der Bildungs-, Sozial- und Gesundheitsplanung der tatsächlichen Entwicklung angepasste Entscheidungen zu ermöglichen. Sie werden ermittelt aus den Daten einer Volkszählung, des Mikrozensus und der Bevölkerungsfortschreibung [Seel90].

Demotivationskultur: kontraproduktive →Organisationskultur; führt (bei konstanten Personalkosten) zu Leistungsverlusten im Medizinbetrieb und zu gesundheitlichen Beeinträchtigungen für den Beschäftigten; symptomatisch sind z.B. unfaire (versteckte) soziale Spielregeln wie z.B. Intrigen, geblockte Initiativen, destruktive Kritik, bewusstes Übergehen, Ungerechtigkeit, mangelndes Zutrauen oder geringe Anerkennung der Arbeitsleistung, fehlende Ziele, intransparentes oder inkonsequentes Verhalten des Führenden, keine oder schlechte Einarbeitung neuer Mitarbeiter oder bekannter Mitarbeiter in neue Aufgabenbereiche, das Nichteinhalten von Versprechen über Entwicklungsmöglichkeiten, Unter- oder Überforderung, Vernachlässigung von Hygienefaktoren, Mobbing usw. [Seel07].

deontologisch: Handeln oder Verhalten von →Beschäftigten im Medizinbetrieb, das sich auf Grundorientierungen des →Wertesystems beruft; vgl. →teleologisch [Seel07].

Dermatohistologie: Zusatzbezeichnung, die von einem Arzt nach Ableistung der vorgeschriebenen Weiterbildungszeit und Weiterbildungsinhalte gemäß der ärztlichen Weiterbildungsordnung geführt werden darf. Die Zusatz-Weiterbildung Dermatohistologie umfasst in Ergänzung zu einer Facharztkompetenz die Durchführung von histologischen Untersuchungen an der normalen und pathologischen Haut, Unterhaut, deren Anhangsgebilde und der hautnahen Schleimhäute [Bund06].

Dermatologie: medizinisches Fachgebiet, das sich mit der Erkennung und Behandlung von Hautkrankheiten sowie der Physiologie und Pathophysiologie des Hautorgans befasst. Neben der allgemeinen Dermatologie haben sich wichtige Spezialdisziplinen wie die Allergologie, Dermatochirurgie, Dermatohistologie, Phlebologie, Proktologie und Andrologie entwickelt, die das klinische Tätigkeitsfeld des Dermatologen prägen.

Deutsche Rentenversicherung Knappschaft-Bahn-See: Körperschaft des öffentlichen Rechts; Sozialleistungsträger für Berg- und Seeleute, Eisenbahner sowie deren Familienangehörige. Mit der Organisationsreform der Rentenversicherung sind Bundesknappschaft, Bahnversicherungsanstalt und Seekasse zum 1. Oktober 2005 zur Deutschen Rentenversicherung Knappschaft-Bahn-See (DRV-KBS) verschmolzen. Organe sind die Vertreterversammlung, der Vorstand und die Geschäftsführung. Die Vertreterversammlung wird durch Sozialwahlen ermittelt. Mit ihrem einzigartigen Verbund aus gesetzlicher Rentenversicherung, Renten-Zusatzversicherung, Kranken- und Pflegeversicherung mit einem eigenen medizinischen Netz nimmt die KBS in der Sozialversicherung einen besonderen Platz ein und bietet ihren Mitgliedern eine umfassende soziale wie medizinische Sicherheit. Darüber hinaus werden alle geringfügigen Beschäftigungsverhältnisse durch die neue Minijob-Zentrale unter dem Dach der KBS betreut (*www.kbs.de*).

Deutsches Institut für Medizinische Dokumentation und Information: Abk. DIMDI; nachgeordnete Behörde des Bundesministeriums für Gesundheit. Das DIMDI ist zuständig für die Herausgabe deutschsprachiger Fassungen amtlicher Klassifikationen in der Medizin (z.B. ICD-10-GM, OPS), die Einrichtung von datenbankgestützten Informationssystemen für Arzneimittel, Medizinprodukte und zum Thema Health Technology Assessment sowie für die Bereitstellung von Datenbanken aus dem gesamten Bereich der Medizin und ihrer Randgebiete (*www.dimdi.de*).

Dezentrales Lager: Pufferlager zum Ausgleich von Schwankungen zwischen Quellen und Senken in verketteten Materialflusssystemen. Diese Lager dienen der Versorgung gekoppelter Systeme und sollen zudem Störungen abpuffern; z.B. Vorratshaltung von Medikamenten auf einer Station.

Diabetologie: Zusatzbezeichnung, die von einem Arzt nach Ableistung der vorgeschriebenen Weiterbildungszeit und Weiterbildungsinhalte gemäß der ärztlichen Weiterbildungsordnung geführt werden darf. Die Zusatz-Weiterbildung Diabetologie umfasst in Ergänzung zu einer Facharztkompetenz die Erkennung, Behandlung und Rehabilitation aller Formen der diabetischen Stoffwechselstörung einschließlich ihrer Komplikationen [Bund06].

Diagnose: 1. Erfassung eines Krankheitsbildes mit Handlungsfolge an einem individuellen Patienten. Vorläufige Diagnose aus →Anamnese und körperlichem

→Befund; Abschlussdiagnose nach Bestätigung der als Handlungsmodell aufgefassten vorläufigen Diagnose durch die Therapie. Im akuten Notfall wird das leitende Symptom zur Handlungsanweisung (Diagnose) z.B. Atemstillstand; **2.** Krankheitsbezeichnung i.S. einer Abstraktion der naturgesetzlichen Reaktionsform des Menschen auf bestimmte Noxen bzw. ererbte Fehler: Krankheitsentität (→Krankheitsbild). Es besteht Einheit von →Ätiologie, →Pathogenese, →Symptomatik, →Prognose und →Therapie, z.B. Typhus abdominalis. Die Trennschärfe der Krankheitsentitäten ist sehr unterschiedlich, z.B. bei den →Syndrom-Diagnosen gering [Seel90].

Diagnoseaufklärung: s. Ärztliche Aufklärungspflicht.

Diagnoseschlüssel: Abbildung einer Klassifikation diagnostischer Begriffe (→Diagnosen) auf einen (alpha)numerischen Code. Dabei hängen Inhalt und Struktur von Anwendungsgebiet und Verwendungszweck ab. Haupteinteilungskriterien sind die Anzahl der semantischen Dimensionen (z.B. Topographie, Nosologie, Morphologie, Ätiologie) und die berücksichtigten Relationen zwischen den Begriffen bzw. den sie bezeichnenden Lexemen (etwa Hierarchierelationen); gültig im Bereich der WHO ist die Internationale Klassifikation der Krankheiten (ICD) [Seel90].

Diagnosestatistik: Ergebnis der Auszählung bei untersuchten Patienten über einen definierten Auswertungszeitraum festgestellter und verschlüsselter →Diagnosen; meist in Bezug zu patientenbezogenen (z.B. Alter, Geschlecht) und/oder weiteren Merkmalen (z.B. Fachabteilung, Verweildauer, diagnostische und therapeutische Prozeduren).

Diagnosis Related Groups: Abk. DRGs; diagnosebezogene Fallgruppen im →DRG-System.

Diagnostik: in der Medizin methodologisches Vorgehen zur Stellung einer →Diagnose mit der daraus sich ergebenden Therapie; i.d.R. Anamnese, körperlicher Befund, Routinelaboruntersuchungen, gezielte medizinisch-technische Untersuchungen; Benennung auch nach angewendeter Methodik; z.B. Labordiagnostik, Röntgendiagnostik [Seel90].

Diagnostikzentrum: selbstständiger und ausschließlich für die →Diagnostik in mehreren medizinischen Disziplinen eingerichteter →Medizinbetrieb mit oder ohne stationärer Unterbringungsmöglichkeit für den Patienten.

Dialyse: physikalisches Verfahren zur Trennung gelöster Teilchen, d.h. hochmolekularer und kristalliner (niedrigmolekularer) Körper. Man unterscheidet in der Medizin: Hämodialyse, Peritonealdialyse, Hämoperfusion und Hämofiltration [Seel90].

Dialysezentrum: Organisationseinheit zur Dialysebehandlung für Patienten mit chronischer Niereninsuffizienz im Krankenhaus oder ähnlichen Einrichtungen unter intensiver ärztlicher und pflegerischer

Überwachung; im Unterschied hierzu Heimdialyse und Heimdialysezentrum.

Diät: diaita (griech.) bedeutet soviel wie richtige Lebensweise. In der heutigen Medizin wird unter Diät allgemein eine Krankenkost verstanden, die bestehende stoffwechselbedingte Schäden zu verbessern oder drohende Nachteile abzuwenden in der Lage ist. Diät ist eine nach physiologischen Erwägungen zusammengestellte, von der frei gewählten Ernährung deutlich abweichende Kostform als Mittel zur gezielten therapeutischen Beeinflussung des Stoffwechsels. Die Zufuhr bestimmter Nährstoffe oder anderer ernährungsphysiologisch wirkender Stoffe ist gesteigert oder vermindert, woraus sich eine veränderte Nährstoffrelation ergibt. Es muss eine gezielte Auswahl der Lebensmittel und Garmachungsmethoden getroffen werden [Seel90].

Diathermie: Sammelbegriff für Verfahren zur Erzeugung von therapeutischer Wärme im Gewebe und von Energie für Gewebeschnitte durch Hochfrequenzströme (Hochfrequenztherapie, Elektrokoagulation).

Differentialdiagnose: Abk. DD; Abwägen der Möglichkeit des Vorliegens auch anderer Krankheitsursachen und Krankheitsbilder bei einem vorgegebenen Symptommuster [Seel90].

Digitale Krankenakte: syn. elektronische Krankenakte; die teilweise oder vollständig auf elektronischen (digitalen) Speichermedien und nach definierten Ordnungskriterien abgelegte Sammlung der medizinischen Informationen zu einem Patienten sowie die zugehörige Interaktions- und Präsentationskomponente zum Navigieren in und Arbeiten mit der Akte [Haas04].

Dignität: bezogen auf die Erbringung von Gesundheitsleistungen die Forderung, dass der Arzt (Leistungserbringer) über die für die Erbringung der konkreten Gesundheitsleistung erforderlichen persönlichen, fachlichen und sächlichen (apparativen) Voraussetzungen verfügen muss. Andernfalls muss er, will er kein Übernahmeverschulden begehen, rechtzeitig andere Ärzte hinzuziehen, wenn die eigene Kompetenz zur Lösung der diagnostischen und therapeutischen Aufgabe nicht ausreicht oder den Patienten rechtzeitig an andere Ärzte zur Fortsetzung der Behandlung überweisen.

DIMDI: Abk. für →Deutsches Institut für Medizinische Dokumentation und Information.

Direkte Pflege: pflegerische Tätigkeiten, die in Anwesenheit des Patienten ausgeführt werden; die pflegerischen Tätigkeiten i.e.S.; z.B. den Patienten pflegen, ihn beobachten, sich mit ihm über seine Gesundheit unterhalten, die verabreichte Pflege beurteilen; Gegensatz: →Indirekte Pflege [Seel90].

Disease management: Krankheitsmanagement; eine systematische, agierende, populationsbezogene, integrierte, sektorenübergreifende und häufig auf eine (chronische) Krankheit spezialisierte medizinische Versorgung, die sich an Lebenszyklen von Krankheiten an Stelle von Krankheitsepisoden und evidenzbasierten Leitlinien zur Qualitätssicherung orientiert (*KW Lauterbach* 1997). Ziel ist es, die Versorgungsqualität zu optimieren und langfristig Kosten zu senken. Im Unterschied zum → Case management bezieht sich Disease management auf eine von einer bestimmten (chronischen) Erkrankung betroffene Population.

Disease Management Programm: Abk. DMP; in der gesetzlichen Krankenversicherung ein nach den Prinzipien des → Disease management strukturiertes Behandlungsprogramm für eine chronische Erkrankung (§ 137f SGBV). Disease Management Programme eignen sich besonders für (chronische) Krankheiten, die gut erforscht sind, für die bereits evidenzbasierte Leitlinien vorliegen und deren Outcome gemessen werden kann. Angeboten werden derzeit Programme für Diabetes mellitus (Typ 1 und 2), Asthma, chronisch obstruktive Atemwegserkrankungen, Brustkrebs und koronare Herzkrankheiten.

Diskriminierte Analyse: Analytik, bei der, abhängig vom Einzelfall, die zu bestimmenden → biologischen Kenngrößen festgelegt werden; Gegensatz: → indiskriminierte Analyse [Seel90].

Dispositiver Faktor: in der Betriebswirtschaftslehre die für die Planung, Organisation und Kontrolle der Faktorkombination verantwortlichen betrieblichen Entscheidungsinstanzen. In Medizinbetrieben wird der dispositive Faktor repräsentiert durch die nach der Unternehmensverfassung zu bestellenden Organvertreter und die Führungskräfte.

Divergenztheorem der Führung: Führender und Geführte(r) bilden ein soziales System, das unter Einbeziehung eines Organisationsziels (situativ) nach sach-rationalen oder sozio-emotionalen Aspekten optimiert werden kann (s. Abb.). Elemente und Relationen dieses sozialen Systems sind der

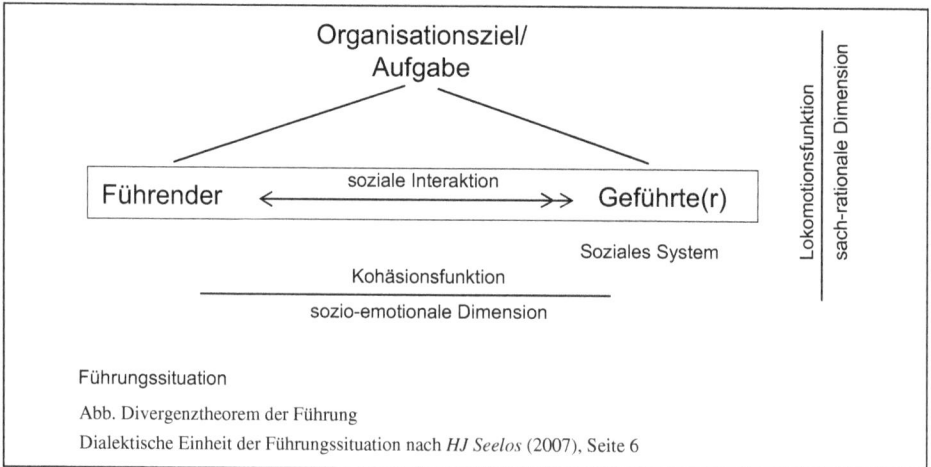

Abb. Divergenztheorem der Führung

Dialektische Einheit der Führungssituation nach *HJ Seelos* (2007), Seite 6

Führende, der Geführte oder die Geführten(gruppe), der soziale Interaktionsprozess (Führungsbeziehung) und die Bedingungen unter denen der Beeinflussungsversuch stattfindet (Führungssituation).

DKG-NT: Abk. für **D**eutsche **K**rankenhausgesellschaft – **N**ebenleistungen**t**arif; Tarif der Deutschen Krankenhausgesellschaft für die Abrechnung der stationären Nebenleistungen und der ambulanten Leistungen in den Krankenhäusern. Der DKG-NT orientiert sich im Wesentlichen an der Systematik, Nummernfolge und Leistungsbeschreibung der → GOÄ [Seel90].

DMP: in der gesetzlichen Krankenversicherung Abk. für → **D**isease **M**anagement **P**rogramm.

Doctor Hopping: unwirtschaftliche Mehrfachinanspruchnahme verschiedener → Vertragsärzte durch einen Versicherten bei ein und demselben Konsultationsanlass. Nach § 76 Abs. 3 SGB V sollen Versicherte der gesetzlichen Krankenversicherung den an der vertragsärztlichen Versorgung teilnehmenden Arzt innerhalb eines Kalendervierteljahres nur bei Vorliegen eines wichtigen Grundes wechseln.

Dokument: Einheit von Datenträger und auf ihm aufgezeichnete Daten, die geeignet ist, in einen Dokumentationsprozess einzugehen [Seel90].

Dokumentation: 1. der Prozess des Dokumentierens, also die (wissenschaftliche) Tätigkeit der Sammlung, Ordnung, Speicherung, Wiederzugänglichmachung und

Auswertung von → Dokumenten bzw. von schriftlich fixiertem Wissen jeglicher Art; **2.** Bezeichnung für das „Dokumentierte" [Seel90].

Dokumentationspflicht: die Pflicht des Arztes alle für die Behandlung wichtigen Umstände in unmittelbarem zeitlichem Zusammenhang aufzuzeichnen und diese Aufzeichnungen sowie sonstige anlässlich der Behandlung anfallende Krankenunterlagen aufzubewahren (Aufbewahrungspflicht). Die Dokumentationspflicht folgt als vertragliche Nebenpflicht aus dem Behandlungsvertrag und aus dem ärztlichen Berufsrecht (§ 11 Abs. 1 Satz 1 MBO-Ä). Gesetzlich gefordert wird die Dokumentationspflicht nach der Strahlenschutzverordnung, der Röntgenverordnung, dem Infektionsschutzgesetz, der Datenübermittlungsverordnung, § 301 SGB V und dem D-Arztverfahren. Die ärztliche Dokumentationspflicht erstreckt sich insbesondere auf die Anamnese, die getroffenen therapeutischen und pflegerischen Maßnahmen, die Medikation, die Befunde der körperlichen und medizinisch-technischen Untersuchung, Operationsberichte, Narkoseprotokolle, die Diagnose und die Aufklärung und Einwilligung des Patienten. Bei Dokumentationsmängeln wird zu Lasten des Arztes vermutet, dass eine nicht dokumentierte Maßnahme unterblieben ist.

Dokumentationssystem: (computergestütztes) Informationssystem für die Verwaltung und Auswertung von → Dokumenten. Dokumentationssysteme können nach Art der dokumentarischen Bezugseinheit (z.B. Literaturdokumentation, Bilddokumentation) oder nach dem angesprochenen Rezipientenkreis, auf den das Dokumentationssystem inhaltlich ausgerichtet ist, typisiert werden [Seel90].

Dokumentenanalyse: Analysetechnik zur Gewinnung erster Erkenntnisse über eine medizinbetriebliche Organisationseinheit oder einen Medizinbetrieb insgesamt durch Auswertung vorhandener Dokumente (z.B. Arbeitsplatzbeschreibungen, Formulare, Geschäftsberichte, Inventarlisten, Organisationsanweisungen, Statistiken, Stellenpläne) [Seel90].

Doppler-Sonographie: Verfahren der Ultraschalldiagnostik zur Bestimmung der Blutflussgeschwindigkeit in arteriellen und venösen Gefäßen sowie im Herzen.

Dosimeter: Gerät zur Messung der Strahlendosis.

Downcoding: im →DRG-System eine zu niedrige ökonomische Schweregraddarstellung von Patienten gegenüber dem tatsächlichen Schweregrad.

3-D-Programm: von *WJ Reddin* (1977) entwickeltes situatives Führungsmodell, das die drei Variablen →Aufgabenverhalten, →Beziehungsverhalten und Führungseffektivität miteinander verbindet. Daraus werden vier Führungsstile abgeleitet, die abhängig von der Führungssituation effektiv oder ineffektiv sind.

360-Grad-Radar: s. Konzept der schwachen Signale.

DRG-Institut: Aufgabe des im Jahr 2001 von den Spitzenverbänden der Krankenkassen, dem Verband der Privaten Krankenversicherung und der Deutschen Krankenhausgesellschaft gegründeten gemeinnützigen Instituts für das Entgeltsystem im Krankenhaus (InEK gGmbH) ist es, die Vertragspartner der Selbstverwaltung und die von ihnen gebildeten Gremien bei der gesetzlich vorgeschriebenen Einführung und kontinuierlichen Weiterentwicklung des →G-DRG-Systems auf der Grundlage des § 17b KHG zu unterstützen. Arbeitsfelder des DRG-Instituts sind die Fallgruppenpflege (Definition der DRG-Fallgruppen, Pflege der Basis-Fallgruppen, Pflege des Schweregrad-Systems), die Kodierung (Kodierrichtlinien, Vorschläge für die ICD/ OPS-Anpassungen) und die Kalkulation (Relativgewichte, Zu- und Abschläge) sowie die internationale Zusammenarbeit (*www.g-drg.de*).

DRGs: Abk. für engl. →**D**iagnosis **R**elated **G**roups; diagnosebezogene Fallgruppen im →DRG-System.

DRG-System: Patientenklassifikationssystem, das anhand eines klinisch orientierten Schemas die stationäre Behandlung von Patienten in Verbindung zu den dafür erforderlichen Ressourcen setzt. Der Behandlungsfall wird im DRG-System nach pauschalierten Leistungsentgelten (→Fallpauschalen) vergütet, die am durchschnittlichen Behandlungsaufwand einer diagnosebezogenen Fallgruppe orientiert sind. In Deutschland ist, ausgenommen die Fachgebiete Psychiatrie, Kinder- und Jugendpsychiatrie, Psychotherapie und Psychotherapeutische Medizin, seit 2004 das →G-DRG-System verpflichtend einge-führt.

Dritter: jede Person oder Stelle außerhalb der →verantwortlichen Stelle, mit Aus-nahme des →Betroffenen und derjenigen Personen und Stellen, die im Geltungsbe-reich des Bundesdatenschutzgesetzes (BDSG) Daten im Auftrag verarbeiten (§ 3 Abs. 8 BDSG). Außerhalb der verant-wortlichen Stelle steht jede natürliche oder juristische Person, Gesellschaft oder ande-re Personenvereinigung des privaten Rechts sowie jede öffentliche Stelle, die nicht mit der verantwortlichen Stelle iden-tisch oder ein juristischer Teil von ihr ist. Innerhalb eines Konzerns ist jedes Unter-nehmen zu jedem anderen rechtlich selbst-ständigen Unternehmen „Dritter" i.S. des Datenschutzrechts; das gilt etwa auch im Verhältnis der rechtlich selbstständigen Konzerntochter zur Muttergesellschaft. Der verfassungsrechtliche Zweckbin-dungsgrundsatz führt dazu, auch die eine andere Aufgabe wahrnehmende Stelle in-nerhalb einer Behörde als „Dritten" i.S. des Datenschutzrechts zu betrachten.

Durchgangsarzt: Abk. D-Arzt; von den →Berufsgenossenschaften beauftragter Arzt. Er hat darüber zu entscheiden, ob als Folge eines →Arbeitsunfalls eine berufs-genossenschaftliche Heilbehandlung ein-zuleiten ist oder ob eine vertragsärztliche Behandlung ausreicht. Im ersten Fall hat er diese durchzuführen bzw. im zweiten Fall ihre Durchführung zu veranlassen [Seel90].

Dyadentheorie der Führung: Nach der von *GB Graen* et al. (1995) entwickelten Dyadentheorie der Führung unterscheiden Führende bei den Geführten zwischen in- und out-group-Mitgliedern. Zwischen Führendem und Geführten der in-group besteht eine respektvolle, vertrauensvolle Beziehung. Der Führende gewährt diesen loyalen, fachlich hoch qualifizierten und motivierten Mitarbeitern besondere Hand-lungsspielräume, unterstützt sie nach Kräf-ten und sorgt dafür, dass sie von Belohnun-gen besonders profitieren. Demgegenüber gelingt es Mitarbeitern mit bestenfalls durchschnittlichem Leistungsvermögen (out-group) nicht, eine intensive Bezie-hung zum Führenden zu entwickeln. Sie werden daher bei der Vergabe von Beloh-nungen auch nur am Rande berücksichtigt. Mitglieder der in-group werden geführt (i. S. des Hinausgehens über die Anwendung formaler Kompetenzen), Mitglieder der out-group beaufsichtigt [Seel07].

E

EBM: Abk. für → Einheitlicher Bewertungsmaßstab.

EbM: Abk. für engl. Evidence-based Medicine; s. evidenzbasierte Medizin.

EEG: in der Medizin Abk. für → Elektroenzephalographie.

Effektivität: 1. Wirksamkeit einer Maßnahme, eines Maßnahmenbündels oder eines umfassenden Programms im Hinblick auf eine definierte Zielgröße. Im Gesundheitswesen kann diese Zielgröße u.a. sein: → Inzidenz und → Prävalenz von Erkrankungen für gewisse Subpopulationen, altersspezifische Mortalitätsrate und Lebenserwartung, ein Gesundheitsindex etc.; **2.** prävalenzabhängige Kenngröße k der Resultatvalidität, die in der ärztlich-diagnostischen Entscheidungssituation die Richtigkeit eines positiven oder negativen Testresultats angibt (vgl. [Seel90]).

Effizienz: eine Maßnahme (bzw. ein Maßnahmenbündel, ein Gesundheitsprogramm) ist „operativ effizient", wenn eine vorgegebene Wirksamkeit (→ Effektivität) mit geringstmöglichem Ressourceneinsatz oder, alternativ, ihre Wirksamkeit mit vorgegebenen Ressourcen maximiert wird. „Allokative Effizienz" betrifft darüber hinaus die Frage, ob eine Maßnahme durchgeführt werden sollte in Anbetracht der alternativen Verwendungsmöglichkeiten der hierfür benötigten Ressourcen. Die bekanntesten Instrumente zur Effizienzbestimmung sind die Kosten-Wirksamkeits-Analyse und die Kosten-Nutzen-Analyse; s. Bewertungsverfahren [Seel90].

EFQM-Modell: Unternehmensmodell zur Erzielung nachhaltiger Excellence. Das Modell definiert **Excellence** als überragende Vorgehensweise in der Führung einer Organisation und beim Erzielen von Ergebnissen basierend auf Grundkonzepten der Excellence wie Ergebnisorientierung, Ausrichtung auf den Patienten, Führung und Zielkonsequenz, Management mittels Fakten und Prozessen, Mitarbeiterentwicklung und –beteiligung, kontinuierliches Lernen, Innovation und Verbesserung, Entwicklung von Partnerschaften, soziale Verantwortung. Das EFQM-Modell unterscheidet neun Kriterien, die wiederum in fünf Befähiger-Kriterien (Führung, Politik & Strategie, Mitarbeiterorientierung, Ressourcen, Prozesse) und vier Ergebnis-Kriterien (Kundenzufriedenheit, Mitarbeiterzufriedenheit, gesellschaftsbezogene Ergebnisse, wichtige Ergebnisse der Organisation) eingeteilt sind (s. Abb.). Das EFQM-Modell bildet auch die Grundlage zur Vergabe des Europäischen Qualitätspreises durch die European Foundation for Quality Management, die 1988 als gemeinnützige Organisation mit Sitz in Brüssel und Unterstützung der Europäischen Union gegründet wurde [Seel07].

eGK: Abk. für →elektronische Gesundheitskarte.

eHealth: Sammelbegriff für gesundheitsbezogene Aktivitäten, Dienste und Systeme, die über eine Entfernung hinweg mit Mitteln der Informations- und Kommunikationstechnologie ausgeführt werden; i. E. →Telemedizin, Teleausbildung, Telematik für die medizinische Forschung und das Gesundheitsmanagement.

EHIC: Abk. für engl. European Health Insurance Card; s. Europäische Krankenversichertenkarte.

Eigenschaftstheoretischer Führungsansatz: Die von *RM Stogdill* (1948) vertretene These, dass Führungspositionen nur von denjenigen besetzt werden können, die kaum erlernbare, also genetisch festgelegte oder in frühen Phasen der Sozialisation erworbene Persönlichkeitsmerkmale wie Intelligenz, Dominanz, Selbstvertrauen und Verantwortungsbewusstsein mitbringen, ließ sich wissenschaftlich ebenso wenig bestätigen, wie die Vorstellung von universalen Führungseigenschaften. Diese sind empirisch schwer zu bestätigen und eher als Prädisposition für den Führungserfolg zu verstehen. Insbesondere ist es nicht eine bestimmte Kombination von Persönlichkeitsmerkmalen an sich, sondern die Korrespondenz mit der jeweiligen Situation, die Führerschaft ermöglicht. Dennoch besitzt der eigenschaftstheoretische Führungsansatz nach wie vor einen hohen Stellenwert bei der Ausschreibung von Führungspositionen und Verfahren zur Führungskräfteauswahl [Seel07].

Eilfall-Labor: syn. Bereitschaftslabor, Notfall-Labor; ständig betriebsbereite Organisationseinheit eines medizinischen Labora-

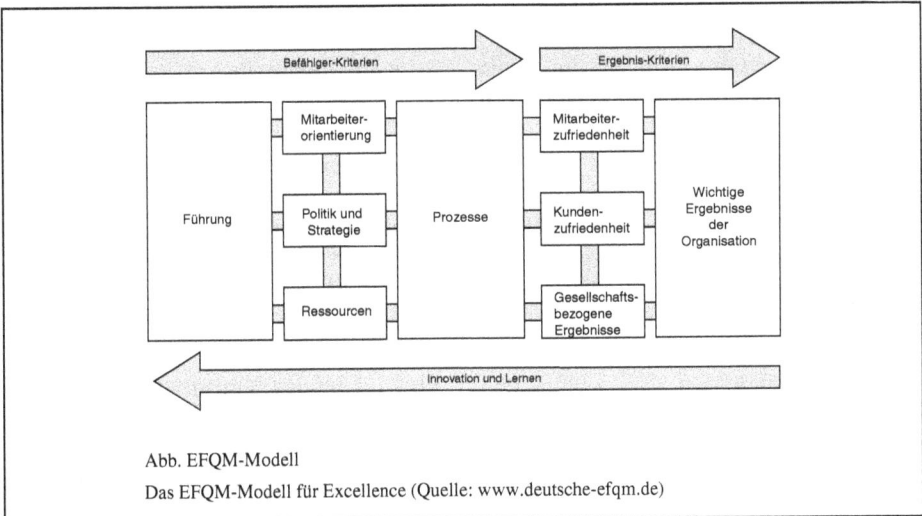

Abb. EFQM-Modell
Das EFQM-Modell für Excellence (Quelle: www.deutsche-efqm.de)

toriums im Krankenhaus. Die Analysen (Eilfall-Parameter) dienen der akuten Patientenversorgung. Die Übermittlung der Resultate erfolgt innerhalb kurzer Zeit (ca. 15 Minuten bis 2 Stunden, je nach Dauer der Analysendurchführung) [Seel90].

Eilroutine: syn. auch „schneller Block"; im medizinischen Laboratorium ein Spektrum von (wenigen) →Analysenparametern, die unter den Zeitbedingungen des →Eilfall-Labors durchgeführt werden [Seel90].

Eindimensionale Führungsstilkonzepte: legen dem Führungsverhalten lediglich ein Merkmal als stilbildend zu Grunde, so z.B. den Grad der →Entscheidungspartizipation.

Einflussprojektorganisation: Form der →Projektorganisation, bei welcher der Projektleiter gegenüber den Mitgliedern der Projektgruppe nur eine beratende, koordinative und entscheidungsvorbereitende Funktion i.S. einer Stabsstelle ausübt; diese bleiben voll ihren Linienvorgesetzten unterstellt. Dabei besteht die Gefahr von Stab-Linien-Konflikten.

Eingabekontrolle: ist nach Nr. 5 der Anlage zu § 9 BDSG eine der von § 9 BDSG verlangten technischen und organisatorischen Maßnahmen, um die Ausführung der Vorschriften des Bundesdatenschutzgesetzes sicherzustellen. Die Eingabekontrolle soll gewährleisten, dass nachträglich überprüft und festgestellt werden kann, ob und von wem personenbezogene Daten in Datenverarbeitungssysteme eingegeben,

verändert oder entfernt worden sind. Die zu treffenden Maßnahmen müssen in einem angemessenen Verhältnis zu dem angestrebten Schutzzweck stehen. Ob die Verhältnismäßigkeit der Maßnahme beachtet wird, ist aus der Sicht des Betroffenen unter Berücksichtigung der Qualität und Sensibilität der Daten, des Verarbeitungszwecks und des Missbrauchsrisikos zu bestimmen (→Angemessenheitsgrundsatz) [Seel90].

Einheitlicher Bewertungsmaßstab: Abk. EBM; auf der Grundlage des § 87 Abs. 1 SBG V haben die Kassenärztlichen Bundesvereinigungen und die Spitzenverbände der Krankenkassen einen Einheitlichen Bewertungsmaßstab für die ärztlichen und einen einheitlichen Bewertungsmaßstab für die zahnärztlichen Leistungen zu vereinbaren. Der Bewertungsmaßstab bestimmt den Inhalt der abrechnungsfähigen ärztlichen Leistungen und ihr wertmäßiges, in Punkten ausgedrücktes Verhältnis zueinander. Er ist in bestimmten Zeitabständen zu überprüfen. Der Einheitliche Bewertungsmaßstab ist die Grundlage für den Bewertungsmaßstab-Ärzte (BMÄ) als Vertragsgebührenordnung für den Pflichtkassen-Bereich sowie die Ersatzkassen-Gebührenverordnung (E-GO) als Vertragsgebührenordnung für den Ersatzkassenbereich.

Einkanalgerät: s. Analyzer.

Einkaufsmodell: Organisationsmodell bei dem die Krankenkassen, ohne Beteiligung der Kassenärztlichen Vereinigungen, Verträge direkt mit den Leistungserbringern schließen, in denen u.a. die Leistungen, Preise und Qualitätsstandards frei verhandelt werden; so z.B. beim Abschluss von Verträgen zur →Integrierten Versorgung.

Einsichtsrecht: Unbeschadet des datenschutzrechtlich abgesicherten Auskunftsanspruches des Patienten bei der dateimäßigen Verarbeitung seiner Daten (§§ 19, 34 BDSG) begründet der Behandlungsvertrag ein Einsichtsrecht, d.h. den Anspruch des Patienten gegenüber dem behandelnden Arzt auch außerhalb eines Rechtsstreits - vorbehaltlich therapeutischer Gegengründe - Einsicht in die ihn betreffenden Krankenunterlagen zu haben, soweit sie Aufzeichnungen über naturwissenschaftlich objektivierbare Befunde und Berichte über Behandlungsmaßnahmen wie Operationen und Medikation und nicht Aufzeichnungen über subjektive Eindrücke und Wahrnehmungen des behandelnden Arztes betreffen (§ 10 Abs. 2 MBO-Ä). Aufgrund der Kontextabhängigkeit medizinischer Patientendaten ist es schwierig, eine Unterscheidung zwischen subjektiven, nicht zu offenbarenden und offenbarungspflichtigen objektivierbaren naturwissenschaftlichen Befunden und Behandlungsfakten zu treffen. Ferner steht die traditionelle Form der Krankenblattführung der vom BGH befürworteten „dualen Gestaltung der Unterlagen" entgegen. In der Praxis hat sich daher sowohl für das Einsichtsrecht als auch für das datenschutzrechtliche Auskunftsrecht das Prinzip der ärztlich interpretativen Offenlegung durchgesetzt, um den korrekten Informationsgehalt zu übermitteln und Falscheindrücke über die angewandten Verarbeitungsregeln zu vermeiden oder

nach dem Prinzip des nihil nocere die Auskunft gegebenenfalls einzuschränken oder gar zu verweigern, wenn diese den Heilerfolg ernsthaft gefährden würde. Jedoch kann die Akteneinsicht (auch bei psychiatrischer Behandlung) nicht ausschließlich mit der Begründung verweigert werden, es bestehe die Gefahr, dass sich der Patient gesundheitlich schädige; vielmehr sind die entgegenstehenden therapeutischen Gründe vom Arzt nach Art und Richtung näher zu kennzeichnen, allerdings ohne die Verpflichtung, dabei ins Detail zu gehen. Für den Fall eines Arzthaftungsprozesses steht dem Patienten (oder dem von ihm beauftragten Rechtsanwalt) ein prozessuales Einsichtsrecht zu, d.h. therapeutische Gründe kommen für ein Versagen der Akteneinsicht dann nicht in Betracht.

Einweiserbefragung: Befragung der für einen Medizinbetrieb (regional) möglichen Zuweiser zur Feststellung der Kundenzufriedenheit und Erkennung von Optimierungspotenzialen. Die Befragung erfolgt i.d.R. schriftlich (Fragebogen), kann aber auch als (fernmündliches) Interview anhand einer Themenchecklilste erfolgen.

Einweisungsdiagnose: die als Indikation für die stationäre Behandlung eines Patienten vom einweisenden Arzt gestellte Diagnose [Seel90].

Einwilligung: 1. das Selbstbestimmungsrecht des Patienten über seine leiblich-seelische Integrität erfordert für jeden ärztlichen Heileingriff, ausgenommen hoheitlich angeordnete ärztliche Maßnahmen, eine rechtswirksame Einwilligung (§ 8 MBO-Ä). Liegt diese nicht vor, stellt nach der Rechtsprechung auch der kunstgerecht und mit Erfolg durchgeführte ärztliche Heileingriff eine Körperverletzung i.S. der §§ 223, 230 StGB, § 823 BGB dar. Rechtswirksam ist die Einwilligung des Patienten nur nach vorausgegangener →ärztlicher Aufklärung im persönlichen Gespräch (§ 8 MBO-Ä) oder wenn der Patient ausdrücklich darauf verzichtet hat; **2.** fehlt es an einer gesetzlichen Befugnisnorm zur Erhebung, Verarbeitung oder Nutzung →personenbezogener Daten, muss die Einwilligung des →Betroffenen (bei Nichtgeschäftsfähigen: des gesetzlichen Vertreters, bei Verstorbenen: der Angehörigen) vorliegen. Die Einwilligung bedarf der Schriftform, soweit nicht wegen besonderer Umstände eine andere Form angemessen ist. Soll die Einwilligung zusammen mit anderen Erklärungen schriftlich erteilt werden (z.B. Unterzeichnung des Behandlungsvertrags), ist sie besonders hervorzuheben (§ 4a Abs. 1 BDSG). Würde im Bereich wissenschaftlicher Forschung der bestimmte Forschungszweck durch die Schriftform der Einwilligung erheblich beeinträchtigt, so sind die Gründe, aus denen sich die erhebliche Beeinträchtigung des bestimmten Forschungszwecks ergibt, schriftlich festzuhalten (§ 4a Abs. 2 BDSG). Die Einwilligung ist nur wirksam, wenn sie auf der freien Entscheidung des Betroffenen beruht. Er ist auf den vorgesehenen Zweck der Erhebung, Verarbeitung oder Nutzung sowie, soweit nach den Umständen des Einzelfalles erforderlich oder auf Verlangen, auf die Folgen der Verweigerung der Einwilligung hinzuweisen (**Informed consent**). Eine pauschale „Einwilligung in die Verarbeitung der Daten" oder „in die Übermittlung an Dritte", die dem Betroffenen im Einzelnen nicht bekannt sind oder „in die Verarbeitung zu Forschungszwecken" wäre unwirksam. Nur wer über die Tragweite seiner Erklärung informiert ist, kann wirksam in die Verarbeitung der sich auf ihn beziehenden Daten und damit in die Beschränkung seines →informationellen Selbstbestimmungsrechts einwilligen.

Einzelleistungsproduktion: produktionswirtschaftlich entspricht die Erbringung von Gesundheitsleistungen der Einzelleistungsproduktion; Gegensatz: Serienproduktion; s. Faktorkombination.

EKG: in der Medizin Abk. für →Elektrokardiographie.

Elektrodiagnostik: Sammelbegriff für medizintechnische Verfahren zur Bestimmung elektrischer →Biosignale (z.B. Herz-, Nerven-, Muskelpotenziale), Ionen- und Gaskonzentrationen zu diagnostischen Zwecken [Seel90].

Elektroenzephalogramm: das durch →Elektroenzephalographie gewonnene Kurvenbild.

Elektroenzephalographie: Abk. EEG; diagnostische Methode zur Registrierung von Potenzialschwankungen des Gehirns (sog. Hirnströme), die sich aus Summenpotenzialen von Neuronenverbänden ergeben und von auf der Kopfhaut angebrachten Elektroden erfasst, verstärkt und kontinuierlich aufgezeichnet werden. Die Ableitung erfolgt in unipolarer (gegen eine indifferente Elektrode) oder bipolarer Schaltung (Messung der Potenzialdifferenz zwischen zwei Elektroden) oder als sogenannte Quellenableitung (gegen das „Summenpotenzial" der die differente Elektrode umgebenden Elektroden als Referenzpotenzial). Neben nicht invasiven Ableitungen können Potenziale invasiv durch auf der Gehirnoberfläche platzierte (Elektrokortikographie) oder stereotaktisch in das Gehirn implantierte (Stereoelektroenzephalographie) Elektroden abgeleitet werden. Das Elektroenzephalogramm stellt eine mehr oder weniger kontinuierliche Aktivität dar, deren Frequenz, Amplitude, Häufigkeit und Lokalisation zu beurteilen ist. Bei den regelmäßigen Potenzialschwankungen werden Alphawellen (8-12 Hz), Betawellen (13-30 Hz), Thetawellen (4-7 Hz) und Deltawellen (1-3 Hz) unterschieden. Pathologische EEG-Veränderungen können durch Hyperventilation, Photostimulation und Schlafentzug provoziert werden (vgl. [Seel90]).

Elektrokardiogramm: das durch →Elektrokardiographie gewonnene Kurvenbild.

Elektrokardiographie: Abk. EKG; Verfahren zur Registrierung der Aktionspotenziale des Herzens, die von der Körperoberfläche oder intrakardial abgeleitet und als Kurven aufgezeichnet werden (Elektrokardiogramm); dabei entsprechen den Schwankungen der Kurven einzelne Phasen des Herzzyklus. Die Kurven entstehen als Summation der Stärken und Richtungen der Erregungsleitung in den einzelnen Myokard- und Nervenfasern; sie werden durch dem Herzen räumlich unterschied-lich zugeordnete Ableitungen registriert. Man unterscheidet sogenannte bipolare Ableitungen, die Potenzialdifferenzen zwischen zwei vom Herzen entfernten Punkten (Elektroden) abbilden, und sogenannte unipolare Ableitungen, durch die Potenzialschwankungen zwischen einer einzelnen Elektrode und einem neutralen Pol (erzeugt durch Zusammenschluss der übrigen Elektroden) gemessen werden. Zur räumlichen Darstellung des Erregungsablaufs werden Ableitungen in frontaler, sagittaler und horizontaler Richtung vorgenommen. Die Elektrokardiographie gestattet Aussagen über Herzrhythmus und –frequenz, Lagetyp des Herzens, Störungen der Erregungsbildung, -ausbreitung und –rückbildung im Erregungsleitungssystem und im Myokard und damit indirekt über morphologische Veränderungen des Herzens (vgl. [Seel90]).

Elektromyographie: Abk. EMG; Methode zur Registrierung der spontan bzw. bei Willkürinnervation auftretenden oder durch elektrische Stimulation provozierbaren Aktionsströme im Muskelgewebe bzw. einzelner Muskelaktionspotenziale mit dem Ziel der Diagnostik von Muskelerkrankungen und Reizleitungsstörungen. Die Ableitung erfolgt mit Hilfe von in den Muskel eingestochenen Nadelelektroden oder über dem Muskel platzierte Oberflächenelektroden. Die Potenziale werden verstärkt, optisch und akustisch wiedergegeben und aufgezeichnet. Geprüft werden (a) Einstichaktivität: im normalen Muskel treten durch mechanische Reizung des Einstichs für Bruchteile von Sekunden rhythmische Entladungen auf; (b) Ruheaktivität: im entspannten Muskel herrscht elektrische Stille; (c) Willküraktivität: mit zunehmender Innervationsstärke entladen immer mehr und schneller motorische Einheiten, bis bei maximaler Innervation die Aktionspotenziale nicht mehr selektiv erkannt werden können (Interferenzmuster); (d) Form, Dauer und Amplitude der einzelnen Aktionspotenziale (vgl. [Seel90]).

Elektroneurographie: Methode zur Bestimmung der Nervenleitungsgeschwindigkeit peripherer Nerven nach elektrischer Stimulation durch Ableitung und Registrierung des Nervenaktions- bzw. Muskelantwortpotenzials [Psych04].

Elektronische Gesundheitskarte: Abk. eGK; von der gesetzlichen Krankenversicherung für Versicherte ausgegebene Plastikkarte mit integriertem Mikroprozessorchip (Chipkarte); löst die bisherige Krankenversichertenkarte nach § 291 SGB V ab. Die eGK zeigt neben einem Lichtbild und der Unterschrift des Versicherten die administrativen Angaben nach § 291 Abs. 2 SGB V und soll Daten aufnehmen für die Übermittlung ärztlicher Verordnungen in elektronischer und maschinell verwertbarer Form sowie den Berechtigungsnachweis zur Inanspruchnahme von Leistungen im Geltungsbereich der Europäischen Union (§ 291a Abs. 2 SGB V). Auf der Kartenrückseite ist die →europäische Krankenversichertenkarte (European Health Insurance Card, EHIC) als Sichtausweis abgebildet.

Elektronische Krankenakte: s. digitale Krankenakte.

Elektrophysiologie: 1. Teilgebiet der Physiologie, das sich mit der elektrischen Aktivität von Herz, Muskeln, Nerven und Sinnesorganen befasst; 2. in der Kardiologie Sammelbezeichnung für elektrophysiologische Untersuchungen des Herzens aus diagnostischen und therapeutischen Gründen; z.B. Herzkatheteruntersuchung, Langzeitelektrokardiographie, Ereignisspeicher-EKG (vgl. [Psych04]).

Elektroresektion: in der Medizin die Abtragung von Gewebe unter Einsatz von Hochfrequenzstrom; v.a. als transurethrale Resektion der Prostata [Psych04].

Elektroretinographie: Abk. ERG; Ableitung und Registrierung der vom Auge nach Belichtung abgeleiteten Potenzialdifferenzen zur Differentialdiagnostik von Sehnerven- und Netzhauterkrankungen und zur Prognosestellung von Operationen an Augen, in die aufgrund pathologischer Veränderungen (z.B. Katarakt, Hornhauttrübung) kein Einblick möglich ist. Die zwischen Hornhaut und indifferenter Schläfenelektrode registrierten Potenzialschwankungen zeigen nach Lichtreiz einen typischen mehrphasigen Kurvenverlauf (vgl. [Seel90]).

Elektrostimulation: in der Medizin Sammelbegriff für Verfahren zur elektrischen Stimulation (Reizung) des lebenden Gewebes; z.B. Herzschrittmacher, Elektrokrampftherapie.

Elektrotherapie: alle Behandlungsformen, die mit Hilfe elektrischer Energie biologische Wirkungen erzielen; z.B. physikalisch medizinisch: bei Behandlung mit

Wechselströmen hoher Frequenz (Hochfrequenztherapie) als Diathermie; niederfrequenten Gleichstromimpulsen (Niederfrequenztherapie) als Reizstromtherapie; kardiologisch: Defibrillation, Herzschrittmacher; anästhesiologisch: Elektrostimulationsanalgesie; psychiatrisch: Elektrokrampftherapie.

Emergente Effekte: in einer Organisation Phänomene auf der Makroebene, die erst durch das Zusammenwirken von Elementen und Subsystemen auf der Mikroebene zustande kommen; z.B. erklärt sich das Verhalten eines Mitarbeiters nicht allein aus der Qualität der Führungsbeziehung, sondern auch aus seiner Verortung in personalen Netzwerken [Seel07].

EMG: in der Medizin Abk. für →Elektromyographie.

Emmission: Abgabe von festen, flüssigen und gasförmigen Stoffen, von Strahlen, Geräuschen, Wärme, Erschütterungen usw., die bei einem technischen oder auch natürlichen Prozess anfallen, an die Umwelt; z.B. Aussendung von Licht, ionisierenden Strahlen, Röntgenstrahlen.

Empfehlungen: i.S. des Qualitätsmanagements Ratschläge von Institutionen oder Experten für die Gesundheitsversorgung auf der Basis einer bestehenden Rechtsgrundlage oder der aktuellen wissenschaftlichen Erkenntnisse. Eine bereits in Fachkreisen konsentierte Empfehlung stellt häufig die Vorstufe einer →Leit- bzw. →Richtlinie dar. Obwohl Empfehlungen einen wesentlich geringeren normativen Charakter haben als Leit- oder Richtlinien, kann das Nichteinhalten unter Umständen – je nach Breite des erzielten Konsens bzw. der Angesehenheit einzelner Experten – auch forensische Konsequenzen haben [Bund06a].

empirisch: auf Empirie, d.h. auf Experimenten und Erfahrung, nicht auf Spekulationen, Theorien und Berechnungen beruhend [Seel90].

Empowerment: 1. Förderung der Selbstbefähigung des Patienten mit dem Ziel, sein Leben möglichst selbstbestimmt zu gestalten, eigene Fähigkeiten und Ressourcen zu nutzen und seine Erkrankung möglichst gut zu bewältigen; 2. die Befähigung des Beschäftigten, sich im Sinne eines unternehmerisch denkenden Geschäftspartners zu verhalten. Dies setzt eine entsprechende Mitunternehmerkultur voraus.

Endbenutzer: s. Benutzer.

Endemie: ständiges Vorkommen einer Erkrankung in einem begrenzten Gebiet.

Endkombination: s. Gesundheitsleistungsproduktion.

endogen: in der Medizin **1.** im Körper selbst entstanden, nicht von außen zugeführt; **2.** aus der besonderen Anlage des Körpers hervorgegangen, ohne nachweisbare äußere Ursache von innen heraus entstanden; z.B. endogene Psychose.

Endokrinologie: Teilgebiet der →Inneren Medizin, das sich mit der Diagnostik und

Therapie endokriner Erkrankungen und Stoffwechselleiden einschließlich der Intensivtherapie und der endokrinologischen Funktionstests befasst [Seel90].

Endoskopie: in der Medizin die Untersuchung der Innenflächen von Hohlorganen mit dem Endoskop, z.T. auch therapeutisch eingesetzt; z.B. Sklerosierung blutender Ösophagusvarizen, Polypenentfernung im Magen-Darm-Kanal. Im einfachsten Fall besteht das Endoskop aus einem starren oder flexiblen, je nach Einführungsort mehr oder weniger dünnen Rohr, das einen Beleuchtungs- und einen optischen Beobachtungskanal enthält. Flexible Endoskope erfordern als Lichtkanal Glasfaser, die eine verlustarme Übertragung des Lichts ermöglichen. Über die Beobachtungsfunktion hinaus lassen sich mit Hilfe von Endoskopen auch mechanische oder hochfrequenzgestützte Werkzeuge zur Gewebeentnahme und Therapie einführen (→Minimal invasive Chirurgie). Die Bezeichnung der Endoskope richtet sich weitgehend nach ihrem Einsatzort. In natürliche Öffnungen eingeführt werden: Ösophagoskop (Ösophagus), Gastroskop (Magen), Duodenoskop (Duodenum), Enteroskop (Dünndarm), Koloskop (Kolon), Sigmoidoskop (Sigma), Rektoskop (Rektum), Oro-Laryngoskop (Rachen-Hals), Otoskop (Ohr), Urethroskop (Harnleiter), Cytoskop (Blase), Vaginoskop (Vagina). Über einen chirurgischen Eingriff eingeführt werden: Ventrikuloskop (Ventrikel), Thorakoskop (Thoraxhöhle), Laparoskop (Bauchhöhle), Mediastinoskop (Mediastinum), Arthroskop (Gelenke) (vgl. [Seel90]).

Entgelttabelle: eine tabellarische Darstellung lohnabhängiger Merkmale und der abhängig von deren Ausprägung resultierenden Vergütung für einen Beschäftigten; wesentlicher Bestandteil von Tarifverträgen.

Entlassungsdiagnose: die bei Abschluss der Behandlung eines Patienten vom behandelnden Arzt gestellte →Diagnose.

Entlohnung: betriebliche Kompensationsleistung für die Arbeitsleistung eines Beschäftigten. Unterschieden werden fixe Zeitlohnformen oder →Leistungslöhne ggf. ergänzt durch Zusatzleistungen wie Versorgungsleistungen, Nutzungsleistungen.

Entscheidungsinstanz: Einheit einer →Projektorganisation mit Entscheidungsbefugnis, z.B. bzgl. der Abnahme der Projektergebnisse, der Bewilligung von Ressourcen und der Genehmigung von Zeitplänen; Kontrollinstanz für Projektgruppe bzw. Projektleiter, oft auch als „Lenkungsausschuss" bezeichnet; vgl. →Abstimminstanz.

Entscheidungspartizipation: in einer Führungsbeziehung das Ausmaß in dem der Führende den Geführten an Entscheidungen beteiligt, für die er die Verantwortung trägt; **1.** abhängig vom Grad der Entscheidungspartizipation unterscheiden *R Tannenbaum* und *WH Schmidt* (1958) ein Kontinuum des Führungsverhaltens, das eine Klassifikation von (beobachteten) Führungsstilen ermöglicht (s. Abb.); **2.** in der Arzt-Patient-Beziehung korreliert der

Grad der Entscheidungspartizipatioń mit dem Grad an Patientenautonomie; z.b. paternalistisches Arztverhalten vs. Shared decision-making.

Entwöhnungsbehandlung: Leistung zur medizinischen Rehabilitation, die ein →Rentenversicherungsträger für suchtkranke Anspruchsberechtigte ambulant oder stationär erbringt, wenn Abhängigkeit, d.h. Unfähigkeit zur Abstinenz, Verlust der Selbstkontrolle oder periodischem Auftreten beider Symptome vorliegt. Ziele der Entwöhnungsbehandlung sind Abstinenz zu erreichen und zu erhalten, körperliche und seelische Störungen weitgehend zu beheben oder auszugleichen, die Eingliederung des Versicherten in Arbeit, Beruf und Gesellschaft möglichst dauerhaft zu erhalten bzw. zu erreichen.

Epidemie: gehäuftes Auftreten von bestimmten Infektionskrankheiten in örtlicher und zeitlicher Begrenzung; vgl. →Endemie, →Pandemie.

Epidemiologie: Lehre von den Verteilungen der Krankheiten, den Bedingungen, die bei ihrer Entstehung von Bedeutung sind, sowie von den wirtschaftlichen, sozialen und psychischen Folgen der Erkrankungen in der Bevölkerung. Die Verteilungen der Krankheiten oder deren Folgeerscheinungen nach Zeit, Ort, Alter, Geschlecht und anderen Merkmalen untersucht man mittels der Methoden der „Deskriptiven Epidemiologie"; die Erforschung der Bedingungen, die für die Entstehung der Krankheiten von Bedeutung sind, mit Hilfe epidemiologischer Studien (vgl. [Seel90]).

Epikrise: wissenschaftliche Beurteilung eines individuellen Krankheitsbildes nach Diagnostik und Therapie, insbesondere des Krankheitsverlaufs, Therapieerfolgs, der →Differentialdiagnose und Prognose [Seel90].

Erfahrungsobjekt: Ausschnitt der realen Welt auf den sich das Interesse eines wissenschaftlichen Fachgebietes richtet. Erfahrungsobjekt des Fachgebietes →Medi-

| | 100 % | Willensbildung beim Vorgesetzten | | | | | | Willensbildung beim Mitarbeiter/Gruppe |
	0 %							
Charakterisierung		Der Vorgesetzte entscheidet und gibt die Entscheidungen bekannt	Der Vorgesetzte „verkauft" seine Entscheidungen	Der Vorgesetzte präsentiert seine Ideen und fordert zu Fragen auf	Der Vorgesetzte präsentiert eine vorläufige Entscheidung, die geändert werden kann	Der Vorgesetzte präsentiert Probleme, sucht Vorschläge, trifft dann aber alleine die Entscheidung	Der Vorgesetzte setzt Rahmenbedingungen, die Gruppe löst das (vorgegebene) Problem	Der Vorgesetzte fungiert als Koordinator für Problemdefinition, Alternativensuche und Entscheidung
Führungsstil		» autoritär «	» patriarchalisch «	» informierend «	» beratend «	» kooperativ «	» partizipativ «	» demokratisch «

Hinweis: Der patriarchalische, charismatische und autokratische Führungsstil sind Varianten des autoritären Führungsstils

Abb. Entscheidungspartizipation

Kontinuum des Führungsverhaltens, abhängig vom Grad der Partizipation des Geführten am Entscheidungsprozess für den der Führende die Verantwortung trägt, in Anlehnung an *R Wunderer* (2006), Seite 209

zinmanagement ist die institutionalisierte Medizin oder das →Gesundheitssystem als Ganzes [Seel07].

ERG: in der Medizin Abk. für →Elektroretinographie.

Ergebnisqualität: s. Qualität.

Ergometrie: Messung körperlicher Leistung unter dosierbarer Belastung mit einem (Fahrrad-)Ergometer sowie Registrierung und gegebenenfalls Aufzeichnung der dabei auftretenden Veränderungen von verschiedenen Parametern der Herz-Kreislauf-Funktion und Atmung.

Ergotherapie: zusammenfassende Bezeichnung für Beschäftigungs- und Arbeitstherapie; Ergotherapie ist eine vom Arzt verordnete Heilmaßnahme. Sie hat begleitend zu anderen therapeutischen Maßnahmen die Wiederherstellung oder erstmalige Herstellung verlorengegangener oder noch nicht vorhandener körperlicher, geistiger und seelischer Funktionen zum Ziel. Hierbei dienen spezifische Aktivitäten (z.B. handwerkliche oder gestalterische Tätigkeiten), Umweltanpassung und Beratung dazu, dem Patienten Handlungsfähigkeit im Alltag, gesellschaftliche Teilhabe und eine Verbesserung seiner Lebensqualität zu ermöglichen. Dabei ist das übergeordnete Ziel das Erreichen der größtmöglichen Selbstständigkeit und Unabhängigkeit im täglichen Leben.

ERG-Theorie: Abk. für engl. →Existence-**R**elatedness-**G**rowth-Theory.

Erheben: im Datenschutzrecht das Beschaffen von Daten über den Betroffenen.

Erkenntnisobjekt: die aus dem →Erfahrungsobjekt einer Wissenschaft aspektrelativ abstrahierten Objekte, die Gegenstand des Erklärens und Gestaltens sind. Erkenntnisobjekte des Fachgebietes →Medizinmanagement sind Wirtschaftssubjekte, die →Gesundheitsleistungen erbringen (→Medizinbetriebe) [Seel07].

Erkrankung: anderer Begriff für →Krankheit.

Ermächtigung: Die Teilnahme von Ärzten oder ärztlich geleiteten Einrichtungen an der vertragsärztlichen Versorgung setzt entweder eine Zulassung oder eine Ermächtigung voraus. Eine Ermächtigung durch den Zulassungsausschuss der zuständigen Kassenärztlichen Vereinigung kann Krankenhausärzten mit Facharztausbildung dann erteilt werden, soweit und solange eine vertragsärztliche Versorgung ohne die besonderen Untersuchungs- und Behandlungsmethoden oder die Kenntnisse der hierfür ermächtigten Krankenhausärzte nicht sichergestellt werden kann. Psychiatrische Institutsambulanzen, Sozialpädiatrische Zentren und Einrichtungen der Behindertenhilfe können unter bestimmten Voraussetzungen, Polikliniken müssen ermächtigt werden.

Ermächtigungsambulanz: s. Ambulanz.

Ersatzkasse: öffentlich-rechtliche Körperschaft, die Träger der →gesetzlichen Krankenversicherung ist. Die Ersatzkas-

sen stellen nach den Allgemeinen Ortskrankenkassen mit rd. 33% Marktanteil die
zweitgrößte Kassenart.

Erwerbsminderung: möglicher Leistungs-
fall in der gesetzlichen Rentenversicherung. Voll erwerbsgemindert ist derjenige,
der weniger als drei Stunden auf dem allgemeinen Arbeitsmarkt tätig sein kann.
Teilweise erwerbsgemindert ist, wer zwischen drei und weniger als sechs Stunden
arbeiten kann. Bei voller Erwerbsminderung kann ein Anspruch auf die volle, bei
teilweiser Erwerbsminderung auf die halbe
Erwerbsminderungsrente vorliegen. Versicherte, die noch mindestens drei, aber
nicht mehr sechs Stunden täglich arbeiten
können, und das verbliebene Restleis-
tungsvermögen wegen Arbeitslosigkeit
aber nicht in Erwerbseinkommen umsetzen können, erhalten eine volle Erwerbsminderungsrente.

Erwerbsunfähigkeit: liegt im Sprachgebrauch der gesetzlichen Rentenversicherung vor, wenn ein Versicherter, wegen
Krankheit oder Behinderung auf absehbare
Zeit nicht in der Lage ist, eine Erwerbstä-
tigkeit auszuüben oder daraus ein Arbeits-
entgelt/Arbeitseinkommen zu erzielen, das
350 Euro übersteigt. Seit dem 1.1.2001
können keine neuen Ansprüche auf Rente
wegen Erwerbsunfähigkeit sondern nur
noch auf →Erwerbsminderung entstehen.

Ethikkommission: Kommission, die die
Aufgabe hat, die mit der Durchführung
von medizinischen Experimenten am Menschen (z.B. klinische Arzneimittelprüfung)
verbundenen rechtlichen und ethischen

Problemstellungen vor der Durchführung
der Forschungsvorhaben zu beurteilen und
ein Votum darüber abzugeben, ob das beabsichtigte Vorhaben für rechtlich und
ethisch zulässig gehalten wird. Derartige
Kommissionen bestehen vor allem bei den
Medizinischen Fakultäten der Universitäten, in Kliniken und Krankenhäusern und
bei den Ärztekammern. Den im Universi-
tätsbereich eingerichteten Ethikkommissi-
onen obliegen neben der reinen Gutachter-
und Beraterfunktion häufig auch Organisa-
tions- und Kontrollfunktionen [Seel90].

**Europäische Krankenversichertenkar-
te:** engl. European Health Insurance
Card; Abk. EHIC; weist europaweit einheitlich diejenigen Daten auf, die für die
Gewährung von medizinischen Leistungen und für die Erstattung der Kosten im
europäischen Ausland gemäß dem europäischen Gemeinschaftsrecht notwendig
sind, i.E. den Familiennamen und die Vor-
namen des Karteninhabers, das Geburtsdatum des Karteninhabers, als persönliche
Kennnummer des Karteninhabers die ersten zehn Stellen der Krankenversichertennummer, eine Kennnummer der Krankenkasse, eine Kennnummer der Karte, die
Gültigkeitsdauer der Karte (Ablaufda-
tum). Ergänzt werden diese Angaben um
ein Unterschriftenfeld für die Unterschrift
des Karteninhabers sowie das EU-Emblem
und das Kürzel des Kartenausgabestaates
(DE für Deutschland). Damit ist gewährleistet, dass die EHIC in allen europäischen Mitgliedstaaten erkannt und angewandt werden kann. Sie ersetzt damit den
bisher bei Krankheitsfällen im Ausland
üblichen „Auslandskrankenschein" und er-

möglicht den Versicherten so eine unbürokratische medizinische Behandlung in allen EU-Staaten sowie im medizinischen Notfall ambulant oder stationär in Island, Liechtenstein, Norwegen und in der Schweiz. Die EHIC ist als Sichtausweis auf der Rückseite der →elektronischen Krankenversichertenkarte abgedruckt.

Evaluation: die Überprüfung von Maßnahmen im Hinblick auf geplante Wirkungen; z.B. die Entwicklung der Rate von Wundheilungsstörungen nach entsprechender Intervention.

Evidence-based medicine: engl. für →evidenzbasierte Medizin.

Evidenzbasierte Medizin: Abk. EbM; engl. evidence-based medicine; umfasst die Suche nach Informationen aus wissenschaftlichen Studien, die einen Sachverhalt erhärten („evident" machen) oder widerlegen, den Einsatz einfacher wissenschaftlich abgeleiteter Regeln zur kritischen Beurteilung der Validität der Studien und der Größe des beobachteten Effekts sowie die Anwendung dieser Evidenz (Beweis, Nachweis) auf den konkreten Behandlungsfall mit Hilfe der klinischen Erfahrung. Die methodischen Grundlagen der evidenzbasierten Medizin sind aus der klinischen Epidemiologie abgeleitet.

Excellence: s. EFQM-Modell.

Existence-Relatedness-Growth-Theory: Abk. ERG-Theorie; →Inhaltstheorie. Eine der →Bedürfnispyramide von *AH Maslow* ähnliche, aber hierarchisch weniger strin-

gente Aktivierung der menschlichen Grundbedürfnisse hat *CP Alderfer* (1972) mit seiner ERG-Theorie angeregt, welche die fünf Maslow'schen Bedürfnisgruppen auf drei reduziert, um die seiner Meinung nach mögliche inhaltliche Überschneidung von Teilen der Sicherheitsbedürfnisse, der sozialen Bedürfnisse und der Statusbedürfnisse zu vermeiden. Er fasst die fünf Ebenen der Maslow'schen Bedürfnispyramide zu drei Bedürfnisklassen zusammen: I. Grundbedürfnisse, II. Beziehungsbedürfnisse, III. Wachstumsbedürfnisse. Auf diese drei Bedürfnisklassen wendet er vier unterschiedliche Hypothesen an: Ein unbefriedigtes Bedürfnis wird dominant, und zwar umso mehr, je unbefriedigter es ist (Frustrations-Hypothese). Wird dieses Bedürfnis befriedigt, wird das nächsthöhere Bedürfnis dominant (Befriedigungs-Progressions-Hypothese). Im Unterschied zu *AH Maslow* (1954) kann aber auch ein nicht befriedigtes Bedürfnis einer niedrigeren Stufe dazu führen, ein höheres zu aktivieren (Frustrations-Progressions-Hypothese). Wird ein höher positioniertes Bedürfnis nicht befriedigt, kann auch das in der Hierarchie niedriger rangierende, gegebenenfalls leichter zu befriedigende Bedürfnis akut werden (Frustrations-Regressions-Hypothese) [Seel07].

Experiment: 1. empirisch begründete Verifikation oder Falsifikation einer wissenschaftlich begründeten Hypothese an einem kontrollierten Einflüssen ausgesetzten Modell durch Beobachtung oder Messung seiner Veränderungen bzw. der relevanten Parameter; **2.** in der Biometrie syn. für Versuch.

Expertenorganisation: Organisation, bei der überwiegend multiprofessionelle, hoch spezialisierte Aufgabenträger (Experten) an der betrieblichen Wertschöpfung beteiligt sind; z.b. Medizinbetriebe, Universitäten. Diese zeichnen sich in der Regel durch eine hohe →intrinsische Motivation aus. Expertenorganisationen benötigen Managementmethoden und -instrumente, die genügend Freiraum für Selbstregulationsprozesse lassen und zugleich ein kooperatives Agieren der Aufgabenträger sicherstellen.

Extremwertbereich: Für einen Teil der →biologischen Kenngrößen eines medizinischen Laboratoriums sind Über- bzw. Unterschreitungen ihrer →Referenzbereiche so groß, dass es notwendig ist, zusätzlich einen Hinweis (Warnung) zu geben. Für diese Analysen sind zusätzliche Grenzwerte zu definieren, wobei entweder ein mit dem Leben nicht mehr zu vereinbarender Resultatbereich genommen wird oder Werte aus Häufigkeitsanalysen (z.B. das 0,1-Perzentil und das 99,9-Perzentil). Der Resultatbereich über dem oberen und unter dem unteren Extremwert stellt den Extremwertbereich dar [Seel90].

Extrinsische Motivation: die durch externe Anreize, wie z.b. eine in Aussicht gestellte Kompensationsleistung (Entlohnung, Status, Belohnung usw.), motivierte Leistungsbereitschaft eines Beschäftigten. Wie die Führungsforschung belegen konnte, haben intrinsische Anreize (Anreize, welche die →intrinsische Motivation fördern) gegenüber den zwar stärker, aber eher nur kurzfristig wirkenden extrinsischen Anreizen, langfristig gesehen das höhere Motivationspotenzial [Seel07].

F

Fachabteilung: bettenführende oder nicht bettenführende medizinische Abteilung in einem Krankenhaus, die von einem fachlich nicht weisungsgebundenen Arzt mit entsprechender Facharztbezeichnung geleitet wird, oder gebietsübergreifende Abteilung. Entsprechendes gilt für belegärztlich geführte Abteilungen [Seel90].

Facharzt: → Arzt, der zur Führung einer Facharztbezeichnung berechtigt ist. Die Weiterbildung (nach erfolgreicher → Approbation) und Anerkennung als Facharzt richtet sich nach Kammer- bzw. Heilberufsgesetzen der Länder und den Weiterbildungsordnungen der Landesärztekammern. Andere Fachgebietsbezeichnungen, als die in der Weiterbildungsordnung verzeichneten, dürfen nicht geführt werden. Die Gebietsdefinition bestimmt die Grenzen für die Ausübung der fachärztlichen Tätigkeit. Die Ärzte eines einzelnen Fachgebietes werden als Fachgruppe bezeichnet.

Fachkrankenhaus: Krankenhaus, das zumeist auf eine Fachrichtung spezialisiert ist und das der Behandlung bestimmter Krankheitsarten oder Gruppen von Krankheitsarten der allgemeinen oder besonderen medizinischen Disziplinen dient; z.B. Fachkrankenhaus für Gynäkologie und Geburtshilfe (Frauenklinik), Fachkranken-haus für Psychiatrie, Psychotherapie und Neurologie; Gegensatz: → Allgemeinkrankenhaus (vgl. [Seel90]).

Facility management: die ganzheitliche Gestaltung der medizinbetrieblichen Geschäftsprozesse, die sich auf die Verwaltung und Bewirtschaftung von Gebäuden, Anlagen und Einrichtungen beziehen; z.B. Immobilienmanagement, Bauplanung, Instandhaltung, Haustechnik, Betriebssicherheit, Reinigung, Hotellerie. Ziel der koordinierten Abwicklung dieser nicht zum Kerngeschäft eines Medizinbetriebs zählenden Unterstützungsprozesse ist es, die Betriebs- und Bewirtschaftungskosten dauerhaft zu senken, Fixkosten zu flexibilisieren, die technische Verfügbarkeit und Sicherheit der Anlagen zu sichern und den Wert von Gebäuden und Anlagen langfristig zu erhalten. Facility management entwickelt sich zu einer eigenständigen Managementdisziplin und wird als eigenständiger Studiengang von verschiedenen Hochschulen angeboten.

Faktorkombination: in der Betriebswirtschaftslehre, die durch den → dispositiven Faktor gelenkte Kombination interner und externer → Produktionsfaktoren mit dem Ziel der Erstellung eines neuen Gutes, z.B. einer Gesundheitsleistung. Konkret wird die medizinbetriebliche Faktorkombination determiniert durch die im Einzelfall gegebene Ausprägung und Zusammensetzung der Produktionsfaktoren, durch betriebsbezogene ökonomische (z.b. Leistungen, Kosten, Erlöse), organisatorische (z.b. zeitlich-räumliche Gegebenheiten, medizintechnische Ausstattung, klinische Prioritäten), rechtliche (Behandlungsvertrag, legale Faktoren) und vor allem patientenbezogene (Gesundheitsprobleme, Dynamik der Pathogenese, Compliance) Kategorien. Infolge der daraus resultierenden notwendigen Prozessflexibilität sowie der aus der Sicht des Leistungserbringers fremdbestimmten, weil patientenabhängigen, Auftragsindividualität vollzieht sich die Faktorkombination bei der Gesundheitsleistungsproduktion nach dem Prinzip der →Einzelleistungsproduktion.

Faktorsystem: s. Produktionsfaktoren.

Fallkosten: Kosten, die ein Patient im Verlauf eines stationären Aufenthaltes verursacht. Fallkosten setzen sich zusammen aus fallfixen und fallvariablen Kosten. Fallfixe Kosten (z.B. Verwaltungskosten der Aufnahme und Entlassung, Kostenabrechnung, Eingangsuntersuchung) sind im Gegensatz zu fallvariablen Kosten (i.d.R. jeden Tag anfallende Kosten wie z.B. Medikamente, Lebensmittel, tägliche Pflege) von der →Verweildauer unabhängig. Fallkosten werden als Steuerungs- und Vergleichskennzahl verwendet. Abhängig vom medizinischenn Fachgebiet sind 50% bis 55% der Fallkosten fallvariabel.

Fallpauschale: pauschaliertes Leistungsentgelt, das sich z.B. im Gegensatz zur Einzelleistungsvergütung oder tagesglei-chen →Pflegesätzen auf den →Behandlungsfall bezieht. Beim →G-DRG-System errechnet sich der Erlös für eine diagnosebezogene Fallgruppe (DRG-Fallpauschale) durch Multiplikation des Basisfallwertes mit der DRG-bezogenen →Bewertungsrelation. Die Höhe der Pauschale ist in der Regel unabhängig von den jeweils tatsächlich erbrachten Leistungen, der Verweildauer und den entstandenen Kosten.

Fallpauschalenkatalog: Teil der Fallpauschalenvereinbarung nach dem Krankenhausentgeltgesetz (KHEntgG); enthält alle diagnosebezogenen Fallgruppen mit →Bewertungsrelationen und mittleren Verweildauern, ferner eine Liste der Zusatzentgelte.

Fallseminar: medizinische Weiterbildungsmaßnahme mit konzeptionell vorgesehener Beteiligung jedes einzelnen Teilnehmers, wobei unter Anleitung eines Weiterbildungsbefugten anhand von vorgestellten Fallbeispielen und deren Erörterung Kenntnisse und Fähigkeiten sowie das dazugehörige Grundlagenwissen erweitert und gefestigt werden. Fallseminare sind z.B. fester Bestandteil der Aus- und Weiterbildung von Ärzten, Psychologen und Psychologischen Psychotherapeuten.

falsch negativ: ein Patient wird aufgrund eines Testergebnisses als gesund bezeichnet, obwohl er tatsächlich krank ist.

falsch positiv: ein Patient wird aufgrund eines Testergebnisses als krank bezeichnet, obwohl er in Wirklichkeit gesund ist.

Familienmedizin: Teil der →Allgemein-medizin, der die hausärztliche Behandlung und gesundheitliche Betreuung von Familien oder familienähnlichen Gruppen in somatischer, psychischer und sozialer Hinsicht umfasst. Wesentliche Voraussetzung ist die Kenntnis der Beziehungen der Familienmitglieder untereinander und zu ihrer Umwelt [Seel90].

Feedback: engl. für Rückkopplung; Sachverhalt, dass der Ausgang eines Systems einen Eingang dieses Systems beeinflusst. Es entsteht dabei ein geschlossener Wirkungskreis (Regelkreis).

Fehlbelegung: der nicht indizierte stationäre Aufenthalt von Patienten in einem Krankenhaus; z.B., weil der Patient hätte ambulant behandelt oder früher entlassen werden können. Im Auftrag der gesetzlichen Krankenversicherung kann der Medizinische Dienst der Krankenversicherung unter gewissen Voraussetzungen Fehlbelegungsprüfungen in Krankenhäusern durchführen.

Fehldiagnose: Diagnose, die nicht mit der Wirklichkeit übereinstimmt. Es können sowohl →falsch positive als auch →falsch negative Diagnosen als Fehldiagnosen auftreten [Seel90].

Fehler: unerwünschte Nichtübereinstimmung zwischen beobachteten, gemessenen oder berechneten Zuständen oder Vorgängen oder Daten darüber einerseits und wahren, festgelegten oder theoretisch korrekten Zuständen oder Vorgängen bzw. Daten darüber andererseits. Man unter-

scheidet Fehler nach ihrer Ursache oder nach dem Ereignis ihres Eintretens, aber auch nach dem Fehlverhalten (vgl. DIN 44 300); s.a. Behandlungsfehler.

Fehlerkultur: die Art und Weise wie in einem Medizinbetrieb mit Fehlern und (innovativem) Lernen umgegangen wird. Das Spektrum optimalen Verhaltens reicht hier von der Fehlervermeidung bis hin zu einem produktiven Umgang mit Fehlern, d.h. dem Lernen aus Fehlern.

Fehlversorgung: gesundheitsökonomischer Begriff für Fehlallokationen von Gesundheitsleistungen; jede Versorgung, durch die ein vermeidbarer Schaden entsteht; um einen solchen handelt es sich, wenn Leistungen erbracht werden, deren Nutzen nicht hinreichend gesichert ist, Behandlungen nicht fachgerecht durchgeführt oder Leistungen unterlassen oder nicht rechtzeitig erbracht werden, deren Nutzen und Wirtschaftlichkeit hinreichend gesichert sind (vgl. [Bund07]).

Fertigarzneimittel: i.S. § 4 Abs. 1 AMG Arzneimittel, die im Voraus hergestellt und in einer zur Abgabe an den Verbraucher bestimmten Packung in den Verkehr gebracht werden oder andere zur Abgabe an Verbraucher bestimmte Arzneimittel, bei deren Zubereitung in sonstiger Weise ein industrielles Verfahren zur Anwendung kommt oder die, ausgenommen in Apotheken, gewerblich hergestellt werden. Fertigarzneimittel sind nicht Zwischenprodukte, die für eine weitere Verarbeitung durch einen Hersteller bestimmt sind.

Fertigstellungsgrad: bei einem →Projekt das Verhältnis zwischen den bis zu einem definierten Zeitpunkt erbrachten und den insgesamt zu erbringenden Leistungen [Seel90].

Fertilität: bezeichnet die auf die Anzahl der Frauen im gebärfähigen Alter (zwischen 15 und 45 Jahren) bezogene Anzahl der im Laufe eines Bezugszeitraumes Lebendgeborenen [Seel90].

Finanzbuchhaltung: Ziel der Finanzbuchhaltung ist die planmäßige und lückenlose Aufzeichnung aller Geschäftsvorfälle, die mit betrieblichen Werten zusammen hängen. Gebucht werden Zeit-, Inhalts- und Wertangaben. Damit enthält die Finanzbuchhaltung alle Nachweise über Kapitalbewegungen, Geldverkehr, Vermögen und Schulden. Die Buchungen werden nach Güterklassen in Form von Konten strukturiert. In regelmäßigen Abständen (z.B. jährlich) wird ein Abschluss (z.B. Jahresabschluss) erstellt, bestehend aus Bilanz sowie Gewinn- und Verlustrechnung [Seel90].

Finanzierung: die Beschaffung von Fremd- und Eigenkapital für Investitionszwecke. Nach den Quellen der Mittelherkunft kann man Außen- (externe Finanzierung) und Innenfinanzierung (interne Finanzierung) unterscheiden. Die Außenfinanzierung eines Unternehmens umfasst die Eigenfinanzierung, die Beteiligungs- oder Einlagenfinanzierung (bei beiden Formen wird Eigenkapital von außen zugeführt) und die Fremd- oder Kreditfinanzierung (hier wird Fremdkapital von außen zugeführt). Die

Innenfinanzierung eines Unternehmens umfasst die Selbstfinanzierung, Rückstellungsfinanzierung, Finanzierung durch Vermögensumschichtung wie Finanzierung aus verdienten Abschreibungen, Finanzierung durch Abtretung von Forderungen. Es handelt sich hier um ausschüttungsfähige, aber nicht ausgeschüttete Gewinne (Selbstfinanzierung) und um Mittel, die durch (gesetzliche) Vorschriften im Unternehmen gebunden werden müssen [Seel90].

Flow-Prinzip: steht für einen Wertschöpfungsprozess ohne Unterbrechungen, Hindernisse, Ausschuss und Rückfluss. Erreicht werden soll dies durch →Lean Thinking bzw. einem grundsätzlichen Überdenken der bisherigen Arbeitsabläufe.

Flugmedizin: Zusatzbezeichnung, die von einem Arzt nach Ableistung der vorgeschriebenen Weiterbildungszeit und Weiterbildungsinhalte gemäß der ärztlichen Weiterbildungsordnung geführt werden darf. Die Zusatz-Weiterbildung Flugmedizin umfasst in Ergänzung zu einer Facharztkompetenz die Luft- und Raumfahrtmedizin einschließlich der physikalischen und medizinischen Besonderheiten des Aufenthaltes in Luft und Weltraum sowie des Wohlergehens des fliegenden Personals und der Passagiere [Bund06].

forensisch: gerichtlich; z.B. forensische Medizin.

Fort- und Weiterbildung: Fortbildung bezeichnet den Erwerb zusätzlichen Wissens in einem erlernten Beruf, Weiterbildung die Fortbildung mit dem Ziel der Erlangung einer Formalqualifikation (z.B. Facharzt). Der Fort- und Weiterbildung als Maßnahme der Personalentwicklung kommt in Medizinbetrieben eine besondere Bedeutung zu. Traditionell engagieren sich Medizinbetriebe an der Aus-, Fortund Weiterbildung von Gesundheitsberufen. Für ärztliche Mitarbeiter ist die Weiterbildung eine notwendige Voraussetzung zur Qualifizierung als Facharzt oder zur Erlangung medizinischer Zusatzbezeichnungen, die Fortbildung ausdrücklich berufsrechtlich verpflichtend vorgeschrieben.

Fragebogentechnik: Analysetechnik, bei der Personen in Form einer schriftlichen Befragung zu umschriebenen Sachverhalten befragt werden. Der zweckmäßigerweise zielorientiert entwickelte Fragebogen sollte den Informationsbedarf des Fragestellers und das Informationsangebot der Befragten möglichst kongruent abbilden. Es können unterschiedliche Gestaltungsmöglichkeiten genutzt werden; z.B. die Verwendung offener Fragen zur freien Beantwortung oder geschlossener Fragen, zu denen vorformulierte Antwortmöglichkeiten angeboten werden, ferner lineare und/oder antwortabhängig verzweigende Fragensequenzen (Branching-Prinzip). Im Gegensatz zur →Interview-Methode wird der Fragebogen vom Befragten selbstständig ausgefüllt. Von daher werden an die Gestaltung eines Fragebogens besondere Anforderungen gestellt, z.B. kurze präzise und leicht verständliche Formulierung der Fragen, gute Handhabbarkeit, geringer Umfang. In Medizinbetrieben finden Fragebogen z.B. im Rahmen der Systemanalyse zur Feststellung organisatorischer Tatbestände und als Hilfsmittel zur Unterstützung der Anamneseerhebung Verwendung [Seel90].

Fraktale Organisationsstruktur: In Anlehnung an die von *B Mandelbrot* (1991) begründete Theorie der fraktalen Geometrie und seine Untersuchungen zur Geometrie komplexer natürlicher Phänomene bezeichnete *HJ Warnecke* (1992) selbstähnliche Organisationseinheiten als Fraktale. Eine Organisationsstruktur ist fraktal, wenn sie sich aus selbstständig agierenden, ergebnisverantwortlichen und in ihrer Zielausrichtung selbstähnlichen Organisationseinheiten (Fraktalen) zusammensetzt. Das Potenzial der fraktalen Organisationsstruktur liegt in einer neuen Qualität der Führung und Arbeitsorganisation; Fraktale übernehmen (innerhalb ihres Aufgabenbereichs) Ausführungs- und Ergebnisverantwortung, d.h. sie sind selbst für die Qualität und Ökonomie des realisierten betrieblichen Wertschöpfungsprozesses (mit)verantwortlich. Die fraktale Organisationsstruktur zeichnet sich aus durch Selbstorganisation und Selbstoptimierung in kleinen schnellen Regelkreisen. Fraktal organisierte Medizinbetriebe können Komplexität besser bewältigen und sich schnell (und proaktiv) veränderten Rahmenbedingungen anpassen. Fraktale Organisationsstrukturen fördern Selbstorganisation und Selbstbestimmung. Sie schaffen (und brauchen) „Unternehmer im Unternehmen" und damit für die Beschäftigten eine neue Qualität der Qualifikation (*HJ Seelos* 1993).

Frauenheilkunde und Geburtshilfe: medizinisches Fachgebiet; umfasst die Erkennung, Vorbeugung, konservative und operative Behandlung sowie Nachsorge

von geschlechtsspezifischen Gesundheitsstörungen der Frau einschließlich plas-
tisch-rekonstruktiver Eingriffe, der gynä-
kologischen Onkologie, Endokrinologie,
Fortpflanzungsmedizin, der Betreuung und
Überwachung normaler und gestörter
Schwangerschaften, Geburten und Wo-
chenbettverläufe sowie der Prä- und Perinatalmedizin. Ärztliche Schwerpunktkompetenzen nach der Weiterbildungsordnung sind: Gynäkologische Endokrinologie und Reproduktionsmedizin, Gynäko-
gische Onkologie, Spezielle Geburtshilfe
und Perinatalmedizin [Bund06].

Free rider-Effekt: „Trittbrettfahren"; negativer motivationaler Effekt bei
→Gruppen. Das erstmals von *NL Kerr* und
SE Bruun (1983) beschriebene Phänomen
besteht darin, die eigene Anstrengung in
der Gruppensituation bewusst zu reduzieren wenn die Auffassung vorherrscht, dass
die Leistungen der anderen Gruppenmitglieder ausreichen, um das Arbeitsziel zu
erreichen.

Freie Arztwahl: das sich aus Art. 2 Abs.
1 GG ergebende Recht des Patienten, den
Arzt seines Vertrauens frei zu wählen. Zulässige Einschränkungen der freien Arztwahl bestehen z.B. für Versicherte der gesetzlichen Krankenversicherung darin,
dass bei der ambulanten Behandlung die
Auswahl nur unter den zur vertragsärztlichen Versorgung zugelassenen und den ermächtigten Ärzten und ärztlichen geleiteten Einrichtungen möglich ist. Ärzte, die
nicht an der vertragsärztlichen Versorgung
teilnehmen, darf der Versicherte nur in
Notfällen in Anspruch nehmen. Im stationären Bereich besteht für diese Versicherten freie Wahl nur unter den →Vertrags-
krankenhäusern. Weitere Einschränkungen der freien Arztwahl ergeben sich aus
der Quartalsbindung sowie daraus, dass
der Versicherte zur Tragung der Mehrkosten verpflichtet ist, wenn er nicht den
nächsterreichbaren →Vertragsarzt in Anspruch nimmt. Eine rechtliche Einschränkung erfährt die freie Arztwahl ferner in
der gesetzlichen Unfallversicherung insoweit, als der Träger der gesetzlichen Unfallversicherung im Rahmen der gesetzlichen Vorschriften für die Behandlung der
Unfallverletzten die Ärzte und Krankenhäuser bestimmen kann. Hat die Unfallver-
letzung Arbeitsunfähigkeit zur Folge, hat
der Verletzte die freie Wahl nur unter den
→Durchgangsärzten seines Bezirks; s.a.
Hausarztmodell [Seel90].

Freie Heilfürsorge: unentgeltliche ärztliche Versorgung bestimmter Gruppen von
Angehörigen des öffentlichen Dienstes
aufgrund dienstrechtlicher Vorschriften.
Zu den heilfürsorgeberechtigten Bundes-
bediensteten gehören z.B. die Soldaten der
Bundeswehr und Wehrpflichtige, Angehörige des Bundesgrenzschutzes und Zivil-
dienstleistende. Nach Landesrecht besteht
Anspruch auf freie Heilfürsorge für Poli-
zeivollzugsbeamte und Beamte des Einsatzes der Feuerwehr [Seel90].

Freigemeinnützige Krankenhäuser:
→Krankenhäuser, die von einem religiö-
sen, kirchlichen, humanitären oder sozialen Träger geführt werden.

Frühaufklärung: umfasst alle systematisch erfolgenden Aktionen der Wahrnehmung, Sammlung, Auswertung und Weiter-

leitung von Informationen über latent bereits vorhandene medizinbetriebliche Risiken und/oder Chancen in einem so frühen Stadium, dass noch ausreichend Zeit für eine Planung und Realisierung von Reaktionsstrategien und (Gegen-)Maßnahmen verbleibt. Der Einsatz von →Frühaufklärungssystemen und das Feuerwehrprinzip („Brandschutzübungen") sichern dem Medizinbetrieb ein hohes Reaktionspotenzial.

Frühaufklärungssystem: ein strukturiertes, integriertes und zugleich flexibles Informations-, Beobachtungs- und Kommunikationssystem, das es dem Medizinbetrieb ermöglicht, relevanten Veränderungen der In- und Umwelt im Kontext der Frühaufklärung zu begegnen. Während sich retrospektiv orientierte **Frühwarnsysteme** zu Beginn der 70er Jahre auf die frühzeitige Ortung von Bedrohungen beschränkten, konzentrierten sich die **Früherkennungssysteme** Ende der 70er Jahre auf die frühzeitige Erkennung von Bedrohungen und Chancen. Die dazu herangezogenen Informationen verlangen eine Festlegung der relevanten Beobachtungsbereiche und Indikatoren (gerichtete Umweltbeobachtung). Die seit Beginn der 90er Jahre verfügbaren Frühaufklärungssysteme sind ungerichtet, d.h. basieren auf dem →Konzept der schwachen Signale und Netzwerkmodellen, weshalb man sie auch als strategische Frühaufklärungssysteme bezeichnet.

Früherkennungssystem: s. Frühaufklärungssystem.

Frühwarnsystem: s. Frühaufklärungssystem.

Führender: 1. Repräsentant des dispositiven Faktors, d.h. die nach der Unternehmensverfassung oder den Statuten bestellten Organvertreter und Führungskräfte, denen im Weg der Delegation dispositive Aufgaben übertragen sind; **2.** derjenige, der andere erfolgreich beeinflusst. So gesehen kann im Medizinbetrieb jeder Beschäftigte grundsätzlich auch Führender sein; s.a. informelle Führung, Führung von unten.

Führung von unten: in einer Führungsbeziehung die Verhaltensbeeinflussung des Führenden durch den Geführten; z.B. durch dessen Experten- und Faktenwissen oder gesetzlich normierte Mitbestimmungs- und Beteiligungsrechte [Seel07].

Führung: oft syn. für →Management; i.e.S. →Personalführung.

Führungsdyade: Führungsbeziehung zwischen einem Führenden und einem Geführten (1:1-Relation); Gegensatz: Führungsbeziehung zwischen einem Führenden und mehreren Geführten (1:n-Relation) [Seel07].

Führungserfolg: Resultante der Führungsbeziehung. Personalführung im Medizinbetrieb ist dann effektiv, wenn der Führende die vorgegebenen Organisationsziele realisiert, die Gestaltungsvorgaben der Gesundheitsleistungsproduktion einhält und die →biophilen Grundorientierungen des medizinbetrieblichen Wertesystems (Patientenorientierung, Mitarbeiterorientierung) beachtet.

Führungsfunktionen: abhängig vom Managementobjekt werden sach- (Planung, Organisation, Kontrolle) und personenbezogene Führungsfunktionen unterschieden (s. → Führungsverantwortung).

Führungsgrundsätze: syn. Führungsleitlinien, -richtlinien, -prinzipien; schriftlich fixierte, werteorientierte Verhaltenserwartungen des Trägers eines Medizinbetriebs an die Führungskräfte im Hinblick auf eine organisationsziel- und mitarbeiterorientierte Zusammenarbeit. Führungsgrundsätze müssen mandantenspezifisch (partizipativ) festgelegt werden und sollten, um die beabsichtigte Verhaltenskonditionierung der Führenden zu sichern, mit anderen personalpolitischen Instrumenten verknüpft werden, da sie a priori mangels Anreiz- und Sanktionscharakter nur eine geringe Führungswirkung entfalten [Seel07].

Führungsinformationen: Informationen, die medizinbetriebliche Führungsentscheidungen auf den unterschiedlichen Führungsebenen (strategisch, taktisch, operativ) qualifizieren. Führungsinformationen sind mehrdimensional (s. Abb.).

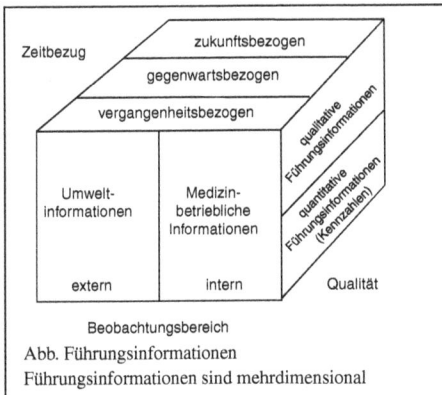

Abb. Führungsinformationen
Führungsinformationen sind mehrdimensional

Führungsinformationssystem: engl. Management Information System; Abk. MIS; computergestütztes Informationssystem, das den → dispositiven Faktor bei der Wahrnehmung seiner sachbezogenen Managementfunktionen (Planung, Steuerung, Kontrolle) durch Bereitstellung von Führungsinformationen unterstützt; Teil des medizinbetrieblichen → Führungssystems. Bei der Konstruktion von Führungsinformationssystemen ist vorrangig auf den Informationsbedarf zur Qualifizierung der Führungsentscheidungen abzustellen (s. Abb.). Funktional umfassen Führungsinformationssysteme z.B. Navigations-, Simulations-, Prognose-, Controlling- und Reportingfunktionen.

Führungsinstrumente: Instrumente zur Unterstützung der → Personalführung; z.B. Lob und Kritik, → Anreizsysteme, Symbole, → Mitarbeiterbefragung, → Führungsgrundsätze, → Coaching, → Mentoring, → Personalentwicklung [Seel07].

Führungskompetenz: die Fähigkeit einer Führungskraft erworbenes Führungswis-

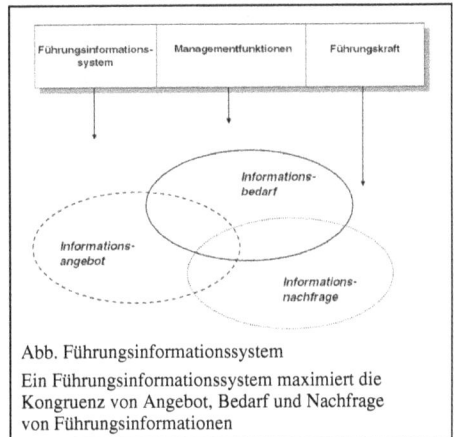

Abb. Führungsinformationssystem
Ein Führungsinformationssystem maximiert die Kongruenz von Angebot, Bedarf und Nachfrage von Führungsinformationen

sen anzuwenden. Dazu bedarf es eines bestimmten Wissens (→Knowledge) und Verrichtungskönnens (→Soft skills).

Führungskraft: Person mit →Positionsmacht, die →personenbezogene Führungsfunktionen wahrnimmt.

Führungskräfteschulung: Fortbildung von Führungskräften; z.B. mit dem Ziel, das medizinbetrieblich definierte →Personalführungssystem konsistent umzusetzen. Diesbezügliche Inhalte berücksichtigen die Schulung des medizinbetrieblichen Wertesystems, das Training des Führungsmodells und der Führungsinstrumente ebenso wie die Methoden und Techniken des Selbst-, Projekt- und Qualitätsmanagements.

Führungsleitlinien: syn. für →Führungsgrundsätze.

Führungsmodell: syn. Managementkonzept; beschreibt eine mehr oder minder komplexe Sollvorstellung wie sich Personalführung vollziehen sollte. Man unterscheidet Partialmodelle wie die bekannten Management-by-Techniken und Totalmodelle, z.B. das Harzburger Führungsmodell (*R Höhn* 1967), das systemorientierte St. Gallener Führungsmodell (*H Ulrich* 2005), das 7-S-Modell (*RT Pascale* und *AG Athos* 1981). Führungsmodelle wurden von der anwendungsorientierten Führungsforschung aber auch von Beratungsunternehmen mit dem Ziel der Effizienzsteigerung der Personalführung entwickelt.

Führungsprinzipien: syn. für →Führungsgrundsätze.

Führungsrichtlinien: syn. für →Führungsgrundsätze.

Führungsrolle: Verhaltenserwartung an den →Führenden. Maßgeblich für die Ausprägung der jeweiligen Rollen ist vor allem die Positionshöhe des Führenden, die er nach der →Führungsstruktur inne hat [Seel07].

Führungssituation: die konkreten zeitlichen, organisatorischen, räumlichen, rechtlichen und soziologischen Bedingungen unter denen sich Menschenführung vollzieht.

Führungsstil: ein zeitlich überdauerndes und in Bezug auf bestimmte Situationen konsistentes Führungsverhalten. Zur Qualifizierung von Führungsstilen werden gewisse, zur Ausprägung der Führungsbeziehung als relevant identifizierte Variable herangezogen wie z.B. der Grad der Entscheidungspartizipation, das Aufgaben- und Beziehungsverhalten oder der Selbstständigkeitsgrad des Geführten; s.a. verhaltenstheoretischer Führungsansatz [Seel07].

Führungsstruktur: Führungsdisposition; bezogen auf die aufbauorganisatorischen Instanzen (Stellen) eines →Medizinbetriebs, die Verteilung der durch die Organvertreter delegierten Entscheidungs- und Anordnungsbefugnis; meist beschrieben durch →Organigramme und →Stellenbeschreibungen (vgl. [Seel07]).

Führungssubstitute: Regeln zur Vorsteuerung der Verhaltensausrichtung von Beschäftigten. Dabei kann eine Unterscheidung nach strukturellen (→Führungsstruktur), prozessualen (→Prozessorganisation) und kulturellen (→Organisationskultur) Regeln vorgenommen werden [Seel07].

Führungssystem: Abk. FIS; System zur Unterstützung des strategischen Managements im Medizinbetrieb; umfasst auf der Basis des betrieblichen Informations- und Kommunikationssystems die in der Abb. genannten Teilsysteme.

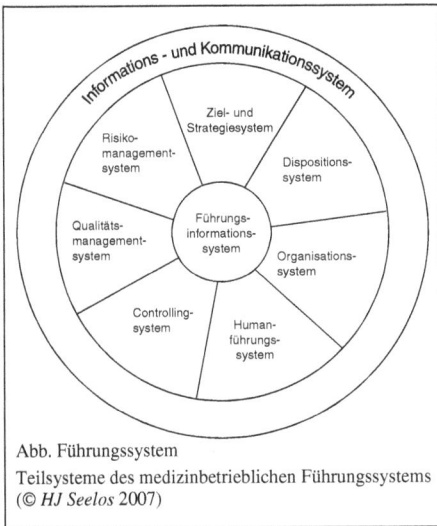

Abb. Führungssystem
Teilsysteme des medizinbetrieblichen Führungssystems
(© *HJ Seelos* 2007)

Führungsverantwortung: Rechenschaftspflicht des Führenden hinsichtlich der Wahrnehmung und Folgen der ihm obliegenden personenbezogenen Führungsfunktionen (s. Abb.).

Führungsverhalten: im Gegensatz zum →Führungsstil, das aktuelle Verhalten des Führenden in einer konkreten →Führungssituation. Man unterscheidet das →Aufgabenverhalten und das →Beziehungsverhalten [Seel07].

Funktionelle Pflege: Pflegeprinzip, bei dem die pflegerischen Verrichtungen so unter den Pflegenden aufgeteilt werden, dass eine bestimmte Pflegeperson gleichartige Verrichtungen (z.B. Blutdruckmessung, Betten, Waschen) an einer größeren Anzahl von Patienten ausführt und dafür Ausführungsverantwortung übernimmt; Gegensatz: →ganzheitliche Pflege [Seel90].

Funktionelles Management: im Unterschied zum →institutionellen Management die Realisierung der sachbezogenen (Planung, Organisation, Kontrolle) und/oder personenbezogenen Führungsfunktionen.

Funktionsanalyse: Analysetechnik zur Beschreibung der zeitlich-logischen Anordnung (Ablauforganisation) der Funktionen eines Medizinbetriebs.

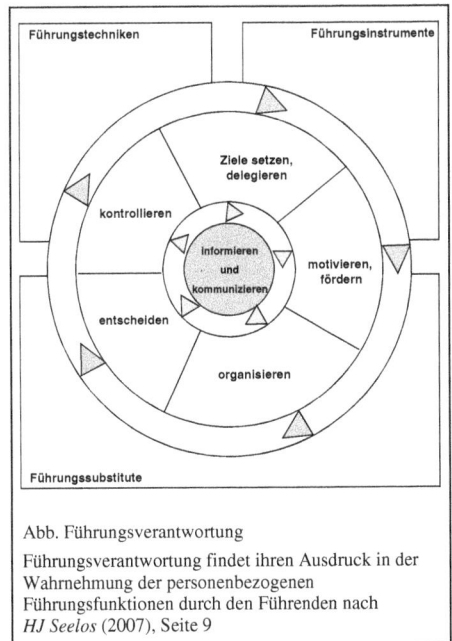

Abb. Führungsverantwortung
Führungsverantwortung findet ihren Ausdruck in der Wahrnehmung der personenbezogenen Führungsfunktionen durch den Führenden nach
HJ Seelos (2007), Seite 9

93

G

Ganzheitliche Pflege: Pflegeprinzip, bei dem im Gegensatz zur →funktionellen Pflege die pflegerischen Verrichtungen so unter den personellen Funktionsträgern aufgeteilt werden, dass möglichst wenige Pflegepersonen den Patienten pflegerisch betreuen. Danach ist es möglich, den physischen, psychischen, sozialen und spirituellen Bereich des Patienten zu beachten [Seel90].

Gastroenterologie: Teilgebiet der →Inneren Medizin, das sich mit der Diagnostik und Therapie der Krankheiten der Verdauungsorgane befasst.

Gatekeeping: →Managed care-Instrument; Form der Versorgungssteuerung bei der der Zugang des Patienten zum System der medizinischen Versorgung (ausgenommen Notfälle und einige definierte Leistungsbereiche) stets nur über einen Primärarzt (Allgemeinmediziner, Internist, Durchgangsarzt in der Unfallversicherung) erfolgt. Dieser „Gatekeeper" entscheidet darüber, ob und wenn ja, welche anderen konkreten Leistungserbringer wann hinzugezogen werden müssen.

G-BA: Abk. für →Gemeinsamer Bundesausschuss.

GdB: im Sozialrecht Abk. für Grad der →Behinderung.

G-DRG-System: Abk. für German →Diagnosis Related Groups-System. Das G-DRG-System basiert auf der Version 4.1 der AR-DRGs (Australian Refined Diagnosis Related Groups). Im G-DRG-System (Version 1.0) gab es 664 abrechenbare diagnosebezogene Fallgruppen (DRGs), im AR-DRG-System (Version 4.2) 661. Ab 1. Januar 2004 war die Einführung des G-DRG-Systems für alle bundesdeutschen Krankenhäuser (mit Ausnahme der Fachgebiete Psychiatrie, Kinder- und Jugendpsychiatrie, Psychotherapeutische Medizin und Psychotherapie) verpflichtend (§§ 17 Abs. 4 und 6 KHG, 3 KHEntgG).

Geführte: im Medizinbetrieb die einem Führenden nachgeordneten Mitarbeiter [Seel07].

Gegenkultur: eine zur →Organisationskultur dysfunktionale →Subkultur [Seel07].

Gemeindepsychiatrischer Verbund: Abk. GPV; kreisweites Netzwerk von Einrichtungen und Diensten zur Versorgung chronisch psychisch Kranker. Die Ziele des GPV bestehen darin, die vielfältigen Angebote der psychiatrischen Versorgung zu vernetzen, eine gemeinsame vertragliche Versorgungsverpflichtung für chronisch psychisch Kranke zu erreichen und die vorhandenen Ressourcen gemeinsam und effektiv zu nutzen. Die Leistungserbringer verpflichten sich insbesondere, ihre Leistung als integrierte Komplexleistung zu erbringen. Zu diesem Zweck soll die Patientenversorgung über sogenannte →Hilfeplankonferenzen, der die in einem Landkreis tätigen Leistungserbringer sowie Vertreter der Kostenträger (Krankenkassen, Rehabilitationsträger, Sozialhilfeträger, Landkreis) angehören, unter Zugrundelegung eines Integrierten Behandlungs- und Rehabilitationplans (IBRP) gesteuert werden.

Gemeindepsychiatrisches Zentrum: Abk. GPZ; regionaler rechtsförmlicher oder vertraglicher Zusammenschluss ambulanter Leistungserbringer in der psychiatrischen Versorgung. Das GPZ institutionalisiert damit einen Kernbereich des gemeindepsychiatrischen Verbundes „unter einem Dach". Es soll die gemeindenahen Hilfeangebote flexibel zusammenführen, den multidisziplinären Ansatz der Versorgung sicherstellen sowie Art und Umfang der Hilfen am Bedarf des Einzelfalls ausrichten. Beteiligte am GPZ sind zumindest die Träger folgender psychiatrischer Versorgungsangebote: Sozialpsychiatrischer Dienst, Soziotherapie-Erbringer, psychiatrische Tagesstätte und psychiatrische Institutsambulanz.

Gemeinsamer Bundesausschuss: Abk. G-BA; rechtsfähiges Gremium nach § 91 SGB V; oberstes Beschlussgremium der gemeinsamen Selbstverwaltung der Ärzte, Zahnärzte, Psychotherapeuten, Krankenhäuser und Krankenkassen in Deutschland. Mitglieder des G-BA sind die Kassenärztlichen Bundesvereinigungen, die Deutsche Krankenhausgesellschaft, die Bun-

desverbände der Krankenkassen, die Deutsche Rentenversicherung Knappschaft-Bahn-See und die Verbände der Ersatzkassen. Aufgabe des G-BA ist es zu konkretisieren, welche ambulanten oder stationären medizinischen Leistungen ausreichend, zweckmäßig und wirtschaftlich sind und somit zum Leistungskatalog der gesetzlichen Krankenversicherung gehören. Außerdem definiert er Anforderungen an Qualitätsmanagement- und Qualitätssicherungsmaßnahmen für die verschiedenen Leistungssektoren im Gesundheitswesen. Die vom G-BA beschlossenen Richtlinien haben den Charakter untergesetzlicher Normen (*www.g-ba.de*).

Gemeinschaftspraxis: gemeinsame Ausübung ärztlicher Tätigkeit durch mehrere Ärzte des gleichen oder ähnlichen Fachgebietes in gemeinsamen Räumen mit gemeinsamer Praxiseinrichtung, gemeinsamer Karteiführung und Abrechnung sowie mit gemeinsamem Personal auf gemeinsame Rechnung. Die Gemeinschaftspraxis unterscheidet sich von der →Praxisgemeinschaft dadurch, dass der →Arztvertrag zwischen dem Patient und sämtlichen Ärzten der Gemeinschaftspraxis zustande kommt mit der Folge, dass die ärztlichen Leistungen austauschbar sind. Die Gemeinschaftspraxis bedarf, anders als die Praxisgemeinschaft, der Zulassung durch den Zulassungsausschuss der Kassenärztlichen Vereinigung und der Krankenkassen [Seel90].

Gender Mainstreaming: Gender kommt aus dem Englischen und bezeichnet die gesellschaftlich, sozial und kulturell geprägten Geschlechtsrollen von Frauen und

Männern. Mainstreaming heißt, dass eine bestimmte inhaltliche Vorgabe, die bisher nicht das Handeln bestimmt hat, nun zum zentralen Bestandteil bei allen Entscheidungen und Prozessen gemacht wird. Gender Mainstreaming ist eine Strategie zur Unterstützung der Chancengleichheit von Frauen und Männern in allen Lebensbereichen, d.h. ein Auftrag die unterschiedlichen Interessen und Lebenssituationen von Frauen und Männern in der Struktur, in der Gestaltung von Prozessen und Arbeitsabläufen, in den Ergebnissen und Produkten, in der Kommunikation und Öffentlichkeitsarbeit von vornherein und regelmäßig zu berücksichtigen, um das Ziel der Gleichstellung von Frauen und Männern effektiv verwirklichen zu können [Bfsf07].

Generika: Singular Generikum; Nachahmerprodukt; Arzneimittel, das eine wirkstoffgleiche Kopie eines bereits im Markt eingeführten Referenzpräparates ist. Von diesem kann sich das Generikum hinsichtlich der enthaltenen Hilfsstoffe und der Herstellungstechnologie unterscheiden.

Geriatrie: Zusatzbezeichnung, die von einem Arzt nach Ableistung der vorgeschriebenen Weiterbildungszeit und Weiterbildungsinhalte gemäß der ärztlichen Weiterbildungsordnung geführt werden darf. Die Zusatz-Weiterbildung Geriatrie umfasst in Ergänzung zu einer Facharztkompetenz die Vorbeugung, Erkennung, konservative und interventionelle Behandlung und Rehabilitation körperlicher und seelischer Erkrankungen im biologisch fortgeschrittenen Lebensalter mit dem Ziel der Erhaltung und Wiederherstellung größtmöglicher Selbstständigkeit [Bund06].

Gerontologie: Wissenschaft, die sich mit den biologischen, somatischen, psychischen und sozialen Grundlagen des Alterns beschäftigt [Seel90].

Gesamtvergütung: Vergütung nach § 85 SGB V, welche die Krankenkasse nach Maßgabe der Gesamtverträge an die jeweilige Kassenärztliche Vereinigung mit befreiender Wirkung für die gesamte vertragsärztliche Versorgung der Mitglieder mit Wohnort im Bezirk der Kassenärztlichen Vereinigung einschließlich der mitversicherten Familienangehörigen entrichtet. Die Kassenärztliche Vereinigung verteilt diese Gesamtvergütung unter Anwendung eines Honorarverteilungsmaßstabs an ihre Mitglieder (Vertragsärzte). Entsprechendes gilt für den Bereich der kassenzahnärztlichen Versorgung.

Gesamtvertrag: nach § 83 SGB V öffentlich-rechtliche Verträge, die zwischen den Kassenärztlichen Vereinigungen und den Landesverbänden der gesetzlichen Krankenkassen zur Versorgung der Versicherten mit ärztlichen Leistungen abgeschlossen werden.

Geschäftsmodell: konkretisiert das strategische Programm eines Medizinbetriebs durch aufeinander abgestimmte Einzelstrategien; i.E. Markt-, Produkt-, Qualitäts-, Marketing-, Finanz-, Personal-, Fortbildungs-, Ressourcen-, Investitions- und Instandhaltungsstrategie.

Geschäftsordnung: schriftliche Regeln zur formalen Arbeitsweise von →Gruppen in Organisationen. Mindestanforderungen an eine Geschäftsordnung sind die Benennung der Mitglieder (und deren Stellvertreter), des Vorsitzenden und einer gegebenenfalls einzurichtenden Geschäftsstelle, deren Aufgabenbereiche und Zuständigkeiten, die Sitzungsfrequenz, Regeln zur Dokumentation (Tagesordnung, Bereitstellung von Beratungsunterlagen, Niederschriften), Beschlussfassung und gegebenenfalls zur Information der nachgeordneten Leitungsebenen sowie der Mitarbeiter(-vertretung) über die Beschlussfassungen. Ferner gilt es Regelungen zur Überprüfung der Umsetzung von Beschlüssen (auch durch nachgeordnete Leitungsebenen) und zur Koordination zwischen den einzelnen Gremien festzulegen.

Gesetzliche Krankenversicherung: Abk. GKV; deckt als Zweig der →Sozialversicherung die Risiken ab, die sich im Krankheitsfall in Form von Behandlungskosten und Einkommensausfall ergeben. Grundlage der Leistungsgewährung bildet das →Sachleistungsprinzip. Als gesetzlich vorgeschriebene Mindestleistung (**Regelleistungen**) werden gewährt: →Krankenhilfe, →Krankenpflege, →Krankenhauspflege, Maßnahmen zur Vorsorge und Früherkennung von Krankheiten, Mutterschaftshilfe und Mutterschaftsgeld, sonstige Hilfen bei Fragen der Empfängnisregelung, Sterilisation, Schwangerschaftsabbruch und Familienhilfe. Eine subsidiäre Leistungspflicht gilt bei Maßnahmen zur Rehabilitation. Darüber hinaus können die einzelnen Krankenkassen als Träger der GKV durch Satzungsregelungen im Rahmen der gesetzlichen Vorschriften Mehrleistungen anbieten. Der Kreis der in der GKV versicherten Personen umfasst die Versicherungspflichtigen (i.S. § 5 ff. SGB V) und die Versiche-

rungsberechtigten (§ 9 SGB V). Die Finanzierung der GKV erfolgt überwiegend durch die Beiträge der Versicherten und Arbeitgeber; beteiligt sind ferner auch die Träger der Rehabilitation, die Bundesagentur für Arbeit sowie der Bund. Aufgrund des Umlageverfahrens sind prinzipiell die Beiträge so zu bemessen, dass sie für die Deckung der Ausgaben ausreichen. Die Pflichtbeiträge für Beschäftigte werden, mit Ausnahme des seit 1. Juli 2005 vom Versicherten allein aufzubringenden Zusatzbeitrags von 0,9 Prozentpunkten, jeweils zur Hälfte vom Arbeitnehmer und Arbeitgeber getragen. Die Höhe der Beiträge ermittelt sich durch Anwendung des allgemeinen Beitragssatzes auf das beitragspflichtige Arbeitsentgelt als Bemessungsgrundlage bis zur Höhe der dynamisierten Beitragsbemessungsgrenze. Freiwillig Versicherte zahlen ihren Beitrag allein; entsprechend erhalten freiwillig versicherte Arbeitnehmer vom Arbeitgeber einen Zuschuss zum Krankenversicherungsbeitrag. Seit dem Jahr 1983 werden die Beiträge zur Krankeversicherung der Rentner, die zuvor als Pauschalzahlung von den Rentenversicherungsbeiträgen an die GKV geleistet wurden, individuell berechnet. Die Rentner trugen den vollen Beitrag alleine, erhielten aber einen Beitragszuschuss des Rentenversicherungsträgers, der ab 1. Juli 1983 stufenweise gekürzt wurde. Seit 1. Juli 1987 bringen die Rentner die Hälfte ihrer Versicherungsbeiträge selbst auf.

Gesetzliche Rentenversicherung: umfasst die Arbeiterrenten-, Angestellten- und die knappschaftliche Rentenversicherung, die neben der Rentenversicherung der Handwerker und der Alterssicherung der Landwirte zusammen mit den Zusatzversorgungen und der Beamtenversorgung die Funktion „Alter und Hinterbliebene" im Sozialbudget bilden. Die Rentenversicherung ist eine Pflichtversicherung, in der alle wirtschaftlichen unselbstständigen Arbeitnehmer, die gegen Entgelt oder als Lehrling oder sonst zu ihrer Berufsausbildung auch ohne Entgelt beschäftigt werden, versicherungspflichtig sind. Im Unterschied zur →gesetzlichen Krankenversicherung besteht die Versicherungspflicht unabhängig von der Höhe des Einkommens der Beschäftigten. Die Rentenversicherung gewährt Renten an die Versicherten und ihre Familien im Fall von Invalidität, Alter und Tod. Voraussetzung für die Rentenzahlung ist der Eintritt des Versicherungsfalls und die Erfüllung der Wartezeit. Die Höhe der Rente bestimmt sich gemäß der Rentenformel, in die vier Faktoren eingehen: die persönliche Bemessungsgrundlage, die Zahl der anrechnungsfähigen Versicherungsjahre, die allgemeine Bemessungsgrundlage und der nach Rentenart unterschiedliche Steigerungssatz je anrechnungsfähigem Versicherungsjahr. Die Hinterbliebenenrenten leiten sich von den Versichertenrenten ab. Aufgrund der jährlichen Veränderung der allgemeinen Bemessungsgrundlage ist es notwendig, die einmal bewilligten Renten (Bestandsrenten) der Entwicklung der Zugangsrenten anzupassen; dies geschieht nicht automatisch, dazu bedarf es stets eines Rentenanpassungsgesetzes. Nach dem Grundsatz „Rehabilitation geht vor Rente" werden ebenfalls medizinische, berufsfördernde und ergänzende Leistungen zwecks Erhaltung, Besserung und Wiederherstellung der Erwerbsfähigkeit der Versicherten gewährt. Die Finanzierung der Rentenversicherung erfolgt über Beiträge, die von den Versicherten und den Arbeitgebern aufgebracht werden; der Bund leistet zu den Ausgaben einen Zuschuss. Kennzeichen des Finanzierungssystems der Rentenversicherung sind das Umlageverfahren und der Generationenvertrag. Nach dem Umlageverfahren werden die aufgebrachten Mittel unmittelbar wieder für die gesetzlich vorgeschriebenen Leistungen ausgegeben, ohne dass eine Kapitalansammlung erfolgt (Anwartschaftsdeckung). Inhalt des nicht schriftlich festgelegten Generationenvertrages ist die Verpflichtung der heutigen Generation zur Beitragszahlung in der Erwartung, dass deren Alterssicherung von den nachfolgenden Generationen in gleicher Weise finanziert wird. Träger der Rentenversicherung sind die Deutsche Rentenversicherung und die Deutsche Rentenversicherung Knappschaft-Bahn-See [Seel90].

Gesetzliche Unfallversicherung: Die gesetzliche Unfallversicherung übernimmt die Haftung des Arbeitgebers für die Folgen von Arbeits- und Wegeunfällen sowie Berufskrankheiten seiner abhängig Beschäftigten. Die Leistung wird in der Regel unabhängig vom Verschulden gewährt. Grundlegendes Prinzip der gesetzlichen Unfallversicherung ist es, den Unternehmen und Versicherten Leistungen zur Prävention, Rehabilitation und Kompensation aus einer Hand anzubieten. Wichtigste Aufgabe ist die Prävention, also die Verhütung von Arbeitsunfällen, Berufskrankheiten und arbeitsbedingten Gesundheitsgefahren mit allen geeigneten Mitteln. Gelingt dies nicht, übernimmt und koordiniert die gesetzliche Unfallversicherung die medizinische, berufliche und soziale Rehabilitation. In Frage kommen hierfür u.a. Leistungen zum Erhalt des Arbeitsplatzes, zur Berufsförderung, Weiterbildung und Berufsvorbereitung. Eine Rente wird grundsätzlich erst gezahlt, wenn alle sinnvollen und zumutbaren Rehabilitationsmöglichkeiten ausgeschöpft sind, jedoch auch schon während der beruflichen Rehabilitation neben dem Übergangsgeld. In der gesetzlichen Unfallversicherung pflichtversichert sind alle Arbeitnehmer, Landwirte, Personen bei Tätigkeiten im öffentlichen Interesse, noch nicht berufstätige Personen wie Studenten, Schüler, Kinder in Kindergärten. Freiwillig können sich Unternehmer versichern, soweit sie in der gesetzlichen Unfallversicherung nicht pflichtversichert sind. Versicherungsfreiheit besteht für solche Personen, die wie Beamte, bei Arbeitsunfällen anderweitig versorgt sind. Die Finanzierung der Unfallversicherung erfolgt durch Beiträge, die ausschließlich von den Arbeitgebern aufgebracht werden.

Ausnahmen bestehen in der landwirtschaftlichen Unfallversicherung, die staatlich subventioniert wird, und in der Schüler-Unfallversicherung, die aus Steuermitteln finanziert wird. Die Höhe der Beiträge bestimmt sich durch Umlage der Ausgaben zzgl. gesetzlich vorgeschriebener zweckbestimmter Beiträge auf die Unternehmen. Als Schlüssel dient neben der Lohnsumme der Versicherten im Unternehmen auch der Grad der Unfallgefahr, der nach Zahl und Schwere der in den einzelnen Gewerbezweigen vorkommenden Arbeitsunfälle ermittelt wird. Träger der gesetzlichen Unfallversicherung sind die landwirtschaftlichen und gewerblichen Berufsgenossenschaften sowie die Unfallversicherungsträger der öffentlichen Hand.

Gestaltungsvorgaben der Gesundheitsleistungsproduktion: Neben dem auch für andere Branchen geltenden ökonomischen Prinzip haben Medizinbetriebe, ausgehend von ihrem Versorgungsauftrag, bei

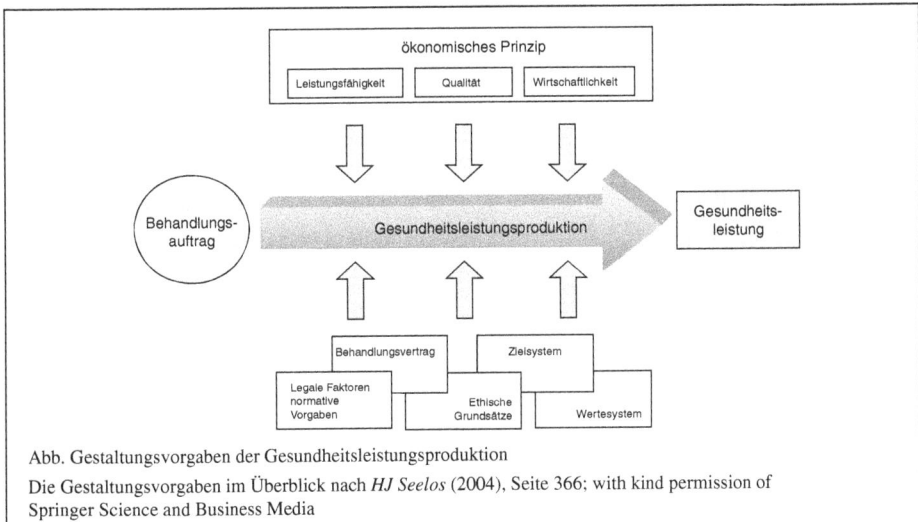

Abb. Gestaltungsvorgaben der Gesundheitsleistungsproduktion
Die Gestaltungsvorgaben im Überblick nach *HJ Seelos* (2004), Seite 366; with kind permission of Springer Science and Business Media

der Faktorkombination eine Vielzahl von weiteren Gestaltungsvorgaben zu berücksichtigen (s. Abb.); i.E. die allgemein-formalen Wirtschaftsgrundsätze von Leistungsfähigkeit, Qualität und Wirtschaftlichkeit, die für die Gesundheitsleistungsproduktion einschlägigen legalen Faktoren und normativen Vorgaben, die sich aus dem Behandlungsvertrag ergebenden Handlungspflichten für den Leistungserbringer, ethische Grundsätze, insbesondere die Humanität gegenüber dem Patienten, das medizinbetriebliche Ziel- und Wertesystem.

Gesundheit: die Fähigkeit eines biologischen Systems Störungen zu beseitigen oder auszugleichen; nach der Charta der Weltgesundheitsorganisation (1946) ein Zustand vollkommenen körperlichen, geistigen und sozialen Wohlbefindens und nicht allein das Fehlen von → Krankheit und Gebrechen [Seel07].

Gesundheitliche Primärversorgung: bezeichnet die Anlauf- und Einstiegsstelle in die professionelle Versorgung mit medizinischen und gesundheitsbezogenen sozialen Dienstleistungen. Zur gesundheitlichen Primärversorgung gehören die praktischen Ärzte und Allgemeinärzte sowie primärärztlich tätige Fachärzte wie Internisten, Pädiater, Gynäkologen, ferner die Sozialstationen, Suchtberatungsstellen, psychosozialen Dienste sowie die Informations- und Beratungsstellen für Selbsthilfegruppen [Seel90].

Gesundheitsamt: Einrichtung des → Öffentlichen Gesundheitsdienstes auf der unteren Verwaltungsebene (Stadt- oder Landkreis)

unter staatlicher oder kommunaler Trägerschaft mit gesetzlich festgelegten Aufgaben. Zum hoheitlichen Bereich gehören die Aufsicht über das Gesundheitswesen, amtsärztliche Begutachtungen und Stellungnahmen, Umwelthygiene, Seuchenbekämpfung, kleine Rechtsmedizin; zum fürsorglichen Bereich gehören die Gesundheitshilfe, der Gesundheitsschutz und die Gesundheitsförderung. Ferner obliegt dem Gesundheitsamt die laufende Beobachtung der gesundheitlichen Verhältnisse im Dienstbezirk und die Gesundheitsberichterstattung.

Gesundheitsausgaben: öffentliche und private Aufwendungen für → Gesundheitsleistungen in einem bestimmten Zeitraum. Die Erfassung der Gesundheitsausgaben hängt neben der Abgrenzung des → Gesundheitswesens auch vom verfolgten Untersuchungszweck ab, soweit verschiedene Einteilungen der Gesundheitsausgaben vorgenommen werden können. Zu den wesentlichen Unterscheidungen der Gesundheitsausgaben gehört die Gliederung nach Ausgabenarten (Sach- und Einkommensleistungen, Personal- und Sachausgaben, Zuschüsse), nach Leistungsarten (Vorbeugung und Betreuung, Behandlung, Rehabilitation, Krankheitsfolgekosten, Ausbildung und Forschung) und nach Ausgabenträgern (Gebietskörperschaften, gesetzliche und private Krankenversicherungen, gesetzliche Pflegeversicherung, gesetzliche Rentenversicherung, gesetzliche Unfallversicherung, öffentliche und private Arbeitgeber, private Haushalte). Die Bedeutung der Gesundheitsausgaben im Kontext vor allem allokativer und distributiver

Fragen der Gesundheitsversorgung aufzuzeigen, ist Gegenstand der →Gesund-
heitsökonomie.

Gesundheitsberichterstattung: Beschreibung der gesundheitlichen Lage und Versorgung einer Bevölkerung und deren Ein-
flussfaktoren; schafft die Voraussetzungen
für eine gezielte Analyse und Bewertung
des Gesundheitszustandes der Bevölkerung und der Planung daraus resultierender
Konsequenzen unter gesundheitspoliti-
schen Aspekten. Dazu werden auf regionaler Ebene gesundheitlich relevante Daten
erhoben (z.B. Gesundheitsämter), auf
übergeordneter Ebene zusammengeführt
(z.B. Statistisches Landesamt) und interpretiert (z.B. Landesgesundheitsamt). Die
Initiierung und Veröffentlichung von Ge-
sundheitsberichten erfolgt durch die Sozial-
ministerien der Länder und das Bundesministerium für Gesundheit.

Gesundheitsfachberufe: Berufsbilder, die
die Ausübung der →Heilkunde mittelbar
oder unmittelbar unterstützen: Altenpfle-
ger, Diätassistent, Ergotherapeut, Gesund-
heits- und Krankenpfleger, Gesundheits-
und Kinderkrankenpfleger, Hebamme,
Heilerziehungshelfer, Heilerziehungspfle-
ger, Heilpädagoge, Kunsttherapeut, Logo-
päde, Masseur, medizinischer Bademeis-
ter, medizinisch-technischer Assistent für
Funktionsdiagnostik, medizinisch-technischer Laboratoriumsassistent, medizinisch-technischer Radiologieassistent,
Musiktherapeut, neuro-otologischer Assistent, Orthoptist, Physiotherapeut, Ret-
tungssanitäter, Rettungsassistent, Zytolo-
gieassistent. Für die Heilhilfstätigkeit der
Gesundheitsfachberufe gelten einschlägige

berufsrechtliche Regelungen, insbesondere
der Nachweis der erforderlichen Fachkunde und die Abgrenzung von den Tätigkeiten, die unter die Erlaubnispflicht der Bundesärzteordnung und des Psychotherapeu-
tengesetzes fallen, also Ärzten, Psychologischen Psychotherapeuten und Kinder-
und Jugendlichenpsychotherapeuten vor-
behalten bleiben. Zur Führung der genannten Berufsbezeichnungen bedarf es einer
staatlichen Anerkennung oder Erlaubnis
durch die zuständige Behörde. Dabei wird
neben der Fachkunde auch die gesundheitliche Eignung (Vorlage eines ärztlichen
Attestes) und Zuverlässigkeit (Vorlage
eines Führungszeugnisses) des Antragstel-
lers zur Ausübung des Berufs überprüft.

Gesundheitsfürsorge: in Abgrenzung zur
→Krankenversorgung Oberbegriff für prä-
ventivmedizinische → Gesundheitsleistungen; s. Prävention.

Gesundheitsindikatoren: Indikatoren, die
der Wohlfahrtsmessung und gesellschaftlichen Dauerbeobachtung (→Gesundheits-
berichterstattung) sowie der Erklärung und
Beeinflussung sozialer Entwicklungen dienen. I.e.S. werden darunter Kenngrößen
verstanden, die sich auf das übergeordnete gesundheitspolitische Ziel der Sicherung und Erhöhung des Gesundheitsstandes einer Bevölkerung beziehen. Da ein
allgemein anerkannter Gesundheitsindex
bislang fehlt, werden ersatzweise Angaben
zur alters- und geschlechtspezifischen Lebenserwartung (z.B. bei Geburt, mit 30
und mit 60 Jahren) sowie zur →Mortalität
(z.B. Säuglings-, Müttersterblichkeit) und
→Morbidität (z.B. Krankheitshäufigkeit
nach Krankheitsart, Bevölkerungsgruppen)

herangezogen. Die Berücksichtigung der Determinanten des Gesundheitsstandes führt zu Gesundheitsindikatoren i.w.S., deren Ableitung Relevanzvorstellungen über Ziel-Mittel-Zusammenhänge im Gesundheitswesen voraussetzt. Dabei kann zwischen der Versorgung mit →Gesundheitsleistungen und den gesundheitsrelevanten Lebensverhältnissen unterschieden werden. Hinsichtlich der Versorgung mit Gesundheitsleistungen lässt sich das Angebot an Gesundheitseinrichtungen über Indikatoren wie die Arztdichte (z.B. Zahl der Ärzte je 10.000 Einwohner) oder die Bettendichte (z.B. Planbetten in Akut-Krankenhäusern je 1000 Einwohner) erfassen. Zur Charakterisierung der Inanspruchnahme wird vielfach auf die Zahl der Arztkontakte je Patient, die (ambulanten/stationären) Behandlungsfälle je Mitglied der gesetzlichen Krankenversicherung oder auch auf die Verweildauer im Krankenhaus zurückgegriffen. Darüber hinaus enthalten die Gesundheitsindikatoren i.w.S. Informationen zum Versicherungsschutz der Bevölkerung im Krankheitsfall, der Gesundheitsvorsorge einschließlich Früherkennung, der Qualität der medizinischen Versorgung oder der Höhe der →Gesundheitsausgaben und ihrer Finanzierung. Die Indikatoren der gesundheitsrelevanten Lebensverhältnisse betreffen zum einen die individuelle Lebensweise (z.B. Ernährung, Alkohol, Nikotin, körperliche Aktivität), zum anderen die Arbeitsplatz- (z.B. Arbeitsorganisation, -belastung) und Umweltbedingungen (Lärm, Schadstoffe, Verkehrsunfälle) [Seel90].

Gesundheitsinformationen: sämtliche nicht auf einen konkreten Patienten bezogenen Informationen über Erkrankungen, Gesundheitsgüter, →Gesundheitsleistungen und Anbieter von Gesundheitsleistungen. Sie werden z.B. über Printmedien und →Gesundheitsportale angeboten.

Gesundheitsleistungen: Inputs zur Verbesserung, Erhaltung oder Wiederherstellung der individuellen oder kollektiven Gesundheit, die von Verbrauchern nachgefragt und von Anbietern im Gesundheitswesen erbracht werden. Dienstleistungsökonomisch sind Gesundheitsleistungen **1.** personenbezogene Dienstleistungen mit immateriellen Wirkungen, bei denen der Patient die Teilnahme an der Leistungserstellung (Faktorkombination) nachfragt und dabei selbst zum →Produktionsfaktor wird; **2.** für den fremden Bedarf (oder den Absatz) produzierte immaterielle Güter zur Förderung, Erhaltung oder Wiederherstellung der individuellen oder kollektiven Gesundheit.

Gesundheitsleistungsproduktion: Interpretiert man die Produktion von Gesundheitsleistungen als Input/Output-Modell (s. Abb.), so besteht das angestrebte Leistungsergebnis (Output) in der erbrachten Gesundheitsleistung also in der Verbesserung, Erhaltung oder Wiederherstellung des Gesundheitszustandes der den Medizinbetrieb aufsuchenden Patienten oder bei gesamtwirtschaftlicher Betrachtung in der Bildung von Gesundheitskapital. Diese in der Medizinbetriebslehre bezeichnete Primärleistung resultiert aus der Summe der erbrachten medizinischen, pflegerischen,

administrativen und logistischen Einzelleistungen (Sekundärleistungen) oder als
der immaterielle Output medizinbetrieblicher Faktorkombinationsprozesse. Gesundheitsleistungsproduktion ist mithin
die sich in →Medizinbetrieben vollziehen-
de, durch Menschen veranlasste und gelenkte Kombination interner und externer
Produktionsfaktoren mit dem Ziel der Erbringung von →Gesundheitsleistungen zur
unmittelbaren Befriedigung eines individuellen oder kollektiven Bedarfs. Sie umfasst nicht nur die Erstellung einer konkreten Gesundheitsleistung (**Endkombination**), sondern auch die Vorhaltung einer
nach dem Versorgungsauftrag oder dem
medizinbetrieblichen Leistungsprogramm
definierten Leistungsbereitschaft (→Vor-
kombination). Konkret wird die medizinbetriebliche Faktorkombination determiniert durch die im Einzelfall gegebene
Ausprägung und Zusammensetzung der
Produktionsfaktoren, durch betriebsbezogene ökonomische, organisatorische,
rechtliche und patientenbezogene Kategorien. Ausgehend von der Produktgestaltung, also dem medizinbetrieblich definierten Leistungsprogramm, ergeben sich
hinsichtlich der Faktorkombination sowohl

Gestaltungsmöglichkeiten in Bezug auf die
Organisation der Potenzialfaktoren (Potenzialgestaltung) als auch des Faktorkombinationsprozesses selbst (Prozessgestaltung) [Seel07].

Gesundheitsökonomie: die wissenschaftliche Auseinandersetzung mit den Fragen
der Anwendung des ökonomischen Prinzips in der Gesundheitswirtschaft. Konkret
beschäftigt sich Gesundheitsökonomie mit
Fragen der Allokation, Distribution und
Stabilisierung, welche die Sicherung und
Förderung des Gesundheitsstandes einer
Bevölkerung betreffen. Angesichts der
Knappheit der verfügbaren Ressourcen ist
unter allokativem Aspekt darüber zu entscheiden, welcher Anteil der vorhandenen
Mittel auf den Bereich des →Gesund-
heitswesens entfällt und wie die Ressourcen zwischen dem präventiven, kurativen
und rehabilitativen Bereich aufzuteilen
sind. In diesem Zusammenhang ist nicht
nur die effiziente Produktion von
→Gesundheit (Primäroutput) zu gewährleisten, sondern auch sicherzustellen, dass
die →Gesundheitsleistungen (Sekun-
däroutput) kostenminimal und bedarfsge-
recht erstellt und abgegeben werden. Da
die Ressourcenallokation über alternative
Koordinationsmechanismen (Preise, Wah-
len, Verhandlung, Bürokratie) erfolgen
kann und erfolgt, sind deren Anreizwir-
kungen systematisch zu analysieren und
sinnvoll aufeinander abzustimmen, um das
Verhalten der verschiedenen Funktionsträger im Gesundheitswesen in gewünschter
Weise zu beeinflussen. Fragen der Distribution werden angesprochen, wenn unter
Hinweis auf das →Solidaritätsprinzip in

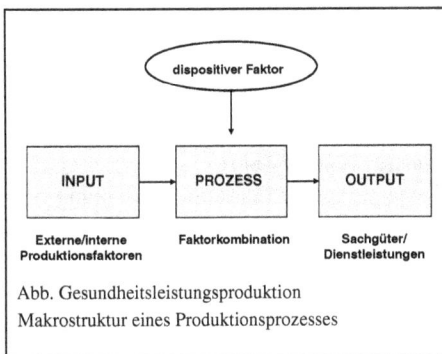

Abb. Gesundheitsleistungsproduktion
Makrostruktur eines Produktionsprozesses

der gesetzlichen Krankenversicherung (GKV) die Wirkungen der GKV auf die Einkommensverteilung untersucht werden. Der stabilitätspolitische Aspekt steht im Vordergrund, wenn etwa die volkswirtschaftlichen Kosten der Arbeitslosigkeit bestimmt werden und dazu die Auswirkungen der konjunkturellen Entwicklung auf den Gesundheitsstand der Bevölkerung einzubeziehen sind. Umgekehrt interessiert nicht nur, welcher Anteil der gesamtwirtschaftlichen Wertschöpfung auf die Gesundheitswirtschaft entfällt, sondern auch, welche Bedeutung einer Steigerung des Gesundheitskapitals in einer Volkswirtschaft für das wirtschaftliche Wachstum in den Industrie-, vor allem aber in den Entwicklungsländern zukommt. Zur Bearbeitung der skizzierten Problemstellungen können verschiedene theoretische Ansätze herangezogen werden. Im Mittelpunkt des neoklassischen Ansatzes steht der „Markt" für Gesundheitsleistungen, wobei die Erklärung des Verhaltens von Nachfragern (→Verbrauchern) und →Anbietern prinzipiell auf der Basis des individuellen Nutzen- und Gewinnmaximierungskalküls erfolgt. Trotz zahlreicher Varianten dieses Ansatzes zur Berücksichtigung der Eigenheiten im Gesundheitswesen wird bemängelt, dass die Reduktion des Gesundheitssektors auf einen Markt nicht zuletzt wegen der hier untergeordneten Bedeutung des Preismechanismus zu eng sei. Angesichts der tatsächlichen Gegebenheiten im Gesundheitswesen handele es sich eher um einen „Nicht-Markt" mit anderen Entscheidungs- und Organisationsmechanismen, deren Analyse die Dokumentation aller Kreislaufströme und Be-

standsentwicklungen voraussetzt. Demgegenüber werden im Rahmen eines unternehmensmorphologischen Ansatzes einzelne Medizinbetriebe näher untersucht (→Medizinbetriebslehre). Bei aller Verschiedenartigkeit der Ansätze besteht ihr gemeinsames Ziel darin, zur zielgerechten Ausgestaltung und Steuerung des Gesundheitswesens beizutragen [Seel90].

Gesundheitsportal: Webseite im Internet, die dem Nutzer →Gesundheitsinformationen und Internetadressen in strukturierter Form für Zwecke der weiteren Recherche anbietet.

Gesundheitsquote: Anteil der →Gesundheitsausgaben an einer Sozialproduktgröße (Bruttosozialprodukt, Bruttoinlandsprodukt); dient der Kennzeichnung der budgetwirksamen öffentlichen Aktivitäten im Gesundheitswesen. Gelegentlich finden sich auch andere Größen (Produktionspotenzial, Sozialbudget, öffentliche Gesamtausgaben laut Finanzstatistik oder volkswirtschaftlicher Gesamtrechnung), auf die Gesundheitsausgaben bezogen werden. Neben der Auswahl der Bezugsgröße hängt der Wert der Gesundheitsquote auch von der Abgrenzung der Gesundheitsausgaben ab [Seel90].

Gesundheitssektor: s. Gesundheitssystem.

Gesundheitssystem: sozio-technisches System, das der Förderung, Erhaltung oder Wiederherstellung der Gesundheit dient. Unabhängig von der institutionellen Ausgestaltung eines Gesundheitssystems unterscheidet die →Gesundheitsökonomie

→Verbraucher, →Anbieter, →Träger und →Produzenten von →Gesundheitsleistungen (s. Abb.). Zwischen ihnen bestehen wegen der Beschaffung und dem Absatz von Gütern zahlreiche informationelle, organisatorische, logistische, ökonomische und rechtliche Beziehungen, also komplexe Netzwerkstrukturen. Der Aufgabenvielfalt und dem Ablauf des Gesamtbereichs der medizinischen und pflegerischen Versorgung einer Bevölkerung folgend, gliedert sich das Gesundheitssystem in vier **Gesundheits- oder Leistungssektoren** (ambulante medizinische Versorgung, stationäre medizinische Versorgung, soziale gesundheitliche Hilfe, Öffentlicher Gesundheitsdienst). Nationale Gesundheitssysteme unterscheiden sich z.B. durch die Allokation der Versorgungsangebote, die Steuerung und Finanzierung der nachgefragten Gesundheitsleistungen (vgl. [Seel90]).

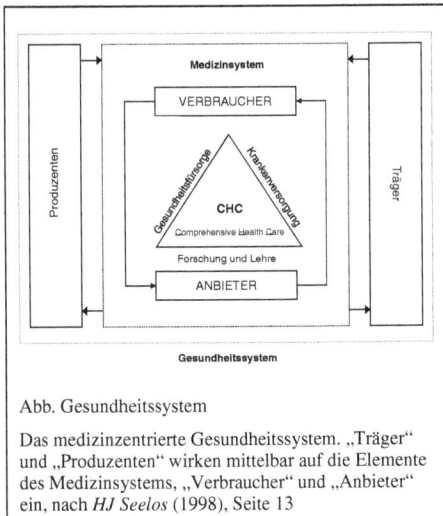

Abb. Gesundheitssystem

Das medizinzentrierte Gesundheitssystem. „Träger" und „Produzenten" wirken mittelbar auf die Elemente des Medizinsystems, „Verbraucher" und „Anbieter" ein, nach *HJ Seelos* (1998), Seite 13

Gesundheitssystemforschung: die Erforschung der Versorgung einer Bevölkerung mit →Gesundheitsleistungen, mögen diese von Gesundheits- und Sozialberufen oder von nicht beruflich tätigen Personen, von sog. Laien, erbracht werden. Gegenstand sind vorzugsweise die Organisationsformen des →Gesundheitswesen, die Leistungsinanspruchnahme, die Gesundheitsselbsthilfe, die →Effektivität und die →Effizienz der Leistungen [Seel90].

Gesundheitsverhalten: bezeichnet den individuellen Umgang mit den jeweiligen Normen „gesunden Verhaltens"; gesundheitliches Fehlverhalten bezeichnet die Abweichung von den Standards „normaler" Ernährung und Bewegung bzw. eine deutliche Überschreitung tolerierbarer Grenzen im Gebrauch von Genussmitteln und Medikamenten; positives Gesundheitsverhalten dagegen die Umsetzung oder gar Verinnerlichung gesundheitsfördernder Verhaltensnormen [Seel90].

Gesundheitsvorsorge: primäre →Prävention.

Gesundheitswesen: s. Gesundheitssystem.

Gesundheitszirkel: Instrument zur aktiven Beteiligung der Beschäftigten bei der Planung und Umsetzung von Maßnahmen zur medizinbetrieblichen Gesundheitsförderung.

Gewebe: Verband von Zellen gleichartiger Differenzierung und deren Interzellularsubstanz; z.B. Epithel-, Binde-, Stütz-,

Muskel-, Nerven-, Gliagewebe, auch Blut (vgl. [Seel90]).

Gewerbeärztlicher Dienst: ärztlicher Beratungs- und Begutachtungsdienst, dem im Wesentlichen die ärztliche Beratung und Unterstützung der für den Arbeitsschutz zuständigen Behörden (insbesondere der Gewerbeaufsichtsämter und der Bergaufsichtsbehörden) in allen Fragen des medizinischen Arbeitsschutzes obliegt. Die Organisation des gewerbeärztlichen Dienstes ist in den Bundesländern unterschiedlich. Der Gewerbearzt ist als ärztlicher Landesbeamter teils Fachreferent im Arbeits- und Sozialministerium, teils dem Regierungspräsidenten oder den Gewerbeaufsichtsämtern zugeordnet. In den Ländern mit zentralisiertem gewerbeärztlichen Dienst (z.B. Niedersachsen) führt der Gewerbearzt die Bezeichnung Landesgewerbearzt.

GKV: in der Sozialversicherung Abk. für →Gesetzliche Krankenversicherung.

GKV-Patient: syn. für →Kassenpatient.

GOÄ: Abk. für Gebührenordnung für Ärzte; amtliche Grundlage für die Berechnung der Vergütung für die beruflichen Leistungen der Ärzte, soweit nicht durch Bundesgesetz oder aufgrund bundesrechtlicher Vorschriften für kollektivvertraglich vereinbarte Vergütungsregelungen etwas anderes bestimmt ist. Im stationären Bereich ist bei wahlärztlichen Leistungen die GOÄ anzuwenden. Im ambulanten Bereich sind die GOÄ sowie die auf dem EBM (→Einheitlicher Bewertungsmaßstab) basierenden vertraglichen Gebühren-

ordnungen BMÄ (Bewertungsmaßstab-Ärzte) bzw. E-GO (Ersatzkassen-Gebührenordnung) Abrechnungsgrundlage [Seel90].

GPV: in der psychiatrischen Versorgung Abk. für →Gemeindepsychiatrischer Verbund.

GPZ: in der psychiatrischen Versorgung Abk. für →Gemeindepsychiatrisches Zentrum.

Grenzverweildauer: Die im →Fallpauschalenkatalog für eine diagnosebezogene Fallgruppe angegebene →Bewertungsrelation gilt nur für Fälle, die im Rahmen einer →Regelverweildauer behandelt werden. Die Grenzen dieser Regelverweildauer werden durch die obere und untere Grenzverweildauer bestimmt. Die untere Grenzverweildauer beträgt im →G-DRG-System ein Drittel der mittleren arithmetischen Verweildauer, mindestens jedoch 2 Tage. Die obere Grenzverweildauer ergibt sich aus der mittleren arithmetischen Verweildauer zuzüglich der doppelten Standardabweichung oder einer bestimmten maximalen Anzahl von Tagen.

Grouping: im →G-DRG-System die Zuordnung von Behandlungsfällen zu diagnosebezogenen Fallgruppen (DRGs), gegebenenfalls unterstützt durch ein entsprechendes →Anwendungsprogramm (Grouper). Für den Gruppierungsalgorithmus sind beim G-DRG-System folgende Daten relevant: Diagnosen, Prozeduren, Geschlecht und Alter des Patienten, Entlassungsgrund, Verweildauer, Aufnahmegewicht, Dauer der maschinellen Beatmung.

Grundlohnsumme: vierteljährlich ermittelter Index zur Beurteilung der wirtschaftlichen Lage der Krankenkassen. Die Grundlohnsumme errechnet sich aus: (Beitragseinnahmen x 100)/(Mitgliederzahl x Beitragssatz).

Grundpflege: Gesamtheit pflegerischer Tätigkeiten, die der Befriedigung der Grundbedürfnisse, der Bedürfnisse der psychischen und sozialen Betreuungen eines Patienten dienen; z.B. Körperpflege, Betten und Lagern, Speisenversorgung [Seel90].

Grundversorgung: allgemeine Krankenhausversorgung in den Grunddisziplinen Chirurgie, Innere Medizin und Gynäkologie/Geburtshilfe, ferner in den Spezialdisziplinen Hals-Nasen-Ohrenheilkunde, Ophthalmologie, Intensivmedizin und Anästhesiologie. Dabei wird die Versorgung im Bereich der Gynäkologie/Geburtshilfe, der Hals-Nasen-Ohrenheilkunde und Augenheilkunde sowie der Intensivmedizin und Anästhesiologie in der Regel als Neben-, Beleg- oder Konsiliarfach geführt [Seel90].

Gruppe: mindestens zwei Personen, die längere Zeit annähernd gleiche Ziele (Gruppenziele) durch gemeinsame Interaktion (Gruppenhandeln) verfolgen; z.B. die Gruppe der leitenden Abteilungsärzte eines Krankenhauses, eine Selbsthilfegruppe oder psychoedukative Gruppen. Weitere Merkmale zur Qualifizierung von Gruppen sind neben ihrer personellen Zusammensetzung, die Gruppengröße (Anzahl der Mitglieder), die Gruppenstruktur (Bildung von Untergruppen), die Gruppen-

autonomie (autonom, teilautonom, nicht autonom), die Gruppendauer (zeitlich befristet, unbefristet), die Gruppenwerte und –normen (gelebtes Wertesystem, Leistungsnormen, Qualitätsstandards, Kommunikationsregeln, Sozialqualität), die Gruppenkohäsion (Gemeinschaftsgefühl), die gruppeninterne Sozialstruktur (Statusstruktur, Rollenstruktur, Führungsstruktur), das Gruppenziel (gemeinsames Organisationsziel) und die Gruppenleistung (erreichtes Organisationsziel). Gruppen in Medizinbetrieben können formell durch gezielte organisatorische Entscheidungen oder informell zustande kommen [Seel07].

Gruppenbildung: Die Bildung von →Gruppen vollzieht sich nach *BW Tuckmann* (1965) in fünf Phasen (s. Abb.): For-

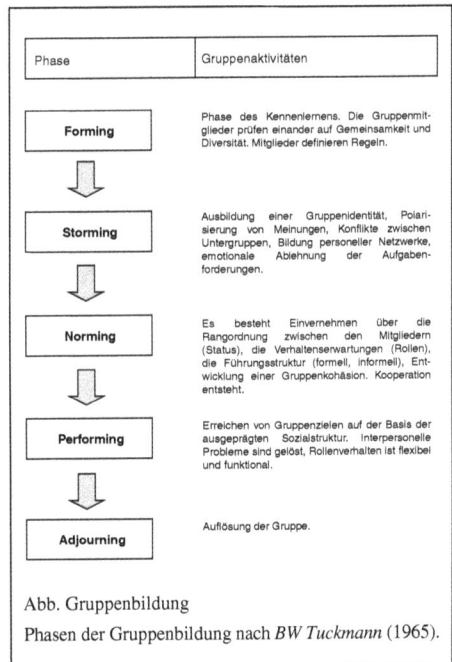

Phase	Gruppenaktivitäten
Forming	Phase des Kennenlernens. Die Gruppenmitglieder prüfen einander auf Gemeinsamkeit und Diversität. Mitglieder definieren Regeln.
Storming	Ausbildung einer Gruppenidentität, Polarisierung von Meinungen, Konflikte zwischen Untergruppen, Bildung personeller Netzwerke, emotionale Ablehnung der Aufgabenforderungen.
Norming	Es besteht Einvernehmen über die Rangordnung zwischen den Mitgliedern (Status), die Verhaltenserwartungen (Rollen), die Führungsstruktur (formell, informell), Entwicklung einer Gruppenkohäsion. Kooperation entsteht.
Performing	Erreichen von Gruppenzielen auf der Basis der ausgeprägten Sozialstruktur. Interpersonelle Probleme sind gelöst, Rollenverhalten ist flexibel und funktional.
Adjourning	Auflösung der Gruppe.

Abb. Gruppenbildung
Phasen der Gruppenbildung nach *BW Tuckmann* (1965).

mierungs- oder Orientierungsphase (forming), Sturm- oder Differenzierungsphase (storming), Normierungs- oder Integrationsphase (norming), Reifephase (performing), Auflösung (adjourning). Selbstverständlich unterliegt diese Phasenabfolge keiner Zwangsläufigkeit. Vor allem Einflüsse aus der Gruppenumwelt können eine rasche Umorientierung verlangen oder auch eine Fixierung auf bestimmte Phasen mit sich bringen.

Gruppendenken: von *JL Janis* (1982) beschriebener negativer Gruppeneffekt, der sich auf bestimmte Formen kollektiver Entscheidungsprozesse bezieht. So neigen vor allem hochkohäsive Gruppen, also Gruppen mit einem ausgeprägten „Wir-Gefühl" dazu, vorschnell Einmütigkeit herzustellen und im Widerspruch stehende Meinungen zu verdrängen oder zu unterdrücken.

Gruppeneffekte: gruppendynamische Effekte bei →Gruppen, die sich positiv oder negativ auf die →Gruppenkohäsion und das Erreichen des Gruppenziels auswirken können. Positive gruppendynamische Effekte sind auf die Gruppenmitglieder bezogene Integrations- und Differenzierungseffekte, negative besondere kollektive Handlungsmuster, die sich entweder indirekt auf kollektive Entscheidungsprozesse (→Risikoschub *JAF Stoner* (1968), →Gruppendenken *JL Janis* (1982)) oder auf konzertierte Gruppenaktionen (z.B. Unterschriftenaktionen einer Patientengruppe, Streik von Beschäftigten) beziehen können [Seel07].

Gruppenkohäsion: Zusammenhalt und Gemeinschaftsgefühl einer →Gruppe

(„Wir-Gefühl"). Für die Bewertung der Gruppenkohäsion sind die von Gruppen entwickelten Normen und damit konformen Verhaltensweisen der Gruppenmitglieder relevant [Seel07].

Gruppenpflege: Form der Pflegeorganisation, bei der ca. 16-22 Patienten in einer Einheit nach einem →Pflegeprinzip versorgt werden. Der Pflegegruppe steht eine Gruppenschwester als Verantwortliche für die qualifizierte Durchführung der Krankenpflege vor. Die bauliche Struktur begünstigt die Bildung von Abteilungen auf einer Ebene. Organisation, Kooperation, Administration, Mitarbeiterführung und Personaleinsatz für mehrere Gruppen (z.B. 4 Gruppen oder 80-100 Betten) sind Aufgaben eines pflegerischen Gruppenleiters [Seel90].

Gruppenpraxis: Oberbegriff für sämtliche Organisationsformen der gemeinsamen Ausübung ärztlicher Tätigkeit in freier Praxis; z.B. →Gemeinschaftspraxis, →Praxisgemeinschaft, →Apparategemeinschaft, →Praxisklinik, →Ärztenetz.

Guidelines: regelbasiertes medizinisches Wissen für die Behandlung definierter medizinischer Problemkategorien. In der amerikanischen Literatur finden sich dazu Begriffe wie algorithms, critical paths, clinical pathways, im deutschsprachigen Raum wird von →Richtlinien, →Leitlinien, →Empfehlungen und →Patientenpfaden gesprochen.

Gynäkologie: syn. für →Frauenheilkunde.

Gynäkologische   Exfoliativ-Zytologie:
Zusatzbezeichnung, die von einem Arzt
nach Ableistung der vorgeschriebenen
Weiterbildungszeit und Weiterbildungsin-
halte gemäß der ärztlichen Weiterbildungs-
ordnung geführt werden darf. Die Zusatz-
Weiterbildung Gynäkologische Exfoliativ-
Zytologie umfasst in Ergänzung zu einer
Facharztkompetenz die Durchführung und
Befundung gynäkologischer Abstrichun-
tersuchungen zur Früherkennung des Ge-
bärmutterhalskrebses [Bund06].

H

Haftung: Bei der Haftung für ärztliches Handeln ist grundsätzlich zwischen der zivil- und der strafrechtlichen Haftung zu unterscheiden. Die zivilrechtliche Haftung betrifft die Frage, ob der Arzt und/oder der Träger des Medizinbetriebs (z.B. Krankenhausträger) für einen von ihm oder einem Dritten verursachten Schaden ersatzpflichtig sind. Haftungsgrundlagen sind der Behandlungsvertrag, die Rechtsvorschriften der unerlaubten Handlung (§§ 823 ff BGB) sowie die Vorschriften über die Geschäftsführung ohne Auftrag (§§ 672 ff BGB), die dann greifen, wenn ohne Zustandekommen eines →Behandlungsvertrages ein rasches Eingreifen erforderlich war. Ein zivilrechtlicher Schuldvorwurf trifft den Arzt und/oder Krankenhausträger bei objektiver Sorgfaltspflichtverletzung für einen beim Patienten eingetretenen Schaden bzw. wegen Verletzung einer Pflicht aus dem Behandlungsvertrag oder unerlaubter Handlung (§ 823 BGB). Die Haftung aus dem Behandlungsvertrag und Delikt verpflichtet den Schädiger zum Ersatz des materiellen Schadens und des immateriellen Schadens (Schmerzensgeld, § 253 Abs. 2 BGB). Schadensersatzansprüche verjähren nach der Regelverjährung in 3 Jahren (§ 195 BGB), wobei die Verjährungsfrist regelmäßig mit dem Schluss des Jahres zu laufen beginnt, in dem der Anspruch enstanden ist und der Gläubiger von den Anspruch begründenden Umständen und der Person des Schuldners Kenntnis erlangt oder ohne grobe Fahrlässigkeit erlangen müsste (vgl. § 199 Abs. 1 BGB). Für Arzthaftungsansprüche ist ferner regelmäßig die Regelung zur Höchstfrist in § 189 Abs. 2 BGB zu beachten. Danach verjähren Schadensersatzansprüche, die auf der Verletzung des Lebens, des Körpers, der Gesundheit oder der Freiheit beruhen, ohne Rücksicht auf die Entstehung oder die Kenntnis oder grob fahrlässiger Unkenntnis in 30 Jahren von der Begehung der Handlung, der Pflichtverletzung oder dem sonstigen, den Schaden auslösenden Ereignis an. Strafrechtlich haftet der Arzt, anders als im Zivilrecht, nur für eigenes Verschulden, d.h. er kann für einen Gesundheitsschaden oder den Tod des Patienten wegen fahrlässiger Körperverletzung (§ 230 StGB) oder fahrlässiger Tötung (§ 222 StGB) zur Verantwortung gezogen werden, wenn er die objektiv gebotene Sorgfalt außer acht gelassen hat, diese Sorgfaltspflichtverletzung für den Eintritt des schädlichen Erfolgs ursächlich war und, wenn dem Arzt aus seinem objektiv sorgfaltswidrigen Verhalten subjektiv ein Schuldvorwurf gemacht werden kann. Bei Schäden, die durch ein Arzneimittel oder durch ein Medizinprodukt eingetreten sind, können nach dem Produkthaftungsgesetz und AMG auch Ansprüche gegen den pharmazeutischen Unternehmer bzw. Hersteller bestehen.

Halo-Effekt: systematischer Beurteilungs-
fehler; beschreibt die Gefahr, bei der Beurteilung von Einzelaspekten einer Fragestellung nicht objektiv, sondern entsprechend einem bereits vorhandenen Bild
vom Ganzen zu urteilen. Dies führt zu
einer Nivellierung der Einzelaussagen
bzw. einer irrelevanten Vergrößerung der
Eigenschaftsinterkorrelation [Seel07].

Hals-Nasen-Ohrenheilkunde: Abk. HNO;
medizinisches Fachgebiet; umfasst die
Vorbeugung, Erkennung, konservative und
operative Behandlung, Nachsorge und Rehabilitation von Erkrankungen, Verletzungen, Fehlbildungen, Formveränderungen
und Tumoren des Ohres, der Nase, der Na-
sennebenhöhlen, der Mundhöhle, des Pha-
rynx und Larynx und von Funktionsstörungen der Sinnesorgane dieser Regionen
sowie von Stimm-, Sprach-, Sprech- und
Hörstörungen. Teilgebiete bzw. Facharztkompetenzen nach der ärztlichen Weiterbildungsordnung sind neben der Hals-
Nasen-Ohrenheilkunde die Sprach-,
Stimm- und kindlichen Hörstörungen
[Bund06].

Hämatologie: Teilgebiet der →Inneren
Medizin, das sich mit der Prophylaxe, Diagnostik und Therapie von Erkrankungen
des Blutes, des blutbildenden Systems und
von Gerinnungsstörungen sowie der Erforschung der zugehörigen (patho-)physiolo-
gischen Grundlagen befasst.

Hämogramm: syn. für →Blutbild.

Hämostaseologie: Zusatzbezeichnung, die
von einem Arzt nach Ableistung der vorgeschriebenen Weiterbildungszeit und
Weiterbildungsinhalte gemäß der ärztlichen Weiterbildungsordnung geführt werden darf. Die Zusatz-Weiterbildung Hämostaseologie umfasst in Ergänzung zu einer
Facharztkompetenz die Erkennung und
Behandlung von okkulten und manifesten
Thromboembolien und Blutungsstörun-
gen bei vererbten und erworbenen Hämo-
stasestörungen [Bund06].

Handchirurgie: Zusatzbezeichnung, die
von einem Arzt nach Ableistung der vorgeschriebenen Weiterbildungszeit und
Weiterbildungsinhalte gemäß der ärztlichen Weiterbildungsordnung geführt werden darf. Die Zusatz-Weiterbildung Handchirurgie umfasst in Ergänzung zu einer
Facharztkompetenz die Vorbeugung, Erkennung, operative und nicht operative Behandlung, Nachsorge und Rehabilitation
von Erkrankungen, Verletzungen, Fehlbildungen und Tumoren an der Hand und des
distalen Unterarms sowie die Rekonstruk-
tion nach Erkrankungen und Verletzungen
[Bund06].

Hardware: Teil oder Gesamtheit der apparativen Ausstattung eines Datenverarbeitungssystems (vgl. DIN 44300).

Hauptdiagnose: →Diagnose, die ursächlich für die Durchführung einer Behandlung ist. Bei mehreren in etwa gleichrangi-
gen Diagnosen ist die Hauptdiagnose vor
allem nach Art und Anzahl der erbrachten
Einzelleistungen und bei stationärer Behandlung auch nach der Dauer des Aufenthaltes festzulegen [Seel90].

Hauptdiagnosegruppe: engl. Major Diagnostic Category; Abk. MDC; entsteht beim DRG-System durch die organ- oder ätiologiebezogene Gliederung der diagnosebezogenen Fallgruppen (DRGs). Im →G-DRG-System existieren 23 MDCs. Innerhalb der MDCs werden die DRGs aufgrund durchgeführter operativer bzw. diagnostischer oder therapeutischer Eingriffe auf maximal drei Partitionen verteilt.

Hausarztmodell: hausarztzentrierte Versorgung; Versicherte der gesetzlichen Krankenversicherung können sich gegenüber ihrer Krankenkasse schriftlich verpflichten, ambulante fachärztliche Leistungen nur auf Überweisung des von ihnen zuvor aus dem Kreis der an der hausarztzentrierten Versorgung teilnehmenden Hausärzte gewählten Hausarztes in Anspruch zu nehmen (§ 73b SGB V). Der Versicherte ist an diese Verpflichtung und an die Wahl seines Hausarztes mindestens ein Jahr gebunden; er soll den Hausarzt nur bei Vorliegen eines wichtigen Grundes wechseln.

Häusliche Krankenpflege: nichtstationäre professionelle pflegerische Versorgung von Patienten in ihrer gewohnten häuslichen Umgebung, die bei der Befriedigung von Grundbedürfnissen oder bei notwendigen behandlungspflegerischen Maßnahmen Hilfestellung benötigen. Die ärztliche Versorgung ist dabei durch den Hausarzt gewährleistet.

Häusliche Pflege: s. häusliche Krankenpflege.

Haut- und Geschlechtskrankheiten: medizinisches Fachgebiet; umfasst die Vorbeugung, Erkennung, konservative und operative Behandlung, die Nachsorge und Rehabilitation von Erkrankungen einschließlich der durch Allergene und Pseudoallergene ausgelösten Krankheiten der Haut, der Unterhaut, der hautnahen Schleimhäute und der Hautanhangsgebilde sowie von Geschlechtskrankheiten [Bund06].

Hawthorne-Effekt: psychologischer Effekt, dass Versuchspersonen ihr natürliches Verhalten ändern können, wenn sie wissen, dass sie beobachtet werden bzw. Teilnehmer an einer Untersuchung sind. Es kann also sein, dass die Ergebnisse einer Beobachtungsstudie durch die Studie selbst verfälscht oder erst durch sie hervorgerufen werden. In der Managementlehre war der 1920 bei Experimenten in den Hawthorne-Werken (Illinois, USA) entdeckte Effekt ein Mitauslöser für die Erkenntnis, dass menschliche Arbeitsleistung nicht nur von den objektiven Arbeitsbedingungen, sondern ganz wesentlich auch von sozialen Faktoren geprägt wird.

Health Maintenance Organization: Abk. HMO; typische Managed Care Organisation, die zumindest bis zu einem gewissen Grad die Funktionen Krankenversicherungsschutz und Leistungserbringung integriert. Kennzeichnend für eine HMO ist, dass sie die medizinischen Dienstleistungen, die sie als Versicherung anbietet, in eigenen Einrichtungen mit angestellten Ärzten oder durch vertraglich gebundene Leistungserbringer erstellen lässt. Charakteristisch für alle Arten von

HMOs (Staff-HMO, Group-HMO, IPA-(Independent Practice Association)HMO, Network-HMO) ist darüber hinaus, dass sie Managed Care-Instrumente zur Steuerung des Leistungsgeschehens einsetzen. Sie verstehen sich nicht als reine Finanzierungsstelle, sondern sie greifen aktiv in den Leistungserstellungsprozess ein. HMOs können sich aus sehr unterschiedlichen Trägern zusammensetzen (z.B. Ärztevereinigungen, Krankenhäuser, Versicherungsunternehmen). Um sich als HMO ausweisen zu können, muss die Organisation eine Versicherungslizenz besitzen.

Heilbehandlung: im Sprachgebrauch der gesetzlichen Renten- und Unfallversicherung ambulante, teilstationäre oder stationäre Leistungen zur medizinischen →Rehabilitation.

Heilkunde: nach § 2 Abs. 5 BÄO (Bundesärzteordnung) die gesamte auf ärztlich-wissenschaftliche Erkenntnis gerichtete und auf der Approbation als Arzt beruhende praktische, wissenschaftliche oder verwaltende Tätigkeit, die sich unmittelbar oder mittelbar auf die Verhütung, Früherkennung, Feststellung, Heilung oder Linderung menschlicher Krankheiten, Körperschäden oder Leiden bezieht, auch wenn sie im Dienste anderer ausgeübt wird. Die berufsmäßige Ausübung der Heilkunde ohne Approbation entspricht der Tätigkeit des **Heilpraktikers**.

Heilmittel: i.S. der gesetzlichen Krankenversicherung sächliche Mittel, die zur Behandlung einer Krankheit eingesetzt und – im Gegensatz zu →Arzneimitteln – über-

wiegend äußerlich angewendet werden, ohne Arzneimittel zu sein; z.B. Maßnahmen der →Physiotherapie (u.a. Massagen, Krankengymnastik), Sprachtherapie, Beschäftigungstherapie. Vom Arzt (insbesondere im Bereich der Physiotherapie, Sprach- und Beschäftigungstherapie) persönlich erbrachte Leistungen fallen nicht unter den Begriff des Heilmittels.

Heilpraktiker: s. Heilkunde.

Heim: i.S. des Heimgesetzes (§ 1 Abs. 1 HeimG) eine Einrichtung, die dem Zweck dient, ältere Menschen oder pflegebedürftige oder behinderte Volljährige aufzunehmen, ihnen Wohnraum zu überlassen sowie Betreuung und Verpflegung zur Verfügung zu stellen oder vorzuhalten, und die in ihrem Bestand von Wechsel und Zahl der Bewohnerinnen und Bewohner unabhängig ist und entgeltlich betrieben wird.

Herz-Lungen-Maschine: Gerät, das durch die Errichtung eines extrakorporalen Kreislaufs chirurgische Eingriffe am offenen und blutleeren Herzen bzw. an herznahen Gefäßen ermöglicht; durch die künstliche Pumpfunktion, Sauerstoffanreicherung, Kohlendioxidelimination und Thermoregulation kann die natürliche Herz- und Lungentätigkeit für mehrere Stunden ausgeschaltet werden [Psych04].

Herzschrittmacher: medizintechnisches Therapeutikum (→Implantat), das elektrische Impulse an das Herz abgibt (künstliches Stimulationssystem).

High potentials: Mitarbeiter mit →Führungspotenzial.

Hilfeplankonferenz: Zusammenkunft der regional in einem →gemeindepsychiatrischen Verbund organisierten Leistungserbringer mit dem Ziel der fachlichen Stellungnahme zu den vorgelegten einzelfallbezogenen Hilfeplanungen und der Koordination der darin festgelegten Behandlungs- und Rehabilitationsmaßnahmen. Aus den Erfahrungen hinsichtlich der Möglichkeiten und Grenzen der Bedarfsdeckung kann die Hilfeplankonferenz Vorschläge zur bedarfsgerechten Anpassung des Hilfesystems an die regionale (landkreisbezogene) Sozialplanung formulieren.

Hilfsmittel: i.S. der gesetzlichen Krankenversicherung Hörhilfen, Körperersatzstücke, orthopädische und andere Hilfsmittel, die im Einzelfall erforderlich sind, um den Erfolg einer Krankenhausbehandlung zu sichern, einer drohenden Behinderung vorzubeugen oder eine Behinderung auszugleichen, soweit sie nicht als allgemeine Gebrauchsgegenstände des täglichen Lebens anzusehen oder von der Leistungspflicht ausgeschlossen sind.

Histologie: Lehre von den Geweben des Körpers. Eine histologische Untersuchung bezeichnet die Suche nach unter einem Mikroskop erkennbaren krankhaften Veränderungen eines beim Menschen entnommenen Körpergewebes.

HMO: Abk. für engl. →Health Maintenance Organization.

HNO: Abk. für →Hals-Nasen-Ohrenheilkunde.

Hochleistungsteam: besonders eng kooperierende Gruppe, die sich aus Mitgliedern verschiedener Professionen zusammensetzt. Um Erfolg zu haben, sollten die Mitglieder eines Hochleistungsteams komplementäre Rollen ausfüllen (s. Abb.).

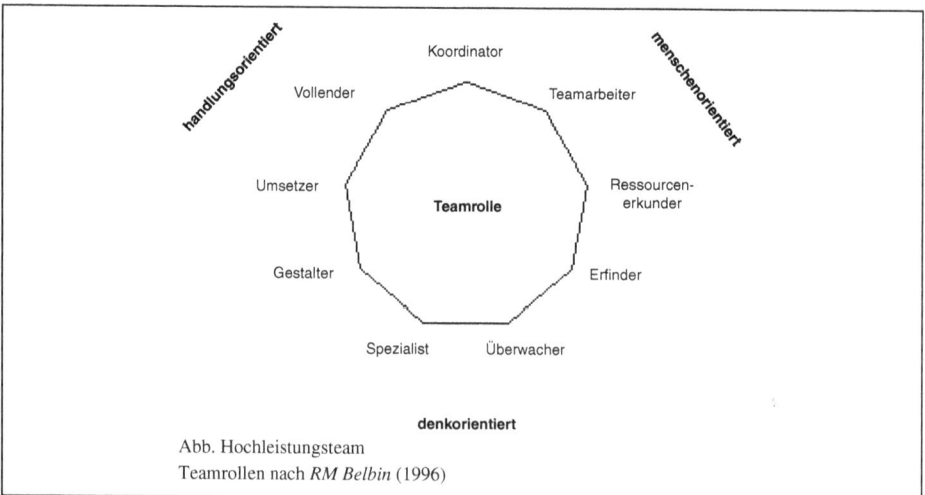

Abb. Hochleistungsteam
Teamrollen nach *RM Belbin* (1996)

Hochspezialisierte Medizin: Medizin ist hochspezialisiert, wenn höchste Anforderungen an Personal und Infrastruktur bei speziellen Patienten nötig sind, d.h. wenn eine Krankheit eher selten vorkommt (z.b. Knochentumore), eine Krankheit sehr komplex und gravierend ist (z.b. schwere Verbrennungen), verschiedene Spezialisten für deren Behandlung notwendig sind (z.b. Transplantationen), die Kosten für Diagnostik und Behandlung hoch sind (Gutachten Spitzenmedizin, ETH Zürich, 2006).

Holding: Dachgesellschaft, die eine Kapitalbeteiligung an mehreren rechtlich und organisatorisch selbstständigen Tochterunternehmen hält; koordiniert i.d.R. die Geschäftspolitik der Tochterunternehmen im Konzerninteresse. Dazu lagern die Tochterunternehmen u.a. strategische Geschäftsprozesse (z.b. Unternehmensentwicklung, Qualitätsmanagement, Risikomanagement, Finanzmanagement, Einkauf, Controlling, Marketing) an die Dachgesellschaft aus.

Homöopathie: Zusatzbezeichnung, die von einem Arzt nach Ableistung der vorgeschriebenen Weiterbildungszeit und Weiterbildungsinhalte gemäß der ärztlichen Weiterbildungsordnung geführt werden darf. Die Zusatz-Weiterbildung Homöopathie umfasst in Ergänzung zu einer Facharztkompetenz die konservative Behandlung mit homöopathischen Arzneimitteln, die aufgrund individueller Krankheitszeichen als Einzelmittel nach dem Ähnlichkeitsprinzip angewendet werden [Bund06].

Honorierungssysteme: im Gesundheitswesen Regelungen für die Vergütung ärztlicher Leistungen; im einzelnen Honorarform, Honorartarif und Honorarverfahren. Die Honorarform betrifft die Wahl der Bemessungsgrundlage zur Ermittlung des ärztlichen Honorars. Durch den Honorartarif wird die Bewertung der im Rahmen der Honorarform gewählten Bemessungsgrundlage vorgenommen. Zu bestimmen sind sowohl die Höhe der Honorarsätze als auch die jeweiligen Preisrelationen. Für die in der Krankenversicherung derzeit überwiegend praktizierte Einzelleistungshonorierung erfolgt diese auf der Grundlage der verschiedenen Gebührenordnungen. Die institutionelle Gestaltung der Honorierung wird durch das Honorarverfahren bestimmt. Bei einstufigen Honorarverfahren erhält der Arzt die Vergütung entweder direkt vom Patienten, der sich gegebenenfalls bei seiner Krankenkasse refinanzieren kann (→Kostenerstattungsprinzip) oder unmittelbar von der Krankenversicherung (→Sachleistungsprinzip). Bei zweistufigen Honorarverfahren ist der Arzt Mitglied einer Honorarverteilungsstelle (→Kassenärztliche Vereinigung). In diesem Fall wird entweder das Honorar durch den Patienten oder eine →Gesamtvergütung durch die Krankenversicherung an diese Institution überwiesen, die dann ihrerseits die Honorierung der einzelnen Ärzte vornimmt. Zweistufige Honorarverfahren erlauben die Anwendung unterschiedlicher Honorarformen auf den beiden Stufen. So kann etwa für die Gesamtvergütung ein Fixum vorgesehen werden, während der Arzt nach Einzelleistungen honoriert wird. Die Kompatibilität der Honorierung zwischen beiden Stufen wird über eine Anpassung der Honorarsätze durch die Honorarverteilungsstelle erreicht. Zu trennen ist zwischen einer Pauschalierung, bei der die Gesamtvergütung für die Honorierung der einzelnen Ärzte stets ausgeschöpft wird, und einer Plafondierung, bei der die Gebührensätze nur mit Überschreiten der Gesamtvergütung durch die Honorarforderungen der Ärzte reduziert werden [Seel90].

Horizontale Hierarchie: informelle Führungsdisposition, die vorzugsweise in Expertenorganisationen durch →laterale Führung entsteht.

Hospitalisation: die Aufnahme eines Patienten in ein Krankenhaus.

Hospiz: Einrichtung, die Sterbende im Rahmen ganzheitlicher Sterbebegleitung ambulant oder stationär palliativmedizinisch betreut (s. Palliativmedizin).

Humane Medizin: Neben den allgemeinformalen Wirtschaftsgrundsätzen von Leistungsfähigkeit, Qualität und Wirtschaftlichkeit verpflichtet der biophile Charakter der Gesundheitsleistungsproduktion die Krankenkassen und die Leistungserbringer durch geeignete Maßnahmen auf eine humane (Medizin) Krankenbehandlung ihrer Versicherten hinzuwirken (§ 70 Abs. 2 SGB V). Insbesondere haben Prävention, Behandlung, Pflege und Rehabilitation die Würde und Integrität des Patienten zu achten, sein Selbstbestimmungsrecht und sein Recht auf Privatheit zu respektieren (ärztliche Berufsordnung,

Teil C Verhaltensregeln Nr.1 Umgang mit Patienten).

Humangenetik: medizinisches Fachgebiet; umfasst die Aufklärung, Erkennung und Behandlung genetisch bedingter Erkrankungen einschließlich der genetischen Beratung von Patienten und ihren Familien sowie den in der Gesundheitsversorgung tätigen Ärzten [Bund06].

Humanmedizin: in Unterscheidung zur Veterinär- und Phytomedizin die auf das menschliche Individuum bezogene →Medizin.

Hygiene und Umweltmedizin: medizinisches Fachgebiet; umfasst die Erkennung, Erfassung, Bewertung sowie Vermeidung schädlicher exogener Faktoren, welche die Gesundheit des Einzelnen oder der Bevölkerung beeinflussen sowie die Entwicklung von Grundsätzen für den Gesundheitsschutz und den gesundheitsbezogenen Umweltschutz. Das Gebiet umfasst auch die Unterstützung und Beratung von Ärzten und Institutionen in der Krankenhaus- und Praxishygiene, der Umwelthygiene und Umweltmedizin, der Individualhygiene sowie im gesundheitlichen Verbraucherschutz [Bund06].

Hygienefaktoren: nach der →Zwei-Faktoren-Theorie von *F Herzberg* (1968) Faktoren, die keine →Arbeitszufriedenheit bewirken, aber Unzufriedenheit vermeiden; z.B. gutes Betriebsklima, leistungsgerechte Entlohnung, gute Sozialleistungen, hohe Arbeitsplatzsicherheit, gute interpersonale Beziehungen [Seel07].

I

ICD: Die von der Weltgesundheitsorganisation (WHO) herausgegebene ICD-10 wird weltweit zur Diagnoseklassifikation eingesetzt. Die Abkürzung ICD steht für „International Statistical Classification of Diseases and Related Health Problems", die Ziffer 10 bezeichnet die 10. Revision der Klassifikation. In der vertragsärztlichen und in der stationären Versorgung (§§ 295 und 301 SGB V) wird seit dem 1.1.2000 zur Verschlüsselung von Diagnosen die ICD-10-GM (GM=German Modification), zur Todesursachenverschlüsselung die ICD-10-WHO eingesetzt. Die deutschsprachigen Ausgaben werden im Auftrag des Bundesministeriums für Gesundheit (BMG) vom →DIMDI erstellt und in zwei Bänden herausgegeben. Das alphabetische Verzeichnis enthält die Krankheitsbezeichnungen der Systematik und ist um viele Krankheitsbezeichnungen ergänzt, die im deutschen Sprachraum gebräuchlich sind. Das systematische Verzeichnis enthält eine vierstellige codierte Systematik, den Morphologieschlüssel der Neubildungen und einige Sondersystematiken (Klassifikation von Arbeitsunfällen nach dem Unfallgegenstand (ILO-Klassifikation), Zusatzklassifikation der äußeren Ursachen bei Verletzungen und Vergiftungen (E-Klassifikation), Zusatzklassifikation für Faktoren, die den Gesundheitszustand und die Inanspruchnahme von Medizinbetrieben beeinflussen (V-Klassifikation)).

Ideenfindungstechniken: Oberbegriff für vorbereitende und unterstützende Techniken zur methodischen Ideenfindung und -verarbeitung zum Zweck der innovativen Problemlösung; z.B. →Analogiemethode, →Brainstorming, →CNB-Methode, →Kärtchentechnik, →Methode 635, →morphologische Analyse, →Pro- und Kontraspiel, →Rollenspiel, →Synektik (vgl. [Seel90]).

Identitätsorientierte Führung: auch werteorientierte Führung; die reflektierte Gestaltung des medizinbetrieblichen →Wertesystems mit dem Ziel, das Verhalten der Beschäftigten durch eine kulturelle Prädisposition (→Leitbild) vorzusteuern.

ifm: Abk. für →Institut für Medizinmanagement.

IGel-Leistung: Abk. für individuelle Gesundheitsleistung; eine vom Patienten aus unterschiedlichen Motiven gewünschte Gesundheitsleistung, deren Kosten nicht oder nur unter bestimmten, zum Zeitpunkt der Leistungserbringung nicht vorliegenden Voraussetzungen von der gesetzlichen Krankenversicherung übernommen werden.

i. m.: in der Medizin Abk. für intramuskulär (in einen Muskel hinein).

Imaging diagnostics: engl. für →bildgebende Verfahren zur medizinischen Diagnostik.

Immission: die Einwirkung von Emissionen auf Organismen und Sachgüter mit Schadenswirkung. Zum Schutz gegen Immission wurde das „Gesetz zum Schutz vor schädlichen Umwelteinwirkungen durch Luftverunreinigungen, Geräusche, Erschütterungen und ähnliche Vorgänge" (Bundes-Immissionsschutzgesetz-BImSchG) erlassen.

immun: in der Medizin **1.** i.e.S. unempfänglich für die pathogenen Wirkungen von Krankheitserregern; **2.** i.w.S. befähigt, erhöhte Reaktionsbereitschaft gegen ein bestimmtes Antigen zu zeigen (erworben durch vorausgegangenen Kontakt mit dieser Substanz); mögen die zu erwartenden Folgen für den Organismus von Vorteil (z.B. Schutz vor Infektionserregern) oder Nachteil (z.B. Überempfindlichkeitsreaktion) sein [Seel90].

Immunologie: Lehre von der Struktur und Funktion des Immunsystems, den Erkennungs- und Abwehrmechanismen eines Organismus für körperfremde (u.U. auch körpereigene) Substanzen und Gewebe (vgl. [Seel90]).

Impfstoffe: i.S. § 4 Abs. 4 AMG sind Arzneimittel i.S. des § 2 Abs. 1 AMG, die Antigene enthalten und die dazu bestimmt sind bei Mensch oder Tier zur Erzeugung

von spezifischen Abwehr- und Schutzstoffen angewendet zu werden.

Implantate: in der Medizin die zusammenfassende Bezeichnung für all jene Stoffe und Teile, die zur Erfüllung bestimmter Ersatzfunktionen für einen begrenzten Zeitraum oder auf Lebenszeit in den menschlichen Körper eingebracht werden. Im Gegensatz zum →Transplantat bestehen Implantate aus toter Materie. Als Ersatzfunktion kommen vor allem die Steuerung (z.B. Herzschrittmacher, Medikamentendosiersystem) bzw. der partielle oder komplette Ersatz von Organfunktionen in Betracht [Seel90].

Implantation: in der Medizin das Einbringen oder Einpflanzen körperfremder Materialien (Implantate) in den menschlichen Organismus.

in vitro: im (Reagenz-)Glas, d.h. außerhalb des menschlichen Körpers [Seel90].

in vivo: in einem lebenden Organismus.

Indexpatient: Patient, der Träger eines definierten Merkmals ist; z.B. ein Diabetiker.

Indikation: begründeter Entschluss zu einer bestimmten Handlung; z.B. die Anwendung eines bestimmten diagnostischen und/oder therapeutischen Verfahrens in einer konkreten medizinischen Betreuungssituation. Im Gegensatz dazu bezeichnet **Kontraindikation** die Gegenanzeige, d.h. einen Grund, ein Mittel oder ein Verfahren nicht anzuwenden [Seel90].

Indikator: Messzahl oder ein empirisch beobachtetes Phänomen, das geeignet ist, Aufschluss über das Zustandekommen eines Prozesses oder eines Resultates zu geben [Seel90].

Indikatorproblem: syn. Tracer; exemplarisch ausgewählte Krankheitsarten oder problematische Situationen im Bereich von Diagnostik, Therapie und Pflege, die Gegenstand eines →Qualitätssicherungsprogramms sind.

Indirekte Pflege: pflegerische Tätigkeiten, die in Abwesenheit des Patienten ausgeführt werden; z.B. Führen der →Pflegedokumentation, Vorbereitung der Medikation; Gegensatz: →direkte Pflege [Seel90].

Indiskriminierte Analyse: Analytik, bei der unabhängig vom Einzelfall eine definierte Menge →biologischer Kenngrößen bestimmt wird; z.B. Blutbild, Urinstatus, EKG, Röntgenaufnahme Thorax; Gegensatz: →diskriminierte Analyse.

Individualführung: im Gegensatz zur →kollektiven Führung eine Führungsbeziehung mit einer Führungsdyade, d.h. zwischen einem Führenden und einem Geführten.

Individualmedizin: geht von der Krankheit eines Einzelmenschen aus und hat zum Ziel, diesen einen Menschen von dieser seiner Krankheit zu heilen [Seel90].

Individuelle Pflege: Pflegeprinzip, das darauf abzielt, Art, Umfang und Abfolge der pflegerischen Handlungen auf die spezifi-schen Einzelbedürfnisse des jeweiligen Patienten abzustimmen [Seel90].

InEK: Abk. für **I**nstitut für das **E**ntgelt-system im **K**rankenhaus; s. DRG-Institut.

infaust: aussichtslos; z.B. infauste →Prognose [Seel90].

Infektiologie: Zusatzbezeichnung, die von einem Arzt nach Ableistung der vorgeschriebenen Weiterbildungszeit und Weiterbildungsinhalte gemäß der ärztlichen Weiterbildungsordnung geführt werden darf. Die Zusatz-Weiterbildung Infektiologie umfasst in Ergänzung zu einer Facharztkompetenz die Vorbeugung, Erkennung und konservative Behandlung erregerbedingter Erkrankungen [Bund06].

Infektionsindex: syn. für →Kontagionsindex.

Informale Organisation: Organisationsstruktur, die durch ungeplante Beziehungen (→emergente Effekte, →Gruppeneffekte, Machtbeziehungen) zwischen →Beschäftigten entsteht und auf persönlichen Zielen, Wertvorstellungen und Verhaltensweisen der Beschäftigten basiert [Seel07].

Informationelles Selbstbestimmungsrecht: Das Bundesverfassungsgericht hat in seinem Urteil vom 15.12.1983 zum Volkszählungsgesetz 1983 das im GG in Art. 2 Abs. 1 in Verbindung mit Art. 1 Abs. 1 verbürgte allgemeine Persönlichkeitsrecht auf einen neuen Gefährdungssachverhalt hin, nämlich den der unbegrenzten Erhebung, Speicherung, Verwendung und Weitergabe →personenbezogener Daten, konkretisiert als Recht auf informationelle Selbstbestimmung. Dieses Recht gewährleistet die Befugnis des Einzelnen, grundsätzlich selbst über die Preisgabe und Verwendung seiner persönlichen Daten zu bestimmen, damit er wissen kann, wer was wann bei welcher Gelegenheit über ihn weiß. Dieses Recht gilt jedoch nicht schrankenlos, etwa im Sinne einer absoluten Herrschaft über die eigenen Daten, sondern unterliegt dann einer Einschränkung, wenn dies durch überwiegende Allgemeininteressen geboten ist und dieser Grundrechtseingriff aufgrund eines verfassungsmäßigen Gesetzes erfolgt, das die Grundsätze der Normenklarheit, der Erforderlichkeit und der Verhältnismäßigkeit streng beachtet. Zur Gewährleistung des informationellen Selbstbestimmungsrechts sind allgemeine und bereichsspezifische Datenschutzgesetze von Bund und Ländern und zahlreiche Ausführungsvorschriften verabschiedet worden (s.a. die Entschließungen des Europäischen Parlaments zum Datenschutz. BT-Drs. 8/2928 und BT-Drs. 9/1516, und die Datenschutz-Konvention des Europarats vom 28.01.1981) [Seel90].

Informationsbedarf: die zur Bearbeitung einer bestimmten Aufgabe von einem personalen Aufgabenträger benötigte Information; meist näher beschrieben nach Art, Menge und Qualität der Informationsvariablen unter Berücksichtigung von Zeitaspekten. Der subjektive Informationsbedarf beschreibt die notwendigen Informationen aus der Sicht des personalen Aufgabenträgers, der objektive Informationsbedarf in der Sicht der zu bearbeitenden Aufgabe [Seel90].

Informationsmanagement: die zielorientierte Gestaltung des Produktionsfaktors Information im Medizinbetrieb (Information Resource Management), d.h. die Planung, Organisation und Kontrolle des Informatikeinsatzes, der einzelnen (computergestützten) Informationssysteme und der IT-Infrastruktur unter Beachtung des →ökonomischen Prinzips.

Informationsmarkt: zwanglose Form der Visualisierung von Mitteilungen für definierte Zielgruppen; z.B. im medizinbetrieblichen Intranet, Posterausstellung bei wissenschaftlichen Kongressen.

Informationsprozess: dynamische Relation in einem →Informationssystem, deren Elemente Informationen sind.

Informationssystem: System aufeinander bezogener informationsverarbeitender Operationen. Träger der Operationen können biologische (organische), personelle, soziale oder technische Einheiten (Systeme) sein. Die informationsverarbeitenden Operationen können global in Gewinnung oder Erzeugung, Speicherung, Umformung oder Verknüpfung und Transport gegliedert werden. Nach ihrer Stellung im Rahmen der hierarchischen Differenzierung eines Systems kann zwischen operativen (Basissystem) und dispositiven (Steuerungssystem) →Informationsprozessen unterschieden werden [Seel90].

Informed consent: s. Einwilligung.

Informed refusal: Teil der →ärztlichen Aufklärungspflicht, der sich auf das Risiko für den Patienten bei Ablehnung der vom Arzt vorgeschlagenen Behandlung bezieht.

Informelle Führung: Führung, die nicht auf Positions- sondern ausschließlich auf →Personenmacht beruht. Sie kann sowohl gegenüber dem Führenden (s. Führung von unten) als auch gegenüber anderen Geführten ausgeübt werden.

Infusion: in der Medizin das langsame Einbringen von Flüssigkeiten in den menschlichen Körper, meist über einen längeren Zeitraum (im Gegensatz zur In-

jektion); v.a. in Venen; z.B. einer Elektrolytlösung zur Kreislaufstabilisierung.

Inhalation: in der Medizin die Aufnahme von Gasen, Dämpfen, Aerosolen und Stäuben in den Respirationstrakt zu therapeutischen Zwecken.

Inhaltstheorien: Was Beschäftigte motiviert, also was im Individuum Verhalten erzeugt und aufrecht erhält, versuchen die Inhaltstheorien der Motivationslehre zu erklären. Breite Aufmerksamkeit haben die Bedürfnistheorien von *AH Maslow* (1954), *CP Alderfer* (1972), *DC McClelland* (1987) und die **Anreiztheorie** von *F Herzberg* (1966) erfahren (s. Abb.).

AH Maslow (1954)	*CP Alderfer* (1972)	*DC McClelland* (1987)	*F Herzberg* (1966)	
V. Selbstverwirklichungs-bedürfnisse (Arbeit selbst, Übernahme v. Verantwortung, Erfolg)	III. Wachstumsbedürfnisse (Growth)	Leistungsmotiv	Arbeit selbst (Leidenschaft) Verantwortung Erfolg	Motivatoren
IV. Statusbedürfnisse (Anerkennung, Aufstiegschancen, Status)		Machtmotiv	Anerkennung d. eigenen Leistung / Status Unternehmensimage	
III. Soziale Bedürfnisse (Betriebsklima, inter-personale Beziehungen)	II. Beziehungsbedürfnisse (Relatedness)	Zugehörigkeitsmotiv	Interpersonale Beziehungen Führungsstil	Hygienefaktoren
II. Sicherheitsbedürfnisse (Arbeitsplatzsicherheit, Arbeitsbedingungen)	I. Grundbedürfnisse (Existence)	Vermeidungsmotiv	Arbeitsplatzsicherheit Arbeitsplatzbedingungen	
I. Physiologische Bedürfnisse (Entlohnung)			Entlohnung	

Abb. Inhaltstheorie
Die Ansätze der Bedürfnistheorien von *AH Maslow* (1954), *CP Alderfer* (1972), *DC McClelland* (1987) und der Anreiztheorie von *F Herzberg* (1966) im Vergleich.
Darstellung in Anlehnung an *P Hersey* et al. (2001), Seite 73. Copyrighted material, adapted with permission of Center for Leadership Studies, Inc. Escondido, CA, USA.
All rights reserved.

Injektion: in der Medizin das im Gegensatz zur →Infusion schnelle Einbringen von gelösten oder suspendierten Arzneimitteln in den menschlichen Körper auf parenteralem Weg durch intravenöses (i. v., in eine Vene), intramuskuläres (i. m., in einen Muskel), subkutanes (s. c., unter die Haut), intrakutanes bzw. intradermales (i. c., i. d., in die Haut), seltener intraarterielles (i. a., in eine Arterie), intrakardiales (ins Herz) oder intrathekales (in den Liquorraum) Einspritzen (vgl. [Seel90]).

Inkubationszeit: Zeitraum zwischen der Ansteckung durch einen Krankheitserreger und dem Auftreten der Infektionskrankheit bzw. der ersten Krankheitssymptome [Seel90].

Innere Medizin und Allgemeinmedizin: medizinisches Fachgebiet; umfasst die Vorbeugung, (Früh-)Erkennung, konservative und interventionelle Behandlung sowie Rehabilitation und Nachsorge der Gesundheitsstörungen und Erkrankungen der Atmungsorgane, des Herzens und Kreislaufs, der Verdauungsorgane, der Nieren und ableitenden Harnwege, des Blutes und der blutbildenden Organe, des Gefäßsystems, des Stoffwechsels und der inneren Sekretion, des Immunsystems, des Stütz- und Bindegewebes, der Infektionskrankheiten und Vergiftungen sowie der soliden Tumore und der hämatologischen Neoplasien. Das Gebiet umfasst auch die Gesundheitsförderung und die hausärztliche Betreuung unter Berücksichtigung der somatischen, psychischen und sozialen Wechselwirkungen und die interdisziplinäre Koordination der an der gesundheitlichen Betreuung beteiligten Personen und Institutionen. Ärztliche Schwerpunktkompetenzen nach der Weiterbildungsordnung sind: Angiologie, Endokrinologie und Diabetologie, Gastroenterologie, Hämatologie und Onkologie, Kardiologie, Nephrologie, Pneumologie, Rheumatologie [Bund06].

Insourcing: das Eingliedern zuvor ausgelagerter (externalisierter) Teile des betrieblichen Wertschöpfungsprozesses in diesen; erhöht die Fertigungstiefe. Gegensatz: →Outsourcing.

Inspektion: in der Medizin die äußerliche Untersuchung eines Patienten durch Betrachten [Seel90].

Instandhaltung: die Gesamtheit der vorbeugenden, zur Aufrechterhaltung der Betriebsbereitschaft einer Funktionseinheit erforderlichen Maßnahmen [Seel90].

Instandsetzung: Beseitigung von Störungen an einer Funktionseinheit durch Reparatur und/oder Ersatz [Seel90].

Institut für Medizinmanagement: Abk. ifm; eine universitätsnahe Einrichtung, die Leistungen der Forschung, Lehre und Beratung im Bereich der Anwendung der Managementlehre in der institutionalisierten Medizin erbringt. Das auftragsfinanzierte Institut verfolgt einen interdisziplinären wissenschaftlichen Ansatz unter Einbeziehung medizinischer, wirtschaftswissenschaftlicher und gesundheitswissenschaftlicher Aspekte. Das ZPR als Akademisches Lehrkrankenhaus der Universität

Konstanz und Institutsträger sowie eine umfangreiche Beratungstätigkeit sichern einen nachhaltigen Praxisbezug der ifm Forschung und Lehre (*www.medizinmanagement-ifm.de*).

Institut für Qualität und Wirtschaftlichkeit im Gesundheitswesen: Abk. IQWiG. Das fachlich unabhängige, rechtsfähige wissenschaftliche Institut wurde im Zuge der Gesundheitsreform am 1. Juni 2004 als eine Einrichtung der Stiftung für Qualität und Wirtschaftlichkeit im Gesundheitswesen gegründet. Es ist im Auftrag des Gemeinsamen Bundesausschusses (G-BA) oder des Bundesgesundheitsministeriums (BMG) tätig. Finanziert wird das IQWiG aus Mitteln der gesetzlichen Krankenversicherung. Zu den Institutsaufgaben gehört u.a. die Bewertung von Operations- und Diagnoseverfahren, Arzneimitteln sowie Behandlungsleitlinien. Auf der Basis der evidenzbasierten Medizin erarbeitet das IQWiG außerdem die Grundlagen für neue Disease Management Programme. Gesetzliche Grundlagen des Instituts sind §§ 139 ff, 35b SGB V (*www.iqwig.de*).

Institutionalisierte Medizin: syn. für →Gesundheitssystem.

Institutionelles Management: in einem Medizinbetrieb, die nach der Unternehmensverfassung bestellten Organvertreter und Führungskräfte, denen im Weg der Delegation dispositive Aufgaben übertragen sind.

Integrierte Versorgung: Abk. IV; Organisationsansatz nach § 140a-h SGB V zur interdisziplinär-fachübergreifenden Versorgung von GKV-Patienten jenseits der Regelungsbefugnis der Kassenärztlichen Vereinigungen durch Verträge der ambulanten Leistungserbringer mit den gesetzlichen Krankenkassen. Kernstück der mit dem Gesundheitsreformgesetz im Jahr 2000 eingeführten integrierten Versorgung ist, dass die Vertragspartner der Krankenkassen die ökonomische Verantwortung für die an einem IV-Programm beteiligten Leistungserbringer (z.B. Hausärzte, Fachärzte, Krankenhäuser, Tageskliniken, Gesundheitszentren, regionale Ärztenetze, nichtärztliche Leistungserbringer) übernehmen.

Intensiveinheit: fachgebundene (z.B. anästhesiologisch, internistisch, chirurgisch) oder interdisziplinär betriebene Organisationsform der Intensivmedizin. Man unterscheidet: →Aufwachraum, →Wachstation, →Intensivstation [Seel90].

Intensivmedizin: Zusatzbezeichnung, die von einem Arzt nach Ableistung der vorgeschriebenen Weiterbildungszeit und Weiterbildungsinhalte gemäß der ärztlichen Weiterbildungsordnung geführt werden darf. Die Zusatz-Weiterbildung Intensivmedizin umfasst in Ergänzung zu einer Facharztkompetenz die Intensivüberwachung und Intensivbehandlung von Patienten, deren Vitalfunktionen oder Organfunktionen in lebensbedrohlicher Weise gestört sind und durch intensive therapeutische Verfahren unterstützt oder aufrechterhalten werden müssen. Der Bezeichnung kann der adjektivische Zusatz der jeweiligen Facharztbezeichnung hinzugefügt werden, z.B. Neurologische Intensivmedizin [Bund06].

Intensivpflege: Pflege von Schwerkranken, die überwacht und bei denen jederzeit eine Vielzahl diagnostischer, pflegerischer, medikamentöser und apparativer Maßnahmen angewandt werden [Seel90].

Intensivstation: Betteneinheit in einem Krankenhaus für Schwerkranke, deren Vitalfunktionen in lebensbedrohlicher Weise gestört sind und durch Maßnahmen der →Intensivmedizin aufrechterhalten oder wiederhergestellt werden müssen.

Intensivüberwachung: s. Patient monitoring.

Interaktionelle Führung: Form der →Personalführung, bei der die Verhaltensbeeinflussung des Geführten, anders als bei →Führungssubstituten und →Führungsinstrumenten, durch soziale Interaktion erfolgt.

Interview-Methode: Analysetechnik zur Informationsbeschaffung, bei der durch mündliche Befragung versucht wird, neben Fakten auch Aussagen (z.B. über Ziel- und Wertvorstellungen, Bedarfssituationen) von Personen zu erhalten, deren Meinungen in einem bestimmten Zusammenhang von Bedeutung sind. Interviews können frei (zwanglose Unterhaltung) oder standardisiert (Fragenkatalog mit offenen oder vorgegebenen Antwortmöglichkeiten) durchgeführt werden [Seel90].

Intrapreneur: Kunstwort, das sich aus incorporate und entrepreneur zusammensetzt; qualifiziert das Verhalten eines Mitarbeiters im Sinne eines internen Unternehmers [Seel07].

Intrinsische Motivation: selbstmotivierte Leistungsbereitschaft; gründet sich im Unterschied zur →extrinsischen Motivation auf persönliche Motive des Beschäftigten, so z.B. „anderen helfen zu wollen".

Invasive Methoden: diagnostische und/oder therapeutische Verfahren, bei denen ärztliches Instrumentarium (i.w.S. auch ionisierende Strahlung) in den menschlichen Körper eindringt und die dadurch mit einem Risiko für die Gesundheit des Betroffenen verbunden sind.

Investition: die langfristige Verwendung finanzieller Mittel zur Beschaffung von Sachvermögen, immateriellem Vermögen oder Finanzvermögen. Investitionsentscheidungen lassen sich klassifizieren nach dem Investitionsobjekt (Sachinvestitionen, Finanzinvestitionen, immaterielle Investitionen), der Investitionsfolge (Gründungs- oder Folgeinvestitionen), dem Investitionszweck (Ersatz-, Erweiterungs-, Rationalisierungsinvestitionen). Während beim erwerbswirtschaftlichen Betrieb die Zweckmäßigkeit einer Investition von Kapitaleinsatz, Nutzungsdauer, Kosten, Ertrag und Finanzierungsbedingungen bestimmt wird, entfällt bei den bedarfswirtschaftlich orientierten Investitionsüberlegungen von →Medizinbetrieben der Ertrag. Inhalt von Investitionsentscheidungen ist in diesem Falle ein Vergleich der zu erwartenden Kosten der anstehenden Investitionsalternativen. Die Vorteilhaftigkeit einer Investition ist auch von den Finanzierungsbedingungen abhängig, so dass Investitions- und Finanzierungsentscheidungen grundsätzlich als ein gleichzeitig zu betrachtendes

Problem gesehen werden müssen. Zur Lösung interdependenter Investitions- und Finanzierungsplanungen sind insbesondere Verfahren der mathematischen Planungsrechnung vorgeschlagen worden. Mit Hilfe dieser Verfahren kann man auf der Grundlage linearer Optimierung das zweistufige Zuordnungsproblem von Finanzierungs- und Investitionsmöglichkeiten simultan behandeln. Außerdem lassen sich damit durch Nebenbedingungen weitere betriebliche Bereiche in die Betrachtung miteinbeziehen. Zur Optimumbestimmung von Investitions- und Finanzierungsbudgets unter Ungewissheit werden drei Lösungsansätze vorgeschlagen: Sensitivitätsanalysen, stochastisches lineares Programmieren und das Chance-Constrained-Programming [Seel90].

Investitionsrechnung: s. Bewertungsverfahren.

Inzidenz: syn. Neuerkrankungsziffer; Häufigkeit des Neuauftretens einer bestimmten Krankheit in einer Population in einem standardisierten Zeitraum, z.B. in einem Jahr. Die Inzidenzrate ist definiert als Zahl der Personen mit Neuerkrankungen pro Zeiteinheit bezogen auf die Anzahl der untersuchten Personen. Die Inzidenz wird besonders bei Verlaufsuntersuchungen (Längsschnittstudien) benötigt, während bei Querschnittstudien nur die → Prävalenz feststellbar ist [Seel90].

IQWiG: Abk. für → Institut für Qualität und Wirtschaftlichkeit im Gesundheitswesen.

Istanalyse: die Anwendung von → Analysetechniken zur Erfassung des Ausgangszustandes eines Systems oder einer Organisation.

IV: 1. im Sozialgesetzbuch Abk. für Integrierte Versorgung; **2.** in der Medizin i. v. Abk. für intravenös (in eine(r) Vene).

I-Zahl: aus den persönlichen Daten eines Patienten abgeleitete Identifikationsnummer; z.B. sechs Ziffern des Geburtsdatums, den Anfangsbuchstaben des Geburtsnamens, Geschlecht, Folgekennzeichen, wenn schon I-Zahlen gespeichert wurden, Prüfziffer. I-Zahlen stellen z.B. die Krankenversicherungsnummer und die Rentenversicherungsnummer eines Versicherten dar.

J

JIT: in der Produktionswirtschaft Abk. für → Just-in-time-Produktion.

Job enlargement: engl. Arbeitsvergrößerung; strukturell gleichartige, ursprünglich von verschiedenen Mitarbeitern durchgeführte, organisatorisch verteilte Tätigkeiten, werden wieder an einem Arbeitsplatz bzw. bei einem Aufgabenträger zusammengefasst; z.B. Bezugspflege statt einer personellen Aufteilung pflegerischer Verrichtungen. Die Aufgabenvielfalt wird gesteigert, die Arbeit damit für den Mitarbeiter abwechslungsreicher bzw. attraktiver. Der Entscheidungs- und Kontrollspielraum bleibt jedoch konstant.

Job enrichment: engl. Arbeitsanreicherung; sowohl → job enlargement als auch → job rotation basieren auf einer Ausdehnung des Arbeitsfeldes, was in der Regel mit einer fachlichen Kompetenzerweiterung verbunden ist. Sie verändern den dispositionalen Handlungsspielraum nicht und sind daher in ihrer motivationalen Wirkung begrenzt. Job enrichment zielt dagegen auf eine Ausweitung des Entscheidungs- und Kontrollspielraums durch eine vertikale Ausdehnung des Aufgabenfeldes. Im Ergebnis sind die Mitarbeiter für einen ganzen Aufgabenkomplex zuständig, den sie weitgehend unabhängig und eigenständig bearbeiten (z.B. Bereichspflege, ganzheitliche Projektverantwortung für den Aufbau

einer Tagesklinik, die singuläre ärztliche Leitungsverantwortung für multiprofessionelle Behandlungsteams) [Seel07].

Job rotation: engl. geplanter Arbeitsplatzwechsel; die Mitarbeiter wechseln temporär nach vorgeschriebenen oder selbst gewählten Zeit- und Reihenfolgen ihre (strukturell gleichartigen) Arbeitsplätze bis hin zu einem totalen Rundumwechsel. Man erreicht auf diese Weise ohne gestalterische Eingriffe in die Arbeitsplätze für die wechselnden Personen eine Erhöhung der Aufgabenvielfalt nach Maßgabe der Aufgabenanforderungen [Seel07].

Johari-Fenster: von den amerikanischen Sozialpsychologen *Joseph Luft* und *Harry*

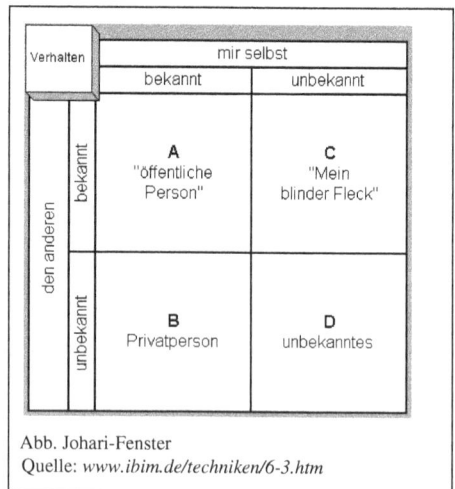

Abb. Johari-Fenster
Quelle: *www.ibim.de/techniken/6-3.htm*

Ingham (1955) entwickeltes Schema zur Darstellung bewusster und unbewusster Persönlichkeits- und Verhaltensmerkmale zwischen einem selbst und anderen bzw. einer Gruppe (s. Abb.); wichtig für die Einschätzung von Interaktionsprofilen z.B. bei Mitarbeitergesprächen.

Just-in-time-Produktion: Abk. JIT; leitet sich von einer japanischen Philosophie der Produktionsorganisation her, nach der (hohe) Lagerbestände als Zeichen für Ineffizienz (Verschwendung) gesehen werden.

Ziel des JIT ist es, Aufträge schneller auszuführen und gleichzeitig die Lagerbestände auf ein Minimum zu reduzieren. Dazu bedarf es einer auf den Produktionsprozess abgestimmten Zusammenarbeit mit den Zulieferern. In Medizinbetrieben helfen Konsignationslager bei hoher Verfügbarkeit der Lagerartikel die Kapitalbindungskosten z.B. für Implantate zu reduzieren, da der Lieferant den benötigten Lagerartikel erst bei Entnahme aus dem Lager in Rechnung stellt.

K

Kaizen: s. kontinuierlicher Verbesserungsprozess.

Kardiologie: Teilgebiet der →Inneren Medizin bzw. →Kinderheilkunde, das sich mit der Diagnostik und Therapie von Veränderungen des Herzens befasst.

Kärtchentechnik: aus dem →Brainstorming abgewandelte Ideenfindungstechnik. Die Teilnehmer einer hinsichtlich ihrer problemrelevanten Kenntnisse und Erfahrungen heterogenen Gruppe von 5 bis 12 Personen notieren anonym Ideen zu einem vorgegebenen Problem auf einzelnen Kärtchen („Brainwriting"). Anschließend werden sämtliche Kärtchen systematisiert, visualisiert und mit der Gruppe diskutiert [Seel90].

Kassenarzt: veraltete Bezeichnung für →Vertragsarzt.

Kassenärztliche Bundesvereinigung: s. Kassenärztliche Vereinigung.

Kassenärztliche Vereinigung: Abk. KV; gesetzlich angeordneter Zusammenschluss der zugelassenen →Vertragsärzte und der zur vertragsärztlichen Versorgung zugelassenen Psychotherapeuten mit Pflichtmitgliedschaft auf Landesebene in der Form einer Körperschaft des öffentlichen Rechts; die KVen sind in der **Kassenärztlichen Bundesvereinigung** (Abk. KBV) zusammengeschlossen und nehmen im Rahmen der Selbstverwaltung öffentliche Aufgaben eigenverantwortlich wahr; u.a. die Sicherstellung der kassenärztlichen Versorgung (**Sicherstellungsauftrag**), die Gewährleistung gegenüber den Krankenkassen, dass die vertragsärztliche Versorgung den gesetzlichen und vertraglichen Erfordernissen entspricht (Wirtschaftlichkeitsprüfung) und die Wahrnehmung der Rechte der Vertragsärzte gegenüber den Krankenkassen (→Gesamtvergütung). Zwischen den KVen und der KBV einerseits und den gesetzlichen Krankenkassen und ihren Spitzenverbänden andererseits besteht ein öffentlich-rechtliches Vertragssystem zur Gewährleistung einer ausreichenden, zweckmäßigen und wirtschaftlichen Versorgung der Versicherten sowie einer angemessenen Vergütung der ärztlichen Leistungen (vgl. [Seel90]).

Kassenpatient: auch GKV-Patient; Patient, der Anspruchsberechtigter (Mitglied oder dessen Angehöriger) der →gesetzlichen Krankenversicherung ist und (bei gesetzlich festgelegter Selbstbeteiligung in Form einer Zuzahlungspflicht) einen Anspruch auf ambulante ärztliche Behandlung, Krankenhausbehandlung, auf Versorgung mit Arznei-, Verband-, Heil- und Hilfsmitteln sowie auf weitere Leistungen der GKV hat. Grundsätzlich besteht das Recht auf freie Arzt- und Krankenhauswahl (freie Wahl unter den zur vertragsärztlichen Versorgung zugelassenen und ermächtigten Ärzten sowie unter den zugelassenen Krankenhäusern; Inanspruchnahme anderer Ärzte und Krankenhäuser nur im Notfall); berechtigender Behandlungsausweis ist die Krankenversichertenkarte bzw. künftig die →elektronische Gesundheitskarte (vgl. [Seel90]).

Kasuistik: in der Medizin Beschreibung eines Krankheitsfalls [Seel90].

Katamnese: Nachbeobachtung mit Beschreibung eines individuellen Krankheitsverlaufs nach abgeschlossener Diagnostik und Therapie, auch um prognostische Erkenntnisse zu erwerben [Seel90].

Katastrophenhandbuch: Vorsorgliche Zusammenstellung von Organisationsregeln für den Katastrophenfall in einem Medizinbetrieb.

Katastrophenmedizin: die auf alle Fachgebiete der Medizin übergreifende Lehre und Praxis der Rettung, der Sichtung und der Behandlung vieler nahezu gleichzeitig bedrohter Menschen im Katastrophenfall. Unter dem Begriff Katastrophe sind alle jene Ereignisse zusammenzufassen, bei denen die Zahl der Kranken, Verletzten und der anderweitig körperlich oder geistig Geschädigten die Leistungsfähigkeit nicht nur der Ärzte, sondern auch der Hilfskräfte und der materiellen Hilfsquel-

len weit überschreitet. Die Katastrophe wird meistens durch ein außergewöhnliches Schadensereignis, welches das Leben und die Gesundheit einer großen Anzahl von Menschen schädigt und bedroht, hervorgerufen. Gleichzeitig wird durch erhebliche Beschädigung von Sachwerten die lebensnotwendige Versorgung der Bevölkerung in so ungewöhnlichem Maße gefährdet, dass mit den örtlich zur Verfügung stehenden Mitteln nicht mehr geholfen werden kann. Eine zusätzliche Hilfe von außen ist sowohl für den Menschen wie auch für die Instandsetzung der gestörten Infrastruktur erforderlich. Zu Katastrophen kann es sowohl durch Naturereignisse, Seuchen und technische Unfälle als auch durch direkt oder indirekt von Menschen ausgelöste Schadensereignisse kommen. Die Katastrophenmedizin umfasst die Anwendung medizinischer Behandlungsverfahren in unmittelbarer, oft sich plötzlich ändernder Abhängigkeit von der Verfügbarkeit qualitativ und quantitativ geeigneter personeller und materieller Hilfen. Die Katastrophenmedizin ist Massenmedizin, die unter Bildung zusätzlicher Stufen ärztlicher Versorgung betrieben werden muss und vorübergehend zur Abkehr von der Individualmedizin zwingt. Sie ist eine erweiterte Notfallmedizin. Notfallmedizin ist keine Katastrophenmedizin, denn die Kenntnisse der organisierten individualistisch ausgerichteten Notfallmedizin, auch unter Einbeziehung der ärztlichen Spezialisierung, reichen nicht aus, um im Katastrophenfall, gleichgültig durch was er ausgelöst ist, erfolgversprechende ärztliche Hilfe zu leisten. Die Deutsche Gesellschaft für Katastrophenmedizin hat es sich daher u.a. zur besonderen Aufgabe ge-macht, wissenschaftliche und praktische Belange der Katastrophenmedizin durch interdisziplinäre und gebietsübergreifende Aus-, Weiter- und Fortbildung zu fördern und zu vertiefen [Seel90].

Katheter: röhren- oder schlauchförmiges, starres oder flexibles Instrument zum Ein-führen in Hohlorgane, Gefäße bzw. präfor-mierte Körperhöhlen zur Drainage, Spü-lung, Probengewinnung, Untersuchung, Messung und Überwachung von Körper-funktionen und Therapie (vgl. [Seel90]).

KBV: Abk. für **K**assenärztliche **B**undes-vereinigung; → s. Kassenärztliche Vereini-gung.

Kennzahlen: alle numerisch erfassbaren, absoluten und relativen Informationen über Zustände und Prozesse eines Systems und seiner Umwelt, die für Führungsent-scheidungen wesentlich sein können. Un-terschieden werden absolute Kennzahlen und Verhältniszahlen (s. Abb.).

Kennzahlensysteme: hierarchisch ver-dichtete, meist bereichsorientierte Zusam-

menfassung von absoluten und Verhältnis-zahlen, die in konzentrierter Form über einen operationalen, quantifizierbaren me-dizinbetrieblichen Tatbestand informieren [Seel90].

Kernkompetenz: bei einem Medizinbe-trieb eine Kombination spezifischer, inhä-renter und angewandter Kenntnisse, Fähig-keiten und Einstellungen, die Grundlage strategischer Absichten bilden sollen.

Kernspinresonanztomographie: engl. **M**agnetic **R**esonance **I**maging; Abk. MRI; bildgebendes Verfahren zur Erzeugung von Schnittbildern beliebiger Ebenen durch den menschlichen Körper. Die Bild-information leitet sich aus dem 1946 von *I Bloch* und *EM Purcell* entdeckten physika-lischen Effekt der kernmagnetischen Reso-nanz ab.

Kinder- und Jugendmedizin: medizini-sches Fachgebiet; umfasst die Erkennung, Behandlung, Prävention, Rehabilitation und Nachsorge aller körperlichen, neurolo-gischen, psychischen und psychosomati-schen Erkrankungen, Verhaltensauffällig-keiten, Entwicklungsstörungen und Behin-derungen des Säuglings, Kleinkindes, Kin-des und Jugendlichen von Beginn bis zum Abschluss seiner somatischen Entwick-lung einschließlich pränataler Erkrankun-gen, Neonatologie, Sozialpädiatrie und der Schutzimpfungen. Ärztliche Schwerpunkt-kompetenzen nach der Weiterbildungsord-nung sind: Kinder-Hämatologie und -On-kologie, Kinder-Kardiologie, Neonatolo-gie, Neuropädiatrie [Bund06].

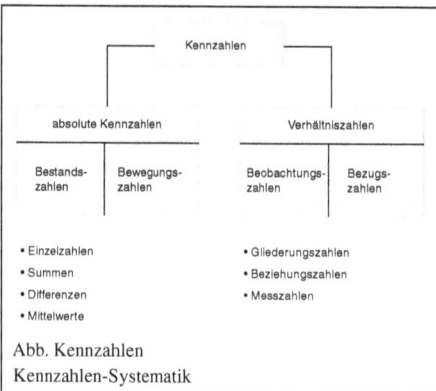

Abb. Kennzahlen
Kennzahlen-Systematik

Kinder- und Jugendpsychiatrie und -psychotherapie: medizinisches Fachgebiet; umfasst die Erkennung, Behandlung, Prävention und Rehabilitation bei psychischen, psychosomatischen, entwicklungsbedingten und neurologischen Erkrankungen oder Störungen sowie bei psychischen und sozialen Verhaltensauffälligkeiten im Säuglings-, Kindes- und Jugendalter und bei Heranwachsenden auch unter Beachtung ihrer Einbindung in das familiäre und soziale Lebensumfeld [Bund06].

Kinder-Endokrinologie und –Diabetologie: Zusatzbezeichnung, die von einem Arzt nach Ableistung der vorgeschriebenen Weiterbildungszeit und Weiterbildungsinhalte gemäß der ärztlichen Weiterbildungsordnung geführt werden darf. Die Zusatz-Weiterbildung Kinder-Endokrinologie und –Diabetologie umfasst in Ergänzung zu einer Facharztkompetenz die Erkennung, Behandlung und Rehabilitation von Erkrankungen der inneren Sekretion einschließlich ihrer Komplikationen bei Kindern und Jugendlichen vom Beginn bis zum Abschluss ihrer somatischen Entwicklung [Bund06].

Kinder-Gastroenterologie: Zusatzbezeichnung, die von einem Arzt nach Ableistung der vorgeschriebenen Weiterbildungszeit und Weiterbildungsinhalte gemäß der ärztlichen Weiterbildungsordnung geführt werden darf. Die Zusatz-Weiterbildung Kinder-Gastroenterologie umfasst in Ergänzung zu einer Facharztkompetenz die Vorbeugung, Erkennung, konservative Behandlung und Rehabilitation von angeborenen und erworbenen Erkrankungen des Verdauungstraktes einschließlich Leber, Gallenwege, Bauchspeicheldrüse bei Kindern und Jugendlichen vom Beginn bis zum Abschluss ihrer somatischen Entwicklung [Bund06].

Kinder-Nephrologie: Zusatzbezeichnung, die von einem Arzt nach Ableistung der vorgeschriebenen Weiterbildungszeit und Weiterbildungsinhalte gemäß der ärztlichen Weiterbildungsordnung geführt werden darf. Die Zusatz-Weiterbildung Kinder-Nephrologie umfasst in Ergänzung zu einer Facharztkompetenz die Vorbeugung, Erkennung, konservative Akut- und Langzeitbehandlung und Rehabilitation von Erkrankungen der Nieren und ableitenden Harnwege bei Kindern und Jugendlichen vom Beginn bis zum Abschluss ihrer somatischen Entwicklung [Bund06].

Kinder-Orthopädie: Zusatzbezeichnung, die von einem Arzt nach Ableistung der vorgeschriebenen Weiterbildungszeit und Weiterbildungsinhalte gemäß der ärztlichen Weiterbildungsordnung geführt werden darf. Die Zusatz-Weiterbildung Kinder-Orthopädie umfasst in Ergänzung zu einer Facharztkompetenz die Vorbeugung, Erkennung, konservative und operative Behandlung von Erkrankungen, Verletzungen höherer Schwierigkeitsgrade, Verletzungsfolgen sowie angeborenen und erworbenen Formveränderungen und Fehlbildungen der Stütz- und Bewegungsorgane im Säuglings-, Kindes- und Jugendalter [Bund06].

Kinder-Pneumologie: Zusatzbezeichnung, die von einem Arzt nach Ableistung der vorgeschriebenen Weiterbildungszeit und Weiterbildungsinhalte gemäß der ärztlichen Weiterbildungsordnung geführt werden darf. Die Zusatz-Weiterbildung Kinder-Pneumologie umfasst in Ergänzung zu einer Facharztkompetenz die Vorbeugung, Erkennung, konservative Behandlung und Rehabilitation von angeborenen und erworbenen Erkrankungen der oberen und unteren Atemwege, der Lunge, des Mediastinums und der Pleura bei Kindern und Jugendlichen vom Beginn bis zum Abschluss ihrer somatischen Entwicklung sowie der hiermit verbundenen allergischen Erkrankungen [Bund06].

Kinder-Rheumatologie: Zusatzbezeichnung, die von einem Arzt nach Ableistung der vorgeschriebenen Weiterbildungszeit und Weiterbildungsinhalte gemäß der ärztlichen Weiterbildungsordnung geführt werden darf. Die Zusatz-Weiterbildung Kinder-Rheumatologie umfasst in Ergänzung zu einer Facharztkompetenz die Vorbeugung, Erkennung, konservative Behandlung und Rehabilitation von Erkrankungen des rheumatischen Formenkreises einschließlich der entzündlich-rheumatischen Systemerkrankungen bei Kindern und Jugendlichen vom Beginn bis zum Abschluss ihrer somatischen Entwicklung [Bund06].

KIS: Abk. für →computergestütztes Krankenhausinformationssystem.

Klinik: 1. syn. für →Krankenhaus; der Begriff findet sich speziell bei der Bezeichnung von Universitätsklinika, aber auch bei der Benennung einzelner Krankenhäuser; im Krankenhausrecht wird ausschließlich der Begriff Krankenhaus gebraucht; **2.** medizinisch übliche Bezeichnung für die gesamte Erscheinung (Symp-

tomenkonstellation) und den Verlauf einer Krankheit.

klinisch: zur →Klinik gehörig.

Klinische Prüfung: i. S. § 4 AMG (Arzneimittelgesetz) jede am Menschen durchgeführte Untersuchung, die dazu bestimmt ist, klinische oder pharmakologische Wirkungen von →Arzneimitteln zu erforschen oder nachzuweisen oder Nebenwirkungen festzustellen oder die Resorption, die Verteilung, den Stoffwechsel oder die Ausscheidung zu untersuchen, mit dem Ziel, sich von der Unbedenklichkeit oder Wirksamkeit der Arzneimittel zu überzeugen. Eine nicht interventionelle Prüfung ist eine Untersuchung, in deren Rahmen Erkenntnisse aus der Behandlung von Personen mit Arzneimitteln gemäß den in der Zulassung festgelegten Angaben für seine Anwendung anhand epidemiologischer Methoden analysiert werden; dabei folgt die Behandlung einschließlich der Diagnose und Überwachung nicht einem vorab festgelegten Prüfplan, sondern ausschließlich der ärztlichen Praxis.

Klinisches Risikomanagement: die Gesamtheit aller Maßnahmen zur Vermeidung und Minimierung unerwünschter Ereignisse bei der Behandlung von Patienten; z.B. Seiten- und Eingriffsverwechslungen bei Operationen, Medikationsfehler, Probleme mit der Patientenidentifikation. Instrumentell wird das klinische Risikomanagement unterstützt durch ein Meldesystem für unerwünschte Ereignisse (→CIRS), →Audits, Begehungen, →Leitlinien, Standards, eine definierte →Fehlerkultur, ein →Beschwerdemanagement, →Patientenbefragungen und die Erarbeitung von →Behandlungspfaden, die nicht nur das medizinisch-pflegerische Vorgehen, sondern auch die organisatorische Umsetzung verbessern. Voraussetzungen sind die Festlegung entsprechender Verantwortlichkeiten und Verfahrensanweisungen sowie die Identifikation von relevanten Risikobereichen; z.B. Dekubitusentwicklung, Patienten-Dokumentation, Fehler im Zusammenhang mit der Nahrungsaufnahme, Fehler, die zu Stürzen des Patienten führen.

Knowledge: das durch Aus-, Fort- und Weiterbildung sowie die berufliche Praxis erworbene Wissen eines Mitarbeiters [Seel07].

Kodierer: fachkundige Person, die auf der Basis der medizinischen →Krankengeschichte die DRG-relevanten Diagnosen und Prozeduren eines Behandlungsfalles verschlüsselt.

Kohäsionsfunktion: in einer Führungsbeziehung die Akzentuierung des →Beziehungsverhaltens durch den →Führenden; Gegensatz: →Aufgabenverhalten [Seel07].

Kollektive Führung: Führungsbeziehung bei der ein Führender eine →Gruppe führt; Gegensatz: →Individualführung [Seel07].

Kommunikationsanalyse: Analysetechnik, welche die kommunikativen Beziehungen zwischen einzelnen Elementen (Stellen) eines Systems (Organisation) und/oder zu anderen Systemen (Schnittstellen) hinsichtlich Anlass, Häufigkeit,

Dauer, Inhalt und Art der Übermittlung zum Gegenstand hat. Die Ergebnisse einer Kommunikationsanalyse können als Kommunikationsmatrix oder –netz beschrieben werden.

Komplexpauschale: Vergütung für ein krankheitsartenbezogenes Paket von Gesundheitsleistungen, die für einen Krankheitsfall von verschiedenen regionalen Leistungserbringern, z.B. im Rahmen der Integrierten Versorgung oder eines Palliativ-Netzwerkes, erbracht und an einen Leistungserbringer des Netzwerks ausbezahlt und von diesem dann an die anderen Leistungserbringer verteilt wird.

Komplikation: in der Medizin ein Ereignis oder Umstand, wodurch der durchschnittliche Ablauf einer Erkrankung, eines ärztlichen Eingriffs oder natürlichen Vorgangs (z.B. Geburt) gestört werden kann; Entwicklung zu einem eigenständigen diagnostischen und therapeutischen Problem möglich (vgl. [Seel90]).

Konferenzstruktur: die Festlegung, welche (Führungs-)Gremien in einer Organisation wie zusammengesetzt sind und in welcher Frequenz diese zusammentreten. Um den vertikalen Informationsfluss zu sichern, sollte die Konferenzstruktur nach dem →Linking-Pin-Prinzip vernetzt und terminlich aufeinander abgestimmt sein.

Konkludente Einwilligung: eine „stillschweigende" oder konkludente Einwilligung ist keine „andere Form" der →Einwilligung, sondern als Zulässigkeitsvoraussetzung für die Verarbeitung von

Patientendaten vom Gesetzgeber der allgemeinen Datenschutzgesetze ausgeschlossen und für nichtig erklärt worden.

Konsiliar- und Liaisondienst: die Beurteilung oder Mitbehandlung eines Patienten im Medizinbetrieb durch einen Facharzt (Konsiliar) mit einer Facharztbezeichnung, die sich von derjenigen des behandelnden Arztes unterscheidet. Übliche Organisationsformen sind: die bedarfsweise patientenbezogene Hinzuziehung des Konsiliars (Konsiliarmodell), die regelmäßige Hinzuziehung des Konsiliars bei bestimmten Patienten-, Diagnose- oder Problemgruppen (Kontraktmodell), die anfrageunabhängige, regelmäßige Präsenz des Konsiliars in einer Behandlungseinheit (Liaisonmodell; z.B. eines Neurologen bei einer der Fachabteilung „Innere Medizin" zugeordneten Schlaganfallstation).

Konsilium: Besprechung von mindestens zwei Ärzten nach vorausgegangener Untersuchung eines Patienten zwecks Stellung der Diagnose oder Festlegung der Therapie; vgl. → Mitbehandlung.

Kontagionsindex: syn. Infektionsindex; (epidemiologische) Größe zur Quantifizierung der Erkrankungswahrscheinlichkeit bei einer Exposition gegenüber einem infektiösen Agens, d.h. die Anzahl der tatsächlich (erkennbar oder nicht erkennbar) Erkrankten bezogen auf 100 nicht-immune Exponierte; wenn der Kontagionsindex den Wert 1 hat, bedeutet das, dass 100% der erstmalig Infizierten erkranken [Seel90].

Kontamination: Verunreinigung, Verschmutzung, Verseuchung; allgemeine Bezeichnung für die Verunreinigung von Umwelt, Räumen, Gegenständen und Personen mit Schadstoffen, besonders durch Radioaktivität, biologische Gifte und chemische Substanzen; **1.** radioaktive Kontamination: oberflächliche Verunreinigung mit anhaftenden oder auf der Oberfläche adsorbierten radioaktiven Substanzen bei Überscheitung der Grenzwerte für Radioaktivität; **2.** chemische Kontamination: Verunreinigung durch Rauch, Abgase, industrielle Abwässer, Detergenzien, Pestizide, giftige Abfälle u.a.; **3.** (hyg.-mikrobiol.) Behaftung von Gegenständen, Lebensmitteln, Wasser, Luft, Boden und Makroorganismen mit Mikroorganismen; **4.** (psych.) Wortneubildung durch Verbindung mehrerer formal oder inhaltlich verwandter Wörter oder Silben; Vork. z.B. bei Schizophrenie; **5.** (pharm.) Verunreinigung von Arzneimitteln durch Fremdstoffe im Rahmen der Herstellung oder Lagerung [Seel90].

Kontextuelle Führung: Führung, die nicht (nur) durch soziale Interaktion, sondern durch Führungssubstitute erfolgt. Die zielorientierte Verhaltensausrichtung der Beschäftigten wird dabei durch organisationale Regeln vorgesteuert, wobei eine Unterscheidung nach strukturellen (Führungsstruktur), prozessualen (Prozessorganisation) und kulturellen (Organisationskultur) Aspekten vorgenommen werden kann.

Kontingenzmodell der Führung: von *F Fiedler* (1967) entwickeltes situatives Führungsstilkonzept. Führungserfolg wird da-

nach durch das Führungsverhalten (Aufga-
ben- und Beziehungsverhalten) und die
Günstigkeit der Führungssituation bestimmt. Eine Führungssituation gestaltet
sich für den Führenden umso günstiger, je
besser die affektive Beziehung zu den Geführten ist, d.h. je mehr diese ihn akzeptie-
ren und ihm loyal gegenüberstehen (Beziehung Führender/Geführter), je höher der
Strukturiertheitsgrad der zu erfüllenden
Aufgaben ist (Aufgabenverhalten) und je
mehr seine Position mit Befugnissen und
Möglichkeiten, insbesondere Belohnungs-
und Bestrafungspotenzial, ausgestattet ist
(Positionsmacht). *F Fiedler* kommt zu dem
Schluss, dass ein aufgabenbezogenes Führungsverhalten (Aufgabenverhalten) in
sehr günstigen oder sehr ungünstigen, ein
mitarbeiterbezogenes Führungsverhalten
(Beziehungsverhalten) in Situationen mittlerer Günstigkeit erfolgreich ist. Im alltäg-
lichen medizinbetrieblichen Arbeitsablauf
ist von einer Situation mittlerer Günstigkeit auszugehen, sodass stete Motivation
durch den Führenden erforderlich ist (vgl.
[Seel07]).

Kontinuierlicher Verbesserungsprozess:
Abk. KVP; Qualitätsentwicklungsstrate-
gie; Qualitätsmanagement kann nur erfolgreich sein, wenn jeder Mitarbeiter bewusst
eine Mitverantwortung an der Qualität seiner Arbeitsstätte (Medizinbetrieb) und an
deren Verbesserung trägt und die Qualitätsverbesserung als kontinuierlichen Prozess auffasst. Voraussetzung hierzu ist eine
von allen Beschäftigten geteilte Einstel-
lung, die dem aus dem Japanischen stam-
menden Kaizen entspricht. **Kaizen**, wörtlich Veränderung (kai), um gut (zen) zu
werden, steht für das Bestreben, ständiges

Verbessern der Verbesserung wegen zu betreiben. Leitsätze der Kaizen-Philosophie
von *M Imai* sind: „Kleine Dinge besser
tun; morgen stets besser sein als heute;
immer höhere Standards setzen und halten;
alle als Kunden sehen". Diese Haltung findet ihre Realisierung in dem ständig zu
durchlaufenden →PDCA-Zyklus.

Kontinuum des Führungsverhaltens: s.
Entscheidungspartizipation.

Kontraindikation: s. Indikation.

Kontrollspanne: in einer Organisation
die Anzahl der einem Vorgesetzten unmittelbar nachgeordneten Mitarbeiter
[Seel07].

Konzept der schwachen Signale: Nach
I Ansoff (1981) kündigen sich Diskontinuitäten in der medizinbetrieblichen Umwelt,
insbesondere strategische Überraschungen,
im Voraus durch schwache Signale an.
Schwache Signale beinhalten meist neue,
qualitative Informationen; so z.B. die
plötzliche Häufung gleichartiger Ereignisse, die Verbreitung neuer Ideen und Meinungen in den Medien, Initiativen und
Tendenzen in der Politik und Rechtsprechung, geäußerte Auffassungen sog. Mei-
nungsführer aus allen Bereichen des öffentlichen Lebens. Ziel des Konzeptes der
schwachen Signale ist es, dem Eintreten
strategischer Überraschungen durch eine
ungerichtete Umweltbeobachtung (360-
Grad-Radar) bzw. ein frühzeitiges Erkennen auch der schwachen Signale zu begegnen, um das Reaktionspotenzial für das
Management möglichst groß genug halten
zu können.

Kosten- und Leistungsrechnung: Inhalt der Kosten- und Leistungsrechnung ist die Zuordnung der Leistungen zu denjenigen Kosten, die durch die Entscheidung, diese Leistungen zu erbringen, verursacht werden. Die Aussagekraft der Ergebnisse einer Kostenrechnung hängt also wesentlich davon ab, inwieweit es gelingt, die Verursachungsbeziehungen zwischen Leistungen und Kosten zu finden. Als Kosten selbst bezeichnet man den in Geldeinheiten bewerteten Güter- und Leistungsverzehr zur Erstellung anderer Güter oder Leistungen. Aufgabe einer Kostenrechnung ist die Erfassung, Verteilung und Zurechnung von Kosten, die bei der betrieblichen Leistungserstellung entstehen. Dabei kann man drei Teilbereiche unterscheiden: die Kostenarten-, die Kostenstellen- und die Kostenträgerrechnung. Die **Kostenartenrechnung** bezieht sich auf die Art der Kosten (z.B. Personalkosten, Materialkosten), die in einer Periode entstanden sind. Sie behandelt die Fragestellung, welche Kosten insgesamt den Arten nach in welcher Höhe angefallen sind. Mit Hilfe der **Kostenstellenrechnung** wird ermittelt, in welchen Betriebsbereichen (Kostenstellen) Kosten verursacht worden sind. Sie beantwortet die Frage, wo welche Kosten der Art nach in welcher Höhe angefallen sind. Sie dient u.a. der Überwachung und Kontrolle der Wirtschaftlichkeit in einzelnen Tätigkeits- und Verantwortungsbereichen. Die **Kostenträgerrechnung** hat die Aufgabe, die Kosten den erstellten Produkten oder (Gesundheits-)Leistungen (z.B. DRGs) zuzurechnen. Sie ist eine Stückrechnung, die die Fragestellung behandelt, wofür welche Kosten in welcher Höhe pro Stück angefallen sind. Bei Kostenrechnungen kann man weiter differenzieren nach Fristigkeit und Zeitbezug. Bei einer Ist-Kostenrechnung werden in der Kostenarten-, Kostenstellen- und Kostenträgerrechnung die in einer Periode tatsächlich angefallenen Kosten erfasst und verrechnet. Gleicht man zufällig Schwankungen von Kosten mit Hilfe einer Durchschnittsbildung über Preise und Mengen vergangener Perioden aus, erhält man normalisierte Kostenwerte. Man spricht dann von einer Normalkostenrechnung. Bei der Plankostenrechnung bezieht man erwartete Zukunftsentwicklungen von Kostenbestimmungsfaktoren in die Rechnung mit ein. In einer starren Plankostenrechnung werden die Kosten für nur eine bestimmte Planausbringung (-beschäftigung) errechnet. Flexible Plankostenrechnungen berücksichtigen dagegen die Kostenabhängigkeit von verschiedenen Beschäftigungsgraden und ermöglichen dadurch die Bestimmung entsprechender Soll-Kosten. Neben dem Zeitbezug ist der Sachumfang aller verrechneten Kosten charakteristisch für Grundformen der Kostenrechnung. Hier ist zunächst die historisch älteste Form, die Vollkostenrechnung, zu nennen. Bei ihr werden die in der zurückliegenden Abrechnungsperiode entstandenen Kosten zunächst auf die Kostenstellen verteilt und von dort vollständig auf die einzelnen Kostenträger direkt und indirekt verrechnet. Dabei geht man davon aus, dass für eine wirksame Wirtschaftlichkeitskontrolle alle angefallenen Kosten einer Periode auf die erstellten Leistungen oder Leistungsgruppen und Leistungsstellen zu verteilen sind. Teilkostenrechnungen differenzieren zwischen beschäftigungsunabhängigen (fixen) und beschäftigungsabhängigen (variablen) Kosten, um zu ermöglichen, dass nur jener Teil an Kosten den Kostenstellen bzw. –trägern zugerechnet wird, der durch die Leistungserstellung tatsächlich verursacht worden ist. Ob sich die Kosten entscheidungsfix oder –variabel verhalten, ist vom Planungs- und Entscheidungszeitraum abhängig. Der Anteil fixer Kosten sinkt mit zunehmendem Fristigkeitsgrad. Wählt man einen maximalen Planungshorizont, werden schließlich alle Kosten variabel. In →Medizinbetrieben, wo sich die Nachfrage nach Leistungen kurzfristig stark ändern kann, sind Anpassungsrechnungen mit relativ feinen Fristigkeitsgraden notwendig; so beim Auftreten von Engpässen, die Verfahrensabweichungen sowie intensitätsmäßige oder auch kapazitätserhöhende personelle und/oder apparative Anpassungen erfordern [Seel90].

Kostenartenrechnung: s. Kosten- und Leistungsrechnung.

Kostenerstattungsprinzip: im Gegensatz zum →Sachleistungsprinzip Prinzip der Leistungsgewährung in der privaten Krankenversicherung; danach werden dem Versicherten seitens des Versicherers die durch die Inanspruchnahme von Gesundheitsleistungen entstandenen Kosten entweder vollständig oder je nach →Selbstbeteiligung teilweise erstattet, ohne dass der Versicherer selbst Sorge für die Bereitstellung der notwendigen medizinischen Leistungen trägt. Der wesentliche Vorteil des Kostenerstattungsprinzips wird in der Kostentransparenz für den Ver-

sicherten gesehen, dessen Kostenbewusstsein – in Verbindung mit einer Selbstbeteiligung – gestärkt und dadurch ein →Moral hazard-Verhalten abgebaut werden soll (vgl. [Seel90]).

Kosten-Nutzen-Analyse: s. Bewertungsverfahren.

Kostenstellenrechnung: s. Kosten- und Leistungsrechnung.

Kostenträgerrechnung: s. Kosten- und Leistungsrechnung.

Kosten-Wirksamkeitsanalyse: s. Bewertungsverfahren.

Krankenakte: syn. für →Krankenblatt.

Krankenbehandlung: umfasst in der gesetzlichen Krankenversicherung „1. ärztliche Behandlung einschließlich Psychotherapie als ärztliche und psychotherapeutische Behandlung, 2. zahnärztliche Behandlung, 2a. Versorgung mit Zahnersatz einschließlich Zahnkronen und Suprakonstruktionen, 3. Versorgung mit Arznei-, Verband-, Heil- und Hilfsmitteln, 4. häusliche Krankenpflege und Haushaltshilfe, 5. Krankenhausbehandlung, 6. Leistungen zur medizinischen Rehabilitation und ergänzende Leistungen.“ Zur Krankenbehandlung gehören auch Leistungen zur Herstellung der Zeugungs- und Empfängnisfähigkeit, wenn diese Fähigkeit nicht vorhanden war oder durch Krankheit oder wegen einer durch Krankheit erforderlichen Sterilisation verloren gegangen war (§ 27 Abs. 1 SGB V).

Krankenbetten: Betten, die in ihrem Aufbau speziell an die Anforderungen eines Krankenhauses und an die Bedürfnisse Liegendkranker angepasst sind (z.B. durch Rollen mobil einsetzbar; Vorrichtungen zum Anbringen von Sondereinrichtungen; Verstellbarkeit des Kopf- und Fußteils).

Krankenblatt: Teil der →Verlaufsdokumentation. Im Krankenblatt werden die vom Patienten und seinen Angehörigen gemachten Angaben zur gesundheitlichen und sozialen Vorgeschichte, die aktuellen Beschwerden und eingenommenen Medikamente, die Befunde der körperlichen Untersuchung, weitere persönlich vom behandelnden Arzt gemachte Feststellungen und alle sonstigen für den Krankheitsverlauf wichtigen Angaben verzeichnet. Hierzu gehören auch ärztliche Beurteilungen, Diagnosen, Verdachtsdiagnosen, Hinweise zur Prognose sowie ärztliche Anordnungen und Maßnahmen. Falls nicht durch detailliert geführte →Verlaufskurven entbehrlich, ist der Krankheitsverlauf durch zeitnahe Vermerke dokumentiert. Das Krankenblatt wird mit einer Epikrise bzw. einem Arztbrief abgeschlossen und durch den behandelnden Arzt unterzeichnet.

Krankengeschichte: die patientenbezogene →Dokumentation einer stationären oder semistationären Behandlung; i.w.S. auch die Kartei- und Faltkarten der ambulant behandelnden Ärzte; ferner auch die in Datenverarbeitungssystemen gespeicherten Patientendatensätze. Die Krankengeschichte umfasst bei der Krankenhausbehandlung die ärztliche Dokumentation (Verlaufsdokumentation, Dokumentation der Aufklärung und der Patientenentscheidungen), die →Pflegedokumentation, ferner die Dokumentation der Maßnahmen des therapeutischen Teams.

Krankenhaus: Medizinbetrieb; nach § 2 Nr. 1 KHG eine Einrichtung, in der durch ärztliche und pflegerische Hilfeleistung Krankheiten, Leiden oder Körperschäden festgestellt, geheilt oder gelindert werden sollen oder Geburtshilfe geleistet wird und in der die zu versorgenden Personen untergebracht und verpflegt werden können. Krankenhäuser im Sinne der gesetzlichen Krankenversicherung sind nach § 107 Abs. 1 SGB V „Einrichtungen, die 1. der Krankenhausbehandlung oder Geburtshilfe dienen, 2. fachlich-medizinisch unter ständiger ärztlicher Leitung stehen, über ausreichende, ihrem Versorgungsauftrag entsprechende diagnostische und therapeutische Möglichkeiten verfügen und nach wissenschaftlich anerkannten Methoden arbeiten, 3. mit Hilfe von jederzeit verfügbarem ärztlichem, Pflege-, Funktions- und medizinisch-technischem Personal darauf eingerichtet sind, vorwiegend durch ärztliche und pflegerische Hilfeleistung Krankheiten der Patienten zu erkennen, zu heilen, ihre Verschlimmerung zu verhüten, Krankheitsbeschwerden zu lindern oder Geburtshilfe zu leisten, und in denen 4. die Patienten untergebracht und verpflegt werden können." § 30 der Gewerbeordnung stellt daneben besondere Kriterien für die Erteilung der Konzession zum Betrieb von Privatkrankenanstalten auf. Krankenhäuser lassen sich formal unterscheiden nach Art der ärztlichen-pflegerischen Zielsetzung, d.h. ihrer betrieblichen

Funktion (→Allgemeinkrankenhäuser, →Fachkrankenhäuser, →Sonderkrankenhäuser), nach der Art der ärztlichen Besetzung (→Anstalts-, →Belegkrankenhäuser), nach der Intensität von Behandlung und Pflege (Akutkrankenhäuser, Langzeitkrankenhäuser, Krankenhäuser für Chronischkranke), nach der →Versorgungsstufe (Grund-, Regel-, Maximalversorgung), nach der Art der Leistungserbringung (voll-, teilstationär), nach der Trägerschaft (öffentlich-rechtlich, freigemeinnützig, privat) und nach der Rechtsform (öffentlich-rechtlich, privatrechtlich). Die vom Statistischen Bundesamt, Wiesbaden, herausgegebene amtliche Krankenhausstatistik publiziert jährlich Daten über die Krankenhäuser und deren Leistungsgeschehen nach fachlicher und regionaler Gliederung.

Krankenhausaufnahmevertrag: auch Krankenhausbehandlungsvertrag; (Dienst-)Vertrag i.S. § 611 BGB über die Durchführung einer teil- oder vollstationären Behandlung. Nach den unterschiedlichen Rechtsbeziehungen zwischen Krankenhausträger, Arzt und Patient bei der Ausgestaltung eines Krankenhausaufnahmevertrages haben sich in der Praxis drei Vertragstypen herausgebildet: der totale Krankenhausaufnahmevertrag, der gespaltene Krankenhausaufnahmevertrag und der totale Krankenhausaufnahmevertrag mit Arztzusatzvertrag.

Krankenhausbehandlungsvertrag: s. Krankenhausaufnahmevertrag.

Krankenhausbetriebslehre: Teilgebiet der →Medizinbetriebslehre.

Krankenhausdirektor: s. Verwaltungsleiter, Krankenhausdirektorium.

Krankenhausdirektorium: aus den Vorgaben des Landeskrankenhausgesetzes abgeleitetes Leitungsgremium eines Krankenhauses, das, abhängig von dessen Rechtsform, den Organvertretern bzw. dem Krankenhausträger gemeinsam für eine ordnungsgemäße Betriebsführung verantwortlich ist. Im Rahmen dieser Gesamtverantwortung können nach der Geschäftsordnung abgegrenzte Aufgabengebiete den einzelnen Mitgliedern übertragen werden, ohne dass die Gesamtverantwortung berührt wird. Das Krankenhausdirektorium setzt sich traditionell zusammen aus dem Ärztlichen Leiter (oder →Ärztlichen Direktor), der →Pflegedienstleitung und dem Betriebsdirektor (→Verwaltungsleiter). Insoweit die Landeskrankenhausgesetze keine Vorgaben machen, besteht die Tendenz, die Krankenhausleitung auf einen ärztlichen und einen kaufmännischen Leiter zu begrenzen. Diese können zugleich auch Organvertreter (z.B. Geschäftsführer einer GmbH) oder diesen nachgeordnet sein.

Krankenhausgesellschaften: Die Landeskrankenhausgesellschaft ist ein Zusammenschluss von Trägern →zugelassener Krankenhäuser in einem Bundesland. In der Deutschen Krankenhausgesellschaft (DKG) sind die Landeskrankenhausgesellschaften zusammengeschlossen. Bundesverbände oder Landesverbände der Krankenhausträger können den Krankenhausgesellschaften angehören (§ 108a SGB V) (*www.dkgev.de*).

Krankenhaushäufigkeit: Quotient aus der Zahl der Krankenhausfälle (Patienten), die innerhalb eines definierten Zeitraumes (i.d.R. ein Jahr) und aus einer bestimmten Region ein Krankenhaus aufsuchen, und der Einwohnerzahl (in Tausend); wichtige Maßzahl zur → Krankenhausplanung.

Krankenhausinformatik: Teilgebiet der → Medizinischen Informatik, das sich mit der Gestaltung computergestützter Informationssysteme für die Planung, den Bau und den Betrieb von Krankenhäusern befasst.

Krankenhausinformationssystem: Abk. KIS; s. computergestütztes Informationssystem.

Krankenhausplanung: Festlegung der vorzuhaltenden Krankenhäuser und Fachabteilungen in bestimmten Planungsregionen für einen bestimmten Planungszeitraum. Es wird dabei versucht, das Angebot an Krankenhäusern dem Bedarf planerisch weitgehend anzupassen. Ziel der Krankenhausplanung ist die Sicherung der bedarfsgerechten Versorgung der Bevölkerung mit eigenverantwortlich wirtschaftenden Krankenhäusern. Als Planungsgrundlage können verschiedene methodische Ansätze zur Bedarfsprognose herangezogen werden: der morbiditätsorientierte, mortalitätsorientierte, angebotsorientierte, ressourcenorientierte oder inanspruchnahmeorientierte Ansatz. Letzterer beinhaltet die Ermittlung, Analyse und Prognose von Bedarfsdeterminanten, die in der Hill-Burton-Formel zusammengefasst den Bedarf, ausgedrückt in Planbetten beschreibt: (Einwohnerzahl x Krankenhaushäufigkeit x Verweildauer)/(100.000 x Nutzungsgrad x 365/100).

Krankenhausträger: Eigentümer eines Krankenhauses; der geschichtlichen Entwicklung des bundesdeutschen Krankenhauswesens folgend werden Krankenhäuser von öffentlichen (kommunale Gebietskörperschaft, ein Bundesland, die Bundesrepublik Deutschland oder eine sonstige Körperschaft öffentlichen Rechts), freigemeinnützigen (z.B. Wohlfahrtsverbände, Religionsgemeinschaften) und privaten Trägern betrieben. Die privaten Träger führen ihre Krankenhäuser i.d.R. nach erwerbswirtschaftlichen Grundsätzen.

Krankenkasse: organisatorisch und finanziell eigenständige öffentlich-rechtliche Selbstverwaltungskörperschaft, die Trägerin der → gesetzlichen Krankenversicherung ist und in Selbstverwaltung unter staatlicher Aufsicht die ihr übertragenen Aufgaben durchführt. Man unterscheidet verschiedene Kassenarten, die sich in ihrem Organisationsrecht voneinander unterscheiden (Allgemeine Ortskrankenkassen, Ersatzkassen, Betriebskrankenkassen, Innungskrankenkassen, Landwirtschaftliche Krankenkassen, Deutsche Rentenversicherung Knappschaft-Bahn-See). Im Interesse der Leistungsfähigkeit und Wirtschaftlichkeit der gesetzlichen Krankenversicherung arbeiten die Krankenkassen und ihre Verbände sowohl innerhalb einer Kassenart als auch kassenartenübergreifend miteinander und mit anderen Einrichtungen des Gesundheitswesens eng zusammen.

Krankenstand: Zahl der an einem Tag ermittelten Personen, welche wegen Krankheit der Arbeit fernbleiben, bezogen auf die Zahl der Beschäftigten insgesamt. Diese Zahl kann für längere Zeiträume (Monat, Jahr) gemittelt werden. Krankenstände variieren z.B. nach Alter und Geschlecht, arbeitsrechtlichem Status, aber auch nach Beschäftigungsbereichen und Arbeitsmarktsituation.

Krankentransportwagen: Spezialfahrzeug, das von Größe und Ausstattung her bestimmt ist, Nichtnotfallpatienten zu transportieren. Hierzu besteht die Norm DIN 75080 [Seel90].

Krankenunterlagen: Gesamtheit aller Daten, die der Arzt und seine Hilfspersonen zur Erfüllung der ärztlichen Aufgabenstellung im Wege der Übermittlung durch den Patienten oder durch eigene Erhebung ermittelt oder selbst erzeugt haben. Hierzu zählen u.a. Krankengeschichten, Arztbriefe, Operationsberichte, Aufzeichnungen medizinisch-technischer Untersuchungen (z.B. Röntgenbilder, EKG, Szintigramm). Krankenunterlagen unterliegen wie alle übrigen →Patientengeheimnisse der →ärztlichen Schweigepflicht. Für den Arzt besteht eine Pflicht zur Führung von Krankenunterlagen aufgrund der ärztlichen Dokumentationspflicht aus dem →Krankenhausaufnahmevertrag, wenn das Krankenhaus hiernach auch die ärztliche Behandlung schuldet. Die Dokumentationspflicht des Arztes bzw. des Krankenhauses schließt auch die Pflicht zur Aufbewahrung der im Rahmen der Behandlung angefallenen Krankenunterlagen ein [Seel90].

Krankenversichertenkarte: Behandlungsausweis für Anspruchsberechtigte der gesetzlichen Krankenversicherung; enthält neben der Unterschrift des Versicherten in einer für eine maschinelle Übertragung auf die für die vertragsärztliche Versorgung vorgesehenen Abrechnungsunterlagen und Vordrucke geeigneten Form ausschließlich folgende Angaben: Bezeichnung der ausstellenden Krankenkasse, Familienname und Vorname des Versicherten, Geburtsdatum, Anschrift, Krankenversichertennummer, Versichertenstatus, Tag des Beginns des Versicherungsschutzes, bei befristeter Gültigkeit der Karte das Datum des Fristablaufs (§ 291 SGB V). Die Krankenversichertenkarte wird künftig durch die →elektronische Gesundheitskarte ersetzt.

Krankenversorgung: in Abgrenzung zur →Gesundheitsfürsorge Oberbegriff für medizinisch-kurative und pflegerische →Gesundheitsleistungen (Behandlung, Pflege, Rehabilitation).

Krankenvorgeschichte: s. Anamnese.

Krankheit: kybernetisch gesehen der Ausdruck gestörter Regelkreise eines Biosystems. Dem Krankheitsbegriff werden medizinisch, soziokulturell, sozialrechtlich und subjektiv unterschiedliche semantische Akzente zugeordnet. Im Sozialrecht wird der Krankheitsbegriff juristisch definiert, d.h. es wird auf den jeweiligen Normzweck oder Regelungsbereich abgestellt; 1. in der gesetzlichen Krankenversicherung ist Krankheit ein regelwidriger Körper- oder Geisteszustand, der Behandlungsbedürftigkeit und zugleich oder ausschließlich eine Arbeitsunfähigkeit zur Folge hat; **2.** im Rentenversicherungsrecht ein regelwidriger Körper- oder Geisteszustand, bei dem es jedoch, anders als im Krankenversicherungsrecht, nicht erforderlich ist, dass Behandlungsbedürftigkeit und/oder Arbeitsunfähigkeit vorliegt. Entscheidend ist allein, dass der regelwidrige Körper- oder Geisteszustand eine Minderung der Erwerbsfähigkeit zur Folge hat; **3.** im Arbeitsrecht versteht man unter Krankheit einen regelwidrigen Körper- oder Geisteszustand, der die Fähigkeit des Arbeitnehmers aufhebt, seine ihm vertragsmäßig obliegende oder eine dieser vergleichbare Arbeit zu verrichten; bloße Behandlungsbedürftigkeit ist im Gegensatz zum krankenversicherungsrechtlichen Krankheitsbegriff nicht ausreichend; **4.** im Strafrecht versteht man unter Krankheit i. S. des Straftatbestandes der Aussetzung (§ 221 Abs. 1 StGB), weitergehend als in der gesetzlichen Krankenversicherung, jeden pathologischen Zustand. Danach können auch Bewusstlosigkeit oder starke Berauschung ebenso wie der Geburtsakt als Krankheit angesehen werden. Eine die Schuldfähigkeit ausschließende „krankhafte seelische Störung" i.S. des § 20 StGB liegt vor, wenn es sich um eine qualitative, d.h. nicht mehr im Rahmen eines sinnvollen Erlebniszusammenhangs liegende seelische Abnormität handelt, die auf einem nachweisbaren oder doch mit guten Gründen postulierbaren, noch anhaltenden oder bereits abgeschlossenen Organprozess beruht; **5.** im Sinne des Arzneimittelrechts (§ 2 Abs. 1 Nr. 1 AMG) gilt als Krankheit jede, also auch eine nur unerhebliche Stö-

rung der normalen Beschaffenheit oder der normalen Tätigkeit des Körpers, die geheilt, d.h. beseitigt oder gelindert werden kann und die nicht nur eine normale Schwankung der Leistungsfähigkeit, der jeder Körper ausgesetzt ist, darstellt.

Krankheitsbewältigungsverhalten: syn. für engl. →coping.

Krankheitsbild: syn. Krankheitsentität; einheitliches Erscheinungsbild einer Erkrankung bei gleicher Ursache mit gleichen Symptomen, gleicher Krankheitsentstehung (Pathogenese) und gleicher Therapie. Es handelt sich um eine naturgesetzliche Reaktionsform des menschlichen Organismus auf endogene oder exogene Krankheitsfaktoren. Das Erlernen von Krankheitsbildern ist Inhalt des medizinischen Studiums [Seel90].

Krankheitsentität: syn. für →Krankheitsbild.

Krankheitsfrüherkennung: sekundäre →Prävention.

Krankheitsregister: Einrichtungen, die das Auftreten bzw. den Verlauf definierter Krankheiten in einer Bevölkerung aufgrund einer Meldepflicht, eines Melderechts oder mit →Einwilligung des Patienten zum Zwecke der medizinischen Forschung und Statistik systematisch und kontinuierlich patienten- oder fallbezogen erfassen; z.B. Krebsregister.

Krankheitsverlauf: zeitliche Entwicklung eines →Krankheitsbildes, wesentliche Grundlage für die Überprüfung bzw. Bestätigung einer richtigen Diagnose und Therapie [Seel90].

Krankheitsvorgeschichte: s. Anamnese.

Krebsregister: meist von →Tumorzentren geführtes spezielles →Krankheitsregister, dessen Aufgabe es ist, fortlaufend statistische Daten über das Entstehen, das Auftreten und den Verlauf bösartiger Geschwulsterkrankungen in einer Bevölkerung zu dokumentieren und für die wissenschaftliche Bearbeitung spezieller Fragestellungen der Krebsforschung bereitzustellen. Man unterscheidet: **a)** das regionale Gebietsregister, das vorwiegend epidemiologisch-statistischen Zwecken dient; **b)** das klinische Nachsorgeregister, das die in einem Krankenhaus bzw. in einem Tumorzentrum behandelten Krebskranken i.S. eines Konsiliardienstes erfasst und für eine zentrale, organisierte und koordinierte →Nachsorge bei diesen Patienten sorgt; **c)** das pathoanatomische Spezialregister, in dem klinisches und biooptisches Material über jeweils eine bestimmte Tumorform gesammelt wird. Es dient der Diagnosehilfe, insbesondere bei unklaren Fällen und der Arbeit an der Standardisierung der Nomenklatur, der Klassifikation und der Stadieneinteilung (TNM-Klassifikation) [Seel90].

Kreißsaal: Raum in der geburtshilflichen Fachabteilung eines Krankenhauses, in dem entbunden wird.

Kritischer Erfolgsfaktor: Produktionsfaktor, der für die Ergebniskriterien (→EFQM-Modell) eines Wertschöpfungsprozesses von besonderer Bedeutung ist.

Kryochirurgie: sogenannte Kältechirurgie; Anwendung der Kryotechnik (Erzeugung tiefer Temperaturen) als chirurgisches Verfahren; die hierbei genutzten biologischen Reaktionen der Gewebe auf eine Kälteeinwirkung lassen sich unterteilen in vier Reaktionsformen: a) entzündliche Reaktion (Verklebung); b) sog. Klebeeffekt, z.B. Kryoextraktion der Linse des Auges; c) nekrotisierender Effekt zur Gewebezerstörung und Kryoresektion; d) Tiefkühleffekt zur temporären Blutstillung [Seel90].

KTQ®: Abk. für **K**ooperation für **Trans**parenz und **Q**ualität im Gesundheitswesen. Die im Dezember 2001 gegründete KTQ GmbH hat in vierjähriger Entwicklungsarbeit unter Leitung von Vertretern der Spitzenverbände der gesetzlichen Krankenversicherung, der Bundesärztekammer, der Deutschen Krankenhausgesellschaft und dem Deutschen Pflegerat ein Zertifizierungsverfahren entwickelt, welches zur Bewertung des Qualitätsmanagements in Krankenhäusern eingesetzt wird. Zentrales Ergebnis der Entwicklungsarbeit ist der sogenannte KTQ-Katalog. Die gegenwärtig 70 Kriterien gliedern sich in sechs Kategorien: Patientenorientierung, Mitarbeiterorientierung, Sicherheit im Krankenhaus, Informationswesen, Krankenhausführung und Qualitätsmanagement. Damit steht für die vorgeschaltete Selbstbewertung und die über die KTQ-Zertifikatsvergabe entscheidende Fremdbewertung eine schlüssige Systematik als Grundlage zur Verfügung, die eine transparente und nachvollziehbare Bewertung ermöglicht. Das freiwillige KTQ-Bewertungsverfahren umfasst im Einzelnen eine Selbstbewertung des Krankenhauses, die Anmeldung zur

Fremdbewertung bei einer der KTQ-Zertifizierungsstellen, die Fremdbewertung durch ein KTQ-Visitorenteam, die Zertifizierung und Veröffentlichung des KTQ-Qualitätsberichts. Als alleiniger Träger des KTQ-Zertifizierungsverfahrens bestehen die Aufgaben der Gesellschaft in der Pflege und Weiterentwicklung des KTQ-Zertifizierungsverfahrens, Akkreditierung der KTQ-Zertifizierungsstellen, der Vergabe der Nutzungsrechte an der Marke KTQ®, Schulung und Akkreditierung der KTQ-Visitoren, Training für Berater (*www.ktq.de*).

Kulturbewusstes Management: geht zurück auf *TJ Peters* und *RH Waterman* (1982), die herausfanden, dass besonders innovative und erfolgreiche (exzellente) Unternehmen übereinstimmend u.a. durch ein sichtbar gelebtes (starkes) →Wertesystem charakterisiert waren. Pragmatisch gesehen beschränkt sich dieser Ansatz darauf, eine mögliche Organisationskultur unter Berücksichtigung der in einem Medizinbetrieb repräsentierten Grundannahmen und Werthaltungen zu artikulieren, eine Übereinstimmung darüber herbeizuführen, was wünschenswert ist, und dann diese vom Träger des Medizinbetriebs bestätigten gemeinsamen Werte zu befolgen. Als Gesamtheit der zu den einzelnen Werten (Handlungsmaximen) formulierten (Verhaltens-)Leitsätze stellt sich dann das medizinbetriebliche Wertesystem als das vom Träger des Medizinbetriebs intendierte (zu lebende) →Leitbild dar.

Kultur-Ebenen-Modell: Das von *EH Schein* (1995) entwickelte Modell dient dazu, die verschiedenen Ebenen einer →Organisationskultur zu ordnen und ihre Beziehungen zueinander zu klären. Es unterscheidet drei Ebenen, wobei sich der Begriff „Ebene" auf den Grad der Sichtbarkeit eines kulturellen Phänomens für den Wahrnehmenden bezieht (s. Abb.). Diese Ebenen reichen von den Artefakten, also den ohne weiteres sichtbaren, spürbaren und offenkundigen Erscheinungsformen oder Gestaltungselementen der medizinbetrieblichen Organisationskultur, über die propagierten Normen und Orientierungsmuster bis hin zu den tief verwurzelten, unbewussten Grundannahmen und Werthaltungen. Um die (unausgesprochenen) Grundannahmen einer medizinbetrieblichen Organisationskultur explizit zu machen, muss man sich, so *EH Schein*, ausgehend von den erfahrbaren kulturellen Ausdrucksformen (Artefakten), sukzessive die zugrundeliegenden Basisorientierungen (Wertekern) in einem Interpretationsprozess erschließen bis schließlich ein intersubjektiv vollziehbares Bild der Deutungsfiguren und ihrer Vernetzung resultiert. Dazu ist ein multi-methodales Vorgehen (Beobachtung, Befragung, Dokumen-

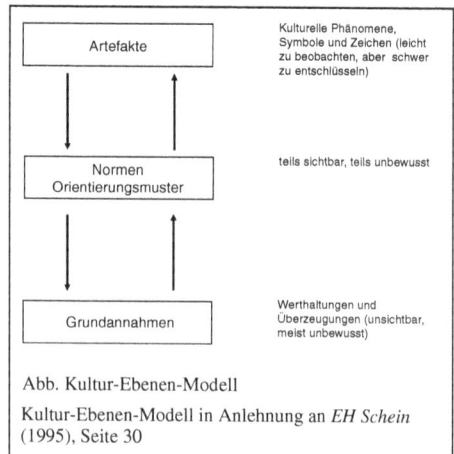

Abb. Kultur-Ebenen-Modell

Kultur-Ebenen-Modell in Anlehnung an *EH Schein* (1995), Seite 30

tenanalyse), bezogen auf die Ursprungsbereiche kultureller Phänomene (z.B. Rituale und Symbole, Geschichten, Anekdoten, Lebensläufe der Führenden), gegebenenfalls auch unter Rückgriff auf Kulturtypologien, zielführend [Seel07].

Kulturkonflikt: Konflikt, der beim Aufeinandertreffen unterschiedlicher Organisationskulturen entstehen kann, so z.B. bei der Privatisierung oder der Fusion von Medizinbetrieben oder der Übernahme der Betriebsführung durch Dritte (Outsourcing). Für das Kulturmanagement ergeben sich dann grundsätzlich drei Möglichkeiten: die Organisationskulturen bleiben getrennt, eine Kultur wird dominant oder die Integration der Kulturen im Sinne best practice (vgl. [Seel07]).

Kumulativbefund: Im Gegensatz zum einfachen Befundbericht, in dem die Resultate der Analyse des →Patientenuntersuchungsguts zusammengestellt sind, werden im kumulativen Befundbericht die Ergebnisse mehrerer Proben mit unterschiedlichen Probenahmezeitpunkten für einen Patienten zusammengefasst und präsentiert; z.B. tagesbezogener Wochenbericht, aktueller Kumulativbericht, kumulativer Gesamtbericht über die Dauer des stationären Aufenthaltes. Diese Art des Befundberichtes ist von großem Vorteil für die Verlaufsbeobachtungen [Seel90].

Kunde: Insofern die Erbringung von Gesundheitsleistungen ihren (monetären) Preis hat und Ärzte und andere Leistungserbringer darüber ihr Einkommen erwerben, war und ist der Patient im ökonomischen Sinn Kunde. Allerdings ist die Position der Patienten im Gesundheitsmarkt nur rudimentär mit der eines Kunden auf dem regulären Warenmarkt gleichzusetzen. Bedingt ist dieser Umstand neben dem besonderen Charakter des Gutes Gesundheit, durch die Informationsasymmetrie zwischen Professionellen und Patienten, durch die Abhängigkeiten zwischen Anbietern und Nachfragern, durch den Mangel an echten Wahlmöglichkeiten und durch die Tatsache, dass die GKV-Patienten die Kosten ihrer Nachfrage nicht direkt zu tragen haben.

Kur: vorübergehender Aufenthalt in einem anerkannten, spezialisierten Kurort zur Prävention und Therapie. Der Begriff Kur wird irrtümlich für stationäre medizinische Leistungen zur Rehabilitation verwandt, obwohl hier nicht die Erhaltung bzw. Wiederherstellung der Erwerbsfähigkeit, sondern die Gesundheit im Vordergrund steht. Die offene und geschlossene Badekur wird von den Versicherungsträgern auf Antrag des Hausarztes gefördert. Die einzelnen Maßnahmen während der Kur legt der Kurarzt fest.

kurativ : heilend, auf Heilung ausgerichtet.

Kurve: Abk. für →Verlaufskurve.

Kurzzeitpflege: Kann die häusliche Pflege für einen Pflegebedürftigen nicht, noch nicht oder nicht im erforderlichen Umfang erbracht werden und reicht auch teilstationäre Pflege nicht aus, besteht nach § 42 SGB XI Anspruch auf Pflege in einer vollstationären Einrichtung für eine Übergangszeit im Anschluss an eine stationäre

Behandlung des Pflegebedürftigen oder in sonstigen Krisensituationen, in denen vorübergehend häusliche oder teilstationäre Pflege nicht möglich oder nicht ausreichend ist.

KV: im Gesundheitswesen Abk. für →**K**assenärztliche Vereinigung.

KVP: Abk. für →**k**ontinuierlicher Verbesserungsprozess.

L

Laboratoriumsmedizin: medizinisches Fachgebiet; umfasst die Beratung und Unterstützung der in der Vorsorge und Krankenbehandlung Tätigen bei der Vorbeugung, Erkennung und Risikoabschätzung von Krankheiten und ihren Ursachen, bei der Überwachung des Krankheitsverlaufes sowie bei der Prognoseabschätzung und Bewertung therapeutischer Maßnahmen durch die Anwendung morphologischer, chemischer, physikalischer, immunologischer, biochemischer, immunchemischer, molekularbiologischer und mikrobiologischer Untersuchungsverfahren von Körpersäften, ihrer morphologischen Bestandteile sowie Ausscheidungs- und Sekretionsprodukten, einschließlich der dazu erforderlichen Funktionsprüfungen sowie der Erstellung des daraus resultierenden ärztlichen Befundes [Bund06].

Labordiagnostik: 1. die Durchführung und Befundung gebietsbezogener labordiagnostischer Verfahren; **2.** Zusatzbezeichnung, die von einem Arzt nach Ableistung der vorgeschriebenen Weiterbildungszeit und Weiterbildungsinhalte gemäß der ärztlichen Weiterbildungsordnung in Ergänzung zu einer Facharztkompetenz geführt werden darf [Bund06].

Laborgemeinschaft: Spezialfall einer → Apparategemeinschaft. Zusammenschluss von Ärzten gleicher oder verschiedener Fachrichtungen zur gemeinsamen Nutzung von Laboreinrichtungen und Personal innerhalb oder außerhalb der eigenen Praxisräume zwecks Erbringung der in der eigenen Praxis anfallenden Laboratoriumsuntersuchungen.

Laborjournal: patientenbezogene Auflistung der Tagesproduktion (Analysenparameter, Resultate) eines medizinischen Laboratoriums einschließlich der noch ausstehenden Anforderungen [Seel90].

Lagerhaltung: Bevorratung mit Verbrauchsgütern; ist notwendig, wenn bestimmte Phasen des Leistungserstellungsprozesses einen Materialbedarf erfordern, der durch die →Beschaffung nicht bedarfssynchron gedeckt werden kann. Daraus ergibt sich als Ziel der Lagerhaltung, das richtige Material in der erforderlichen Qualität und Menge zur richtigen Zeit und am richtigen Ort zu minimalen Kosten bereit zu stellen. Lagerhaltungssysteme können am Anfang einer Leistungserstellung (Rohmateriallager), inmitten einer Leistungserstellung (Zwischenlager) oder an ihrem Ende (Fertigungslager) bestehen. Aufgrund des für die Gesundheitsleistungsproduktion geltenden →Uno-actu-Prinzips sind Gesundheitsleistungen nicht lagerfähig [Seel90].

Lagertechnik: Oberbegriff für alle mechanischen Einrichtungen, die dazu dienen, eine Lagerfunktion (z.B. Vorratslager, Umschlaglager, Pufferlager) auszuführen. Darunter fallen die eigentlichen Lagereinrichtungen (z.B. Regale) und die Lagerbedienungsgeräte (z.B. Gabelstapler) [Seel90].

Laissez-faire-Stil: ist als eine Form des Nicht-Führens anzusehen. Der Führende spielt eine freundliche, aber passive Rolle und verzichtet konsequent auf die Steuerung und Bewertung der Aktivitäten der Geführten. Ausdruck einer Laissez-faire-Führung ist etwa das Entscheidungsprinzip des Minimalkonsenses („die Lösung muss von allen getragen werden"), das den einzelnen Interessenvertretern ungehemmte Freiräume eröffnet und eine Instrumentalisierung der Organisation für eigene Zwecke fördert [Seel07].

Landesbeauftragter für den Datenschutz: s. Aufsichtsbehörden für den Datenschutz.

Langzeitelektrokardiographie: kurz Langzeit-EKG; kontinuierliche Registrierung eines EKGs, meist über einen Zeitraum von 24-48 Stunden, z.B. mit tragbaren batteriebetriebenen Aufzeichnungsgeräten oder durch Telemetrie [Seel90].

Langzeitpflege: vollstationäre Versorgung von Patienten, die nach Abschluss der Akutphase ihrer Erkrankung einer länger andauernden ärztlichen Behandlung unterschiedlicher Intensität und einer laufenden, intensitätsmäßig variierenden pflegerischen Betreuung bedürfen. Je nach Alter der Patienten kann der Langzeitpflegebereich auch weitgehend geriatrisch ausgerichtet sein.

Langzeitpräparate: Bezeichnung für **1.** Arzneimittel, die zur langfristigen Behandlung geeignet sind; **2.** Depotpräparate [Psych04].

Laparoskopie: Bauchspiegelung; visuelle Untersuchung der Bauchhöhle mit einem Endoskop [Seel90].

Laparotomie: operative Eröffnung der Bauchhöhle [Seel90].

Latenzzeit: in der Medizin der Zeitraum zwischen der Einwirkung einer Schädigung auf den menschlichen Körper und dem Auftreten einer Krankheit bzw. eines Symptoms; bei Infektionskrankheiten →Inkubationszeit.

Laterale Führung: zielorientierte Verhaltensbeeinflussung hierarchisch gleichgestellter Mitarbeiter. Der lateral „Führende" hat keine →Positionsmacht [Seel07].

Lean production: engl. „schlanke Produktion"; Optimierung von Wertschöpfungsprozessen durch Verringerung der Fertigungstiefe (→Outsourcing) und Vermeidung von Verschwendung (jap. Muda), d.h. Abbau bzw. Minimierung von Überproduktion, Wartezeiten, Transportwegen, Lagerbeständen, überflüssigen Bewegungen und Produktionsfehlern.

Lean Thinking: von *P Womack* und *T Jones* (2004) eingeführter Begriff, der verschiedene Prinzipien und Techniken zur nachhaltigen Optimierung von Wertschöpfungsprozessen zusammenfasst. Die Autoren definieren Lean Thinking als „einen Weg, den Wert zu erkennen, die wertschöpfenden Tätigkeiten in der besten Abfolge zu organisieren und die Aktivitäten ohne Unterbrechung auszuführen, wann immer jemand sie nachfragt, und sie schließlich immer effektiver auszuführen". Ziel von Lean Thinking ist vor allem die Vermeidung von Verschwendung (jap. Muda).

Lebenserwartung: durchschnittliches Sterbealter eines Neugeborenen unter den Bedingungen einer Sterbetafel [Seel90].

Legale Faktoren: Produktionsfaktoren, die die Gestaltungsfreiheit des dispositiven Faktors im Sinne gesetzlicher Vorgaben für den Faktorkombinationsprozess determinieren. Einschlägig für Medizinbetriebe sind u.a. Abfallgesetz, Ärztliche Berufsordnung, Allgemeines Gleichbehandlungsgesetz, Arbeitsmittelbenutzungsverordnung, Arbeitsschutzgesetz, Arbeitssicherheitsgesetz, Arbeitsstättenverordnung/Arbeitsstättenrichtlinien, Arbeitszeitgesetz, Arzneimittelgesetz, Berufskrankheitenverordnung, Betäubungsmittelgesetz, Betriebssicherheitsverordnung, Betriebsverfassungsgesetz, Bildschirmarbeitsverordnung, Biostoffverordnung, Brand- und Katastrophenschutzgesetz, Chemikaliengesetz, Datenschutzgesetze, Eichgesetz/Eichordnung, Gefahrstoffverordnung, Gesetz über die elektromagnetische Verträglichkeit, Hygienegesetz, Infektionsschutzgesetz, Jugendarbeitsschutzgesetz, Kreislaufwirtschafts- und Abfallbeseitigungsgesetz, Lastenhandhabungsverordnung, Me-

dizinproduktegesetz-Betreiberverordnung, Medizinproduktegesetz, Mutterschutzgesetz, Personalvertretungsgesetz (oder Betriebsverfassungsgesetz), Psychiatriepersonalverordnung, Regelung über die Herstellung von Zytostatika, Röntgenverordnung, Standards zur Qualitätssicherung, Strahlenschutzgesetz/-verordnung, Transfusionsgesetz, Transplantationsgesetz, Technische Regeln für biologische Arbeitsstoffe (TRBA), Technische Regeln für Gefahrstoffe (TRGS), Umweltschutzgesetz, Unfallverhütungsvorschriften der gewerblichen Berufsgenossenschaft (VBG). Für die Gestaltung pflegerischer Leistungen ergeben sich einschlägige Vorgaben aus dem Heimgesetz i.V. mit der Heimpersonalverordnung, Heimsicherungsverordnung, Heimmindestbauverordnung, Heimmitwirkungsverordnung, dem Pflegequalitätssicherungsgesetz (§§ 79-121 SGB XI) und dem Rahmenvertrag nach § 75 SGB XI. Relevant sind ferner die mit den Kostenträgern getroffenen Leistungs- und Budgetvereinbarungen (Pflegesatz- und Entgeltvereinbarung im Krankenhausbereich, Leistungs- und Qualitätsvereinbarung gem. § 80 SGB XI im Heimbereich).

Lehrkrankenhaus: Krankenhaus außerhalb einer Hochschulklinik, in dem die praktische Ausbildung von Studenten im letzten Jahr des Medizinstudiums durchgeführt wird. Akademische Lehrkrankenhäuser werden von den Hochschulen im Einvernehmen mit den zuständigen Gesundheitsbehörden des Landes bestimmt, insoweit die nötigen Voraussetzungen bestehen. Die Kosten für den Lehrbetrieb (Personal, Sachmittel, Gebäudenutzung) werden dem akademischen Lehrkrankenhaus vom Ausbildungsträger teilweise ersetzt. Für den Zeitraum der Ernennung ist das Krankenhaus berechtigt, den Zusatztitel „Akademisches Lehrkrankenhaus" zu führen [Seel90].

Leistungen zur Teilhabe: im Sprachgebrauch des 9. Buches des Sozialgesetzbuches (§ 4 SGB IX) die notwendigen Sozialleistungen, um unabhängig von der Ursache der →Behinderung 1. die Behinderung abzuwenden, zu beseitigen, zu mindern, ihre Verschlimmerung zu verhüten oder ihre Folgen zu mildern, 2. Einschränkungen der Erwerbsfähigkeit oder Pflegebedürftigkeit zu vermeiden, zu überwinden, zu mindern oder eine Verschlimmerung zu verhüten sowie den vorzeitigen Bezug anderer Sozialleistungen zu vermeiden oder laufende Sozialleistungen zu mindern, 3. die Teilhabe am Arbeitsleben entsprechend den Neigungen und Fähigkeiten dauerhaft zu sichern oder 4. die persönliche Entwicklung ganzheitlich zu fördern und die Teilhabe am Leben in der Gesellschaft sowie eine möglichst selbstständige und selbstbestimmte Lebensführung zu ermöglichen oder zu erleichtern. Träger der Leistungen zur Teilhabe sind die →Rehabilitationsträger.

Leistungsdaten: Kennzahlen der nach Art und Umfang in den Leistungsstellen eines Medizinbetriebs erbrachten Leistungen; Input für das Leistungs- und Medizincontrolling.

Leistungserfassung: die →Dokumentation erbrachter medizinbetrieblicher Leistungen für Zwecke der Leistungsdisposition, des Leistungscontrollings, der Leistungsab-

rechnung und der →Kosten- und Leistungsrechnung. Die Leistungserfassung im →Medizinbetrieb umfasst sowohl den Prozess (Einzelleistungen im Bereich von Diagnostik, Therapie, Pflege, Verwaltung, Ver-/Entsorgung) als auch das Ergebnis der gesamtbetrieblichen Tätigkeit, ausgedrückt in produktbezogenen Leistungskategorien (z.B. DRGs). Bei der Erfassung der Einzelleistungen sind zu berücksichtigen: die anfordernde Kostenstelle, die erbrachte Leistung (Art, Menge), das Datum der Leistungserbringung, die Leistungsstelle und der Kostenträger (Patient). Um eine Mehrfacherfassung von Daten und damit verbundene Übertragungsfehler zu vermeiden, sollte die Leistungserfassung schon bei der Leistungsanforderung (z.B. Laborauftrag) einsetzen (order–entry). Die Leistungserfassung ist somit ein Nebenprodukt der Leistungsanforderung. Bei der Leistungserbringung ist die angeforderte Leistung zu bestätigen (z.B. Eintrag des Laborwertes) oder zu korrigieren (resultreporting). Falls die Leistungsanforderung nicht direkt maschinell erfasst werden kann, sollten maschinenlesbare Anforderungsbelege (→Markierungsbelege) benutzt werden. Dabei sind die entsprechenden Datenschutzvorschriften zu beachten (patientenbezogene Leistungserfassung). Die Leistungserfassung bildet die Grundlage für ein Leistungsinformationssystem. Hierzu ist es notwendig, die Leistungen zu bewerten. Dies kann mit Hilfe vorgegebener – gegebenenfalls modifizierter – Tarifwerke (z.B. DKG-NT, GOÄ etc.) oder eines eigenen Katalogs mit internen Verrechnungspreisen geschehen. Für die nicht direkt zuzuordnenden Leistungen (z.B.

Vorhaltungskosten für Großgeräte, Verwaltungskosten) kann mit Hilfe der Leistungserfassung ein Umrechnungsschlüssel festgelegt werden, so dass auch diese indirekt patientenbezogenen Leistungen den einzelnen direkten Leistungen verursachungsgerecht zugerechnet werden können. Durch Zusammenfassung einzelner patientenbezogener Leistungen zu Gruppen (z.B. Diagnosegruppen, Fachabteilungen) können Leistungsprofile erstellt werden. Diese Informationen bieten die Möglichkeit, den Prozess der Leistungserstellung transparent zu machen, um ihn zu steuern und zu kontrollieren (Leistungscontrolling) [Seel90].

Leistungsfähigkeit: Unter Leistungsfähigkeit der Gesundheitsleistungsproduktion versteht *S Eichhorn* (1975) a) den Grad der Erreichung des individuellen (diagnostischen, therapeutischen, pflegerischen) Behandlungsziels (Behandlungsergebnis, ausgedrückt durch die Veränderung des Gesundheitszustandes des Patienten) und b) die Angemessenheit von Art (Relevanz), Umfang und zeitlicher Abfolge (Prozessdesign) der im Bereich von Diagnostik, Therapie, Pflege und gegebenenfalls Hotelversorgung erbrachten Einzelleistungen zur Erreichung des individuellen (diagnostischen, therapeutischen, pflegerischen) Behandlungsziels (Leistungsadäquanz des Faktorkombinationsprozesses). Da ein Medizinbetrieb im Hinblick auf weder vorhersehbare noch disponierbare Inanspruchnahmen im Rahmen seines Versorgungsauftrages stets leistungsbereit sein muss, findet die medizinbetriebliche Leistungsfähigkeit ferner ihren Ausdruck in der Angemessenheit von Art und Umfang der zur Erzielung der definierten Leistungsbereitschaft vorgehaltenen personellen und sachlichen Ressourcen (Leistungsbereitschaft und Produktionselastizität).

Leistungslohn: Form der Entlohnung, die sich im Gegensatz zum fixen Zeitlohn nach der individuellen Leistung eines Beschäftigten richtet. Während die ursprüngliche Form des Leistungslohns im Akkordlohn liegt, kommen für moderne Arbeitsplätze vorwiegend Entgeltsysteme in Frage, die sich aus einem festen Grundgehalt und einem variablen Leistungsanteil (Bonus, Incentive) zusammensetzen. In der Regel wird der variable Leistungsanteil mit dem Führungsmodell „Führung mit Zielvereinbarung" (s. MbO) verknüpft.

Leistungsprogramm: die Gesamtheit aller Güter (Sachgüter, Dienstleistungen) und der auf sie bezogenen Mengen, die von einer betrieblichen Einheit (Leistungsstelle, Medizinbetrieb) erbracht werden können. Entsprechend der Zweistufigkeit der →Gesundheitsleistungsproduktion bezieht sich das Leistungsprogramm bei →Medizinbetrieben sowohl auf die →Vorkombination (Leistungsbereitschaft) als auch auf die Endkombination (produzierte Gesundheitsleistungen).

Leistungsstelle: nach bestimmten Kriterien gebildeter Teilbereich in einem Medizinbetrieb, der Beiträge zur gesamtbetrieblichen Wertschöpfung erbringt.

Leitbild: beschreibt in allgemeiner und grundsätzlicher Art die medizinbetriebli-

chen strategischen Ziele (Vision), Aufgaben (Leitmotiv) und wesentliche Orientie-
rungen für die Art und Weise ihrer Umsetzung (→Wertesystem) (s. Abb.) [Seel07].

Leitlinien: in der medizinischen Versorgung systematisch entwickelte Entschei-
dungshilfen für Ärzte und Patienten über
die angemessene ärztliche Vorgehensweise bei speziellen gesundheitlichen Problemen. Im Gegensatz zu →Richtlinien sind
Leitlinien wissenschaftlich begründete und
praxisorientierte „Orientierungshilfen" im
Sinne von „Handlungskorridoren", von
denen in begründeten Fällen abgewichen
werden kann oder sogar muss. Sie werden

Abb. Leitbild

regelmäßig auf ihre Gültigkeit hin überprüft und gegebenenfalls fortgeschrieben.

Leitung: formales Verständnis von Führung, das sich auf die Positionsmacht des
Führenden und weniger auf die erzielte
Führungswirkung bezieht. In diesem Sinne
können Organisationen als Machtvertei-
lungssysteme aufgefasst werden.

LEP: Abk. für **L**eistungs**e**rfassung in der
Pflege.

Letalität: Kennzahl, die anzeigt, wie oft
eine Krankheit bei den vor ihr befallenen
Personen zum Tode führt. Sie betrifft die
Zahl der Todesfälle bezogen auf die Er-
krankungsfälle, angegeben in Prozent oder
Promille. Aus der Letalität folgt bei gleich-
bleibender Erkrankungshäufigkeit: Letalität = Mortalität/Inzidenz [Seel90].

Liaisondienst: s. Konsiliar- und Liaisondienst.

Life Balance: bezogen auf ein Zeitintervall, die quantitative zeitliche Ausgewo-
genheit der Befriedigung physiologischer,
sozialer, spiritueller und materieller Bedürfnisse eines menschlichen Individuums
[Seel07].

Life event: ein lebensveränderndes Ereignis (z.B. Heirat, Scheidung, Tod des Ehe-
partners, Kündigung, Pensionierung), das
einschneidende Veränderungen bewirkt
und damit Bewältigungsverhalten (→co-
ping) herausfordert [Seel90].

Lifestyle-Medizin: im Gesundheitsmarkt
nachgefragte Produkte und Dienstleistungen, die die Lebensqualität und das individuelle Wohlbefinden steigern und gegen
Symptome gerichtet sind, die nicht die Definition von Krankheit erfüllen oder gegen
Gesundheitsstörungen wirken, die auch
ohne diese therapiert werden könnten
[Bund07].

Linearbeschleuniger: Teilchenbeschleuniger mit zylindrischem Beschleunigungs-
rohr zur Erzeugung von hochenergetischen
Elektronen, die direkt als Elektronenstrahlung eingesetzt oder, auf ein Target ge-
lenkt, zur Erzeugung ultraharter Röntgenstrahlung ausgenutzt werden; Einsatz in
der Strahlentherapie zur Behandlung halb-
tief (Elektronenstrahlung) bzw. tief gelege-
ner Tumoren (ultraharte Röntgenstrahlung) [Psch04].

Linking-Pin-Prinzip: von *R Likert* (1992)
entwickeltes Prinzip der überlappenden

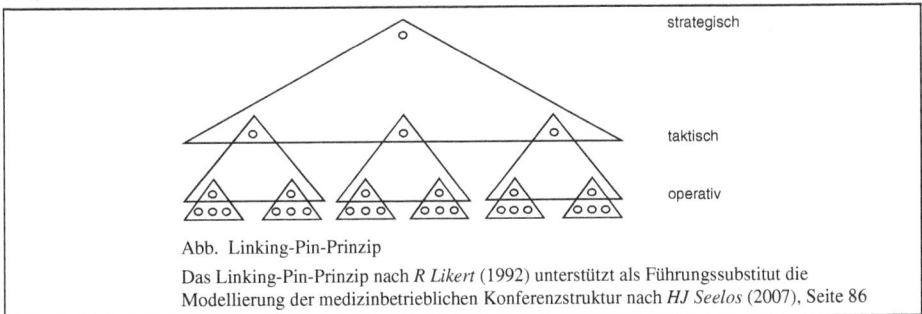

Abb. Linking-Pin-Prinzip
Das Linking-Pin-Prinzip nach *R Likert* (1992) unterstützt als Führungssubstitut die
Modellierung der medizinbetrieblichen Konferenzstruktur nach *HJ Seelos* (2007), Seite 86

Gruppenmitgliedschaft bei der in jeder (hierarchisch) übergeordneten →Gruppe ein Mitglied der nachgeordneten Gruppe (Gruppenleiter oder ein von der Gruppe bestimmtes Mitglied) integriert ist (s. Abb.) [Seel07].

Lithotripter: medizintechnisches Gerät zur Zerstörung von Harnsteinen unterschiedlicher Genese in Stoffwechselorganen mit Hilfe von Stoßwellen, die durch Blitzlicht innerhalb oder durch elektrische Funkenüberschläge außerhalb des Körpers erzeugt werden. Die Stoßwellen werden auf den Harnstein fokussiert, entweder in einer näherungsweise als Ellipsoid geformten wassergefüllten Wanne oder direkt über einen auf die Haut aufgesetzten Schallstrahler. Im ersten Fall wird der Patient so gelagert, dass der zu zerstörende Stein in einem der zwei Brennpunkte des Ellipsoids angeordnet ist. Im zweiten Brennpunkt wird die Funktionsentladung gezündet. Die Stoßwellen konzentrieren sich im Stein und führen unter Röntgenkontrolle zu dessen Zerstörung. Im Gegensatz zu den vorgenannten Methoden lassen sich mit einem Laser-Lithotripter so hohe Energien erzeugen, dass eine Vaporisierung des Steins unabhängig von seiner Konstitution stattfindet [Seel90].

Lob und Kritik: Immer wieder ist der Führende aufgefordert, auf Leistungen oder Verhalten der Geführten wertend zu reagieren. Dies kann verbal (durch Worte), paraverbal (durch Gestik, Mimik) oder nonverbal (durch Zu- und Abwenden) geschehen. Erfolgt dies gezielt und unter Kenntnis lerntheoretischer Befunde, werden Lob und Kritik zu einem →Führungsinstrument.

Lob und Kritik sollten vom Führenden umgehend ausgesprochen, konkret benannt und sich nur auf die Leistung oder das Verhalten, nicht jedoch auf die Person des Geführten beziehen [Seel07].

Logistikzentrum: s. logistisches System.

Logistische Prozesse: alle zeitlich ablaufenden Vorgänge (Bewegungsprozesse), durch die Güter und Lebewesen mit den dazugehörigen notwendigen Informationen in sozio-technischen Systemen von einem Anfangs- in einen Endzustand überführt werden, wobei mindestens eine der Systemgrößen Zeit, Ort, Menge, Sorte sich ändert, ohne dass Güter und Lebewesen eine unerwünschte Änderung ihrer Eigenschaften erfahren [Seel90].

Logistisches System: System zur Realisierung →logistischer Prozesse. Logistische Systeme können in verschiedenen Ebenen (Ordnungen) eines übergeordneten hierarchisch aufgebauten Systems angeordnet sein; z.B. Betriebsstelle, Betriebsbereich, Betrieb, Betriebe im Verbund mit extern zentralisierter Leistungsstelle (**Logistikzentrum**) [Seel90].

Logopädie: Stimm- und Sprachtherapie; in Abgrenzung zu der in enger Verbindung stehenden medizinischen Teildisziplin Phoniatrie die pädagogische Teildisziplin der Sprachheilkunde bezeichnend.

Lohngerechtigkeit: Ziel der Personalhonorierung. Ein Mitarbeiter sollte das Gefühl haben z.B. anforderungs-, kompetenz-, leistungs-, sozial-, unternehmenserfolgs- und marktgerecht honoriert zu werden.

Lokalanästhesie: örtliche (lokale) Betäubung; örtlich begrenzte Schmerzausschaltung bei Operationen oder zur Schmerztherapie unter Anwendung von Lokalanästhetika [Psych04].

Lokomotionsfunktion: in einer Führungsbeziehung die Akzentuierung des → Aufgabenverhaltens durch den → Führenden; Gegensatz: → Beziehungsverhalten [Seel07].

Löschen: im Datenschutzrecht das Unkenntlichmachen gespeicherter → personenbezogener Daten.

Löschungspflicht: im Datenschutzrecht die Verpflichtung der → verantwortlichen Stelle personenbezogene Daten, die automatisiert verarbeitet oder in nicht automatisierten Dateien gespeichert sind, zu löschen, wenn 1. ihre Speicherung unzulässig war bzw. geworden ist oder 2. ihre Kenntnis für die verantwortliche Stelle zur Erfüllung der in ihrer Zuständigkeit liegenden Aufgaben nicht mehr erforderlich ist. An die Stelle der Löschung tritt eine Sperrung (s. sperren), soweit 1. einer Löschung gesetzliche, satzungsmäßige oder vertragliche Aufbewahrungsfristen entgegenstehen, 2. Grund zu der Annahme besteht, dass durch eine Löschung schutzwürdige Interessen des Betroffenen beeinträchtigt würden, oder 3. eine Löschung wegen der besonderen Art der Speicherung nicht oder nur mit unverhältnismäßig hohem Aufwand möglich ist.

M

Macht: als Mittel zur Verhaltensbeeinflussung von Mitarbeitern gründet sich in →Medizinbetrieben sowohl auf die aus der Führungsstruktur abzuleitende →Positionsmacht des Führenden als auch auf die in Form von Respekt und →Commitment individuell von den →Geführten attribuierte →Personenmacht [Seel07].

Magnetresonanztomographie: auch Kernspinresonanztomographie; **1.** bildgebendes Verfahren in der medizinischen Diagnostik; **2.** Zusatzbezeichnung, die von einem Arzt nach Ableistung der vorgeschriebenen Weiterbildungszeit und Weiterbildungsinhalte gemäß der ärztlichen Weiterbildungsordnung geführt werden darf. Die Zusatz-Weiterbildung Magnetresonanztomographie umfasst in Ergänzung zu einer Facharztkompetenz die Durchführung und Befundung gebietsbezogener Bildgebungsverfahren mittels Magnetresonanztomographie.

Major Diagnostic Category: engl. für →Hauptdiagnosegruppe.

Mammographie: röntgenologische Nativaufnahme der Brust mit einer besonderen Technik (meist Rastertechnik).

Managed care: wörtlich „geführte Versorgung"; Sammelbegriff für unterschiedliche Organisationsformen und Instrumente zur Versorgungssteuerung im Gesundheitswesen; z.B. Strukturierung des Zugangs zum Leistungsangebot (→Gatekeeping), Anreize für Leistungsempfänger und Leistungserbringer (z.B. Pay for performance Programme), sektorenübergreifendes →Disease management und →Case management. Konstitutiv für das ursprünglich in den USA entstandene Managed care-Konzept ist, dass die Versorgungssteuerung durch sogenannte →Managed Care Organisationen erfolgt, die zumindest bis zu einem gewissen Grad die Funktionen Krankenversicherungsschutz und Leistungserstellung integrieren.

Managed Care Organisationen: Abk. MCOs; Unternehmen, die ausgewählte Managed care-Instrumente einsetzen und zumindest bis zu einem gewissen Grad die Funktionen Krankenversicherungsschutz und Leistungserbringung integrieren. Institutionalisiert hat sich das Managed care-Konzept im amerikanischen Gesundheitswesen in Form der Health Maintenance Organizations (HMOs), der Prefered Provider Organizations (PPOs), der POS-Anbieter und der Provider Sponsored Organizations (PSO). Health Maintenance Organizations (HMOs) sind Managed Care Organisationen, die ihren Mitgliedern zu einem festen Preis (Versicherungsprämie) ein definiertes Spektrum an Versorgungsleistungen anbieten. Die Höhe der pro

Kopf einheitlichen Prämien ergibt sich aus der Risikostruktur der Versichertengemeinschaft (community rating). Von wem die Versorgungsleistungen erbracht und wie die Leistungserbringer vergütet werden, hängt von der Entscheidung des Kostenträgers oder dem Typ der HMO ab. Im Staff Model sind die für die Versorgung der Versicherten zuständigen Ärzte von der HMO angestellt und erhalten ein festes Gehalt. Bei dem Group Model schließt die HMO Versorgungsverträge mit Ärztegruppen, die meist durch Kopfpauschalen vergütet werden und sich im Gegenzug verpflichten, die Versicherten mit den vertraglich festgelegten Leistungen zu versorgen. Bei dem Modell der Independent Practice Associations (IPAs) schließt die HMO Verträge mit einzelnen Ärzten, die entweder nach Kopfpauschalen oder (entsprechend einer ausgehandelten Gebührenordnung) nach Einzelleistungen vergütet werden. Weit verbreitet sind auch Prefered Provider Organizations (PPOs). Sie schließen spezielle Versorgungs- und Vergütungsverträge mit ausgewählten Leistungserbringern ab. Im Gegensatz zu HMOs schreiben PPOs ihren Versicherten nicht in gleicher Strenge vor, welche Leistungserbringer sie aufzusuchen haben. Sie setzen aber Anreize, damit die ausgewählten Vertragsärzte in Anspruch genommen werden, indem eine wesentlich höhere Selbstbeteiligung von Versicherten zu erbringen ist, wenn diese einen Arzt in Anspruch nehmen mit dem die PPO keinen speziellen Vertrag abgeschlossen hat. Bei Point of Service-Anbietern (POS) kann der Versicherte die Leistungserbringer frei wählen, allerdings bei erhöhter Zuzahlung. Die

unter Vermeidung von Zuzahlungen aufzusuchenden Leistungserbringer werden über Kopfpauschalen vergütet, die Vergütung der Nichtmitglieder des POS-Systems erfolgt über Einzelleistungsvergütung. Provider Sponsored Organizations (PSOs) integrieren als anbieterorientierte Managed Care Organisationen die Versicherungsfunktion fast vollständig.

Management: 1. zielorientierte Gestaltung von Managementobjekten z.B. eines Medizinbetriebs; im engeren Sinn die Führung von Personen. Dementsprechend werden sachbezogene und personenbezogene Führungsfunktionen unterschieden (funktionelles Management); **2.** die Gesamtheit der personellen Aufgabenträger in einer Organisation, denen im Weg der Delegation dispositive Aufgaben übertragen sind (institutionelles Management) (vgl. [Seel07]).

Management audit: durch einen Externen (Personalberater) vorgenommene →Personalbeurteilung von →Führungskräften. Abhängig von der Zielsetzung des Audits stehen z.B. die fachliche Kongruenz zur aktuellen Position oder zu einer künftigen neuen Aufgabe, die persönliche Kompetenz bzw. das Entwicklungspotenzial und das Management Know-how der zu auditierenden Führungskraft auf dem Prüfstand. Instrumente des Management audits sind das strukturierte Interview (mit dem beauftragten Personalberater), ergänzt um typische Assessment-Center-Bausteine wie Fallstudien und Simulationsübungen, aber auch Kollegen-Einschätzungen und die Selbsteinschätzung der betreffenden Führungskraft [Seel07].

Management by Objectives: Abk. MbO; engl. für Führung durch Zielorientierung; man unterscheidet die Führung durch Zielvorgabe (autoritäre Variante) und die Führung durch Zielvereinbarung (kooperative Variante) [Seel07].

Management-by-Techniken: →Führungsmodelle, die Führungshandeln auf wenige Parameter ausrichten; z.B. die Führung durch Anweisung und Entscheidungsregeln, die Führung mit Ergebnisorientierung, die Führung nach dem Ausnahmeprinzip oder die Führung durch Zielorientierung [Seel07].

Management by Walking around: das gelegentliche „Umherspazieren" des Führenden im Medizinbetrieb und das damit verbundene (Führungs-)Gespräch mit den Mitarbeitern an ihren Arbeitsplätzen [Seel07].

Managementdiagnostik: differenzierte Potenzialeinschätzung des Management Know-hows von Führungskräften, z.B. zur Personalentwicklung. Instrumente der Managementdiagnostik sind das Assessment Center, Potenzialworkshops und Management Audits.

Managementkonzept: syn. für →Führungsmodell.

Managementpotenzial: die genetisch festgelegten oder in frühen Phasen der Sozialisation erworbenen Persönlichkeitsmerkmale einer Führungskraft wie Intelligenz, Dominanz, Selbstvertrauen und Verantwortungsbewusstsein; Prädisposition für den Führungserfolg [Seel07].

Manuelle Medizin: auch Chirotherapie; Zusatzbezeichnung, die von einem Arzt nach Ableistung der vorgeschriebenen Weiterbildungszeit und Weiterbildungsinhalte gemäß der ärztlichen Weiterbildungsordnung geführt werden darf. Die Zusatz-Weiterbildung Manuelle Medizin/Chirotherapie umfasst in Ergänzung zu einer Facharztkompetenz die Erkennung und Behandlung reversibler Funktionsstörungen des Bewegungssystems mittels manueller Untersuchungs- und Behandlungstechniken [Bund06].

Markenmanagement: Teil des strategischen Marketings. Eine Marke repräsentiert gespeicherte Wettbewerbskraft und dient der Positionierung eines Medizinbetriebs im Markt. Hauptziel der Markenführung ist es, das eigene Unternehmen oder Produkt von der Konkurrenz abzuheben, um einen höheren Marktanteil und Kundenbindung im Wettbewerb zu erreichen. Das Markenmanagement umfasst im einzelnen folgende Vorgehensschritte: a) Beschreibung der beabsichtigten Markenwahrnehmung bzw. Definition der zielgruppenbezogenen Markenattribute; b) Identifikation der positionierenden Elemente, welche die Markenwahrnehmung bei den Zielgruppen unterstützen können; c) Identifikation entsprechender Handlungsfelder (Steuerungspunkte) im Wertschöpfungsprozess; d) Implementierung des Markenkonzepts im Wertschöpfungsprozess; e) Marken-Controlling.

Marktanalyse: Analyse der Wettbewerber eines Medizinbetriebs und Ermittlung des produktbezogenen Marktanteils im Verhältnis zum Marktpotenzial.

Marktwachstums-/Marktanteilsportfolio: strategische Planungsmethode; das populäre Marktwachstums-/Marktanteilsportfolio der **B**oston **C**onsulting **G**roup (BCG-Matrix) ermöglicht die Festlegung von Prioritäten in einem Produktportfolio. Die Matrix basiert auf dem Produktlebenszykluskonzept und geht von der Überlegung aus, dass das Wachstum eines Marktes einen Indikator für die Stellung eines Produktes im Lebenszyklus, und daraus abgeleitet, für seinen Investitionsbedarf darstellt. Dabei geht man von der Grundannahme aus, dass Investitionen nur für die Produkte sinnvoll sind, mit denen sich ein (relatives) Marktwachstum erzielen lässt. Eine Bewertung der Produkte (z.B. DRGs oder strategische Geschäftsfelder) nach den beiden Dimensionen Marktanteil und Marktwachstum führt zu vier Kategorien (s. Abb.). Stars sind Produkte mit überdurchschnittlichem Marktwachstum und dem Potenzial zu dominierender Marktposition bis in die Reifephase. Sie sind (potenziell) profitabel und können nach weiterem Wachstum zu bedeutenden Produkten für den Medizinbetrieb werden. Auf solche Produkte sollte man sich konzentrieren und in sie investieren. Zwar stagniert der Markt, aber Cash-Cows verfügen über einen relativ hohen Marktanteil und bringen solide Gewinne. Um diesen Zustand aufrecht zu erhalten, sind keine zusätzlichen Anstrengungen oder Investitionen erforderlich. Question Marks haben einen relativ kleinen Marktanteil, aber der Markt verzeichnet ein rasches Wachstum. Wachstumsfördernde Investitionen kön-

nen in der Zukunft zu großen Gewinnen führen, aber dies ist keineswegs sicher. Weitere Analysen sind erforderlich, um herauszufinden, wie und wo Investitionen ratsam sind. Von Dogs, die keine Gewinne erzielen, sollte man sich trennen oder sie einstellen. Insoweit sie profitabel sind, kann ihr aktueller Wert genutzt und auf Investitionen verzichtet werden.

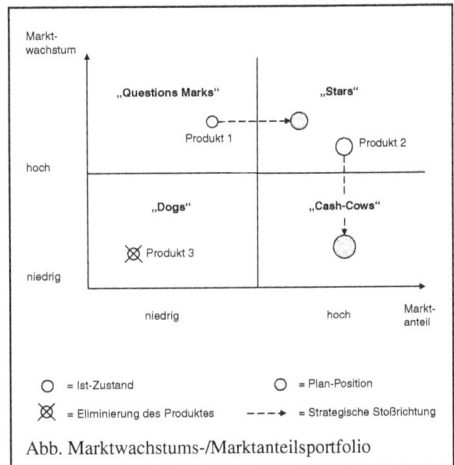

Abb. Marktwachstums-/Marktanteilsportfolio

Matrixprojektorganisation: Form der →Projektorganisation, bei der die Entscheidungskompetenz projektbezogen dem Projektleiter und im Übrigen den Linienvorgesetzten der Projektgruppenmitglieder obliegt; verbreitete Mischform von →reiner Projektorganisation und →Einflussprojektorganisation.

Maximalprinzip: s. Wirtschaftlichkeitsgebot.

Maximalversorgung: allgemeine und spezielle Krankenhausversorgung in allen Grunddisziplinen und in der Mehrzahl der

Spezialdisziplinen (vgl. Zentralversorgung), nach Teilgebieten und Spezialbehandlungen spezialisiert und differenziert, zum Teil auch interdisziplinär. Hinzu treten sämtliche besonderen Dienste und technische Einrichtungen, die eine moderne Diagnostik und Therapie erfordern. Die Bettenzahl eines Krankenhauses der Maximalversorgung liegt bei rund 1000 Betten. Krankenhäuser der Maximalversorgung übernehmen für ihr engeres Einzugsgebiet auch Aufgaben der Zentral- und →Regelversorgung.

MbCD: Abk. für engl. Management by Control and Direction; Führung durch Kontrolle und Anweisung.

MbDR: Abk. für engl. Management by Decision Rules; Führung durch Entscheidungsregeln.

MbE: Abk. für engl. Management by Exception; Führung nach dem Ausnahmeprinzip.

MbIO: Abk. für engl. Management by Individual Objectives; Führung durch persönliche Zielvorgabe.

MbO: Abk. für engl. →Management by Objectives; Führung durch Zielorientierung.

MbR: Abk. für engl. Management by Results; Führung mit Ergebnisorientierung.

MCO: Abk. für engl. →Managed Care Organization.

MDC: Abk. für engl. →Major Diagnostic Category.

MDK: Abk. für →Medizinischer Dienst der Krankenversicherung.

Medical audit: wörtlich „medizinische Rechenschaftslegung"; retrospektive, kritische Beurteilung der eigenen diagnostischen Leistungsfähigkeit, um aus den ggf. dabei erkannten Fehlern Schlüsse für eine Verbesserung zu ziehen.

Medical Pathway: syn. für →Behandlungspfad.

Medical Peer Review: Methode des Qualitätsmanagements, die aus der systematischen Aufzeichnung ärztlichen Handelns und der anschließenden Beurteilung der ärztlichen Leistungen durch „Peers" (Fachkollegen) besteht. Die Mitglieder der Peer group sollen in demselben fachlichen Bereich wie die begutachteten Ärzte arbeiten. Hierbei kommt es zu wechselseitigen oder internen Begehungen des Medizinbetriebs mit nachfolgenden Bewertungen und kollegialen Kurzberatungen.

Medikament: syn. für →Arzneimittel.

Medikamentendosiersystem: in biologischen Systemen (Organismen) eingesetztes technisches Therapeutikum zur mikroprozessorgesteuerten Wirkstoffabgabe über längere Zeiträume; es wird entweder extern angewendet oder implantiert; z.B. als Insulinpumpe oder zur Schmerztherapie bei Tumorerkrankungen.

Medikamentöse Tumortherapie: Zusatzbezeichnung, die von einem Arzt nach Ableistung der vorgeschriebenen Weiterbildungszeit und Weiterbildungsinhalte gemäß der ärztlichen Weiterbildungsordnung geführt werden darf. Die Zusatz-Weiterbildung Medikamentöse Tumortherapie umfasst in Ergänzung zu einer Facharztkompetenz die Anwendung und Überwachung der medikamentösen Therapie solider Tumorerkrankungen des jeweiligen Gebietes einschließlich supportiver Maßnahmen und der Therapie auftretender Komplikationen [Bund06].

Medikation: Arzneimittelverordnung, Arzneimittelverschreibung, s. Verschreibung.

Medizin: 1. die Wissenschaft vom gesunden und kranken Lebewesen (Biosystem), von Ursachen, Erscheinungen und Wirkungen seiner Krankheiten, deren Erkennung, Behandlung und Verhütung (theoretische Medizin, experimentelle Medizin, klinische Forschung); **2.** die Ausübung der medizinischen Heilkunst durch die unterschiedlichen Berufsklassen in den verschiedenen Einrichtungen der Gesundheitsversorgung (praktische Medizin). Humanmedizin (im Gegensatz zur Veterinär- und Phytomedizin) orientiert sich am Menschen und stellt ihn als Individuum in den Mittelpunkt ihres Handelns. Davon ausgehend ist ihr Zielsystem ausgerichtet auf die Förderung, Erhaltung und Wiederherstellung der individuellen (**Individualmedizin**) und kollektiven (→ Sozialmedizin) → Gesundheit. Es wird realisiert durch die Funktionen der Gesundheitsfürsorge (Prävention) und Krankenversorgung (Behandlung, Pflege, Rehabilitation) sowie die medizinische Forschung und Lehre, die, finanziert durch verschiedene Finanzierungsträger, in den einzelnen Sektoren des Systems der gesundheitlichen Sicherung, dem → Gesundheitssystem, realisiert werden (s. Abb.) [Seel07].

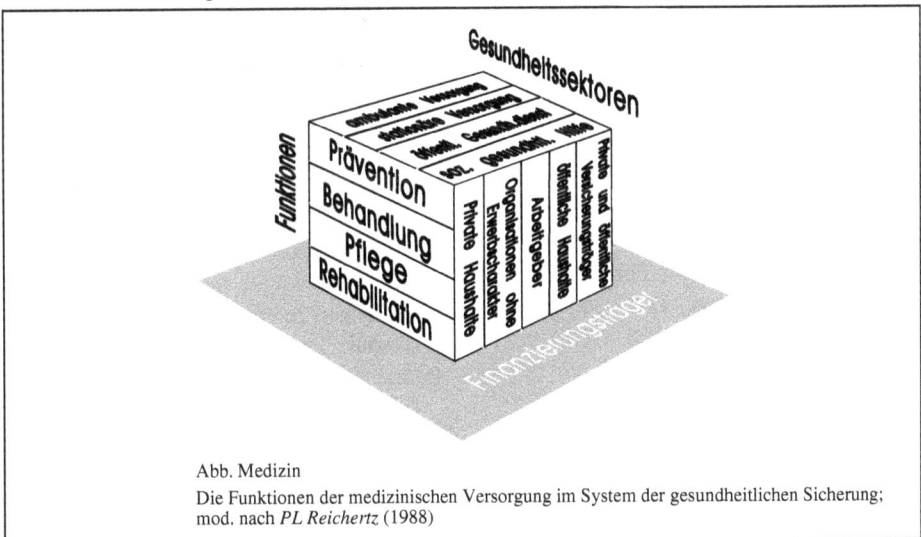

Abb. Medizin
Die Funktionen der medizinischen Versorgung im System der gesundheitlichen Sicherung; mod. nach *PL Reichertz* (1988)

Medizinbetrieb: Wirtschaftssubjekt, das →Gesundheitsleistungen erbringt. Ein Medizinbetrieb stellt sich dar als ein sozio-technisches, zielgerichtetes, offenes, vernetztes und adaptives (Dienstleistungs-) System. Die Leistung des Medizinbetriebes (Veränderung des Gesundheitszustandes des Patienten beziehungsweise die Bildung von Gesundheitskapital) resultiert aus der Summe aller erbrachten prozessualen Einzelleistungen im Bereich von Diagnostik, Therapie, Pflege, Verwaltung, Ver-/ Entsorgung, d.h. aus dem zielorientierten Zusammenwirken der Produktivfaktoren Sachgüter, Betriebsmittel und Arbeitsleistungen in ihrer jeweiligen medizinbetriebsspezifischen Ausprägung und Zusammensetzung unter Einbeziehung des Humanfaktors „Patient". Produktionswirtschaftlich betrachtet qualifizieren sich Medizinbetriebe als Auftrags-, Einzelleistungs- und Mehrproduktfertiger sowie als Durchfahrbetriebe, weil sie im Rahmen ihres Versorgungsauftrags jederzeit in der Lage sein müssen, unter Beachtung der jeweiligen medizinischen Prioritäten, die nachgefragte Gesundheitsleistung zu produzieren (vgl. [Seel07]).

Medizinbetriebslehre: die medizinökonomische Institutionenlehre vom →Medizinbetrieb, bezogen auf den Bereich der Krankenhauswirtschaft in Form der **Krankenhausbetriebslehre.** Das zentrale wissenschaftliche Anliegen der medizinökonomischen Institutionenlehre vom Medizinbetrieb konzentriert sich auf folgende Forschungsfragen: Welche medizinischen, paramedizinischen und sonstigen Leistungen werden in der Vielzahl der einzelnen Medizinbetriebe erbracht? Wie ist diese Leistungserstellung organisiert? Was kostet die Leistungserstellung, wie wird sie finanziert? Sind die für die Medizinbetriebe insgesamt zur Verfügung stehenden personellen und finanziellen Ressourcen optimal allokiert und effizient eingesetzt? Welche Effekte und welcher Nutzen ergeben sich aus der Produktion im Medizinbetrieb für den einzelnen Menschen und für die Gesellschaft? [Seel90].

Medizincontrolling: →Controlling, das sich auf medizinische Leistungen bezieht.

Medizinische Basisdokumentation: standardisierte patientenbezogene →Dokumentation ausgewählter Informationsvariablen des →Krankenblattes, die einheitlich für jeden (stationär) behandelten Patienten zu dokumentieren sind.

Medizinische Daten: Daten, die den Gesundheitszustand von Patienten beschreiben; z.B. Diagnosen, Befunde. Neben der Angabe des Patientenbezugs (Patientenidentifikation) und den primären Qualifikatoren (Konvention oder Angabe über die Art der gespeicherten Information, deren Ausprägung (Wert) und Dimension) sind bei medizinischen Daten zusätzliche Qualifikatoren notwendig, um unterschiedliche Verarbeitungsvorschriften zur Gewinnung verschiedener Informationen aus medizinischen Datensammlungen zu ermöglichen, z.B. Zeit, Ort, erfassende Disziplin, Gewinnungsmethode, Problemzuordnung [Seel90].

Medizinische Informatik: 1. Wissenschaft von der Informationsverarbeitung und der Gestaltung computergestützter Informationssysteme in der Medizin und im Gesundheitswesen. Ziel der medizinischen Informatik ist es, durch Anwendung formaler Methoden und Konzepte der Informatik und Einsatz zeitgemäßer Informations- und Kommunikationstechnologien die →Gesundheitsfürsorge und die →Krankenversorgung sowie die medizinische Lehre und Forschung in Aspekten der Informationsverarbeitung zu unterstützen und die fachliche gesundheitsberufsbezogene Aus- und Weiterbildung im Umgang mit der Informationstechnik zu fördern. Der methodische Zugang hierzu basiert auf der anwendungsbereichsspezifischen interdisziplinären Lehre von der Gestaltung (Systementwicklung) und dem Management (Informationsmanagement) medizinischer computergestützter Informationssysteme. I.S. einer comprehensive health care informatics muss dabei das Gesundheitssystem als Ganzes als Objektsystem der medizinischen Informatik aufgefasst werden. Erkenntnisobjekte der medizinischen Informatik sind somit biologische und soziotechnische Teilsysteme des Gesundheitssystems, insbesondere diesen inhärente biologische und betriebliche Informationssysteme. Neben einer allgemeinen Medizinischen Informatik (Theorie der medizinischen Informationsverarbeitung, insbesondere der Gestaltung medizinischer computergestützter Informationssysteme) können anwendungsbereichsspezifische Teilgebiete der Medizinischen Informatik unterschieden werden, die auf spezielle Teilsysteme (z.B. Biologischer Informatik, Krankenhausinformatik) oder Funktionen (z.B. Umweltinformatik, Pflegeinformatik) des Objektsystems ausgerichtet sind (*HJ Seelos* 1998); **2.** Zusatzbezeichnung, die von einem Arzt nach Ableistung der vorgeschriebenen Weiterbildungszeit und Weiterbildungsinhalte gemäß der ärztlichen Weiterbildungsordnung geführt werden darf.

Medizinischer Dienst der Krankenversicherung: Abk. MDK; medizinischer Beratungs- und Begutachtungsdienst der gesetzlichen Kranken- und sozialen Pflegeversicherung. Der MDK berät die gesetzlichen Krankenkassen und ihre Verbände in grundsätzlichen Fragen der präventiven, kurativen und rehabilitativen Versorgung sowie bei der Gestaltung der Leistungs- und Versorgungsstrukturen. Außerdem unterstützt der MDK die Krankenkassen bei Vertragsverhandlungen mit den Krankenhausgesellschaften, Kassenärztlichen Vereinigungen sowie anderen Leistungserbringern. Einzelfallbegutachtungen für die Krankenversicherung betreffen z.B. Fragen zur Arbeitsunfähigkeit, Verordnung von Arznei-, Verband-, Heil- und Hilfsmitteln, Notwendigkeit und Dauer einer Krankenhausbehandlung, Notwendigkeit und Dauer von häuslicher Krankenpflege sowie die Notwendigkeit, Art, Umfang und Dauer von Rehabilitationsleistungen bzw. –maßnahmen. Einzelfallbegutachtungen für die soziale Pflegeversicherung betreffen das Vorliegen der Voraussetzungen für Pflegebedürftigkeit, die Festlegung der Pflegestufe, die Art und den Umfang von Pflegeleistungen und Hinweise zu einem individuellen Pflegeplan. Ferner prüft der MDK im Auftrag der Pflegekassen, ob die Pflegeeinrichtungen die vereinbarten Qualitätsstandards einhalten. Dabei berät der MDK die Pflegeeinrichtungen mit dem

Ziel, Qualitätsmängeln vorzubeugen sowie die Eigenverantwortung der Pflegeeinrichtungen und ihrer Träger für die Sicherung und Weiterentwicklung der Pflegequalität zu stärken (*www.mdk.de*).

Medizinischer Notfall: akuter, lebensbedrohlicher Zustand durch Störung der Vitalfunktionen oder Gefahr plötzlich eintretender, irreversibler Organschädigung infolge Trauma, akuter Erkrankung oder Vergiftung [Psych04].

Medizinisches Fachgebiet: durch die →ärztliche Weiterbildungsordnung definierter Teil in einer Fachrichtung der →Medizin. Medizinische Fachgebiete können methodologisch (z.B. Chirurgie, Radiologie, Nuklearmedizin, Pharmakologie), organbezogen (z.B. Innere Medizin, Ophthalmologie, Dermatologie), altersbezogen (z.B. Pädiatrie, Kinder- und Jugendpsychiatrie, Geriatrie), geschlechtsbezogen (z.B. Gynäkologie, Andrologie) und populationsbezogen (z.B. Arbeitsmedizin, Tropenmedizin, Flugmedizin, Sportmedizin) abgegrenzt werden.

Medizinisches Laboratorium: Einrichtung zur Analytik →biologischer Kenngrößen von →Patientenuntersuchungsgut mit dem Ziel von Diagnose, Krankheitsverlaufs- und Therapiekontrolle. Ein medizinisches Laboratorium umfasst mindestens eines der nachfolgenden Fachgebiete: Klinische Chemie, Hämatologie, Serologie, Immunologie, Mikrobiologie, Histologie, Zytologie, Zytogenetik [Seel90].

Medizinisches Versorgungszentrum: Abk. MVZ; fachübergreifende ärztlich geleitete Einrichtung, in der Ärzte, die in das Arztregister eingetragen sind, als Angestellte oder Vertragsärzte tätig sind. Die entsprechenden Rechtsgrundlagen wurden mit Inkrafttreten des Gesundheitsmodernisierungsgesetzes geschaffen. Die medizinischen Versorgungszentren können sich aller zulässigen Organisationsformen bedienen; sie können von den Leistungserbringern, die auf Grund von Zulassung, Ermächtigung oder Vertrag an der medizinischen Versorgung der Versicherten teilnehmen, gegründet werden. Die Zulassung erfolgt für den Ort der Niederlassung als Arzt oder den Ort der Niederlassung als medizinisches Versorgungszentrum (Vertragsarztsitz).

Medizinmanagement: anwendungsbereichsspezifische Managementlehre; Fachgebiet, das sich mit der Anwendung der Managementlehre in der →institutionalisierten Medizin befasst. Erfahrungsobjekt des Fachgebietes Medizinmanagement ist die institutionalisierte Medizin oder das Gesundheitssystem als Ganzes. Erkenntnisobjekte sind die aus dem Erfahrungsobjekt aspektrelativ abstrahierten Wirtschaftssubjekte, die Gesundheitsleistungen erbringen (Medizinbetriebe) [Seel07].

Medizinprodukte: im Sprachgebrauch des Gesetzes über Medizinprodukte (Medizinproduktegesetz-MPG) alle einzeln oder miteinander verbunden verwendeten Instrumente, Apparate, Vorrichtungen, Stoffe und Zubereitungen aus Stoffen oder andere Gegenstände einschließlich der für ein einwandfreies Funktionieren des Medizinproduktes eingesetzten Software, die vom Hersteller zur Anwendung für Menschen mittels ihrer Funktionen zum Zwecke (a) der Erkennung, Verhütung, Überwachung, Behandlung oder Linderung von Krankheiten, (b) der Erkennung, Überwachung, Behandlung, Linderung oder Kompensierung von Verletzungen oder Behinderungen, (c) der Untersuchung, der Ersetzung oder der Veränderung des anatomischen Aufbaus oder eines physiologischen Vorgangs oder (d) der Empfängnisregelung zu dienen bestimmt sind und deren bestimmungsgemäße Hauptwirkung im oder am menschlichen Körper weder durch pharmakologisch oder immunologisch wirkende Mittel noch durch Metabolismus erreicht wird, deren Wirkungsweise aber durch solche Mittel unterstützt werden kann.

Medizinsoziologie: die auf Probleme der Medizin bezogene Anwendung soziologischer Theorien und empirischer Forschungsmethoden bzw. deren medizinbezogene Weiterentwicklung. Medizinsoziologie ist ein eigenständiges interdisziplinäres und anwendungsorientiertes Forschungs- und Lehrfach der Medizin. Ihre Hauptarbeitsgebiete liegen u.a. in der sozialen Epidemiologie, in der Gesundheitssystemforschung und in der Gestaltung der Arzt-Patient-Beziehung, s. biophiles Medizinmanagement.

Mehrkanalgerät: s. Analyzer.

Meilenstein: geplanter Zeitpunkt im Ablauf eines Projekts, zu dem ein definierter Zustand (Fertigstellungsgrad) erreicht sein soll; i.d.R. am Anfang und Ende einer →Phase [Seel90].

Meldepflichtige Krankheiten: für bestimmte Infektionskrankheiten bzw. übertragbare Krankheiten besteht nach §§ 6 ff. des Infektionsschutzgesetzes (IfSG) für Medizinalpersonen eine Anzeigepflicht gegenüber dem für den Aufenthalt des Betroffenen zuständigen Gesundheitsamt.

Menschenbilder: Annahmen über Eigenschaften, Bedürfnisse, Motive, Erwartungen und Einstellungen von Menschen. Sie sollen dazu dienen, die Komplexität menschlichen Verhaltens und Erlebens in reduzierter Weise zu beschreiben, zu erklären, vorherzusagen und zu gestalten. Prominente Menschenbildkonzepte, die sich explizit auf Menschen in Organisationen beziehen, haben z.B. *D McGregor* (1973), *EH Schein* (1980) und *I Borg* (2000) vorgelegt [Seel07].

Mentoring: →Führungsinstrument, das die Vermittlung bestimmter Fertigkeiten, die Karriereplanung und die persönliche Weiterentwicklung eines Mitarbeiters durch einen Mentor unterstützt. Aufgabe des Mentors ist es, den Mentee bei der Verfolgung von Lern- und Karrierezielen zu unterstützen und ihm dabei zu helfen, Selbstvertrauen und Selbstbewusstsein aufzubauen. Unterscheidbar sind: a) das oft spontane auf der Basis ähnlicher Interessen, Fachgebiete oder eines persönlichen Hintergrunds entstehende formlose Mentoring; b) das naturgemäß wenig objektive positionsbedingte Mentoring, wenn der Mentor der direkte Vorgesetzte des Mentee ist; c) das situationsbedingte Mentoring als Unterstützung in bestimmten Situationen, z.B. wenn der Mentee eine neue medizinische Methode erlernen soll; d) betriebliche **Mentoring-programme**, bei denen im Gegensatz zum formlosen Mentoring spezifische Lernziele und messbare Ergebnisse im Vordergrund stehen. Solche Programme sind zeitlich begrenzt und zielen üblicherweise darauf ab, neue Mitarbeiter einzuarbeiten oder Mitarbeiter für neue (Führungs-)Positionen oder besonders anspruchsvolle Projekte vorzubereiten [Seel07].

Meritorische Güter: Neben der Versorgung mit spezifisch-öffentlichen Gütern gibt es einen weiteren Bereich ökonomischer Bedürfnisbefriedigung durch den Staat, der das Angebot der meritorischen Güter umfasst. Dabei handelt es sich um Güter, deren prinzipiell mögliche private Bereitstellung, entsprechend den individuellen Präferenzen, zu gesellschaftlichen unerwünschten Marktergebnissen führt. Im Falle meritorischer (**demeritorischer**) **Güter**, deren Vorteile (Nachteile) die Konsumenten verkennen, kommt es zu einem Güterangebot, das aus übergeordneter Sicht zu gering (hoch) ist. Daher sieht sich der Staat zu einem „verdienstvollen" Eingriff in die Konsumentenpräferenzen veranlasst, die nach seiner Ansicht verzerrt und entsprechend zu korrigieren sind. Als Beispiel für ein meritorisches Gut sei die Risikovorsorge im Gesundheitswesen angeführt, die wegen der individuellen Minderschätzung des zukünftigen Bedarfs unzureichend ausfallen könnte, würde der Staat nicht selbst das notwendige Angebot sichern. Dies kann über Regelungen zur Versicherungspflicht bis zur Institutionalisierung einer Pflichtversicherung erfolgen. Bei demeritorischen Gütern handelt

es sich etwa um Alkoholika oder Tabakwaren, deren Abgabe bzw. Konsum staatlicherseits durch Gebote, Verbote und steuerliche Maßnahmen beeinflusst wird. Das Konzept der meritorischen Güter ist umstritten. Der Verstoß gegen die Konsumentenpräferenzen steht im Widerspruch zum Ansatz des methodologischen Individualismus zur Erklärung der Staatstätigkeit. Darüber hinaus ist unklar, wer über die Bereitstellung meritorischer Güter entscheidet und wann ihr richtiger Umfang erreicht ist [Seel90].

Methode 635: aus dem →Brainstorming abgewandelte Ideenfindungstechnik zur systematischen Weiterentwicklung von Ideen. Dazu schreibt jedes Mitglied einer aus sechs Teilnehmern bestehenden Gruppe drei Ideen zum gestellten Problem auf ein Blatt. Die beschriebenen Blätter werden fünf Mal reihum weitergegeben und von jedem Teilnehmer um drei weitere Ideen ergänzt, die möglichst auf die aufgezeichneten Ideen Bezug nehmen [Seel90].

Me-too-Präparate: Arzneimittel, für die Patentschutz in irgendeiner Form (z.B. Wirkstoff-, Herstellungs-, Verwertungsschutz usw.) besteht und für die keine →Generika mit gleichartigen Wirkstoffen verfügbar sind [Bund07].

MIC: in der Medizin Abkürzung für →Minimal Invasive Chirurgie.

Mikrobiologie, Virologie und Infektionsepidemiologie: medizinisches Fachgebiet; umfasst die Laboratoriumsdiagnostik der durch Mikroorganismen, Viren und andere übertragbare Agenzien bedingten

Erkrankungen und die Aufklärung ihrer Pathogenese, epidemiologischen Zusammenhänge und Ursachen sowie die Unterstützung der in der Vorsorge, in der Krankenbehandlung und im öffentlichen Gesundheitsdienst tätigen Ärzte bei der Vorbeugung, Erkennung, Behandlung und Bekämpfung von Infektionskrankheiten [Bund06].

Mikrobiologie: Lehre von den medizinisch bedeutsamen Mikroorganismen (Bakterien, Viren, Protozoen, Pilzen). Gegenstand der medizinischen Mikrobiologie sind die Infektionskrankheiten des Menschen. Sie werden unter den Gesichtspunkten der Ätiologie, der Pathogenese, der Immunität, der Kausaltherapie und der Epidemiologie abgehandelt.

Mikrochirurgie: Durchführung von Operationen mit feinsten Instrumenten bei 15-30facher optischer Vergrößerung (durch Lupenbrille, Operationsmikroskop) zur funktionellen Verbindung kleiner anatomischer Strukturen (im Durchschnitt kleiner als 2 mm) mit chirurgischem Nahtmaterial.

Mind Map: in den 70er Jahren von *T Buzan* entwickelte graphische Strukturierungstechnik, die das Gehirnpotenzial durch Verknüpfung von begrifflichem (linke Gehirnhälfte) und bildlichem Denken (rechte Gehirnhälfte) besser ausschöpfen will. Die Konstruktion einer Mind Map erfolgt in vier Schritten: (a) das Thema kristalliert sich in einem Zentralbild, das in die Mitte eines leeren Blattes gezeichnet wird; (b) die Oberbegriffe des Themas

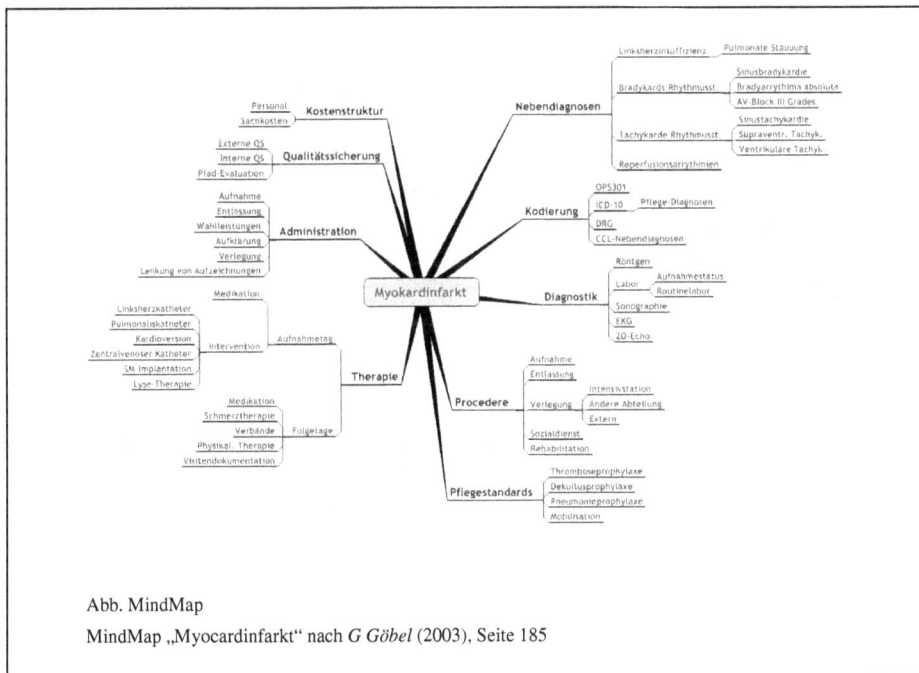

Abb. MindMap

MindMap „Myocardinfarkt" nach *G Göbel* (2003), Seite 185

strahlen vom Zentralbild wie Äste aus; (c) Themen von untergeordneter Bedeutung (Schlüsselworte) werden als Zweige, die mit Ästen höheren Niveaus verbunden sind, dargestellt; (d) Äste werden mit Oberbegriffen, Zweige mit Schlüsselworten oder Schlüsselbildern beschriftet (s. Abb.).

Minimal Invasive Chirurgie: Abk. MIC; Oberbegriff für Verfahren, die das Maß der Verletzung eines Patienten bei einem chirurgischen Eingriff möglichst gering halten; z.B. endoskopische Bauchchirurgie (Laparoskopie), Arthroskopie. Gemeinsames Merkmal dieser Verfahren ist, dass der Chirurg den eigentlichen Operationsort vermittelt durch ein Endoskop auf einem Monitor sieht und die notwendigen Operationsschritte (Manipulationen) mittels langer, dünner Instrumente, die durch kleine Öffnungen z.B. in der Bauchwand eingeführt werden, vornimmt. Als Vorteile solcher Verfahren, die mit kleineren Schnitten und damit geringerer Verletzung der Weichteile arbeiten, gelten die geringeren Schmerzen, ein kleinerer Blutverlust, die schnellere Mobilisation des Patienten nach dem Eingriff und ein besseres kosmetisches Ergebnis.

Minimalpflege: Pflege von Patienten, die lediglich der pflegerischen Beobachtung oder Anleitung bedürfen (Low care-Patienten). Therapeutische oder diagnostische Einrichtungen des Krankenhauses können von ihnen selbstständig aufgesucht werden.

Minimalprinzip: s. Wirtschaftlichkeitsgebot.

MIS: Abk. für engl. Management Information System; s. Führungsinformationssystem.

Mission Statement: das an den Markt adressierte, knapp formulierte „Daseinsmotto" eines Medizinbetriebs; z.B. „Wir sind immer für Sie da".

Mitarbeiter: in einem Medizinbetrieb Beschäftigter.

Mitarbeiterbefragung: eines der wichtigsten →Führungsinstrumente zur Einschätzung und Absicherung der →Arbeitszufriedenheit. Konkret handelt es sich dabei um eine freiwillige, anonyme, schriftliche Befragung aller Beschäftigten mit dem Ziel der Gewinnung zeitpunktbezogener, statistisch aggregierter Meinungsbilder zur Arbeitszufriedenheit. Die Durchführung einer Mitarbeiterbefragung setzt zunächst die Zustimmung der Mitarbeitervertretung und die Information der Beschäftigten über die Inhalte und den Ablauf der Befragung voraus. Insbesondere sollte die Offenlegung der Befragungsergebnisse für die Beschäftigten (vorab) festgelegt sein. In die Befragung einbezogen werden alle Beschäftigten, die am Befragungsstichtag einen wirksamen Arbeitsvertrag besitzen. Die genauen Inhalte des Fragebogens sollten gemeinsam mit allen Führungskräften und der Mitarbeitervertretung mit Blick auf die verfolgten Ziele festgelegt, die Datenauswertung zweckmäßigerweise einem externen (darauf spezialisierten) Unternehmen übertragen werden. Dies ermöglicht, je nach Datenbasis des beauftragten Unternehmens, auch ein partielles Benchmarking (vgl. [Seel07]).

Mitarbeiterbesprechung: terminierte Zusammenkunft von Mitarbeitern mit dem Ziel einer gegenseitigen aufgabenbezogenen Kommunikation.

Mitarbeiterbeurteilung: im Gegensatz zum →Mitarbeitergespräch eine personalaktenrelevante Beurteilung des Mitarbeiters durch den Vorgesetzten, die periodisch, aber auch anlassbezogen (z.B. bei Einstellungen, zum Ende der Probezeit, bei Höhergruppierung, bei Erweiterung des Verantwortungsbereichs) durchgeführt wird. Dazu stehen dem Beurteiler Checklisten mit mehr oder weniger vollständig vorgegebenen Beurteilungskriterien zur Verfügung, die er mittels Skalierungs- (z.B. Schulnoten), Rangordnungs- (z.B. besser/schlechter als...) oder Kennzeichnungsverfahren (z.B. ja/nein) bearbeitet.

Mitarbeiterführung: syn. für →Personalführung.

Mitarbeitergespräch: ein mehr oder minder strukturiertes, spontanes oder geplantes Gespräch zwischen Führendem und Geführtem. Je nach Anlass und Ziel lassen sich verschiedene Gesprächssituationen unterscheiden, z.B. Planungsgespräch, Budgetgespräch, Feedbackgespräch, Anerkennungsgespräch, Kritikgespräch, Konfliktgespräch, Mitarbeiterbeurteilungsgespräch, Mitarbeiterjahres- bzw. Zielvereinbarungsgespräch [Seel07].

Mitarbeiterjahresgespräch: jährlich stattfindendes →Mitarbeitergespräch. Es dient dem weiteren Ausbau einer Feedback-Kultur, der Unterstützung des Prinzips Führen

durch Zielvereinbarung, kann Konsequenzen für die Honorierung haben und bildet die Basis für die berufliche Entwicklungsplanung des Mitarbeiters.

Mitarbeiterorientierung: eine an den Bedürfnissen der Beschäftigten orientierte Gestaltung der *Herzberg'schen* →Motivatoren und →Hygienefaktoren (s. Tab.) [Seel07].

Mitarbeiterzufriedenheit: Konstrukt, das sich aus Lebenszufriedenheit und Arbeitszufriedenheit eines Beschäftigten zusammensetzt. Reduziert auf die Arbeitswelt angewandt, wird der Begriff häufig mit →Arbeitszufriedenheit gleichgesetzt [Seel07].

Mitbehandlung: selbstständige und eigenverantwortliche diagnostische und therapeutische Tätigkeit eines vom erstbehandelnden Arzt zugezogenen anderen Arztes aufgrund eines selbstständigen →Arztvertrages zwischen Patient und mitbehandelndem Arzt (s.a. Überweisung). Die Mitbehandlung ist vom →Konsilium, das lediglich die Diagnose und die Beratschlagung über die Diagnose, aber keine Behandlung (Therapie) umfasst, streng zu unterscheiden. Die Mitbehandlung unterscheidet sich auch von der Auftragsleistung, die gezielt auf die Erbringung genau umgrenzter ärztlicher Leistungen gerichtet ist [Seel90].

Mitternachtsstatistik: im Krankenhaus die namentliche Auflistung aller stationär aufgenommenen Patienten um ca. 00.00 Uhr auf den einzelnen Stationen [Seel90].

o Verankerung der Mitarbeiterorientierung im Organisationsleitbild und in Führungsgrundsätzen

o ein die Selbständigkeit des Mitarbeiter förderndes Führungsverhalten

o sichere und ergonomische Arbeitsplätze

o bedürfnisorientierte Arbeitsgestaltung

o die Einhaltung geplanter Arbeitszeiten

o soziale und medizinische Angebote zum Management psychosozialer Belastungen

o ein implementiertes Verfahren zum medizinbetrieblichen Vorschlagswesen und Beschwerdemanagement

o Planung des Personalbedarfs

o die aufgabenbezogene Festlegung der geforderten Qualifikation

o die systematische Einarbeitung von Mitarbeitern

o eine systematische Personalentwicklung

o eine systematische Fort- und Weiterbildung, die an den Bedürfnissen der Beschäftigten und des Medizinbetriebs ausgerichtet ist

o die zeitlich uneingeschränkte Verfügbarkeit angemessener Fort- und Weiterbildungsmedien

o die Sicherstellung des Lernerfolgs in der medizinbetrieblichen Aus- und Weiterbildung

o Praktizierung regelmäßiger Mitarbeitergespräche und Mitarbeiterbefragungen

o eine leistungsgerechte Bezahlung

Tab. Mitarbeiterorientierung

Konzepte zur Förderung von Arbeitszufriedenheit durch Mitarbeiterorientierung in Medizinbetrieben nach *HJ Seelos* (2007), Seite 47

Mitunternehmerkultur: eine →Organisationskultur, die die Eigenverantwortung und die Selbstständigkeit der Beschäftigten fördert. Dies wird erreicht durch Delegation, die Schaffung von Entscheidungs- und Handlungsspielräumen, die Führung durch Zielvereinbarung und die Überwindung bürokratischer Strukturen. Der Mitarbeiter wird zum Intrapreneur, d.h. „internen Unternehmer". Er fühlt sich dem ökonomischen Prinzip und dem Prinzip der Kundenorientierung verpflichtet. Attribute einer Mitunternehmerkultur sind: Mitwissen, Mitdenken, Mitlernen, Mitverantwortung, Mitgenießen, Mitbesitzen.

Mitwirkungspflicht: die Verpflichtung des Patienten alles zu tun, um dem Arzt eine erfolgreiche Behandlung zu ermöglichen, d.h. seinen Anordnungen Folge zu leisten (Befolgungspflicht), Untersuchungen und Behandlungen oder Eingriffe zu dulden (passive Mitwirkungspflicht), seine Einwilligung in eine Behandlung oder für einen Eingriff nach vorausgegangener ärztlicher Aufklärung zu erteilen (rechtliche

Mitwirkungspflicht) und den Arzt auf besondere Umstände seiner Erkrankung (z.B. die Einnahme von Antikoagulantien) hinzuweisen (Offenbarungspflicht). Ihre Grenze findet die Mitwirkungspflicht im Recht auf Selbstbestimmunng des Patienten.

Mobbing: ein Geschehensprozess in der Arbeitswelt, in dem destruktive Handlungen unterschiedlicher Art wiederholt und über einen längeren Zeitraum (von einem oder mehreren anderen) gegen Einzelne vorgenommen werden, welche von den Betroffenen als eine Beeinträchtigung und Verletzung ihrer Person empfunden werden und dessen ungebremster Verlauf für die Betroffenen grundsätzlich dazu führt, dass ihre psychische Befindlichkeit und Gesundheit zunehmend beeinträchtigt werden, ihre Isolation und Ausgrenzung am Arbeitsplatz zunehmen, dagegen die Chancen auf eine zufriedenstellende Lösung schwinden und der regelmäßig im Verlust ihres beruflichen Wirkbereichs endet (*A Esser* et al. 2005).

Moral Hazard: moralisches oder subjektives Risiko; umschreibt eine Verhaltensänderung bei Wirtschaftssubjekten, die unter Versicherungs- oder ähnlichen Systembedingungen andere Entscheidungen treffen als in einer Situation ohne diesen Versicherungsschutz. Die Verhaltensänderung resultiert daraus, dass der Zufallscharakter des zu versichernden Risikos nicht mehr gegeben ist, weil der Versicherte die Eintrittswahrscheinlichkeit des Versicherungsfalls zu seinen Gunsten beeinflussen kann. Der Anreiz besteht insbesondere dann, wenn als Gegenleistung für den Versicherungsbeitrag Ansprüche realisiert

werden können, die mit keinen oder nur geringen Grenzkosten für den Versicherten verbunden sind. Sieht man von der beabsichtigten Schadensherbeiführung im Sinne strafrechtlich relevanter Handlungen durch den Versicherten ab, handelt es sich mit Blick auf die Krankenversicherung vielmehr darum, dass die Sorglosigkeit der Versicherten hinsichtlich ihrer Gesundheit mit umfassenderem Versicherungsschutz zunimmt und weniger Anstrengungen unternommen werden, den Schadensfall zu verhüten. Darüber hinaus ist der Krankheitsbegriff nur in Grenzen eindeutig festzulegen, so dass der Versicherte auch auf Zeitpunkt, Art und Umfang der Inanspruchnahme medizinischer Leistungen Einfluss nehmen kann. Das Moral Hazard-Verhalten der Versicherten wird häufig mit dem aus der ökonomischen Theorie bekannten „Gefangenen-Dilemma" in Verbindung gebracht, das die Inkompatibilität zwischen individueller und kollektiver Rationalität beschreibt. Obwohl das gemeinsame Ziel aller Versicherten in einer geringen Inanspruchnahme von Gesundheitsleistungen besteht, wird bei einer Umlagefinanzierung über allgemeine Versicherungsbeiträge jeder Versicherte seine Nachfrage möglichst ausdehnen. Dies erklärt sich dadurch, dass das kostenbewusste Verhalten des Einzelnen zu keiner spürbaren Beitragsentlastung führt, wenn alle anderen Versicherten ihre Nachfrage nicht einschränken. Verhalten sich umgekehrt die anderen Versicherten im Kollektivinteresse, werden die Kosten der eigenen Nachfrageerhöhung auf die Versichertengemeinschaft umgelegt und für den Einzelnen umso weniger bemerkbar, je größer ceteris paribus die Zahl der zusammengeschlossenen Versicherten ist. Der Moral Hazard-Effekt kann sowohl durch den Abbau von Versicherungsleistungen als auch durch Selbstbeteiligungsregelungen reduziert werden [Seel90].

Morbidität: Maßzahl der Häufigkeit einer definierten Krankheit in einem bestimmten Zeitraum bezogen auf die Bevölkerung; s. Inzidenz, Prävalenz.

Morphologie: in der Medizin die Lehre von der äußeren Gestalt von Organen und deren Veränderung, auch von Körperteilen, Hauterscheinungen (Biomorphologie), im Gegensatz zu mikroskopischen, biochemischen, psychologischen oder sonstigen nicht sichtbaren Funktionen [Seel90].

Morphologische Analyse: für gewisse Problemstellungen geeignete Ideenfindungstechnik, deren Ziel es ist, auf der Basis einer „morphologischen Matrix" mögliche Problemlösungen aufzuzeigen und zu bewerten. In der morphologischen Matrix werden den problem- und lösungsbestimmenden Parametern (Zeilen) die möglichen Parameterausprägungen (Spalten) gegenübergestellt und Ausprägungskombinationen abgeleitet, die anschließend zu bewerten sind [Seel90].

Mortalität: Zahl der Todesfälle an einer definierten Krankheit während eines bestimmten Zeitabschnitts bezogen auf die Gesamtbevölkerung oder bestimmte Bevölkerungsgruppen.

Motiv: unbefriedigtes Bedürfnis, Wunsch, Beweggrund eines menschlichen Individuums. Jeder Beschäftigte im Medizinbetrieb hat eine individuelle Motivstruktur, die sich zeitlich verändern kann; z.B. gewinnt das Motiv „Arbeitsplatzsicherheit" bei rezessiven Wirtschaftslagen oder mit zunehmendem Lebensalter des Mitarbeiters an Bedeutung. Determinierend für sein Verhalten ist jeweils das situativ für ihn stärkste Motiv. Die Stärke der Motive nimmt ab, wenn sie entweder befriedigt sind oder geblockt werden. Oft werden dann Ersatzziele gesucht (rationales Coping-Verhalten).

Motivation: 1. intrinsisch und/oder extrinsisch begründeter Zustand der Leistungsbereitschaft eines menschlichen Individuums; **2.** der intraindividuelle Prozess der Erkennung unbefriedigter Bedürfnisse (Motive), um diese mittels korrespondierender Anreize zu aktivieren und die daraus resultierende Leistungsbereitschaft in erwünschtes (zielorientiertes) Handeln zu transformieren [Seel07].

Motivatoren: nach der →Zwei-Faktoren-Theorie von *F Herzberg* (1968) Faktoren, die →Arbeitszufriedenheit fördern; z.B. die Arbeit selbst, die Anerkennung der Leistung, Aufstiegschancen, die Übertragung von Verantwortung [Seel07].

MRI: Abk. für engl. **M**agnetic **R**esonance **I**maging; s. Kernspinresonanztomographie.

Multimomentaufnahme: Stichprobenverfahren, mit dem aus einer Vielzahl von Momentaufnahmen (wiederholtes Protokollieren von Beobachtungen zu definierten Beobachtungselementen und zu unregelmäßigen zufälligen Zeitpunkten) statistisch gesicherte Mengen- oder Zeitangaben abgeleitet werden können; z.B. die Zeitdauer für die Durchführung von Tätigkeiten im Rahmen betrieblicher Zeitstudien [Seel90].

Multimorbidität: syn. Polypathie; das zeitgleiche Vorhandensein mehrerer Krankheiten bei einem Patienten; z.B. koronare Herzkrankheit, Diabetes mellitus und Gicht.

Mund-Kiefer-Gesichtschirurgie: medizinisches Fachgebiet; umfasst die Vorbeugung, Erkennung, konservative und operative Behandlung, Nachsorge und Rehabilitation von Erkrankungen, Verletzungen, Frakturen, Tumoren, Fehlbildungen und Formveränderungen des Zahnes, des Zahnhalteapparates, der Alveolarfortsätze, des Gaumens, der Kiefer, der Mundhöhle, der Speicheldrüsen sowie des Gesichtsschädels und der bedeckenden Weichteile einschließlich der chirurgischen Kieferorthopädie, prothetischen Versorgung und Implantologie [Bund06].

Mutterpass: bei der Schwangeren verbleibendes Dokument, in das administrative und medizinische Basisinformationen über die Mutter (insbesondere anamnestische und aktuelle Risiken), den Schwangerschaftsverlauf, die Ergebnisse der Vorsorgeuntersuchungen nach den Mutterschaftsrichtlinien, den Ablauf der Geburt und Angaben zum Neugeborenen eingetragen werden [Seel90].

MVZ: Abk. für → Medizinisches Versorgungszentrum.

N

Nachsorge: zwingend notwendige Überprüfung eines Krankheitsverlaufs bezüglich der Diagnose und vor allem der Wirksamkeit der Therapie [Seel90].

Nachstationäre Behandlung: Krankenhausbehandlung ohne Unterkunft und Verpflegung, um im Anschluss an eine vollstationäre Krankenhausbehandlung den Behandlungserfolg zu sichern oder zu festigen (§ 115a Abs. 1 SGB V); s.a. vorstationäre Behandlung.

Nachtklinik: Einrichtung zur teilstationären Versorgung von Patienten nur in der Nacht; s.a. Tagesklinik.

Nachtpflege: teilstationäre Pflege Pflegebedürftiger in Einrichtungen der Nachtpflege, wenn häusliche Pflege nicht in ausreichendem Umfang sichergestellt werden kann oder, wenn dieses zur Ergänzung oder Stärkung der häuslichen Pflege erforderlich ist (§ 41 SGB XI).

Nachweisgrenze: Zahlenwert, der für ein Analyseverfahren geräte- und methodenspezifisch ermittelt wird. Es ist der Grenzwert, oberhalb dessen man sicher ist, dass die zu messende Substanz im Untersuchungsgut vorhanden ist. Liegt das Ergebnis unterhalb dieses Wertes, so erscheint im labormedizinischen Befundbericht als Resultat die Nachweisgrenze mit einem davor gesetzten „<"-Zeichen [Seel90].

Narkose: syn. Vollnarkose (im Gegensatz zur Lokalanästhesie oder Regionalanästhesie); ein durch Zufuhr von Narkotika induzierter reversibler Zustand, in dem Operationen bei erloschenem Bewusstsein ohne Schmerzempfindung und Abwehrreaktionen durchgeführt werden können.

Natalität: bezeichnet die auf eine Gesamtbevölkerung bezogene Anzahl der Lebendgeborenen im Bezugszeitraum. Die Höhe der Geburtenrate wird von der Altersstruktur einer Bevölkerungsgruppe und der Sexualproportion beeinflusst. Zu unterscheiden von der Natalität ist deshalb die →Fertilität [Seel90].

Naturheilverfahren: Zusatzbezeichnung, die von einem Arzt nach Ableistung der vorgeschriebenen Weiterbildungszeit und Weiterbildungsinhalte gemäß der ärztlichen Weiterbildungsordnung geführt werden darf. Die Zusatz-Weiterbildung Naturheilverfahren umfasst die Anregung der individuellen körpereigenen Ordnungs- und Heilkräfte durch Anwendung nebenwirkungsarmer oder –freier natürlicher Mittel [Bund06].

NAW: Abk. für →Notarztwagen.

Nebendiagnose: eine zusätzlich zur →Hauptdiagnose von einem Arzt gestellte Diagnose. Nebendiagnosen bzw. Komorbiditäten beeinflussen das Patientenmanagement durch entsprechende diagnostische und therapeutische Maßnahmen oder durch einen erhöhten Pflege- und/ oder Überwachungsaufwand.

Nebenwirkung: in der Medizin die Bezeichnung für die unerwünschte Wirkung, die mit der Anwendung eines →Arzneimittels oder einer Prozedur verbunden ist.

NEF: Abk. für →Notarzteinsatzfahrzeug.

Negativliste: s. Arzneimittellisten.

Nephrologie: Teilgebiet der →Inneren Medizin, das sich mit der Ätiologie, Pathogenese, Pathophysiologie, Symptomatologie, Diagnostik und Therapie der Nierenkrankheiten, der Indikationsstellung zu urologischen und gefäßchirurgischen Eingriffen sowie zur Nierentransplantation befasst.

Netzplan: graphische oder auch tabellarische Darstellung von Abläufen und deren Abhängigkeiten. Man unterscheidet hierbei Vorgänge (zeitfordernde Prozesse mit definierten Anfangs- und Endzeitpunkten) und Ereignisse (Eintreten definierter Zustände im Ablauf; z.B. ein Zeitpunkt, zu dem ein Vorgang beginnt oder endet) sowie die zwischen diesen bestehenden Anordnungsbeziehungen. „Kritischer Pfad" ist der (mögliche) Pfad mit der maximalen Zeitsumme vom Beginn des Netzplans bis zum Ende (in der Abb. S, A1, A4, A5, A6, Z). Verschieben sich die auf dem kritischen Pfad liegenden Aktivitäten, verschiebt sich der Endtermin insgesamt entsprechend [Seel90].

Neuerkrankungsziffer: syn. für →Inzidenz.

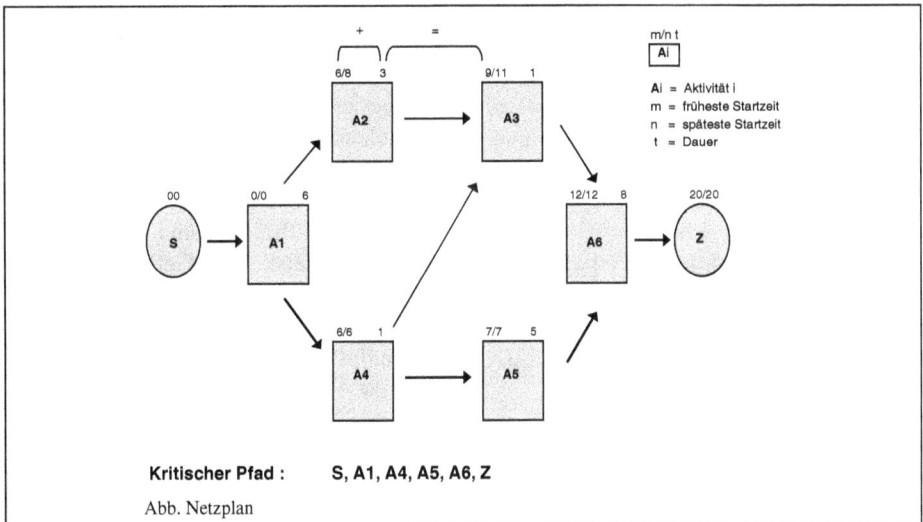

Abb. Netzplan

Neuroanatomie: medizinisches Fachgebiet, das den normalen, sehr komplizierten Bau des zentralen und peripheren Nervensystems beschreibt und untersucht. Dabei ist der Untersuchungsgegenstand der Neuroanatomie je nach zugrundeliegender Definition des Nervensystems (anatomisch, entwicklungsgeschichtlich, anatomisch/funktionell oder rein funktionell) unterschiedlich weit gezogen. Die Neuroanatomie ist im Gegensatz zur →Neuropathologie wesentlich stärker mit ihrem Mutterfach, der gesamten →Anatomie, verbunden, da die spezifische klinische Aufgabenstellung fehlt. Die Neuroanatomie hat zudem ihre Impulse überwiegend aus wissenschaftlichen Fragestellungen erhalten, während die Neuropathologie am stärksten angetrieben wurde durch konkrete klinische Fragestellungen im Rahmen der Krankenbehandlung [Seel90].

Neurochirurgie: medizinisches Fachgebiet; umfasst die Erkennung, operative, perioperative und konservative Behandlung, Nachsorge und Rehabilitation von Erkrankungen, Verletzungen, Verletzungsfolgen und Fehlbildungen des zentralen Nervensystems, seiner Gefäße und seiner Hüllen, des peripheren und vegetativen Nervensystems [Bund06].

Neurologie: medizinisches Fachgebiet; umfasst die Vorbeugung, Erkennung, konservative Behandlung und Rehabilitation der Erkrankungen des zentralen, peripheren und vegetativen Nervensystems einschließlich der Muskulatur [Bund06].

Neuropathologie: medizinisches Fachgebiet, das sich mit den pathologisch-anatomischen Veränderungen am Nervensystem befasst. Die Neuropathologie bedient sich dabei der morphologischen Untersuchungsmethoden, der Untersuchung mit bloßem Auge und der histologischen Techniken. Dabei hat die Neuropathologie eine Palette von Spezialmethoden entwickelt, die ihr ein charakteristisches Gepräge geben. Wesentliche Untersuchungsgänge sind die Untersuchung postmortalen (Sektion) und intraoperativ gewonnenen Gewebes (vgl. [Seel90]).

Neuroradiologie: Teilgebiet der Radiologischen Diagnostik, das die Diagnostik von Erkrankungen und Veränderungen des Nervensystems und seiner Hüllen mit ionisierenden Strahlen und anderen bildgebenden Verfahren (insbesondere Angiographie, Computertomographie, Kernspinresonanztomographie, digitale Subtraktionsangiographie) und ihre Behandlung durch neuroradiologisch-invasive therapeutische Eingriffe, z.B. die Embolisation von Gefäßfisteln und Geschwülsten im Bereich des Gesichtsschädels, des Gehirns und des Spinalkanals, umfasst. Besondere Bedeutung hat die interventionelle Neuroradiologie mit der Therapie von extra- und intracraniellen Tumoren und Gefäßmissbildungen und auch von Gefäßverschlüssen (vgl. [Seel90]).

Normalpflege: syn. Allgemeinpflege; umfasst die vollstationäre Unterbringung von Patienten, die zwar noch bettlägerig sind, aber nur einer normalen pflegerischen Betreuung sowie einer der Intensität nach variierenden ärztlichen Behandlung bedürfen, und die nicht in der Lage sind, für ihre Grundbedürfnisse in vollem Umfang selbst zu sorgen [Seel90].

Nosokomialinfektionen: Infektionen mit lokalen oder systemischen Infektionszeichen als Reaktion auf das Vorhandensein von Erregern oder deren Toxine, die in zeitlichem Zusammenhang mit einem Krankenhausaufenthalt oder einer ambulanten medizinischen Maßnahme stehen, soweit die Infektionen nicht bereits vorher bestanden (vgl. [Seel90]).

Nosologie: Krankheitslehre; systematische Beschreibung von Krankheiten, deren Ursachen, Entstehung, Erscheinungsformen, Symptome, auch pathologisch-anatomische Abweichungen; Zweig der →Pathologie [Seel90].

Notarzt: approbierter Arzt, der nach seiner ärztlichen Ausbildung eine spezielle notfallmedizinische Qualifikation erworben hat. Je nach Bundesland handelt es sich dabei um die Zusatz-Weiterbildung Notfallmedizin oder den Fachkundenachweis Rettungsdienst.

Notarzteinsatzfahrzeug: Abk. NEF; Rettungsdienstfahrzeug, das den →Notarzt an den Einsatzort bringt und die medizinisch-technische Ausstattung zur präklinischen Versorgung von Notfallpatienten mitführt. Ein Patiententransport mit dem Notarzteinsatzfahrzeug ist nicht vorgesehen. Die Mindestausstattung des NEF regelt die DIN 75 079.

Notarztwagen: Abk. NAW; Rettungsdienstfahrzeug mit Mindestausstattung nach DIN EN 1789 Typ C. Die Ausrüstung des NAW ist im Unterschied zum →Rettungs(transport)wagen um einige Medikamente und technische Ausstattungen erweitert und zusätzlich mit einem Notarzt besetzt. Ein NAW bringt den Notarzt und nichtärztliches Rettungsfachpersonal an den Einsatzort, ermöglicht die präklinische Versorgung von Notfallpatienten sowie deren Transport zur Weiterversorgung.

Notfalldienst: syn. ärztlicher Notdienst; (Vertrags-)Ärztlicher Bereitschaftsdienst; umfasst die Sicherstellung der vertragsärztlichen und vertragszahnärztlichen Versorgung in jenen Zeiten, in denen der behandelnde Arzt nicht erreichbar ist, so z.B. in den Nachtstunden, an sprechstundenfreien Tagen und zu sprechstundenfreien Zeiten wie an Sonn- und Feiertagen im Rahmen des Sicherstellungsauftrages. Der Notfalldienst ist für Erkrankungen gedacht, deren Behandlung nicht bis zum nächsten Werktag warten kann. In dringenden Fällen, etwa bei lebensbedrohlichen Erkrankungen oder Verletzungen, ist immer der Notruf des Rettungsdienstes zu wählen! Aufgrund der Namensähnlichkeit wird der Notfalldienst oft mit dem →Notarzt, der Teil des Rettungsdienstes ist, verwechselt.

Notfall-Labor: syn. für →Eilfall-Labor.

Notfallmedizin: Zusatzbezeichnung, die von einem Arzt nach Ableistung der vorgeschriebenen Weiterbildungszeit und Weiterbildungsinhalte gemäß der ärztlichen Weiterbildungsordnung geführt werden darf. Die Zusatz-Weiterbildung Notfallmedizin umfasst die Erkennung drohender oder eingetretener Notfallsituationen und die Behandlung von Notfällen sowie die Wiederherstellung und Aufrechterhaltung akut bedrohter Vitalfunktionen [Bund06].

Notfallpatient: Patient, der sich infolge Erkrankung, Verletzung oder aus sonstigen Gründen in Lebensgefahr befindet oder diese droht, welche eine Notfallversorgung und/oder Überwachung und einen geeigneten Transport zu weiterführenden diagnostischen Einrichtungen oder zur medizinischen Behandlung erfordert.

Nuklearmedizin: medizinisches Fachgebiet; umfasst die Anwendung radioaktiver Substanzen und kernphysikalischer Verfahren zur Funktions- und Lokalisationsdiagnostik von Organen, Geweben und Systemen sowie offener Radionuklide in der Behandlung [Bund06].

Nullbefund: in Unterscheidung zum nicht erhobenen oder pathologischen Befund der nichtpathologische Befund (Normalbefund).

Nuptialität: wird als relative Häufigkeit auf die Gesamtbevölkerung zur Mitte des Bezugszeitraumes bezogen und dient zur Beschreibung der Heiratsneigung als demographischem Prozess, der wesentlichen Einfluss auf die →Fertilität besitzt.

Nutzungsdauer: bezüglich einer Funktionseinheit die Zeitspanne, während der diese zweckspezifisch (anwendungsbezogen), ausgenommen der Zeiten für →Instandhaltung und →Instandsetzung, eingesetzt ist [Seel90].

Nutzwertanalyse: s. Bewertungsverfahren.

O

Obduktion: syn. für →Sektion.

Oberarzt: Bezeichnung für einen im Krankenhaus tätigen (Fach-)Arzt, die seine Stellung in der Krankenhaushierarchie kennzeichnet (→Ärztlicher Dienst). Im tarifrechtlichen Sinne (TV-Ärzte) ist Oberarzt derjenige Arzt, dem die medizinische Verantwortung für Teil- oder Funktionsbereiche der Klinik bzw. Abteilung vom Arbeitgeber übertragen worden ist. Oberarzt ist ferner der Facharzt in einer durch den Arbeitgeber übertragenen Spezialfunktion, für die dieser eine erfolgreich abgeschlossene Schwerpunkt- oder Zusatzweiterbildung nach der ärztlichen Weiterbildungsordnung fordert. Die Bezeichnung Oberarzt kann aber auch vergeben werden, ohne dass die tarifrechtlichen Voraussetzungen erfüllt sind (sog. Titular- oder Funktionsoberarzt).

Obhutspflicht: vertragliche Nebenpflicht aus dem →Behandlungsvertrag. Danach hat der Vertragspartner des Patienten vom Patienten eingebrachte Sachen und Wertgegenstände zu sichern, um eine Beschädigung oder Entwendung zu verhindern, insoweit der Patient, weil z.B. bewusstlos, nicht selbst darauf achten kann.

Objektivität: Unabhängigkeit einer Beobachtung (Untersuchung, Studie, Messung, Experiment) von der Person des Be-obachters; kann durch die Inter-Beobachter-Reliabilität quantitativ beschrieben werden. Die Objektivität zählt neben →Validität und →Reliabilität zu den Hauptgütekriterien wissenschaftlichen Arbeitens [Seel90].

Objektsystem: System, auf das ein Subjektsystem im Sinne seines Zielsystems einwirkt; z.B. wirkt der Arzt (Subjektsystem) im Sinne der Ziele der Medizin auf den Patienten (Objektsystem) ein.

OCB: Abk. für engl. **O**rganizational **Ci**tizenship **B**ehavior; wörtlich „staatsbürgerliches Verhalten im organisationalen Kontext"; Zusatzengagement der Mitarbeiter, das außerhalb der vertraglich geregelten Verpflichtungen liegt und für den Unternehmenserfolg von großer Bedeutung sein kann. Das von *DW Organ* (1988) eingeführte mehrdimensionale Konstrukt berücksichtigt die Dimensionen Hilfsbereitschaft (altruism), Gewissenhaftigkeit (conscientiousness), Unkompliziertheit/Frustrationstoleranz (sportsmanship), Rücksichtnahme (courtesy) und Eigeninitiative (civic virtue). Diese lassen sich mittels entsprechender Skalen empirisch ermitteln.

offenbaren: die Weitergabe eines Geheimnisses und seines Trägers an einen Dritten, dem diese Tatsachen noch nicht oder noch nicht sicher bekannt sind, selbst wenn er seinerseits zum Kreis der schweigepflichtigen Personen gehört. Offenbaren kann bei bestehender Garantenpflicht auch durch Unterlassen begangen werden, z.B. wenn der Arzt Patientenunterlagen unverschlossen liegen lässt und dadurch die Einsichtnahme bzw. Mitnahme seitens unbefugter Dritter ermöglicht. Die Offenbarung von Patientendaten bedarf einer Befugnisnorm (Einwilligung oder Rechtsgrundlage).

Offenbarungspflichten: 1. in gesetzlich bestimmten Fällen ist der Arzt verpflichtet, geheimnisgeschützte Patientendaten unter Einhaltung der Grenzen der Erforderlichkeit Dritten zu offenbaren; z.B. Infektionsschutzgesetz, Personenstandsgesetz, Geschlechtskrankheitengesetz, Berufskrankheitengesetz, Meldepflichten in der Sozialversicherung an die Sozialleistungsträger, Anzeigepflichten im Interesse der Verbrechensverhinderung (§§ 138, 139 StGB); **2.** als Teil seiner aus dem Behandlungsvertrag folgenden Mitwirkungspflicht, die Pflicht des Patienten den Arzt auf besondere Umstände seiner Erkrankung initiativ hinzuweisen. Insbesondere würde der Patient seine vertraglichen Pflichten verletzen (§ 242 BGB), wenn er dem Arzt bewusst oder fahrlässig wichtige Vorerkrankungen und Unverträglichkeiten verschweigt (z.B. Einnahme von Antikoagulantien bei einem Herzpatient, bekannte Medikamentenunverträglichkeiten und Allergien), falls dieses Verhalten nicht krankheitsbedingt oder eine Folge seines Zustands oder Alters ist. Kommt der Patient seiner Offenbarungspflicht nicht nach, folgt daraus zugleich eine die Schadensersatzpflicht des Arztes

einschränkende oder möglicherweise ausschließende Mitverursachung im Sinne § 254 Abs. 1 BGB.

Öffentliche Krankenhäuser: →Krankenhäuser, deren Träger eine kommunale Gebietskörperschaft, ein Bundesland, die Bundesrepublik Deutschland oder eine sonstige Körperschaft des öffentlichen Rechts ist; z.B. rechtsfähige Anstalt öffentlichen Rechts, Stiftung öffentlichen Rechts, Bundeswehrkrankenhaus.

Öffentlicher Gesundheitsdienst: staatliche oder kommunale Einrichtungen des →öffentlichen Gesundheitswesens. Sie sind abzugrenzen gegen ärztliche Dienste bei der gesetzlichen Rentenversicherung, der gesetzlichen Krankenversicherung, der Versorgungs- bzw. Arbeitsverwaltung sowie den Gewerbeaufsichtsämtern [Seel90].

Öffentliches Gesundheitswesen: 1. Einrichtungen der öffentlichen Hand (Bund, Länder, Stadt- und Landkreise, Gemeinden, Gemeindeverbände, sonstige Behörden und öffentlich-rechtliche Körperschaften) mit der Aufgabe, den Gesundheitszustand der Bevölkerung zu ermitteln und zu überwachen, drohende Gefahren zu erkennen und auf deren Beseitigung hinzuwirken sowie die Gesundheit der Bevölkerung zu fördern und sonstige gesetzlich zugewiesene Aufgaben außerhalb der kurativen Medizin zu erfüllen. Maßgebend ist die Zielsetzung, nicht die Trägerschaft [Seel90]; **2.** medizinisches Fachgebiet; umfasst die Beobachtung, Begutachtung und Wahrung der gesundheitlichen Belange der Bevölkerung und die Beratung der Träger öffentlicher Aufgaben in gesundheitlichen Fragen einschließlich Planungs- und Gestaltungsaufgaben, Gesundheitsförderung und der gesundheitlichen Versorgung, der öffentlichen Hygiene, der Gesundheitsaufsicht sowie der Verhütung und Bekämpfung von Krankheiten [Bund06].

Off-Label Use: der Einsatz eines →Arzneimittels außerhalb auf die in der Arzneimittelzulassung genannten Anwendungsgebiete.

Ökonomisches Prinzip: Die Produktion von Gesundheitsleistungen konkurriert naturgemäß mit anderen gesellschaftlichen Bereichen um volkswirtschaftliche Ressourcen. Gestaltungsvorgaben für den dispositiven Faktor sind daher die auch im Sozialversicherungsrecht (§§ 12 Abs. 1, 70 Abs. 1, 72 Abs. 2 SGB V; §§ 29 Abs. 1, 80 Abs. 2 SGB XI), im Krankenhausentgeltgesetz (§ 2 Abs. 2 KHEntgG) und in der Bundespflegesatzverordnung (§ 2 Abs. 2 BPflV) codifizierten allgemein-formalen Wirtschaftsgrundsätze von Leistungsfähigkeit, Qualität und Wirtschaftlichkeit, die gleichermaßen auch zur Bewertung der Gesundheitsleistungsproduktion heranzuziehen sind.

Ökonomisierung der Medizin: umschreibt die Tendenz medizinische Entscheidungen und Handlungen einem Nutzen-Kosten-Kalkül zu unterwerfen. Sie wird gefördert durch Preissysteme, die den Leistungserbringer am ökonomischen Risiko der Gesundheitsleistungsproduktion bzw. am Morbiditätsrisiko beteiligen. Dem ökonomischen Imperativ in der Medizin folgt im Gegensatz zu einem →deontologischen ein →teleologisches Systemverhalten.

Onkologie: Teilgebiet der →Inneren Medizin, das sich mit der Entstehung und Behandlung von Tumoren und tumorbedingten Krankheiten beschäftigt (vgl. [Seel90]).

OP: in der Medizin Abk. für →Operation.

Operation: Abk. OP; in der Medizin ein zu diagnostischen bzw. therapeutischen Zwecken durchgeführter chirurgischer Eingriff in den lebenden menschlichen Organismus und damit in die körperliche Integrität des betroffenen Patienten. Die Operation gilt rechtlich als Körperverletzung. Ihre Rechtmäßigkeit setzt daher eine rechtswirksame Einwilligung des Patienten nach vorangegangener Aufklärung voraus (vgl. [Seel90]).

Operationsbericht: →Krankenunterlage, in der insbesondere Indikationsstellung, Art des operativen Eingriffs, Verlauf (einschließlich eventueller intraoperativer und postoperativer Besonderheiten) und das erreichte Ziel einer bei einem Patienten durchgeführten →Operation beschrieben sind.

Operatives Medizinmanagement: Teilgebiet des →Medizinmanagements, das sich mit der strukturierenden Gestaltung der →Gesundheitsleistungsproduktion befasst; wird auch als Medizinorganisation bezeichnet [Seel07].

Ophthalmologie: syn. für →Augenheil-
kunde.

OPS: Abk. für Operationen- und Proze-
durenschlüssel; Klassifikation für die Verschlüsselung von Operationen und Prozeduren im stationären Bereich und im Bereich des ambulanten Operierens.

Organ: aus Zellen und Geweben zusam-
mengesetzte Teile des menschlichen Körpers, die eine Einheit mit bestimmten
Funktionen bilden [Seel90].

Organigramm: meist vertikal oder hori-
zontal angeordnetes Diagramm (Baum-
struktur) zur Beschreibung der aufbauorganisatorischen Gliederung einer →Orga-
nisation. Zur Differenzierung der verschiedenen Struktureinheiten (z.B. Leitungs-,
Stabsstelle) finden unterschiedliche Symbole (Rechteck, Dreieck, Kreis) Verwendung [Seel90].

Organisation: 1. in der Betriebswirt-
schaftslehre Ergebnis der strukturierenden
Gestaltung eines Unternehmens, Mittel zur
Erfüllung des Unternehmenszwecks (ein
Unternehmen hat eine Organisation).
Grundlegend ist die Unterscheidung in
Struktur- und Prozessorganisation; d.h.
Regeln, die einerseits die hierarchische
Stufung (Abgrenzung von Basis- und Steuerungsebenen, Differenzierung der Steuerungsebenen) und die funktionale Spezialisierung, andererseits die Systemprozesse
und ihre verfahrensmäßigen Vollzugs-
merkmale festlegen. Dieser Unterscheidung überlagern sich Ansätze zu einer di-
mensionalen Beschreibung von Organisation nicht nur anhand nominal-qualitativer,
sondern auch quantitativ abstufbarer Kriterien (Spezialisierungsgrad, Ausmaß der
Entscheidungszentralisation, Ablaufpro-
grammierung, Formalisierung der Regelungen, „Höhe" i.S. der Länge der Instan-
zenzüge, „Breite" i.S. der Anzahl der auf
einer bestimmten Hierarchiestufe nebenge-
ordneten strukturellen Subsysteme oder
des Umfanges der Leitungsspannen).
Soweit Organisation bewusst, gezielt und
offiziell vorgegeben wird (formale Organisation), tritt sie in den Dienst einer verbesserten Funktionserfüllung (Aufgabenratio-
nalisierung, Vorbereitung der Aufgabenbewältigung). Jedoch entstehen organisatorische Regelungen nicht nur aufgrund offizi-
eller Verfügungen, sondern bilden sich
auch allmählich in der „Geschichte" eines
Systems (Unternehmens) heraus (emergente Organisation). Solche „gewachse-
nen" Ordnungen stehen weder an verhal-
tensdeterminierender Kraft noch an wün-
schenswerten Effekten hinsichtlich der
Aufgabenbewältigung notwendig hinter
offiziellen Bestimmungen zurück [Seel90];
2. in den Sozialwissenschaften syn. für
Unternehmen (ein Unternehmen ist eine
Organisation) [Seel07].

Organisationales Commitment: die Bindung eines Mitarbeiters an eine Organisation („psychologisches Band"); multidimen-
sionales Konstrukt, das drei Dimensionen
umfasst: affektives Commitment (der Mitarbeiter fühlt sich emotional an die Organisation gebunden), normatives Commitment (der Mitarbeiter fühlt sich seinem
Beruf/der Organisation verpflichtet), kal-
kulatorisches Commitment (der Mitarbeiter erstellt ein Kosten-Nutzen-Kalkül der
Bindung).

Organisationshandbuch: schriftliche Zusammenfassung aller in einer Organisation gültigen aufbau- und ablauforganisatorischen Regeln. Um einen einfachen Änderungsdienst sicher zu stellen, kann das Organisationshandbuch mittels geeigneter Anwendungssysteme im medizinbetrieblichen Intranet abgebildet werden.

Organisationskultur: die Gesamtheit der von der Mehrheit der Beschäftigten eines Medizinbetriebs gemeinsam geteilten, gelebten und symbolisch repräsentierten Werthaltungen (gelebtes →Wertesystem). Jeder Medizinbetrieb hat eine eigenständige Organisationskultur. Sie ist nichts Statisches, sondern einem stetigen Wandel durch innere und äußere Einflüsse unterworfen [Seel07].

Organisationskulturorientierung: die Ausrichtung des (Führungs-)Verhaltens oder einer Maßnahme an den Grundorientierungen des (medizinbetrieblichen) →Wertesystems [Seel07].

Organisationsmittel: Sachmittel zur Unterstützung der →Organisation (z.B. Checklisten, Formulare, Organisationshandbücher) [Seel90].

Organisationsprojekt: →Projekt im Medizinbetrieb, das die Potenzial- und/oder Prozessgestaltung zum Gegenstand hat.

Organisatorisches Kongruenzprinzip: Kongruenz der einem personalen Aufgabenträger (Mitarbeiter) übertragenen Aufgaben, Kompetenzen und Verantwortung [Seel07].

Organismus: Zusammenwirken vielfältiger komplexer Einzelfunktionen der Zellen und Gewebe – Stoffwechsel, Reproduktion, Wachstum, Regeneration, Kontraktion, Sekretion, Dilatation, Erregbarkeit, Reizleitung u.a.m. – innerhalb eines gesetzmäßig geordneten sinnvollen Gesamtverhaltens. Dabei vereinigen sich mehrere Gewebe zu einem Organ, das mit einer gesetzmäßig aufgebauten Form eine bestimmte Funktion verbindet. Organe mit gleichgerichteter Funktion werden zu Organsystemen zusammengefasst. Das sinnvoll geordnete Zusammenwirken aller Organsysteme vollzieht sich innerhalb eines Organismus [Seel90].

Organizational Citizenship Behavior: s. OCB.

Organspendeausweis: nach § 2 Transplantationsgesetz eine zu Lebzeiten schriftlich abgegebene Erklärung zur Transplantatentnahme im Todesfall; der Erklärende kann in eine Organentnahme einwilligen, ihr widersprechen oder die Entscheidung einer namentlich benannten Person seines Vertrauens übertragen (Erklärung zur Organspende). Die Erklärung kann auf bestimmte Organe beschränkt werden. Die Einwilligung und die Übertragung der Entscheidung kann vom vollendeten 16., der Widerspruch vom vollendeten 14. Lebensjahr an erklärt werden.

Orgware: 1. Sammelbegriff für organisatorische Konzepte, Methoden, Regelungen und Werkzeuge zur Gestaltung und Einführung →computergestützter Informationssysteme; z.B. Checklisten, Phasen-

konzepte, Datenkataloge, Organisationshandbücher; **2.** irrtümlich auch syn. für
→ Support [Seel90].

Orthese: in der Medizin ein Hilfsmittel
zum aufrechten Gang oder zur Fortbewe-
gung. Anders als die → Prothese wird die
Orthese nicht mit Teilen des menschlichen
Körpers direkt verbunden; z.B. Gehhilfen,
Rollstühle [Seel90].

Orthopädie: medizinisches Fachgebiet,
das die Erkennung, Behandlung, Prävention und Rehabilitation von angeborenen
und erworbenen Formveränderungen und
Funktionsstörungen, Erkrankungen und
Verletzungen der Stütz- und Bewegungsorgane umfasst [Seel90].

Orthopädische Rheumatologie: Zusatzbezeichnung, die von einem Arzt nach Ableistung der vorgeschriebenen Weiterbildungszeit und Weiterbildungsinhalte
gemäß der ärztlichen Weiterbildungsordnung geführt werden darf. Die Zusatz-
Weiterbildung orthopädische Rheumatologie umfasst in Ergänzung zu einer Facharztkompetenz die Erkennung und operative Behandlung rheumatischer Erkrankungen [Bund06].

Orthoptist: Gesundheitsfachberuf, der den
Arzt bei der Heilbehandlung von Sehstö-
rungen unterstützt.

Ösophagographie: Röntgenkontrastdarstellung des Ösophagus (Speiseröhre),
meist in Kombination mit Röntgendurch-
leuchtung (vgl. [Seel90]).

Outlier: ein stationärer → Behandlungsfall, der bezüglich der Verweildauer oder
der Kosten außerhalb des auf die entsprechende DRG bezogenen Normbereichs
liegt.

Outsourcing: Kunstwort aus „outside"
und „resource(-using)"; i.w.S. die Ausla-
gerung von Teilen des betrieblichen Wertschöpfungsprozesses an externe Dienstleister. Zielsetzung des Outsourcings ist
eine Verringerung der Fertigungstiefe
(Lean production) und damit die strategische Zentrierung des Unternehmens auf
solche Aktivitäten, für die es → Kernkompetenz und Wettbewerbsvorteile besitzt;
Gegensatz: → Insourcing [Seel90].

Oximetrie: Konzentrationsmessung von
Gasen der Ventilation unter Nutzung ihrer
physikalischen, chemischen und elektro-
chemischen Eigenschaften; z.B. in der klinischen Diagnostik und Überwachung
neben Kohlendioxid, Stickstoff und den
Narkosegasen vor allem die Konzentrati-
onsbestimmung des gelösten Sauerstoffs in
Körperflüssigkeiten sowie die Sauerstoff-
konzentration im Atemkreislauf [Seel90].

P

PACS: Abk. für engl. **P**icture **A**rchiving and **C**ommunication **S**ystem; computergestütztes Informationssystem, das neben alphanumerischen Daten auch Bilder, insbesondere in der →radiologischen Diagnostik verwaltet.

Palliative Care Teams: Teams, die eine spezialisierte ambulante →Palliativmedizin (bei Bedarf rund um die Uhr) erbringen. Allerdings schließt der Leistungskatalog der gesetzlichen Krankenversicherung derzeit nichtmedizinische und nichtpflegerische Leistungen wie eine Sterbebegleitung und die Begleitung der Angehörigen aus der Leistungspflicht bei „spezialisierter ambulanter Palliativversorgung" aus, sodass diese ergänzend z.B. von ambulanten Hospizdiensten zu erbringen sind.

Palliativmedizin: 1. nach einer Definition der European Association for Palliative Care**,** die angemessene medizinische Versorgung von Patienten mit fortgeschrittenen und progredienten (fortschreitenden) Erkrankungen, bei denen die Behandlung auf die Lebensqualität zentriert ist und die eine begrenzte Lebenserwartung haben. Höchste Priorität haben dabei die Befreiung von Schmerzen (Schmerztherapie), die Linderung von anderen belastenden Symptomen wie Luftnot, Übelkeit oder Erbrechen (Symptomkontrolle) sowie psychologischen, sozialen und spirituellen Problemen. Palliativmedizin schließt die Berücksichtigung der Bedürfnisse der Familie vor und nach dem Tod des Patienten mit ein. Diese umfassende Betreuung des Patienten und seiner Angehörigen erfordert ein multidisziplinäres Team, zu dem neben Pflegepersonal und Ärzten auch Sozialarbeiter, Psychologen, Seelsorger, Psychotherapeuten und Krankengymnasten gehören können. Dafür stehen Vertragsärzte, Pflegedienste, Hospizdienste, stationäre Einrichtungen und →Palliative Care Teams zur Verfügung; **2.** Zusatzbezeichnung, die von einem Arzt nach Ableistung der vorgeschriebenen Weiterbildungszeit und Weiterbildungsinhalte gemäß der ärztlichen Weiterbildungsordnung geführt werden darf. Die Zusatz-Weiterbildung Palliativmedizin umfasst in Ergänzung zu einer Facharztkompetenz die Behandlung und Begleitung von Patienten mit einer inkurablen, weit fortgeschrittenen und fortschreitenden Erkrankung mit dem Ziel, unter Einbeziehung des sozialen Umfelds die bestmögliche Lebensqualität zu erreichen und sicher zu stellen [Bund06].

Palpation: körperliche Untersuchung des Patienten durch Betasten.

Pandemie: Ausbreitung einer Infektionskrankheit über Länder und Kontinente [Psych04].

Panel-Befragung: Untersuchungsmethode der empirischen Sozialforschung, bei der mit gleichbleibenden Variablen eine konstante Anzahl von Personen oder Gruppen zu verschiedenen Zeitpunkten befragt werden, um herauszufinden, ob sich ihre Einstellungen, Verhaltensweisen etc. geändert haben [Seel90].

Partizipativer Führungsstil: die systematische Einbindung delegationsfähiger Mitarbeiter in die Informations- und Entscheidungsprozesse für die der Führende die Verantwortung trägt; verbessert die Entscheidungsqualität, fördert Motivation und bedeutet Zeitgewinn bei der Umsetzung der Entscheidungen infolge geringerer Akzeptanzwiderstände. Wichtig für die Führungspraxis ist, dass der Führende den Mitarbeitern den von ihm in einer konkreten Führungssituation bevorzugten Partizipationsgrad ehrlich und klar ankündigt. In ähnlicher Weise ist ein angemessener Handlungs- und Entscheidungsspielraum zu bewerten.

Partizipatives MbO: syn. für Führung durch Zielvereinbarung; s. MbO.

Passwort: Benutzeridentifikation; in der Informatik ein Code zur Überprüfung der Berechtigung für Zugriffe auf geschützte Objekte (z.B. Dateien, Programme, Funktionseinheiten), der an Benutzer eines Datenverarbeitungssystems vergeben wird und mit dem er sich gegenüber dem Datenverarbeitungssystem identifizieren muss, bevor er dessen Leistungen in dem ihm zugewiesenen Rahmen in Anspruch nehmen kann. Passwörter sind aus Sicherheitsgründen geheim zu halten und öfters zu ändern; die organisatorischen Regelungen zur Vergabe, Sperrung und Änderung sind vorzugeben. Kontrollen und Prüfungen sind vorzusehen, um unberechtigte Zugriffe, aber auch Zugriffsversuche, so früh wie möglich zu erkennen. Solche Zugriffe sind nicht nur zu verhindern, sondern es sind auch Konsequenzen aus dem Tatbestand des unberechtigten Zugriffs oder Zugriffsversuchs zu ziehen und Hinweise auf Schwachstellen im Gesamtkonzept der getroffenen technischen und organisatorischen Maßnahmen zu verfolgen [Seel90].

Paternalismus: in der Arzt-Patient-Beziehung eine Form des Arztverhaltens bei dem der Arzt die für die Diagnose notwendigen Informationen einholt, diese Informationen für sich interpretiert, seine eigenen Erfolgskriterien für die Behandlung anlegt und dem Patienten die ausgewählte Behandlungsalternative als Mittel der Wahl präsentiert. Weder werden wie beim → Shared decision-making die individuellen Interessen, Bedürfnisse, Werte und Präferenzen des einzelnen Patienten einbezogen, noch der Patient am Prozess der Entscheidungsfindung beteiligt. Der Arzt sorgt sich zwar nach bestem Wissen um das Wohl des Patienten (benevolenter Paternalismus), trifft aber die Entscheidungen im Behandlungsprozess, zum Teil auch gegen dessen aktuelle Präferenzen, als dessen Stellvertreter. Wegen der fehlenden Entscheidungspartizipation entspricht ein paternalistisches ärztliches Verhalten einem → autoritären Führungsstil.

pathogen: krankheitserregend, krankma-chend; Gegensatz: →apathogen.

Pathogenese: Entstehung eines Krank-heitsbildes; meist wissenschaftlich begrün-det [Seel90].

Pathogramm: spezielle Form der →Ver-laufsdokumentation; patientenbezogene, systematisierte, chronologische Beschrei-bung von Krankheitsverläufen zu Ver-gleichs- und Kontrollzwecken [Seel90].

Pathologie: medizinisches Fachgebiet; um-fasst die Erkennung von Krankheiten, ihrer Entstehung und ihrer Ursachen durch die morphologiebezogene Beurteilung von Untersuchungsgut oder durch Obduktion und dient damit zugleich der Beratung und Unterstützung der in der Behandlung täti-gen Ärzte. Facharztkompetenzen nach der ärztlichen Weiterbildungsordnung sind die Pathologie und die Neuropathologie [Bund06] .

pathologisch: krankhaft.

Patient: lat. patiens leidend; Rat- und Hil-fesuchender, der sich in ärztliche/medizini-sche Behandlung begibt. In der Arzt-Pati-ent-Beziehung spielt der Patient die kom-plementäre Rolle zur Arztrolle [Seel90].

Patient monitoring: Methoden zur Über-wachung von Patienten zur Kontrolle des Behandlungserfolgs und zur Abwendung eventueller Gefahren nach Therapiemaß-nahmen; i.e.S. die Kontrolle von Vital-funktionen schwerstkranker Patienten während der Operation und auf Stationen mit intensivmedizinischen Anwendungen

(Intensiveinheiten). Über Monitore erfol-gende Überwachungen finden darüber hin-aus in der Aufnahme- und Notfallmedizin, in der Funktionsdiagnostik und in der Ge-burtshilfe Anwendung. In der Intensivstati-on wird die zur Überwachung am Patien-tenbett eingesetzte Einheit durch eine Überwachungszentrale ergänzt, an die die Einheiten mehrerer Patienten angeschlos-sen sind [Seel90].

Patientenablaufsteuerung: die Optimie-rung des Patientendurchlaufs in Medizin-betrieben mit dem Ziel der Minimierung der Wartezeiten für den Patienten bei best-möglicher Auslastung der einzelnen Leis-tungsstellen (Minimierung der Wartezeit des Arztes). Methodische Ansätze hierzu bieten die Warteschlangentheorie, Work-flow-Analysen und die Simulation entspre-chender Wartesysteme.

Patientenaufnahme: 1. Gesamtheit der Vorgänge, die mit der Aufnahme eines Pa-tienten in einem Medizinbetrieb verbunden sind; z.B. Identifikation des Patienten, Erfassung oder Änderung seiner Stammda-ten, die Bereitstellung von Organisations-mitteln (Etiketten, Formulare), Heraussu-chen evtl. bereits vorhandener →Kranken-unterlagen; **2.** die für die administrative Aufnahme in einem Medizinbetrieb zu-ständige Organisationseinheit.

Patientenautonomie: die Befähigung des Patienten, möglichst rationale Entschei-dungen über seine Gesundheit, alternative Therapieangebote und Gesundheitsgüter, aber auch die Anbieter, selbst oder inter-subjektiv zu treffen.

Patientenbeauftragter: von der Bundesregierung bestellter Patientenvertreter (§ 140h SGB V). Seine Aufgabe ist es, darauf hinzuwirken, dass die Belange von Patienten insbesondere hinsichtlich ihrer Rechte auf eine umfassende und unabhängige Beratung und objektive Information durch die Leistungserbringer, Kostenträger und Behörden im Gesundheitswesen und auf die Beteiligung bei Fragen der Sicherstellung der medizinischen Versorgung berücksichtigt werden. Er setzt sich bei der Wahrnehmung dieser Aufgabe dafür ein, dass unterschiedliche Lebensbedingungen und Bedürfnisse von Frauen und Männern beachtet und in der medizinischen Versorgung sowie in der Forschung geschlechtsspezifische Aspekte berücksichtigt werden (→Gender Mainstreaming). Zur Wahrnehmung seiner Aufgaben beteiligen die Bundesministerien den Patientenbeauftragten bei allen Gesetzes-, Verordnungs- und sonstigen wichtigen Vorhaben, soweit sie Fragen der Rechte und des Schutzes von Patienten behandeln oder berühren.

Patientenbefragung: (anonyme) Erfassung von Patientenurteilen zur Qualität der medizinischen Versorgung in einem Medizinbetrieb, meist mittels Fragebogen. Neben Verfahren zur eindimensionalen („reinen") Zufriedenheitsmessung haben sich vor allem mit Blick auf die Erfassung von Verbesserungspotenzialen mehrdimensionale Operationalisierungen etabliert, die u.a. neben der Zufriedenheit spezifische Aspekte der Behandlungsqualität, z.B. Einschätzung der Kompetenz der Therapeuten, die Güte der medikamentösen Behandlung, die Aufklärung über die Er-

krankung, die Behandlung und Medikamentennebenwirkungen, die physische und psychosoziale Unterstützung, die Kontinuität der Versorgung oder die Wiederwahl des Medizinbetriebs und gesundheitliche Veränderungen erfassen.

Patientenbeteiligungsverordnung: Organisationen, die auf Bundesebene maßgeblich die Interessen von Patienten sowie der chronisch kranken und behinderten Menschen in Deutschland wahrnehmen, haben vom Gesetzgeber ein Antrags- und Mitberatungsrecht im →Gemeinsamen Bundesausschuss erhalten (§ 140 SGB V). In der Verordnung zur Beteiligung von Patientinnen und Patienten in der gesetzlichen Krankenversicherung (Patientenbeteiligungsverordnung) ist festgelegt, welche Kriterien Organisationen erfüllen müssen, um als Interessenvertretung der gesetzlich Versicherten anerkannt zu werden. Benannt werden in der Verordnung der Deutsche Behindertenrat, die BundesArbeitsGemeinschaft der PatientInnenstellen, die Deutsche Arbeitsgemeinschaft Selbsthilfegruppen e.V. und die Verbraucherzentrale Bundesverband e.V. Das Bundesministerium für Gesundheit kann auf Antrag weitere Organisationen, die nicht Mitglied der ausdrücklich benannten Verbände sind, als maßgebliche Organisationen auf Bundesebene anerkennen. Die Anerkennung erfolgt durch Verwaltungsakt. Die Patientenverbände können für die Ausübung des Mitberatungsrechtes in den Gremien des Gemeinsamen Bundesausschusses einvernehmlich bis zu neun sachkundige Personen benennen, die Hälfte davon aus dem Kreis der selbst Betroffenen oder ihrer Angehörigen, also von den Organisationen der Selbsthilfe chronisch kranker und behinderter Menschen. Die sachkundigen Personen haben ein Mitberatungsrecht, aber kein Stimmrecht.

Patientencharta: Dokument (Verfassungsurkunde), das Patientenrechte zusammenfasst. Patientenrechte erwachsen aus allen Regelungen, die der Patientenversorgung, der Selbstbestimmung des Patienten, dem Patientenschutz, der Patientenautonomie und der Vertretung von Patienteninteressen im Gesundheitswesen dienen. Die Stärkung der Patientenrechte durch ihre Zusammenfassung in einer Patientencharta ist ein zentrales Anliegen der Weltgesundheitsorganisation. Auf der europäischen Beratungstagung der WHO zum Thema Patientenrechte im Jahr 1994 wurden alle europäischen Staaten aufgefordert, Patientenchartas oder Patientengesetze auf nationaler Ebene zu formulieren.

Patientendaten: Einzeldaten über persönliche oder sächliche Verhältnisse einer bestimmten oder bestimmbaren natürlichen Person („Betroffener"), die sich auf ihre soziale Rolle als „Patient" beziehen oder diesen abbilden; aber auch mittelbar auf den Patienten bezogene Informationen, die mit Hilfe vorhandenen oder verschaffbaren Zusatzwissens reindividualisierbar sind. Als Patientendaten gelten datenschutzrechtlich auch personenbezogene Daten von Angehörigen oder anderen Bezugspersonen des Patienten sowie sonstiger Dritter, die dem Arzt im Zusammenhang mit der Behandlung des Patienten bekannt werden [Seel90].

Patientenentscheidungen: alle Entscheidungen des Patienten, die den Ablauf des Behandlungsprozesses willentlich steuern; z.B. durch →Einwilligung, eine →Patientenverfügung, Verlassen des Krankenhauses gegen ärztlichen Rat, aber auch Entscheidungen zur (Wieder-)Wahl eines Medizinbetriebs bzw. Leistungserbringers. Patientenentscheidungen können kongruent oder non-kongruent zum Behandlungsziel sein (→Compliance). Patientenentscheidungen sind zu dokumentieren und Teil der →Verlaufsdokumentation.

Patientenfürsprecher: Patientenvertreter, der für einen einzelnen oder mehrere Medizinbetriebe in einer Versorgungsregion bestellt ist. Um psychisch kranken Menschen eine selbstständige Interessenvertretung zu ermöglichen, wurde auf kreiskommunaler Ebene die Instanz des Patientenfürsprechers gesetzlich verankert.

Patientengeheimnis: Der Begriff bezeichnet das aus dem grundrechtlich geschützten →informationellen Selbstbestimmungsrecht abgeleitete Recht einer Person selbst zu entscheiden, wer bei welcher Gelegenheit zu welchem Zweck welche Daten speichern darf, die sich auf seine Rolle als Patient beziehen. Das Recht des Patienten auf informationelle Selbstbestimmung findet sein Korrelat in der rechtlichen Verpflichtung zum Schutz der →Patientendaten oder zur Wahrung des Patientengeheimnisses. Das Patientengeheimnis ist strafrechtlich (§§ 203, 353b StGB, § 44 BDSG), standesrechtlich (§§ 2, 9 Abs. 1 MBO-Ä), zivilrechtlich (§ 823 Abs. 1 BGB) und datenschutzrechtlich (allgemeine und bereichsspezifische Vorschriften) geschützt. Im Bereich der Sozialverwaltung erfährt das Patientengeheimnis eine Konkretisierung als Sozialgeheimnis (§§ 35 SGB I, 76 SGB X) [Seel90].

Patientenhotel: Angebot der (gehobenen) Hotelversorgung in unmittelbarer räumlicher Nähe zu einem Krankenhaus, das vom Krankenhausträger oder einem Vertreter der Hotelbranche betrieben wird. Im Patientenhotel bzw. einer Hotelstation untergebracht werden können stationäre Patienten, die nur noch geringer Betreuung bedürfen, aber noch nicht entlassen werden können (Low care-Patienten), ferner auf Selbstzahlerbasis ambulante Patienten, aber auch Angehörige von Patienten und Besucher des Krankenhauses. Das Patientenhotel bietet eine moderne Servicewelt z.B. mit zusätzlichem Restaurantangebot, Tagungsräumen, Wellnessangeboten, Physiotherapie, Kinderbetreuung, Internetzugang usw. Im Vergleich zu einem beliebigen anderen Hotel, verbleiben die Patienten beim Patientenhotel in der unmittelbaren Verantwortung der medizinischen Fachabteilung, jedoch bei im Vergleich zur Akutpflege reduzierter Leistungsdichte; z.B. kann der Nachtdienst auf eine Rufbereitschaft reduziert, die Essensverteilung durch Servicepersonal (Gesundheits-, Hotel-Fachkraft) übernommen werden. Standards der Krankenhaushygiene müssen von einem Patientenhotel ebenso beachtet werden, wie die Verfügbarkeit von Notrufanlagen und die Kriterien für eine Rückverlegung des Patienten in den akutstationären Bereich. Kostensenkungspotenziale von bis zu 30% ergeben sich aus der gegenüber dem akutpflegerischen Bereich reduzierten Leistungsdichte (Personalschlüssel, Qualifikationsstruktur). Um diese Vorteile voll nutzen zu können, sind für das Patientenhotel bzw. die Hotelstation Mindestgrößen erforderlich. Nach Erfahrungen bereits realisierter Modelle in Skandinavien und den USA liegt die optimale Größe eines Patientenhotels zwischen 10 und 20% der Bettenkapazität des zuweisenden Krankenhauses. Dieses Volumen wäre dann im Bereich der Akutpflege abzubauen.

Patientenidentifikation: numerischer oder alphanumerischer Schlüsselbegriff, der eindeutig einen Patienten temporär (→Aufnahmenummer) oder bleibend (→I-Zahl) in einem Medizinbetrieb identifiziert. Dadurch ist eine zweifelsfreie Zuordnung von Daten zu einem bestimmten Patienten sowie ein Zusammenführen der zu diesem Patienten gehörenden Informationen aus unterschiedlichen Informationsbereichen (med. Disziplinen) möglich.

Patientenkarriere: individuelle Abfolge chronischer Krankheitsverläufe bei einem Patienten; sie ist eine formalisierte Krankengeschichte. Eine Patientenkarriere setzt sich demnach insbesondere aus diagnostischen und therapeutischen Informationen zusammen, die anlässlich verschiedenster Episoden (z.B. Kur, Krankenhausaufenthalt) in unterschiedlichen Gesundheitssektoren bzw. Medizinbetrieben entstehen. Die Patientenkarriere dokumentiert zugleich das Krankheitsbewältigungsverhalten des Patienten (Arztwahl, Arbeitsunfähigkeit, stationäre Heilbehandlung, Medikation).

Patientenklassifikationssystem: Klassifikationssystem, das Behandlungsfälle in klinisch und ökonomisch möglichst homogene Gruppen unterteilt; z.B. das →DRG-System oder →Patient-Management-Categories.

Patientenlenkung: Formen der Versorgungssteuerung (→Managed care), die unmittelbar auf den Versicherten bzw. Behandlungsablauf Einfluss nehmen; z.B. Gatekeeping, Disease management, Case management, personenzentrierter Hilfeansatz in der psychiatrischen Versorgung, integrierte Versorgung, Anwendung von Guidelines.

Patientenmitbestimmung: die gleichberechtigte, aktive Teilnahme (Beteiligung, Partizipation) der von einem Entscheid betroffenen Patienten, sowohl am Meinungsbildungsprozess als auch am Entscheid selbst. Dabei ist grundsätzlich zu unterscheiden zwischen der individuellen Patientenmitbestimmung (Selbstbestimmung) im Rahmen der Arzt-Patient-Beziehung (individuelle Ebene) und der →delegierten Mitbestimmung auf der institutionellen und auf der politisch-strategischen Ebene (s. Tab.).

Patientenmobilität: in der Gesundheitswirtschaft die grenzüberschreitende Inanspruchnahme von Gesundheitsleistungen von Patienten.

Patientenorganisation: Selbsthilfe-Organisation; Zusammenschluss von (behinderten oder chronisch kranken) Patienten als Interessenvertretung gesetzlich Versicherter. In der Verordnung zur Beteiligung von Patientinnen und Patienten in der gesetzlichen Krankenversicherung (Patientenbeteiligungsverordnung – PatBeteiligungsV vom 19. Dezember 2003, BGBl. I, Nr. 63, S. 2753-2754) ist festgelegt, welche Kriterien Organisationen erfüllen müssen, um als Interessenvertretung der gesetzlich Versicherten anerkannt zu werden. Ausdrücklich benannt werden in § 2 der Verordnung der Deutsche Behindertenrat (DBR), die BundesArbeitsGemeinschaft der PatientInnenstellen (BAGP), die Deutsche Arbeitsgemeinschaft Selbsthilfegruppen e. V. und der Verbraucherzentrale Bundesverband e. V. Diese Organisationen bilden mit den in ihnen vertretenen Mitgliedern die Vielschichtigkeit der Patientenorganisationen und der Selbsthilfe ab. Auf Antrag kann das Bundesministerium für Gesundheit weitere Organisationen, die nicht Mitglied

Individuelle Ebene	Selbstbestimmung des Patienten in der Arzt-Patient-Beziehung
Institutionelle Ebene	Mitbestimmung in Medizinbetrieben über Klinikbeiräte, Heimbeiräte, Patientenbeiräte, in Managed-Care-Modellen oder indirekt über Ombudspersonen, Patientenfürsprecher
Politisch-strategische Ebene	Mitbestimmung in Kommissionen, Gremien, Teilnahme an gesundheitspolitischen Entscheidungsprozessen über den Patienten-Beauftragten, Vertretung von Patientenorganisationen

Tab. Patientenmitbestimmung
Ebenen der Patientenmitbestimmung

der benannten Verbände sind, als maßgebliche Organisationen auf Bundesebene anerkennen, wenn die antragstellende Organisation die in § 1 Nr. 1 bis 7 PatBeteiligungsV aufgeführten Kriterien erfüllt und diese nachweist. Die Anerkennung erfolgt durch Verwaltungsakt. Die Patientenverbände können für die Ausübung des Mitberatungsrechtes in den Gremien des Gemeinsamen Bundesausschusses einvernehmlich bis zu neun sachkundige Personen benennen, die Hälfte davon aus dem Kreis der selbst Betroffenen oder ihrer Angehörigen, also von den Organisationen der Selbsthilfe chronisch kranker und behinderter Menschen. Die sachkundigen Personen erhalten Reisekosten nach dem Bundesreisekostengesetz oder nach den Vorschriften des Landes über Reisekostenvergütung. Der Anspruch richtet sich gegen die Gremien, in denen sie als sachkundige Personen mitberatend tätig sind (§ 140f Abs. 5 SGB V).

Patientenorientierung: eine an den Bedürfnissen der Patienten und ihrer Angehörigen orientierte strukturierende Gestaltung des medizinbetrieblichen Leistungsgeschehens und des Behandlungsumfelds (Einrichtung und Ausstattung) [Seel90].

Patientenquittung: eine von einem Leistungserbringer auf Verlangen des Patienten ausgestellte Bescheinigung über die zu Lasten der gesetzlichen Krankenversicherung erbrachten Leistungen und deren Kosten. Nach § 305 Abs. 2 SGB V haben die an der vertragsärztlichen Versorgung teilnehmenden Ärzte, ärztlich geleiteten Einrichtungen und medizinischen Versorgungszentren den Patienten auf Verlangen schriftlich in verständlicher Form, direkt

im Anschluss an die Behandlung oder mindestens quartalsweise, spätestens vier Wochen nach Ablauf des Quartals, in dem die Leistungen in Anspruch genommen worden sind, über die zu Lasten der Krankenkassen erbrachten Leistungen und deren vorläufige Kosten zu unterrichten (Patientenquittung). Die Grundlage bildet jeweils die geltende ärztliche Honorarordnung. Wer die Patientenquittung direkt im Anschluss an einen Arztbesuch verlangt, erhält diese kostenlos. Wird die Quittung nach Abschluss eines Abrechnungsquartals nach Haus geschickt, berechnet die Arztpraxis einen Euro als Aufwandspauschale zuzüglich Porto. Krankenhäuser weisen Patienten im Rahmen der Krankenhausaufnahme schriftlich auf ihr Recht hin eine Patientenquittung auf Anforderung erhalten zu können (§ 305 Abs. 2 Satz 5 SGB V). Dies kann im Behandlungsvertrag, den Allgemeinen Vertragsbedingungen, einer Patienteninformation, einem Aushang etc. geschehen. Der Versicherte bzw. dessen gesetzlicher Vertreter hat frühestens ab der Aufnahme in das Krankenhaus bis spätestens zwei Wochen nach Abschluss der Behandlung (Datum des Poststempels) zu entscheiden, ob er entsprechende Informationen wünscht. Die Entscheidung soll schriftlich dokumentiert werden. Versicherte, bei denen eine Krankenhausbehandlung im Sinne des § 39 Abs. 1 SGB V durchgeführt wurde und die ausdrücklich erklärt haben, über die vom Krankenhaus erbrachten Leistungen sowie die von den Krankenkassen zu zahlenden Entgelte unterrichtet werden zu wollen, erhalten diese Informationen (Patientenquittung) innerhalb von vier Wochen nach Abschluss der Krankenhausbehandlung. Die Krankenkassen informieren die Versicherten auf deren Antrag über die im jeweils letzten Geschäftsjahr in Anspruch genommenen Leistungen und deren Kosten (§ 305 Abs. 1 SGB V).

Patientenrechte: erwachsen aus allen Regelungen, die der Patientenversorgung, dem Patientenschutz, der Patientenautonomie und der Mitbestimmung des Patienten auf den verschiedenen Handlungs- und Entscheidungsebenen im Gesundheitswesen dienen; können in einer →Patientencharta zusammengefasst werden.

Patientensouveränität: das selbstbestimmte Entscheiden und Handeln des Patienten; Oberbegriff für →Patientenautonomie und →Patientenmitbestimmung.

Patientenuntersuchungsgut: für diagnostische Zwecke gewonnene Probe biologischen Materials (z.B. Blut, Plasma, Serum, Liquor, Auswurf (Sputum), Stuhl, (Faeces), Abstrich, Gewebe) eines Patienten [Seel90].

Patientenverfügung: vorsorgliche Verfügung eines Patienten für die medizinische Behandlung. Mit ihr kann er seinen Willen äußern, ob und in welchem Umfang bei ihm in bestimmten, näher umrissenen Krankheitssituationen medizinische Maßnahmen eingesetzt oder unterlassen werden sollen.

Patientenverhalten: erwartungsgemäßes (Rollen-)Verhalten des Patienten. Rollenkonformes Verhalten wird soziologisch auch als →Compliance bezeichnet.

Patientenzufriedenheit: Outcomevariable bzw. Qualitätskriterium der Gesundheitsleistungsproduktion; Teil der Lebenszufriedenheit des Patienten; auch zentraler Indikator für die Akzeptanz einer Behandlung; kann mittels →Patientenbefragungen erhoben werden. Die Patientenzufriedenheit wird u.a. vom Alter des Patienten (ältere Patienten sind zufriedener als jüngere) und dem Setting (Klinik, teilstationäre Versorgung, ambulante Versorgung) beeinflusst.

Patient-Management-Categories: Abk. PMC; ein Patientenklassifikationssystem, das dem stationären Behandlungsfall nicht nur eine, sondern bei Bedarf mehrere Krankheitskategorien zuordnet. Im PMC-Konzept werden alle Diagnosen ohne Rangordnung berücksichtigt (und nicht nur die Hauptdiagnose wie beim DRG-System). Dem Behandlungsfall kann aus jedem der 54 Module jene PMC zugeordnet werden, die der Schwere der einzelnen Krankheit am besten entspricht.

Patriarchalischer Führungsstil: Variante des →autoritären Führungsstils; prägt das Leitbild des Führenden als väterliche Autorität. Die Geführten stehen in einem Abhängigkeitsverhältnis zum Führenden, der ihnen gegenüber eine Fürsorgepflicht wahrnimmt. Dafür fordert er Dankbarkeit, Loyalität, Treue und Gehorsam ein. Typisch für diesen Führungsstil ist, dass keine oder nur eine geringe Delegation der Entscheidungsbefugnis erfolgt [Seel07].

Pay for Performance Programme: Vereinbarungen zwischen Leistungserbringern und Krankenversicherungen, Qualitäts- und

Leistungsverbesserungen finanziell durch Bonuszahlungen honorieren. Gemessen werden z.B. die Patientenzufriedenheit (Weiterempfehlungsverhalten), die Verwaltungseffizienz (Einsatz von Informationstechniken, Reduktion der Wartezeiten) und das Kostenmanagement (Zahl der Notarztbesuche pro Patient und Jahr).

PDCA-Zyklus: Abk. für engl. **P**lan-**D**o-**C**heck-**A**ct-Zyklus; fälschlicherweise oft auch als Deming-Zyklus bezeichnet; von *WA Shewhart* (1923) vorgestellte logische Sequenz von vier Wiederholungsschritten, die zu kontinuierlichen Qualitätsverbesserungen und Lernfortschritten führen (s. Abb.). Den Planungen (plan) zur Verbesserung eines Prozesses/Zustands folgt die Ausführung (do). Dann sind die Ergebnisse und Verbesserungen zu messen und zu untersuchen (check). Daraufhin werden Maßnahmen ergriffen, um die eingetretene erwünschte Verbesserung gegebenenfalls zu stabilisieren, oder, falls das Ergebnis nicht den Erwartungen entspricht, die Erfahrung als Ausgangspunkt für einen erneuten PDCA-Zyklus genutzt (act).

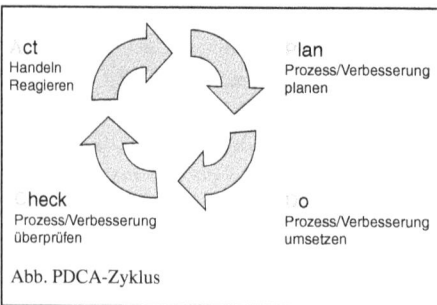

Abb. PDCA-Zyklus

Peer Review: Maßnahme zur Qualitätssicherung; Begutachtung medizinbetrieblicher Konzepte, Abläufe und Systeme oder auch wissenschaftlicher Manuskripte durch fachkundige Kollgen (peers); nicht zu verwechseln mit →Revision, der definierte Prüfkriterien zugrunde liegen.

Perkussion: in der Medizin das Beklopfen der Körperoberfläche, um aus den Verschiedenheiten des Schalls auf die darunter liegenden Teile zu schließen [Seel90].

Personalbedarf: die für die Bearbeitung einer medizinbetrieblichen Aufgabe bzw. eines Geschäftsprozesses erforderlichen Mitarbeiter nach Qualität und Quantität. Zur Personalbedarfsermittlung können →Anhaltszahlen, Vergleichswerte aus dem →Benchmarking oder Algorithmen wie die Psychiatriepersonalverordnung herangezogen werden.

Personalbeurteilung: sämtliche Formen der systematischen Einschätzung persönlichkeits-, verhaltens- und leistungsbezogener Faktoren der in einem Medizinbetrieb aktuell oder zukünftig →Beschäftigten mit Folgen z.B. für die Begründung eines Arbeitsverhältnisses (Personalauswahl), die Entlohnung, den Personaleinsatz, die Personalentwicklung und das Führungsverhalten. Im Sinne einer 360-Grad-Beurteilung stehen je nach Zielsetzung unterschiedliche Methoden und Perspektiven aus dem unmittelbaren organisatorischen Umfeld des zu Beurteilenden zur Verfügung: Beurteilung durch den Vorgesetzten oder externe Auditoren (→Management-Audit), die Kollegen, Patienten (→Patientenbefragung) und, bei Beschäftigten mit Führungsverantwortung, nachgeordnete Mitarbeiter. Die zur Bewertung erforderlichen Informationen werden z.b. mittels standardisierter, voneinander unabhängig vorgenommener, anonymer Befragungen gewonnen und der Selbsteinschätzung des Beurteilten (Selbstbild) gegenübergestellt [Seel07].

Personalcomputer: von engl. personal computer („persönlicher" Computer); Abk. PC; ein stationärer oder mobiler (Laptop), als Einplatzsystem genutzter Mikrocomputer, ausgestattet mit einem Bildschirm und Tastatur, peripheren Speichersystemen gegebenenfalls auch Drucker und Datenübertragungseinrichtungen.

Personaldichte: Kennzahl (z.b. Arztdichte), die das Verhältnis der Anzahl von Personen einer homogenen Personen-/Berufsgruppe (z.b. Ärzte) zu einer Bezugsgröße (z.b. Krankenhausbetten, Einwohner, Patienten) beschreibt.

Personalentwicklung: alle Maßnahmen, mit denen neue Qualifikations- und Motivationspotenziale bei den Beschäftigten erzeugt und dadurch für den Medizinbetrieb aktiviert werden. Die Personalentwicklung steht in einer Komplementaritätsbeziehung zur Personalbeschaffung, wo neue Qualifikations- und Motivationspotenziale durch Gewinnung neuer Mitarbeiter erworben werden. Personalentwicklung wird dann zum Führungsinstrument, wenn sie vom Führenden gezielt zur Optimierung der Führungsbeziehung eingesetzt wird; so vor allem in Verbindung mit regelmäßigen Mitarbeitergesprächen, einem umfassenden System zur Personalbeurteilung, einer auf die medizinbetriebliche Unternehmensphilosophie und das Personalführungssys-

tem abgestimmten Führungskräfteschulung und einer systematischen Planung der Fort- und Weiterbildung (vgl. [Seel07]).

Personalführung: syn. Mitarbeiterführung; jede (versuchte) sozial akzeptierte Beeinflussung der Einstellungen und des Verhaltens von →Beschäftigten sowie der Interaktion in und zwischen Gruppen von Beschäftigten, mit dem Zweck, bestimmte medizinbetriebliche Organisationsziele zu erreichen [Seel07].

Personalführungssystem: System zur Unterstützung der →Personalführung bestehend aus den Komponenten →Führungsmodell, →Führungsinstrumente und →Führungssubstitute. Die Komponenten eines Personalführungssystems sollten stimmig zur Unternehmensphilosophie und –strategie sein [Seel07].

Personalgestellung: die unter Fortsetzung des bestehenden Arbeitsverhältnisses auf Dauer angelegte Beschäftigung bei einem Dritten (Abordnung). Die Modalitäten der Personalgestellung sind zwischen dem Arbeitgeber und dem Dritten vertraglich zu regeln. Gegebenenfalls kommt auch der Wechsel des Beschäftigten zum Dritten in Betracht (Betriebsübergang nach § 613a BGB), dem der Beschäftigte jedoch widersprechen kann (Änderungskündigung).

Personalhonorierung: alle im Gegenzug für die Arbeitsleistung der Beschäftigten von einem Medizinbetrieb gewährten monetären und nicht-monetären (Kompensations-)Leistungen.

Personalwirtschaft: sämtliche Maßnahmen, die zur Gewinnung, Erhaltung und Steigerung der Leistungsbereitschaft und Leistungsfähigkeit der Mitarbeiter eines Unternehmens dienen. Ziele und Maßnahmen im Bereich der Personalwirtschaft lassen sich unter zwei Aspekten betrachten: einmal die Erhöhung der Leistungsfähigkeit des Unternehmens (wirtschaftliche Ziele), zum anderen die Befriedigung der individuellen Bedürfnisse der Mitarbeiter (soziale Ziele). Zur Erfüllung personalwirtschaftlicher Ziele dienen eine Vielzahl von Maßnahmen und Instrumenten; z.B. Arbeitsplatzgestaltung, Vergütungs- und Anreizsysteme, Personalplanung, Mitarbeitergespräche. Diese sind im Hinblick auf ihren Einsatz in Medizinbetrieben nach der Qualität der →Mitarbeiterorientierung zu beurteilen.

Personenbezogene Führungsfunktionen: s. Führungsverantwortung.

Personenjahr: auch Mannjahr; mittlere Arbeitsleistung einer entsprechend qualifizierten Arbeitskraft; häufig benutzte Maßeinheit zur Aufwandsschätzung von Organisationsprojekten; entsprechend gibt es Untereinheiten (Mann-Monat, Mann-Tag).

Personenmacht: die dem Führenden von den Geführten individuell attribuierten Machtbefugnisse, z.B. Expertenmacht, Beziehungsmacht, Überzeugungsmacht, Identifikationsmacht, charismatische Macht [Seel07].

Personenzentrierter Hilfeansatz: (chronisch) psychisch Kranke weisen häufig einen vielschichtigen Hilfebedarf auf, der sich auf verschiedene Funktions- und Lebensbereiche bezieht und von unterschiedlichen Leistungsträgern zur Verfügung gestellt wird. Dazu sind erstens die Hilfeangebote in einem regionalen Bündnis der Leistungserbringung zusammen zu fassen (→Gemeindepsychiatrischer Verbund) und ist zweitens der komplexe Hilfebedarf individuell festzulegen und zu koordinieren (→Hilfeplankonferenz).

Persönliche Leistungserbringung: die Verpflichtung des Arztes, die ärztliche Behandlung grundsätzlich persönlich zu erbringen (§ 613 BGB). Dies bedeutet aber nicht, dass der Arzt jede Maßnahme, die im Zusammenhang mit der Behandlung eines Patienten erfolgt, auch eigenhändig ausführen muss. Die Hinzuziehung von ärztlichen und nichtärztlichen Hilfspersonen ist in dem erforderlichen und üblichen Umfang zulässig, soweit es sich um vorbereitende, unterstützende, ergänzende oder allenfalls mitwirkende, also delegationsfähige Tätigkeiten zur eigentlichen ärztlichen Leistung handelt. Der Grundsatz der persönlichen Leistungserbringung gilt ebenso für den Krankenhausarzt, wenn dieser an der vertragsärztlichen Versorgung teilnimmt oder als liquidationsberechtigter Chefarzt wahlärztliche Leistungen erbringt.

Persönlichkeitsmanagement: syn. für →Selbstmanagement.

Pflege: Gesamtheit pflegerischer Tätigkeiten, die der →Grundpflege und →Behandlungspflege eines Patienten oder

Bewohners dienen; ferner zählen dazu alle damit arbeitsorganisatorisch untrennbar verbundenen administrativen (z.b. Schreibarbeiten, Transport- und Botendienste) und hauswirtschaftlichen Tätigkeiten [Seel90].

Pflegebedürftigkeit: Pflegebedürftig im Sinne der → sozialen Pflegeversicherung sind Personen, die wegen einer körperlichen, geistigen oder seelischen Krankheit oder Behinderung für die gewöhnlichen und regelmäßig wiederkehrenden Verrichtungen im Ablauf des täglichen Lebens auf Dauer, voraussichtlich für mindestens sechs Monate, in erheblichem oder höherem Maße (s. Pflegestufen) der Hilfe bedürfen (§ 14 Abs. 1 SGB XI).

Pflegediagnosen: Diagnosen, die pflegeauslösende Zustände abbilden und von Pflegenden selbst angewandt werden können.

Pflegedienst: Gesamtheit der Beschäftigten zur Sicherstellung der pflegerischen, nichtärztlichen Betreuung von Patienten im Krankenhaus.

Pflegedienstleitung: disziplinarischer und fachlicher Vorgesetzter der Beschäftigten des Pflegedienstes im Krankenhaus. Die Pflegedienstleitung vertritt die Belange des Pflegedienstes im → Krankenhausdirektorium.

Pflegedokumentation: schriftliche patientenbezogene Verlaufsdarstellung pflegerischer Maßnahmen. Hierbei handelt es sich im Wesentlichen um bestehende und auftretende Pflegebedürfnisse, die pflege-

rische Krankenbeobachtung, Verlaufsbeschreibung, durchgeführte pflegerische Maßnahmen sowie Angaben zur subjektiven Befindlichkeit des Patienten. Die Pflegedokumentation ist ein Instrument zur Anwendung des Pflegeprozesses und dient auch dem Nachweis des Umfangs und der Effektivität pflegerischer Maßnahmen [Seel90].

Pflegeeinheit: syn. für → Station.

Pflegefall: ein Behandlungsfall, der in die Leistungspflicht der → sozialen Pflegeversicherung fällt.

Pflegeheim: im Sozialgesetzbuch → Heim.

Pflegeintensität: Bewertung der in einer definierten Zeitspanne für einen Patienten insgesamt notwendigen oder für spezifische Einzelmaßnahmen erforderlichen pflegerischen (einschl. der administrativen) Leistungen nach Inanspruchnahme der personellen und sachlichen Ressourcen; s.a. Pflegekategorie [Seel90].

Pflegekasse: Träger der bei den gesetzlichen Krankenkassen errichteten → sozialen Pflegeversicherung.

Pflegekategorie: Klasse zur Einstufung von Patienten nach Art und Umfang ihrer Pflegebedürftigkeit bzw. ihres Zustandes (vgl. → Pflegeintensität). Die Klassifikation von Patienten nach Pflegekategorien dient als Grundlage für die Formulierung von Pflegezielen, die Planung von Pflegemaßnahmen, die Ermittlung von Art und Umfang des Arbeitszeitaufwandes zu ihrer

Ausführung sowie des daraus abgeleiteten Personalbedarfs und –einsatzes und für die Beurteilung des Pflegeprozesses im Hinblick auf die Einhaltung eines vorgegebenen Standards der Pflegequalität. Für die Patientenklassifikation anhand des Pflegeaufwandes insgesamt wurden z.B. vom Deutschen Krankenhausinstitut, Düsseldorf, im Rahmen des Forschungsvorhabens „Qualitätssicherung pflegerischer Arbeit im Krankenhaus" drei Kategorien entwickelt.

Pflegeorganisation: Organisationsform der stationären Krankenpflege in einem Medizinbetrieb. Man unterscheidet: → Stationspflege, → Gruppenpflege und → Zimmerpflege [Seel90].

Pflegeperson: im Sprachgebrauch der Pflegeversicherung eine Person, die einen Pflegebedürftigen nicht erwerbsmäßig wenigstens 14 Stunden wöchentlich in seiner häuslichen Umgebung pflegt, wenn der Pflegebedürftige Anspruch auf Leistungen aus der sozialen oder privaten Pflegeversicherung hat. Pflegepersonen sind in der Rentenversicherung versicherungspflichtig. Die Pflichtbeiträge zahlt die → Pflegekasse.

Pflegeprinzip: Festlegung eines Konzeptes der pflegerischen Verrichtungen in Bezug zum Patienten. Man unterscheidet: → funktionelle Pflege, → ganzheitliche Pflege und → individuelle Pflege [Seel90].

Pflegeprozess: methodisches Vorgehen zur Planung und Steuerung der pflegerischen Maßnahmen. Der Pflegeprozess umfasst im Einzelnen sechs Verfahrensschritte: Informationssammlung (Pflegeanamne-

se), Erkennen von Bedürfnissen und Möglichkeiten des Patienten, Festlegung des Pflegeziels, Planung der Pflegemaßnahmen, Durchführung der pflegerischen Verrichtungen und Beurteilung ihrer Wirkung auf den Patienten [Seel90].

Pflegesatz: tagesbezogenes Leistungsentgelt für voll- oder teilstationäre Krankenhausbehandlung, insoweit diese nicht über Fallpauschalen abgerechnet wird.

Pflegestufen: Für die Gewährung von Leistungen nach dem Pflegeversicherungsgesetz sind pflegebedürftige Personen einer der drei folgenden Pflegestufen zuzuordnen (§ 15 SGB XI); Pflegebedürftige der Pflegestufe I (erheblich Pflegebedürftige): sind Personen, die bei der Körperpflege, der Ernährung oder der Mobilität für wenigstens zwei Verrichtungen aus einem oder mehreren Bereichen mindestens einmal täglich der Hilfe bedürfen und zusätzlich mehrfach in der Woche Hilfen bei der hauswirtschaftlichen Versorgung bedürfen; Pflegebedürftige der Pflegestufe II (Schwerpflegebedürftige): sind Personen, die bei der Körperpflege, der Ernährung oder der Mobilität mindestens dreimal täglich zu verschiedenen Tageszeiten der Hilfe bedürfen und zusätzlich mehrfach in der Woche Hilfen bei der hauswirtschaftlichen Versorgung benötigen; Pflegebedürftige der Pflegestufe III (Schwerstpflegebedürftige): sind Personen, die bei der Körperpflege, der Ernährung oder der Mobilität täglich rund um die Uhr, auch nachts, der Hilfe bedürfen und zusätzlich mehrfach in der Woche Hilfen bei der hauswirtschaftlichen Versorgung benötigen. Die Pflegekassen haben durch den → Medizinischen Dienst der Krankenversicherung (MDK) prüfen zu lassen, ob die Voraussetzungen der →Pflegebedürftigkeit erfüllt sind und welche Stufe der Pflegebedürftigkeit vorliegt (§ 18 Abs. 1 SGB XI). Der MDK hat den Versicherten in seinem Wohnbereich zu untersuchen. Erteilt der Versicherte dazu nicht sein Einverständnis, kann die Pflegekasse die beantragten Leistungen verweigern (§ 18 Abs. 2 SGB XI). Die Untersuchung im Wohnbereich des Pflegebedürftigen kann ausnahmsweise unterbleiben, wenn auf Grund einer eindeutigen Aktenlage das Ergebnis der medizinischen Untersuchung bereits feststeht. Die Untersuchung ist in angemessenen Zeitabständen zu wiederholen.

Pflegeversicherung: s. Soziale Pflegeversicherung.

Pförtnerliste: alphabetische und/oder nach Fachabteilungen/Pflegeeinheiten gegliederte Liste aller zum Erstellungszeitpunkt in einem Krankenhaus stationär aufgenommenen Patienten unter Angabe ihrer Aufnahmenummern, ihres Aufnahme-, auch Verlegungs- bzw. Entlassungsdatums und ihrer Zimmernummer sowie der Rufnummer eines evtl. vorhandenen Zimmertelefons. Sie dient der Pforte eines Krankenhauses zur Auskunftserteilung [Seel90].

Phänomenologie: syn. für →Symptomatologie.

Pharmakodynamik: Lehre über den Einfluss von Arzneistoffen auf den Organismus (einschließlich Dosis-Wirkungs-Beziehungen, Wirkungsmechanismen, Nebenwirkungen, Toxikologie) [Seel90].

Pharmakologie: medizinisches Fachgebiet; umfasst die Erforschung von Arzneimittelwirkungen, Entwicklung und Anwendung von Arzneimitteln, die Erforschung der Wirkung von Fremdstoffen im Tierexperiment und am Menschen, die Bewertung des therapeutischen Nutzens, der Erkennung von Nebenwirkungen sowie die Beratung und Unterstützung der in der Vorsorge und Krankenbehandlung Tätigen bei der Anwendung substanzbasierter therapeutischer und diagnostischer Maßnahmen. Teilgebiete bzw. Facharztkompetenzen nach der ärztlichen Weiterbildungsordnung sind: Klinische Pharmakologie, Pharmakologie und Toxikologie [Bund06].

Pharmakon: syn. für →Arzneimittel.

Phase: ein zeitlich und funktionell abgrenzbarer Zeitabschnitt eines Problemlösungsprozesses, meist konkretisiert durch vorgegebene Teilziele und phasenbezogene Aktivitäten.

Phlebologie: Zusatzbezeichnung, die von einem Arzt nach Ableistung der vorgeschriebenen Weiterbildungszeit und Weiterbildungsinhalte gemäß der ärztlichen Weiterbildungsordnung geführt werden darf. Die Zusatz-Weiterbildung Phlebologie umfasst die Vorbeugung, Erkennung, Behandlung und Rehabilitation der Erkrankungen und Fehlbildungen des Venensystems der unteren Extremitäten einschließlich deren thrombotischer Erkrankungen [Bund06].

Physikalische Therapie: 1. syn. für →Physiotherapie; **2.** Zusatzbezeichnung, die von einem Arzt nach Ableistung der vorgeschriebenen Weiterbildungszeit und Weiterbildungsinhalte gemäß der ärztlichen Weiterbildungsordnung geführt werden darf. Die Zusatz-Weiterbildung Physikalische Therapie und Balneologie umfasst die Anwendung physikalischer Faktoren, balneologischer Heilmittel und therapeutischer Klimafaktoren unter Nutzung physiologischer Reaktionen [Bund06].

Physikalische und rehabilitative Medizin: medizinisches Fachgebiet; umfasst die sekundäre Prävention, die interdisziplinäre Diagnostik, Behandlung und Rehabilitation von körperlichen Beeinträchtigungen, Struktur- und Funktionsstörungen mit konservativen, physikalischen, manuellen und naturheilkundlichen Therapiemaßnahmen sowie den Verfahren der rehabilitativen Intervention [Bund06].

Physiologie: medizinisches Fachgebiet; umfasst die Lehre der normalen Lebensvorgänge des Bewegungsapparates, Kreislaufsystems, Sinnessystems und zentralen Nervensystems [Bund06].

Physiotherapie: syn. physikalische Therapie; Behandlung gestörter physiologischer Funktionen mit physikalischen, naturgegebenen Mitteln: Wasser (Hydrotherapie), Wärme und Kälte (Thermotherapie), Licht (Phototherapie), Luft (Klimatherapie), mit statisch-mechanischen (Massage) und dynamischen Kräften (Krankengymnastik, Ergotherapie), Heilquellen (Balneotherapie), Elektrizität (Elektrotherapie) [Seel90].

Placebo: Scheinmedikament; ein objektiv wirkungsloses Mittel, dessen subjektiv erfahrbare Wirksamkeit auf Zuschreibung beruht. Placebos werden zur Diagnostik und Therapie im Rahmen der Heilbehandlung eingesetzt; in der Arzneimittelprüfung wird ein Verum (eine objektiv wirksame Substanz) gegen ein Placebo geprüft. Dies kann in einem einfachen Blindversuch oder in einem sog. Doppelblindversuch geschehen [Seel90].

Plankostenrechnung: s. Kosten- und Leistungsrechnung.

Plankrankenhäuser: →Krankenhäuser, die in den Krankenhausplan eines Landes aufgenommen sind.

Plastische Chirurgie: Teilgebiet der Chirurgie, das konstruktive, rekonstruktive, anaplastische und operative Eingriffe umfasst, welche die sichtbare Form oder die sichtbare Funktion wiederherstellen oder verbessern [Seel90].

Plastische Operation(en): 1. Wiederherstellung oder Verbesserung von Formen oder Funktionen des menschlichen Körpers durch →Resektion, →Transplantation oder →Implantation; **2.** Zusatzbezeichnung, die von einem Arzt nach Ableistung der vorgeschriebenen Weiterbildungszeit und Weiterbildungsinhalte gemäß der ärztlichen Weiterbildungsordnung geführt werden darf. Die Zusatz-Weiterbildung Plastische Operationen umfasst in Ergänzung zu einer Facharztkompetenz die konstruktiven und rekonstruktiven plastischen operativen Eingriffe zur Wiederherstellung und Verbesserung der Form, Funktion und Ästhetik in der Kopf-Hals-Region [Bund06].

Plausibilitätskontrolle: in der Medizin die Überprüfung von Resultaten und Resultatblöcken in Bezug zu anderen, parallel oder schon früher erstellten Befunden (Befundmusterkontrolle, Trendkontrolle) sowie anhand von Grenzwerttabellen oder nach empirischen Regeln (Extremwertkontrolle, Regelprüfung). Die jeweiligen Entscheidungsgrenzen können nach sachlogischen Gesichtspunkten vorgegeben oder mit Hilfe explorativer Datenanalysen statistisch ermittelt werden [Seel90].

PMC: Abk. für engl. →Patient-Management-Categories.

Pneumologie: Teilgebiet der →Inneren Medizin, das sich mit der Diagnostik und Therapie von Krankheiten der intrathorakalen Atmungsorgane befasst.

Polaritätsprofil: Darstellungstechnik zur Visualisierung ordinaler Merkmalsausprägungen. Werden die Strecken, welche zur Abbildung der Merkmalsausprägungen dienen, nicht waagerecht den einzelnen Merkmalen gegenübergestellt, sondern strahlenförmig um ein Zentrum angeordnet, spricht man von einem Kiviat-Graph [Seel90].

Polypathie: syn. für →Multimorbidität.

Portal: Webseite im Internet, die zu ausgewählten Themen und für bestimmte Zielgruppen strukturierte Informationen bzw. Internetadressen für Zwecke der weiteren Recherche anbietet; z.B. ein Gesundheitsportal.

Positionsmacht: die einem Führenden nach der Strukturorganisation zugewiesenen Machtbefugnisse; z.B. Direktionsrecht, Belohnungs- und Sanktionsmacht, Informationsmacht [Seel07].

Positivliste: s. Arzneimittellisten.

Potenzialgestaltung: die zielorientierte Spezifikation und Strukturierung der zur medizinbetrieblichen →Faktorkombination benötigten →Produktionsfaktoren.

Prämedikation: die medikamentöse Narkosevorbereitung durch den Anästhesisten [Seel90].

Prävalenz: Zahl der Träger eines bestimmten diagnostisch relevanten Merkmals oder einer Krankheit in der Bevölkerung oder in einem Untersuchungskollektiv zu einem bestimmten Zeitpunkt (Punktprävalenz) oder in einer bestimmten Zeitperiode (Periodenprävalenz). Die Prävalenzrate ist definiert als die Häufigkeit des Merkmals oder die Zahl der Erkrankten zu gegebener Zeit im Verhältnis zur Anzahl der untersuchten Personen. Die Prävalenz P einer Krankheit K wird aus der Relation Gesamtzahl der Kranken dividiert durch die Gesamtzahl der Untersuchten geschätzt. Bei zeitlich gleichmäßig verteilten Neuerkrankungen ist die Punktprävalenz annähernd das Produkt aus →Inzidenz und mittlerer Krankheitsdauer (vgl. [Seel90]).

Prävention: die Gesamtheit aller medizinischen und sozialen Maßnahmen, die darauf ausgerichtet sind, die Gesundheit zu fördern, Krankheiten und Unfälle sowie

deren Folgen zu verhüten und das Fortschreiten von Krankheiten zu verhindern
oder zu verlangsamen. Man unterscheidet
zwischen primärer, sekundärer und tertiä-
rer Prävention. Der Bergriff **Gesundheitsvorsorge (primäre Prävention)** umschreibt die vorbeugende Gesundheitspfle-
ge, d.h. die Verhütung von Krankheiten.
Beispiele hierfür sind gesetzliche Aufla-
gen (Umweltschutz, Humanisierung der
Arbeitswelt, Lebensmittelüberwachung,
Impfungen), aber auch Maßnahmen der
Gesundheitserziehung in Form program-
matischer Ansprachen bestimmter Zielgruppen (z.B. Anti-Raucher-Kampagne,
Bewegungstraining), die zu einem ver-
stärkten aktiven Gesundheitsbewusstsein
des Einzelnen und damit zur Etablierung
und Stabilisierung gesundheitsförderlicher
Verhaltensweisen führen sollen. Während
die Gesundheitsvorsorge darauf abzielt,
dem Eintreten von Krankheiten vorzubeugen, sollen im Rahmen der **Krankheitsfrüherkennung (sekundäre Prävention)**
mittels sogenannter →Screening-Tests aus
einer „gesunden" Population die Fälle mit
Frühsymptomen oder Neigungen zu bestimmten Erkrankungen zum Zwecke der
Einleitung rechtzeitiger Behandlungen herausgefiltert werden; z.B. Gesundheitsun-
tersuchungen nach § 25 SGB V, Kinderun-
tersuchung nach § 26 SGB V. Die **tertiäre
Prävention** hat zum Ziel, bei bestehender
Krankheit ein Fortschreiten bzw. eine Re-
zidivbildung (z.B. Tumor) zu verhüten; insoweit überschneiden sich hier tertiäre Prävention und →Rehabilitation (z.B. Verhütung, ggf. bei deren Misserfolg Behandlung eines Dekubitalgeschwürs des Quer-
schnittsgelähmten) [Seel90].

Praxis: im Gesundheitswesen Abk. für
→Arztpraxis.

Praxisanleiter: Person, die Aus- oder
Weiterzubildende im Rahmen eines betrieblichen Mentoringprogrammes unterstützt. Beispielhaft sei hier auf § 2 der
Ausbildungs- und Prüfungsverordnung in
der Krankenpflege (KrPflAPrV vom 10.
November 2003) hingewiesen. Danach
sind bei der praktischen Ausbildung (Planung, Durchführung, Reflektion, Dokumentation von Anleitungssituationen) von
Gesundheits- und Krankenpflegekräften
Mentoren, sogenannte Praxisanleiter, vor
Ort verantwortlich einzubinden. Die Praxisanleiter unterstützen die Stationslei-
tung in deren Pflicht, das betriebliche
Mentoringprogramm sicherzustellen (u.a.
Anleitungsbedarf und Dienstplangestal-
tung, Überprüfung des Ausbildungsange-
botes vor Ort, Überwachung der Ausbildung und Ausbildungsfortschritte, Mitarbeit bei der Erstellung der Ausbildungs-
nachweise, pädagogische Beratung der
Mitarbeiter bezüglich der praktischen Ausbildung) (vgl. [Seel07]).

Praxisgebühr: Seit Januar 2004 zahlen
Versicherte der gesetzlichen Krankenversicherung eine Praxisgebühr von 10 Euro
beim ersten Arzt- und Zahnarztbesuch je
Quartal. Die Praxisgebühr fällt ein Mal pro
Quartal an, unabhängig davon wie oft der
Patient zum Arzt geht und egal wie viele
Ärzte er (mit Überweisung) aufsucht. Kinder und Jugendliche bis zum vollendeten
18. Lebensjahr sind von der Praxisgebühr
befreit. Die Untersuchungen zur Vorsorge
und Früherkennung, zum Beispiel die
Brustkrebs-Früherkennung beim Frauen-

arzt oder die halbjährliche Zahnkontrolle im Rahmen der Bonusregelung, bleiben generell zuzahlungsfrei. Dasselbe gilt für Schutzimpfungen [Bund07].

Praxisgemeinschaft: Kooperationsform von Ärzten gleicher und/oder verschiedener Fachrichtung zur gemeinsamen Nutzung räumlicher und/oder apparativer und/oder personeller Ressourcen bei sonst selbstständiger Praxisführung. Anders als bei der →Gemeinschaftspraxis bedarf die Praxisgemeinschaft keiner Genehmigung durch den Zulassungsausschuss der Kassenärztlichen Vereinigung und der Krankenkassen. Sie ist jedoch der Kassenärztlichen Vereinigung anzuzeigen.

Praxisklinik: Zusammenschluss von Ärzten mit dem Ziel der ambulanten und stationären Krankenversorgung; erfordert den Abschluss eines Versorgungsvertrages mit den Krankenkassen.

Preisvergleichsliste: s. Arzneimittellisten.

Primäre Prävention: Gesundheitsvorsorge; s. Prävention.

Privatärztliche Verrechnungsstelle: Abk. PVS; Verein bürgerlichen Rechts mit freiwilliger Mitgliedschaft. Aufgabe der privatärztlichen Verrechnungsstelle ist die Einziehung von Honorarforderungen aus der privatärztlichen Tätigkeit ihrer ausschließlich ärztlichen Mitglieder [Seel90].

Private Krankenhäuser: →Krankenhäuser, die von ihren Trägern in privater Rechtsform (Kapitalgesellschaft) geführt werden.

Private Krankenversicherung: Abk. PKV; Versicherung zur Absicherung finanzieller Risiken im Krankheitsfall, der ab 2.2.2007 Personen beitreten können, die in drei aufeinanderfolgenden Kalenderjahren mit ihrem Einkommen über der Versicherungspflichtgrenze verdient haben. In der PKV gilt grundsätzlich das Kostenerstattungsprinzip, d.h. die von einem Leistungserbringer ausgestellten Rechnungen werden zunächst vom Versicherten bezahlt und dann dem Versicherer zur vorbehaltlichen Erstattung vorgelegt. Die Versicherungsprämien in der PKV sind nicht wie in der GKV einkommensabhängig, sondern berechnen sich individuell nach Eintrittsalter, Geschlecht und Umfang des Versicherungsschutzes. Durch die Bildung von Altersrückstellungen trägt jede Alterskohorte ihre eigenen Kosten. Ab 2009 muss die PKV einen der GKV vergleichbaren Basistarif anbieten. Neben der Krankenvollversicherung gibt es die Möglichkeit, Krankenzusatzversicherungen abzuschließen. Diese richten sich insbesondere an gesetzlich Krankenversicherte, die neben der medizinischen Grundversorgung, die ihnen der gesetzliche Leistungskatalog bietet, ihren Versicherungsumfang nach ihren individuellen Bedürfnissen anpassen wollen. Eine Möglichkeit, den Versicherungsschutz aus der Pflegeversicherung zu erweitern, bieten Pflegezusatzversicherungen, die in Form der Pflegetagegeldversicherung und der Pflegekostenversicherung angeboten werden. Die PKV wird von privatrechtlichen Unternehmen in Gestalt von Aktiengesellschaften oder Versicherungsvereinen auf Gegenseitigkeit betrieben. Die Branche ist im Verband der privaten Krankenversicherung e. V. organisiert.

Pro- und Kontraspiel: Ideenfindungstechnik zur Überprüfung ausgewählter Lösungsalternativen zu einem Problem und Unterstützung der Entscheidungsfindung. Meinungsaustausch der Pro- und Kontra-Vertreter, die nach 10 Minuten ihre Rollen tauschen, d.h. die Kontra-Vertreter argumentieren dann für Pro und umgekehrt. Anschließend werden die protokollierten Aussagen in einer Gruppendiskussion vertieft [Seel90].

Problemgüter: Gesundheitsleistungen sind in der Terminologie des Marketings Problemgüter, da die angebotene Gesundheitsleistung lediglich ein (Dienst-)Leistungsversprechen darstellt, das aufgrund des für Medizinbetriebe typischen →Uno-actu-Prinzips nur indirekt z.B. über die Behandlungsqualität, das vorgehaltene Leistungspotenzial, das angebotene Leistungsprogramm, den Umfang der Nebenleistungen u.Ä. zu konkretisieren ist.

Prodromalstadium: Vorläuferstadium; z.B. einer Krankheit.

Produktanalyse: Analyse und Bewertung des medizinbetrieblichen Produktportfolios hinsichtlich Umsatz-, Kunden- und Deckungsbeitragsstruktur. Strategisch kann bezüglich der Produktpolitik (Produktinnovation, Produktvariation, Produktbereinigung), Produktgestaltung (Produktqualität, Produktprofilierung, Markenbildung), Sortimentspolitik (Konzentration auf Kernkompetenzen, Diversifikation) und Produktentwicklung (medizinische Forschung, Forschungskooperationen, strategische Allianzen) reagiert werden.

Produktionsfaktoren: immaterielle und materielle Güter, die im Produktionsprozess kombiniert, d.h. gebraucht oder verbraucht werden, um andere Güter hervorzubringen. Die →Gesundheitsleistungsproduktion lässt sich mit einem branchenspezifischen **Faktorsystem** erklären (s. Tab.). Es unterscheidet auf der ersten Stufe Produktionsfaktoren, über welche der Medizinbetrieb als Wirtschaftssubjekt autonom disponieren kann (interne Produktionsfaktoren) und Produktionsfaktoren, die aus der betrieblichen Umwelt in den Produktionsprozess gelangen, aber vom Medizinbetrieb nicht selbst disponierbar sind (externe Produktionsfaktoren). Die internen Produktionsfaktoren gliedern sich in die Teilklassen dispositive Faktoren (als die für die Planung, Organisation und Kontrolle der Faktorkombination verantwortlichen betrieblichen Entscheidungsinstanzen) und Elementarfaktoren, wobei letztere wiederum in Verbrauchs- und Potenzialfaktoren differenziert werden können. Verbrauchsfaktoren repräsentieren die bei der Gesundheitsleistungsproduktion nach einmaligem Einsatz verbrauchten Güter, also Betriebs- und Hilfsstoffe (z.B. Energie und Rohstoffe). Sie stellen keine selbstständigen Absatzobjekte dar und dienen ausschließlich der Produktion von Sachgütern, die wiederum als derivative Faktoren in den Prozess der Gesundheitsleistungsproduktion eingehen. Da Potenzialfaktoren einen materiellen oder immateriellen Charakter aufweisen können, lassen sich neben den materiellen Potenzialfaktoren (Betriebsmittel, objektbezogene Arbeitsleistungen und ökologische Faktoren, als die von der natürlichen Umwelt bereitgestellten Produktionsfaktoren), Real- und Nominalfaktoren als immaterielle Potenzialfaktoren unterscheiden. Als Realfaktoren sind zu qualifizieren: Informationen über Produktionsfaktoren, Berechtigungen, Befugnisse oder Ansprüche, die einer natürlichen oder juristischen Person durch Rechtsordnung zuerkannt werden, Dienstleistungen Dritter im Sinne derivativer Produktionsfaktoren und legale Faktoren, welche die Gestaltungsfreiheit des dispositiven Faktors im Sinne gesetzlicher Vorgaben determinieren. Geld, Darlehens- und Beteiligungswerte sind Nominalfaktoren und werden definitionsgemäß den immateriellen Potenzialfaktoren zugerechnet. Potenzialfaktoren können interne (s.o.) aber auch externe Faktoren sein, also biologisches Untersuchungsgut, der am Produktionsprozess passiv beteiligte (z.B. als bewusstloser Patient) oder aktiv mitwirkende (so z.B. die Schilderung des aktuellen Beschwerdebildes im Rahmen der Anamnese oder die Ausführung therapeutischer Anweisungen) Patient als externer Humanfaktor und Auszubildende (Gesundheitsfachberufe) bezüglich der Produktion medizinbetrieblicher Lehr- und Forschungsleistungen.

Produktionsfaktoren der Gesundheitsleistungsproduktion				
Interne Faktoren		originär	Betriebliche Entscheidungsinstanzen	
		derivativ	Planung, Organisation, Kontrolle	
	Elementarfaktoren	Verbrauchsfaktoren	Betriebs-, Hilfsstoffe, Rohstoffe	
		Potenzialfaktoren	materiell	Betriebsmittel objektbezogene Arbeitsleistungen natürliche Umwelt
			immateriell	Real-faktoren	Informationen, Rechte auf materielle u. immaterielle Güter, Dienstleistungen Dritter, Legale Faktoren
				Nominal-faktoren	Geld, Darlehenswerte Beteiligungswerte
Externe Faktoren		materiell	Untersuchungsgut	
		immateriell	Informationen Rechte auf materielle u. immaterielle Güter	
	Humanfaktor		Patient Auszubildende(r)	

Tab. Produktionsfaktoren
Faktorsystem der Gesundheitsleistungsproduktion nach *HJ Seelos* (1993a), Seite 642

Produzenten: im Gesundheitssystem Wirtschaftssubjekte, die mittelbar die Erbringung von Gesundheitsleistungen durch die Bereitstellung von Produktionsfaktoren oder die Erbringung von Vorleistungen unterstützen; z.b. die medizinische Investitions- und Bedarfsgüterindustrie, Ausbildungsstätten für Gesundheitsfachberufe [Seel90].

Profiling: Qualitätsmanagementinstrument; die Behandlungsmuster (Behandlungsprofile) während eines bestimmten Zeitraums und für eine bestimmte Population werden ermittelt und mit einem Standard oder dem einer Fachgruppe verglichen. Dabei stehen im Rahmen des Qualitätsmanagements nicht die Kosten im Vordergrund, sondern das Qualitätsprofil der Leistungen. Die Ergebnisse des Profilings werden den Betroffenen zur Verfügung gestellt, um sie bei der Verbesserung ihres Behandlungsstils zu unterstützen.

Profit Center: selbstständig agierende, ergebnisverantwortliche Organisationseinheit, die ihr Handeln ausschließlich am Markt ausrichtet. Im Gegensatz zum Fraktal (→fraktale Organisationstruktur) sind Profit Center nicht selbstähnlich, d.h. ihre Ziele sind nicht mit den Unternehmenszielen synchronisiert.

Prognose: in der Medizin die Vorhersage über den Verlauf von Krankheiten; individuelle Prognose oft äußerst schwierig, da aus der ärztlichen Erfahrung nicht ohne weiteres auf den Einzelverlauf übertragbar; wissenschaftlich nur durch Beobachtung definierter Patientengruppen auf statistischer Grundlage möglich; kurzfristige

Prognose zuverlässiger (quoad vitam) [Seel90].

Programm: 1. konkrete programmiersprachliche oder hardwaremäßige Realisierung von Algorithmen; nach DIN 44300 eine zur Lösung einer Aufgabe vollständige Anweisung an ein →Datenverarbeitungssystem; **2.** Komplex von Projekten einer Organisation (z.B. einer staatlichen Institution) zur Erreichung eines bestimmten Programmzwecks. Der Programmzweck wird innerhalb des Zielsystems der Organisation durch das zugehörige Zielprogramm beschrieben [Seel90].

Progressivpflege: strukturelle Zuordnung von Patienten zu →Pflegeeinheiten in Abhängigkeit ihres pflegerischen Aufwandes. Man unterscheidet: →Intensivpflege, →Normalpflege, →Langzeitpflege und →Minimalpflege [Seel90].

Projekt: ein nach methodischen Regeln (→Phasenkonzept) ablaufender Problemlösungsprozess oder ein zielorientiertes Geschehen zwischen einem vorher festgelegten Anfangs- und Abschlusszeitpunkt, das zur Erreichung vorgegebener Ziele (die Lösung eines Problems i.w.S.) einen geplanten und gesteuerten Arbeitseinsatz erfordert und dabei Kapazitäten von Personal und Einrichtungen belegt sowie Zeit-, Sach- und Finanzmittel verbraucht. Dabei sind von den Aktivitäten zur fachlichen Erarbeitung der Problemlösung diejenigen zur Führung des Problemlösungsprozesses zu unterscheiden (s. Abb.). Für die Abwicklung des Problemlösungsprozesses muss i.d.R. eine spezifische Organisation (→Projektorganisation) bereitgestellt werden.

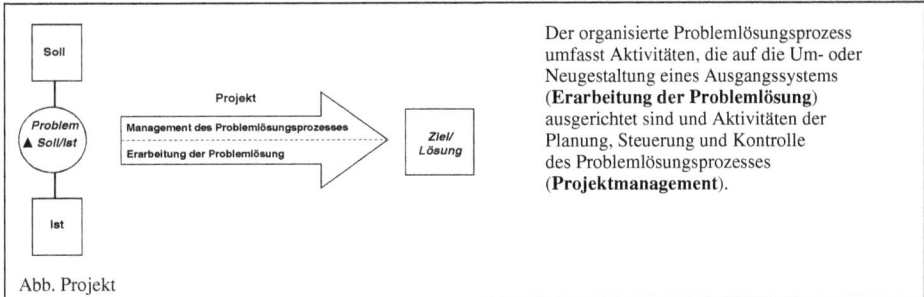

Abb. Projekt

Projektgruppe: syn. Projektteam; →Gruppe von Personen, die mit der Durchführung eines →Projekts beauftragt ist und von einem Projektleiter geführt wird. Organisationsprojekte im Gesundheitswesen werden i.d.R. von einer interdisziplinär besetzten Projektgruppe realisiert. Die Projektgruppe kann neben internen zeitweise auch externe Mitarbeiter umfassen.

Projektleiter: Führender, der für die Planung, Steuerung und Überwachung eines Projektes, insbesondere seiner Ziele, Termine und Ressourcen verantwortlich ist. In Abhängigkeit der formalen Aufteilung der Weisungs- und Entscheidungskompetenz des Projektleiters im Verhältnis zur Linienorganisation lassen sich verschiedene Organisationsformen unterscheiden (s. Abb.).

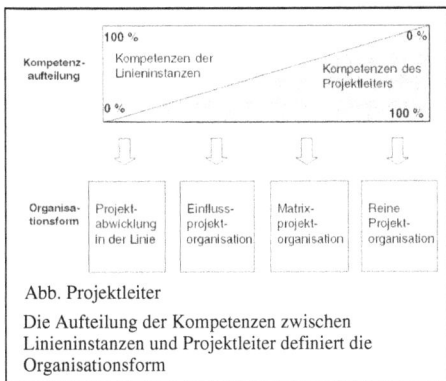

Abb. Projektleiter
Die Aufteilung der Kompetenzen zwischen Linieninstanzen und Projektleiter definiert die Organisationsform

Projektmanagement: zielorientierte Gestaltung eines nach methodischen Regeln ablaufenden Problemlösungsprozesses. Der Begriff „Projektmanagement" kann unter vier Dimensionen diskutiert werden: a) Funktionelle Dimension (Funktionen des Managementregelkreises); b) Institutionelle Dimension (Projektorganisation); c) Personelle Dimension (Projektgruppe); d) Instrumentelle Dimension (Methoden und Techniken).

Projektorganisation: 1. die zur Durchführung eines Projekts bereitgestellte Strukturorganisation (s. Abb.); **2.** die zur Abwicklung eines Projekts definierten Regeln; z.B. Phasenkonzept.

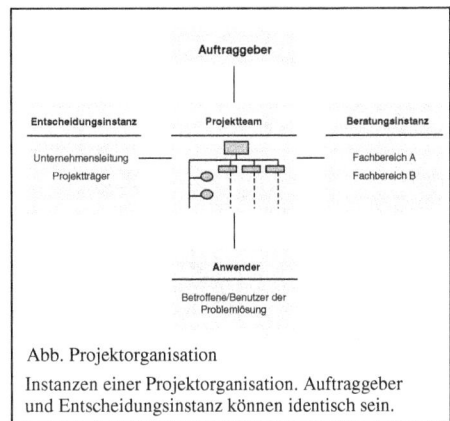

Abb. Projektorganisation
Instanzen einer Projektorganisation. Auftraggeber und Entscheidungsinstanz können identisch sein.

Projektteam: syn. für → Projektgruppe.

Projektträger: Organisation oder Organisationseinheit, die die Projektzuständigkeit, also z.b. unmittelbare Anordnungs- und Weisungsbefugnis gegenüber der projektdurchführenden Instanz (Projektleiter, Projektgruppe) hat; muss nicht mit dem Auftraggeber des Projektes identisch sein.

Proktologie: Zusatzbezeichnung, die von einem Arzt nach Ableistung der vorgeschriebenen Weiterbildungszeit und Weiterbildungsinhalte gemäß der ärztlichen Weiterbildungsordnung geführt werden darf. Die Zusatz-Weiterbildung Proktologie umfasst in Ergänzung zu einer Facharztkompetenz die Vorbeugung, Erkennung, Behandlung und Rehabilitation von Erkrankungen, Verletzungen, Formveränderungen und funktionellen Störungen des Mastdarms, des Afters, des Kontinenzorgans, der Beckenbodenmuskulatur, von Analekzemen, anorektalen Geschlechtskrankheiten und analen Dermatosen [Bund06].

Prophylaxe: Verhütung von Krankheiten, Vorbeugung; z.B. durch Schutzimpfungen, medikamentöse Embolieprophylaxe, Dekubitusprophylaxe in der Krankenpflege (vgl. [Seel90]).

Prozess: allgemein eine Gesamtheit von aufeinander einwirkenden Teilvorgängen in einem System, durch die Materie, Energie und/oder Information transportiert, umgeformt oder gespeichert wird; z.B. Krankheit bezogen auf den Organismus. Prozesse können deterministisch oder stochastisch sein (vgl. DIN 66201).

Prozessqualität: s. Qualität.

Pseudonymisierung: im Datenschutzrecht das Ersetzen des Namens und anderer Identifikationsmerkmale durch ein Kennzeichen zu dem Zweck, die Bestimmung des Betroffenen auszuschließen oder wesentlich zu erschweren. Steht das zur Reidentifikation eines anonymisierten Datenbestandes erforderliche Zusatzwissen (Identifizierungsdaten) nur dem Datengeber, nicht der auswertenden Stelle zur Verfügung, wird also von diesem treuhänderisch verwaltet, spricht man vom sogenannten „**Treuhändermodell**" [Seel90].

Psychiatrie und Psychotherapie: medizinisches Fachgebiet; umfasst die Vorbeugung, Erkennung und somatotherapeutische, psychotherapeutische sowie sozialpsychiatrische Behandlung und Rehabilitation primärer psychischer Erkrankungen und Störungen in Zusammenhang mit körperlichen Erkrankungen und toxischen Schädigungen einschließlich ihrer sozialen Anteile, psychosomatischen Bezüge und forensischen Aspekte. Ärztliche Schwerpunktkompetenz nach der Weiterbildungsordnung ist die forensische Psychiatrie [Bund06].

Psychoanalyse: Zusatzbezeichnung, die von einem Arzt nach Ableistung der vorgeschriebenen Weiterbildungszeit und Weiterbildungsinhalte gemäß der ärztlichen Weiterbildungsordnung geführt werden darf. Die Zusatz-Weiterbildung Psychoanalyse umfasst in Ergänzung zu einer Facharztkompetenz die Erkennung und psychoanalytische Behandlung von Krankheiten und Störungen, denen unbewusste seelische Konflikte zugrunde liegen einschließlich der Anwendung in der Prävention und Rehabilitation sowie zum Verständnis unbewusster Prozesse in der Arzt-Patient-Beziehung [Bund06].

Psychoedukation: zusammenfassende Bezeichnung für systematische didaktisch-psychotherapeutische Interventionen, die dazu geeignet sind, Patienten und ihre Angehörigen über die Krankheit und ihre Bedeutung zu informieren, das Krankheitsverständnis und den selbstverantwortlichen Umgang mit der Krankheit zu fördern und sie bei der Krankheitsbewältigung zu unterstützen. Die Wurzeln der Psychoedukation liegen in der Verhaltenstherapie, wobei aktuelle Konzepte auch gesprächspsychotherapeutische Elemente in unterschiedlicher Gewichtung enthalten. Im Rahmen einer Psychotherapie bezeichnet Psychoedukation denjenigen Bestandteil der Behandlung, bei dem die aktive Informationsvermittlung, der Austausch von Informationen unter den Betroffenen und die Behandlung allgemeiner Krankheitsaspekte im Vordergrund stehen. Psychoedukative Konzepte sind bisher im Bereich der Psychiatrie vor allem zur Behandlung der Schizophrenie und der schizoaffektiven Störungen erarbeitet und umgesetzt worden [Bäum03].

Psychologie: Wissenschaft vom Erleben und Verhalten des Menschen in Bezug auf sich selbst sowie auf Personen, Ereignisse und Objekte seiner Umwelt; bedient sich, basierend auf Beobachtung und Experiment, häufig mehrdimensionaler Untersuchungs- und Forschungsmethoden (statistischer Deskription und Überprüfung, Berücksichtigung kognitiv-verbaler, motorisch-behavioraler und physiologisch-humoraler Verhaltensebenen); Medizinmanagement nutzt die Erkenntnisse der allgemeinen Psychologie sowie der Arbeits- und Organisationspsychologie (vgl. [Psych04]).

Psychologischer Psychotherapeut: Mit dem Psychotherapeutengesetz (PsychThG) wurden neben dem Arzt (und dem Apotheker) zwei weitere akademische Heilberufe geschaffen: „Psychologischer Psychotherapeut" und „Kinder- und Jugendlichenpsychotherapeut". Dabei handelt es sich um Personen, die aufgrund der Approbation als Psychologischer Psychotherapeut (Kinder- und Jugendlichenpsychotherapeut) die heilkundige Psychotherapie (heilkundige Kinder- und Jugendlichenpsychotherapie) unter der geschützten Berufsbezeichnung „Psychologischer Psychotherapeut" („Kinder- und Jugendlichenpsychotherapeut") ausüben (§ 1 Abs. 1 PsychThG). Heilkundige Psychotherapie „ist jede mittels wissenschaftlich anerkannter psychotherapeutischer Verfahren vorgenommene Tätigkeit zur Feststellung, Heilung oder Linderung von Störungen mit Krankheitswert, bei denen Psychotherapie indiziert ist. Im Rahmen einer psychotherapeutischen Behandlung ist eine somatische Abklärung herbeizuführen. Zur Ausübung von Psychotherapie gehören nicht psychologische Tätigkeiten, welche die Aufarbeitung und Überwindung sozialer Konflikte oder sonstige Zwecke außerhalb der Heilkunde zum Gegenstand haben" (§ 1 Abs. 3 PsychThG).

Psychosomatische Medizin und Psychotherapie: medizinisches Fachgebiet; umfasst die Erkennung, psychotherapeutische Behandlung, Prävention und Rehabilitation von Krankheiten und Leidenszuständen, an deren Verursachung psychosoziale und psychosomatische Faktoren einschließlich dadurch bedingter körperlich-seelischer Wechselwirkungen maßgeblich beteiligt sind [Bund06].

Psychosoziale Belastungen: folgen im Medizinbetrieb aus den Konstrukten „Belastung" (z.B. Zeit- und Termindruck, unerwartete Unterbrechungen, zu hohe Anforderungen, fehlende Unterstützung, fehlende Anerkennung), „Beanspruchung" (Grad der Belastung und deren subjektive Bewertung), „Jobunsicherheit" und „Interpersonale Konflikte" (Personal, Patienten, Angehörige). Den bekannten körperlichen und psychischen Beeinträchtigungen für die Beschäftigten und den wirtschaftlichen Folgen für den Medizinbetrieb, z.B. durch Leistungsschwankungen, Fehlentscheidungen, Fehlhandlungen, Absentismus und Personalfluktuation, kann mit sozialen (employee assistance programs) und medizinischen (Supervisionen, Gesundheitsförderprogramme, Gesundheitszirkel) Hilfeangeboten für die Beschäftigten vorgebeugt werden.

Psychotherapie: Zusatzbezeichnung, die von einem Arzt nach Ableistung der vorgeschriebenen Weiterbildungszeit und Weiterbildungsinhalte gemäß der ärztlichen Weiterbildungsordnung geführt werden darf. Die Zusatz-Weiterbildung fachgebundene Psychotherapie umfasst in Ergänzung zu einer Facharztkompetenz die Vorbeugung, Erkennung und psychotherapeutische indikationsbezogene Behandlung von Erkrankungen des jeweiligen Gebietes, die durch psychosoziale Faktoren und Belastungsreaktionen mit bedingt sind [Bund06].

Pull-Prinzip: auch Holprinzip, Zurufprinzip; Produktionsprinzip nachdem vorgelagerte Produktionsstufen nichts produzieren sollten, bevor eine nachgelagerte Stufe dies verlangt.

Punktion: Einstich einer Hohlnadel oder eines Trokars in (Blut-)Gefäße, physiologische oder pathologische Körperhohlräume, Hohlorgane, parenchymatöse Organe oder in Tumoren (eventuell unter Ultraschall-, Röntgen- oder endoskopischer Kontrolle) zur Entnahme von Flüssigkeiten (z.B. Blutentnahme, diagnostische Probepunktion, therapeutisch zur Entlastung) bzw. Geweben (Biopsie) oder zur Einbringung (Injektion bzw. Infusion) von Diagnostika (z.B. Röntgenkontrastmittel) oder Therapeutika (vgl. [Seel90]).

PVS: im Gesundheitswesen Abk. für → privatärztliche Verrechnungsstelle.

Q

Qualifikationsfördernde Arbeitsgestaltung: s. Job rotation, Job enlargement, Job enrichment, teilautonome Arbeitsgruppen.

Qualität: Die Qualität der Gesundheitsleistungsproduktion, präziser **Ergebnisqualität**, beschreibt die dem medizinischen Handeln zuschreibbaren Veränderungen des Gesundheitszustands des Patienten oder der Bevölkerungsgruppen einschließlich der von diesen Veränderungen ausgehenden Wirkungen. Nach der von *A Donabedian* (1974) eingeführten Trilogie der Qualitätssicherung in der medizinischen Versorgung ist für die Ergebnisqualität auch die Struktur- und Prozessqualität der Gesundheitsleistungsproduktion maßgeblich. **Strukturqualität** beschreibt die Rahmenbedingungen, die für die Gesundheitsleistungsproduktion im Einzelfall gegeben sind. Sie umfasst die relativ stabilen Eigenschaften der eingesetzten personellen und materiellen Ressourcen, zum Beispiel den Ausbildungsstand der behandelnden Ärzte, ihre Arbeitsmittel sowie die organisatorischen und finanziellen Gegebenheiten unter denen sich der Faktorkombinationsprozess vollzieht. **Prozessqualität** beschreibt die Eigenschaften des Prozesses der Faktorkombination, d.h. sie bezieht sich auf das Merkmalsbündel „Behandlungsablauf" als der Gesamtheit aller Aktivitäten, die zwischen den Ärzten, dem sonstigen Personal (vor allem im Pflege- und Funktionsbereich), den medizinbetrieblichen Leistungsstellen und dem Patienten ablaufen. Dabei geht man von der Annahme aus, dass mit einem den anerkannten Regeln der medizinischen Wissenschaft sowie den Erfahrungen der ärztlichen Berufspraxis entsprechenden Behandlungsprozess Qualität erzielt werden kann, mithin die Qualität der Medizin gut ist (vgl. [Seel90]).

Qualitätsbericht: ein nach § 137 SGB V von einem Krankenhaus alle zwei Jahre zu veröffentlichender Bericht, der einen systematischen Überblick über das Qualitätsmanagement des Krankenhauses in einer allgemein verständlichen Form geben soll; gliedert sich in einen obligaten Basisteil und einen krankenhausindividuell gestaltbaren Systemteil.

Qualitätsindikator: qualitätsbezogene Kennzahl; Hilfsgröße, die die Qualität eines Indikatorproblems durch Zahlen bzw. Zahlenverhältnisse direkt abbildet; nach der RUMBA-Regel sollte ein Qualitätsindikator fünf Voraussetzungen erfüllen: **r**elevant for selected problem, **u**nderstandable for providers and patients, **m**easurable with high reliability and validity, **b**ehaviorable, **a**chievable and feasible.

Qualitätskontrolle: fortlaufende Überwachung der Qualität von in Massen produzierten Gütern und erbrachten Dienstleistungen; z.b. die im Eichgesetz sowie in Richtlinien der Bundesärztekammer und ihren Ausführungsbestimmungen geregelte Qualitätskontrolle im medizinischen Laboratorium (Richtigkeitskontrolle, Präzisionskontrolle, Ringversuche). Die Qualitätskontrolle ist eine wichtige Maßnahme zur → Qualitätssicherung [Seel90].

Qualitätslenkung: Kategorie des → Qualitätsmanagements; umfasst Tätigkeiten und Arbeitstechniken, die zur Erfüllung von Qualitätsanforderungen angewendet werden.

Qualitätsmanagement: die Gesamtheit aller Maßnahmen eines Medizinbetriebs die darauf abzielen, die → Qualität der produzierten → Gesundheitsleistung zu sichern oder zu verbessern; nach DIN EN ISO Norm 8402 „alle diejenigen Tätigkeiten des Gesamtmanagements, die im Rahmen des Qualitätsmanagementsystems die Qualitätspolitik, die Qualitätsziele und die Verantwortungen festlegen sowie diese durch Qualitätsplanung, Qualitätslenkung, Qualitätssicherung und Qualitätsverbesserung verwirklichen." Begriffliche Unterschiede betonen lediglich unterschiedliche Ansätze. So hebt der Begriff des Total Quality Management (TQM) die Ganzheitlichkeit und die strategische Bedeutung des Qualitätsmanagements hervor, während Continous Quality Improvement (CQI) darauf verweist, dass Qualitätsmanagement kein abgeschlossener Prozess, sondern als Regelkreis und Lernprozess zu interpretieren ist.

Qualitätsmanagementsystem: die zur Realisierung des → Qualitätsmanagements erforderliche Organisationsstruktur, Verfahren, Prozesse und Mittel (vgl. DIN EN ISO 8402).

Qualitätsplanung: Kategorie des → Qualitätsmanagements; umfasst alle Tätigkeiten, welche die Ziele und Qualitätsanforderungen sowie die Forderungen für die Anwendung der Elemente des Qualitätsmanagementsystems festlegen.

Qualitätspolitik: vom Träger eines Medizinbetriebs oder dessen gesetzlichem Vertreter formulierte Absichten und Zielsetzungen zur Qualität (vgl. DIN EN ISO 8402).

Qualitätssicherung: entspricht im SGB V (§§ 137-139) inhaltlich dem Qualitätsmanagement nach DIN EN ISO 8402; bezeichnet alle geplanten und systematischen Maßnahmen, die verwirklicht werden, um bei den unterschiedlichen Stakeholdern (Anspruchsgruppen) ausreichendes Vertrauen zu schaffen, dass die Qualitätsanforderungen auch erfüllt werden.

Qualitätssicherungsprogramm: organisierte Maßnahme zur → Qualitätssicherung der medizinischen Versorgung, die sich aus einzelnen Qualitätssicherungsaktivitäten zusammensetzt (s. Abb.); (a) Definition des Indikatorproblems; (b) Definition der Kriterien zur operationalen Festlegung des Qualitätsbegriffes für das definierte Indikatorproblem; (c) Definition von Standards bzw. des Qualitätsanforderungsprofils; (d) gezielte Beobachtung des medizinischen Handelns mit anschließender standardisierter Qualitätsdokumentation zum Indikatorproblem; (e) Durchführung des Qualitätsvergleichs; (f) Erarbeitung von Strategien zur Qualitätsverbesserung, falls Qualitätsschwachstellen erkannt wurden; (g) Evaluation der in die Praxis umgesetzten Strategien zur Qualitätsverbesserung; (h) Entscheidung über das weitere Vorgehen mit evtl. notwendigem Rückverzweigen zu den vorausgegangenen Schritten.

Die Aktivitäten (a) bis (d) können auch als Beurteilungsphase, die Aktivitäten (e) bis (h) als Interventionsphase betrachtet werden [Seel90].

Qualitätsverbesserung: Kategorie des →Qualitätsmanagements; die im Medizinbetrieb ergriffenen Maßnahmen zur Erhöhung der Effektivität und Effizienz von Tätigkeiten und Prozessen, um zusätzlichen Nutzen sowohl für die Patienten als auch für den Medizinbetrieb zu erzielen.

Qualitätszirkel: eine auf freiwilliger Initiative in einem Medizinbetrieb für einen interkollegialen Erfahrungsaustausch, der problembezogen, systematisch, zielgerichtet ist und der in gleichberechtigter Diskussion der Teilnehmer eine gegenseitige Supervision zum Ziel hat, gegründete →Gruppe.

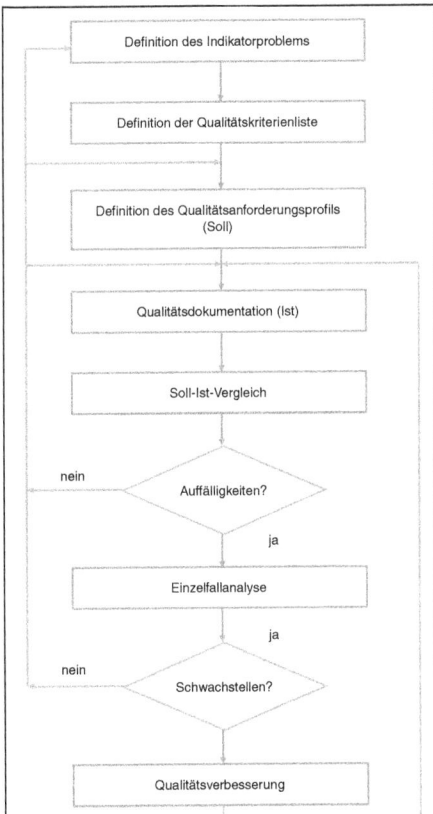

Abb. Qualitätssicherungsprogramm
Der Algorithmus des Medical Controlling als Grundlage für die organisatorische Implementierung von Qualitätssicherungsprogrammen in der Medizin nach *HJ Seelos* (1994), Seite 375

R

Radioimmunologische Verfahren: Verfahren zur quantitativen Analyse bestimmter Substanzen in (entnommenen) Körperflüssigkeiten (z.B. Radioimmunassay, Radioimmunelektrophorese) bzw. zur Darstellung antigener Substanzen (z.B. Szintigraphie) durch Zusatz radioaktiv markierter Stoffe. Genutzt wird das immunologische Prinzip, dass Antikörper nur diejenigen Antigene binden, gegen die sie gerichtet sind (Antigen-Antikörper-Reaktion) [Seel90].

Radiologie: medizinisches Fachgebiet; umfasst die Erkennung von Krankheiten mit Hilfe ionisierender Strahlen, kernphysikalischer und sonographischer Verfahren und Anwendung interventioneller, minimal-invasiver radiologischer Verfahren. Ärztliche Schwerpunktkompetenzen nach der Weiterbildungsordnung sind: Kinderradiologie, Neuroradiologie [Bund06].

Rating: engl. für Einschätzung; allgemein ein Verfahren zur Einschätzung von Objekten nach vorgegebenen Kriterien. In der Kreditwirtschaft die dauerhafte Bonitätseinschätzung eines Unternehmens durch ein Kreditinstitut als Voraussetzung für eine Fremdkapitalfinanzierung über den Kapitalmarkt. Die Einschätzung erfolgt nach bankeigenen Kriterien (internes Rating) oder wird von international tätigen Rating-Agenturen vorgenommen (externes Rating). Dabei werden sowohl Kennzahlen zur Bewertung der wirtschaftlichen Situation herangezogen als auch qualitative Faktoren wie die Unternehmensstrategie, die Unternehmensorganisation, das Management- und Mitarbeiterpotenzial und die vorhandenen Führungs- und Kontrollsysteme bewertet.

Rationalisierung: die Verbesserung der Effizienz bei der Produktion von Sachgütern oder Dienstleistungen durch Änderung der Produktionsfaktoren und/oder des Faktorkombinationsprozesses; so z.B. die Fremdvergabe bislang von einem Medizinbetrieb selbst erbrachter Laborleistungen an Dritte (Outsourcing), wenn diese (bei gleicher Qualität) wirtschaftlicher wäre.

Reaktionszeit: Zeitspanne zwischen der Erteilung eines Auftrags an eine Funktionseinheit und dem Beginn seiner Ausführung (vgl. DIN 44300).

Reanimation: Wiederbelebung; notfallmäßige Sofortmaßnahmen nach Eintritt eines plötzlichen Herz-Kreislauf-Stillstands oder Atemstillstands mit Bewusstlosigkeit, die unbedingt innerhalb der Wiederbelebungszeit begonnen werden müssen.

Rechtsmedizin: medizinisches Fachgebiet; umfasst die Entwicklung, Anwendung und Beurteilung medizinischer und naturwissenschaftlicher Kenntnisse für die

Rechtspflege sowie die Vermittlung arztrechtlicher und ethischer Kenntnisse für die Ärzteschaft [Bund06].

Referenzbereich: Wertebereich, welcher der Einordnung und Bewertung des Resultats einer →biologischen Kenngröße hinsichtlich bestimmter Fragestellungen in Diagnostik, Therapie und Medikation dient. Hinsichtlich der Abgrenzung zwischen „normaler" oder „pathologischer" Wertlage spricht man auch vom „Normalbereich", der i.Allg. nichts mit einer Normalverteilung der biologischen Kenngröße zu tun hat, was bisweilen fälschlicherweise angenommen wird. Referenzbereiche können von sehr unterschiedlichen Gegebenheiten abhängen; z.B. Alter, Geschlecht, Schwangerschaft, Ernährungszustand (z.B. nüchtern für Serumbestimmungen, fleischfreie Kost für den Nachweis von okkultem Blut im Stuhl). Die Festlegung von Referenzbereichen kann entweder empirisch (statistisch) oder normativ (Expertenkonsens) erfolgen [Seel90].

Referenzmethode: exakt beschriebene Methode, die nachweislich ausreichend präzise und richtige Resultate gewährleistet, um als Maßstab für die Bewertung (Bestimmung von Reliabilität, Validität, Kosten) anderer Methoden benutzt zu werden [Seel90].

Regelkreis: geschlossenes System zur Festwert- oder Folgeregelung, das aus Messeinrichtungen, Regler, Regelstrecke und Stellglied besteht.

Regelungsdichte: der Umfang des medizinbetrieblichen Regelsystems nach Breite und Tiefe der prozessbezogenen Strukturierung des Wertschöpfungsprozesses; determiniert den organisatorischen Freiheitsgrad für den dispositiven Faktor. Aufgrund der Vielzahl der externen (gesetzliche Vorgaben, Verordnungen) und internen Regeln haben Medizinbetriebe im Vergleich zu Betrieben anderer Branchen eine hohe Regelungsdichte; s.a. legale Faktoren.

Regelversorgung: allgemeine Krankenhausversorgung in den Grunddisziplinen Innere Medizin, Chirurgie, Gynäkologie/ Geburtshilfe und Pädiatrie, ferner in den Spezialdisziplinen Hals-Nasen-Ohrenheilkunde, Augenheilkunde, Geriatrie, Intensivmedizin und Anästhesiologie. Hinzu treten besondere Dienste und technische Einrichtungen wie fachärztliche Strahlendiagnostik und Apotheke. Dabei kann die Versorgung in den Spezialdisziplinen Hals-Nasen-Ohrenheilkunde und Augenheilkunde auch als Neben-, Beleg- oder Konsiliarfach geführt werden [Seel90].

Regelverweildauer: im →G-DRG-System, die im →Fallpauschalenkatalog für eine diagnosebezogene Fallgruppe (DRG) angegebene mittlere →Verweildauer.

Regionalanästhesie: Schmerzausschaltung einer Körperregion durch Injektion eines Lokalanästhetikums in die Nähe eines Nervens, eines Nervengeflechts oder einer Nervenwurzel oder durch i. v. Injektion [Psych04].

Rehabilitation: Teil der Krankenversorgung, der die koordinierte Anwendung von medizinischen, beruflichen und sozialen Maßnahmen zur möglichst weitgehenden Wiederherstellung des Zustandes vor Eintritt einer fortschreitenden, also mit Defektbildung einhergehenden Krankheit, d.h. (Wieder-)Eingliederung eines Geschädigten in das berufliche und gesellschaftliche Leben umfasst. Die medizinische Rehabilitation konzentriert sich auf die Therapie verbliebener und die Wiederherstellung verlorengegangener Funktionen des Patienten im somatischen und seelisch-geistigen Bereich; z.b. Sprachtherapie zur Behandlung von Aphasie bei Apoplexie, Versorgung mit Prothese nach Beinamputation, danach Gangschule. Die berufliche Rehabilitation umfasst alle Maßnahmen, die der Erreichung des Zieles, der beruflichen (Wieder-)Eingliederung des Geschädigten direkt dienen; z.b. Umschulung eines Maurers auf den Beruf eines technischen Zeichners nach Herzinfarkt. Die soziale Rehabilitation zielt nicht nur auf eine soziale Wiederanpassung des Geschädigten ab, sondern versteht Rehabilitation als Hilfe zu einer neuen Lebensführung; z.b. Verlegung eines alleinstehenden gelähmten Behinderten aus seiner Wohnung in ein Heim. Die →Rehabilitationsträger sind dabei zur Zusammenarbeit verpflichtet. Entsprechend der Einteilung der Rehabilitationsmedizin ergibt sich die Notwendigkeit, verschiedene Einrichtungen für die Durchführung von Rehabilitationsmaßnahmen bereitzustellen: Rehabilitationskrankenhäuser, Berufsförderungswerke, Berufsbildungswerke, Sonderschulen, beschützende Werkstätten [Seel90].

Rehabilitationsträger: Träger der Leistungen zur Teilhabe (§ 4 SGB IX) können nach § 6 SGB IX sein: die gesetzlichen Krankenkassen, die Bundesagentur für Arbeit, die Träger der gesetzlichen Unfallver-

sicherung, die Träger der gesetzlichen Rentenversicherung, die Träger der Kriegsopferversorgung und die Träger der Kriegsopferfürsorge, die Träger der öffentlichen Jugendhilfe und die Träger der Sozialhilfe.

Rehabilitationswesen: Zusatzbezeichnung, die von einem Arzt nach Ableistung der vorgeschriebenen Weiterbildungszeit und Weiterbildungsinhalte gemäß der ärztlichen Weiterbildungsordnung geführt werden darf. Die Zusatz-Weiterbildung Rehabilitationswesen umfasst in Ergänzung zu einer Facharztkompetenz die Einleitung und Koordination von Rehabilitationsmaßnahmen zur beruflichen und sozialen (Wieder-)Eingliederung im Rahmen interdisziplinärer Zusammenarbeit [Bund06].

Reihenuntersuchung: medizinische Untersuchung von Personengruppen nach einheitlich festgelegten Untersuchungsmerkmalen und einheitlichen Methoden auf bestimmte Beurteilungskriterien hin; z.b. zur Früherkennung von Krankheiten [Seel90].

Reine Projektorganisation: Form der →Projektorganisation, bei der im Unterschied zur →Matrixorganisation die Mitglieder der Projektgruppe sowohl fachlich als auch disziplinarisch dem Projektleiter unterstehen [Seel90].

Relativgewicht: s. Bewertungsrelation.

Reliabilität: Zuverlässigkeit, Reproduzierbarkeit, Genauigkeit; Gütekriterium, das die Messgenauigkeit eines Verfahrens angibt; Grad der Übereinstimmung bei Wiederholungsbeobachtung oder wiederholter Anwendung eines Verfahrens; so z.b. die

Befundung eines Röntgenbildes oder die zeitversetzte Beantwortung einer Anamnesefrage durch den Patienten.

Requirements engineering: engl. für → Anforderungsanalyse.

Resektion: in der Medizin die Ausschneidung eines Organs, teilweise Entfernung von kranken Organteilen [Seel90].

Resistenz: 1. unspezifischer Schutz von Organismen gegenüber Infektionen oder Giften; **2.** Widerstandsfähigkeit von Mikroorganismen gegen Antibiotika bzw. Chemotherapeutika [Seel90].

Resteliste: im medizinischen Laboratorium die Auflistung unerledigter Analysenanforderungen. Sie kann bei computergestützten Laborinformationssystemen nach verschiedenen Kriterien ausgegeben werden; z.B. für das gesamte Laboratorium, einzelne Teilbereiche, Labormessplätze, → biologische Kenngrößen, jeweils frei wählbar über ein anzugebendes Zeitintervall oder einen vorgebbaren Probennummernbereich [Seel90].

Resultateinheit: größtmögliche Zehnerpotenz zur Darstellung relevanter methodischer und biologischer Resultatunterschiede bei einer → biologischen Kenngröße; z.B. bei den Serumuntersuchungen Natrium = 1 mmol/l, Kalium = 0,1 mmol/l, Calcium = 0,01 mmol/l, GOT = 1 U/l, Cholinesterase = 10 U/l. Die konsequente Verwendung von Resultateinheiten dient der platzsparenden Darstellung und der Vermeidung von Pseudogenauigkeiten in Befundberichten [Seel90].

Resultatfreigabe: in der Labordatenverarbeitung die (programmgestützte) Freigabe aller Resultat-, Proben- und Patientendaten für weitere Verarbeitungsprozeduren (insb. die Befundübermittlung an den anfordernden Arzt) nach Kontrolle der Analysenmessergebnisse durch das technische Personal und die Befundung durch den verantwortlichen Laborarzt [Seel90].

Resultatliste: in der Labordatenverarbeitung eine Liste mit allen Messergebnissen von Patientenuntersuchungsgut, Kontrolllösungen usw. für einen Labormessplatz, ein Analysengerät oder eine andere (ggf. offline eingegebene) Messergebnisgruppe. Sie enthält die Probenidentifikation mit den zugehörigen Analysenresultaten, gegebenenfalls ergänzt durch Vorwerte, die Auswertung der Qualitätskontrollresultate und Plausibilitätshinweise. Die Daten in einer Resultatliste sind im Datenverarbeitungssystem für weitere Bearbeitungsschritte zwischengespeichert und werden bis zur → Resultatfreigabe der anfordernden Stelle noch nicht (oder höchstens unter Vorbehalt) zur Verfügung gestellt [Seel90].

Retrieval: Suchvorgang, bei dem aus einem bestimmten Datenbestand eines → Dokumentationssystems diejenigen Dokumentationseinheiten selektiert werden, die mit einem vorgegebenen Suchprofil (Boolescher Ausdruck aus Deskriptoren) übereinstimmen. Als Gütemaße der Retrievalqualität sind besonders die Kenngrößen Recall (Vollständigkeitsmaß) und Präzision (Genauigkeitsmaß) gebräuchlich, gelegentlich wird auch die Ausfallrate angegeben. Diese Qualitätsmaße werden aus den absoluten Häufigkeiten a bis d einer Vierfeldertafel bestimmt, die die binäre Selektionsvariable „Dokument in Datenbank gefunden: ja/nein" mit der binären Relevanzvariablen „Dokument einschlägig: ja/nein" kreuzklassifizierend verknüpft (s. Tab.) [Seel90].

Dokument gefunden? (Selekt.) Dokument einschlägig? (Relevanz)	ja	nein
ja	a	b
nein	c	d

Recall   = a/(a + b)
Präzision   = a/(a + c)
Ausfallrate = c/(c + d)

Tab. Retrieval

Qualitätsmaße zur Bestimmung der Retrievalqualität [Seel90].

Rettungshubschrauber: Abk. RTH; ein in der Luftrettung eingesetzter Hubschrauber mit einer dem Notarztwagen bzw. Notarzteinsatzfahrzeug ähnelnden Ausstattung nach den Normen der Reihe DIN 13 230, mindestens besetzt mit Pilot, →Notarzt und einem speziell ausgebildeten HEMS Crew Member (meist einem Rettungsassistenten). Ein Rettungshubschrauber bringt den Notarzt und nichtärztliches Rettungsfachpersonal schnell, straßenverkehrsunabhängig, dafür aber je nach RTH-Typ witterungs- und sichtabhängig an den Einsatzort, ermöglicht die präklinische Versorgung von Notfallpatienten sowie den schnellen und schonenden Transport zur Weiterversorgung auch in entfernt gelege-

ne Kliniken. RTH können auch dem Transport von Organen und Medikamenten sowie der Patientenverlegung dienen.

Rettungs(transport)wagen: Abk. RTW; Rettungsdienstfahrzeug mit Mindestausstattung nach DIN EN 1789, oft Typ B. Ein RTW bringt nichtärztliches Rettungsfachpersonal an den Einsatzort und ermöglicht die präklinische Versorgung von Notfallpatienten sowie deren Transport zur Weiterversorgung.

Rettungswache: Einrichtung des Rettungsdienstes, in der sich in der einsatzfreien Zeit durchgehend oder zeitlich begrenzt Einsatzkräfte bereit halten und Rettungsmittel vorgehalten werden.

Rettungswesen: öffentliche Aufgabe der organisierten nichtpolizeilichen Gefahrenabwehr und der staatlichen Daseinsvorsorge; gliedert sich in Notfallrettung und Krankentransport. Für die Notfallrettung, die organisierte präklinische medizinische Hilfe für Notfallpatienten, werden Krankenkraftwagen (RTW=Rettungs(transport)wagen, NAW=Notarztwagen, NEF= Notarzteinsatzfahrzeug) und Rettungshubschrauber (RTH), besetzt mit notfallmedizinisch geschultem ärztlichem und nichtärztlichem Rettungsfachpersonal bereitgehalten. Aufgabe der Notfallrettung ist es, bei Notfallpatienten am Notfallort lebensrettende Maßnahmen oder Maßnahmen zur Verhinderung schwerer gesundheitlicher Schäden durchzuführen, gegebenenfalls ihre Transportfähigkeit herzustellen und die Patienten unter Aufrechterhaltung der Transportfähigkeit und Vermeidung weiterer Schäden in eine weiterführende medizinische Versorgungseinrichtung, in der Regel das nächstgelegene Krankenhaus, zu befördern. Gemäß Art. 70, 72 und 74 Grundgesetz (GG) ist das Rettungswesen im Rahmen der konkurrierenden Gesetzgebung Angelegenheit der Bundesländer. Die Bundesländer haben unterschiedliche rechtliche Regelungen zur Durchführung des Rettungsdienstes getroffen (Rettungsdienstgesetze, Richtlinien und/oder Erlasse für den Rettungsdienst, Regelungen in Feuerwehrgesetzen, Vereinbarungen über den Ausbau und die Durchführung des Krankentransportes und Rettungsdienstes). Träger des Rettungsdienstes ist das Bundesland, das in der Regel diese Aufgabe an die Gebietskörperschaften (Kreise oder kreisfreie Städte) weitergibt. Für den Krankentransport, d.h. die Beförderung und Betreuung von Erkrankten, Verletzten oder sonstigen hilfsbedürftigen Personen, die keine Notfallpatienten sind, werden Krankenkraftwagen (KTW=**K**ranken**t**ransport**w**agen), besetzt mit geschultem Rettungs(fach)personal bereitgehalten.

Review: bei der Durchführung von Projekten angewandte Form der Qualitätskontrolle. Die Mitglieder der Projektgruppe präsentieren und diskutieren ihre bis zum Review-Termin erzielten Arbeitsergebnisse mit dem Projektleiter, gegebenenfalls unter Hinzuziehung von Experten, um insbesondere den Informationsaustausch zu fördern und die Problembearbeitung zu koordinieren. Reviews können periodisch oder als Meilensteinreviews zum Ende einer Projektphase geplant werden.

Revision: Prüfung der Ordnungsmäßigkeit von Verfahrensabläufen oder der Einhaltung des medizinbetrieblichen Regelsystems durch (prozess)unabhängige eigene Mitarbeiter (interne Revision) oder Externe (externe Revision). Man unterscheidet Regelprüfungen nach einem vereinbarten Standardprüfplan und von der Unternehmensleitung beauftragte Sondereinzelprüfungen.

Rezidiv: Rückfall, Wiederauftreten einer Krankheit nach klinisch vermuteter Heilung; z.B. Rezidiv einer Infektion (Reinfektion), Tumorrezidiv (Wiederauftreten eines histologisch gleichartigen Tumors am gleichen Ort oder im gleichen Organ nach vorausgegangener radikaler Behandlung) [Seel90].

Rheographie: Untersuchungsmethode bei peripheren Gefäßprozessen; Registrierung von pulsatorischen Schwankungen des Durchflussvolumens im erfassten Gefäßgebiet (im Gegensatz zur Oszillographie, die Druckschwankungen der größeren Arterien erfasst) [Seel90].

Rheumatologie: Teilgebiet der →Inneren Medizin, das sich mit der Entstehung, Behandlung und Verhütung von Erkrankungen des rheumatischen Formenkreises befasst.

Richtigkeitskontrolle: Verfahren zur Qualitätskontrolle zur Feststellung der Validität von Messungen. Es werden Untersuchungen von definierten Referenzmaterialien durchgeführt und diese Resultate mit den zuvor mit einer Referenzmethode ermittelten Sollwerten verglichen.

Richtlinien: von einer rechtlich legitimierten Institution konsentierte, schriftlich fixierte und veröffentlichte Regelungen des Handelns oder Unterlassens, die für den Rechtsraum dieser Institution verbindlich sind und deren Nichtbeachtung definierte Sanktionen nach sich ziehen. Zahlreiche von der Bundesärztekammer erarbeitete Leit- und Richtlinien zur ärztlichen Berufsausübung sind als Richtlinien der Landesärztekammern zur Qualitätssicherung über die Berufsordnung für den einzelnen Arzt verbindlich.

Ringversuch: Maßnahme der Qualitätssicherung im medizinischen Laboratorium durch externe →Qualitätskontrolle; die Qualität der Analysenmethoden wird anhand von zugesandten Kontrollmaterialien überprüft. Die Durchführung von Ringversuchen obliegt den Kassenärztlichen Vereinigungen. Die erfolgreiche Teilnahme an den vorgeschriebenen Ringversuchen ist Voraussetzung für die Abrechnungsfähigkeit der Laborleistungen bei den gesetzlichen Krankenkassen.

Risiko-Audit: die unabhängige Begutachtung eines Medizinbetriebs oder einer medizinbetrieblichen Organisationseinheit zur Identifikation von Risiken, welche die Patientensicherheit gefährden können oder auf sonstige Art als erfolgswirksam einzustufen sind. Durch Risiko-Audits werden potenzielle oder tatsächliche Risiko- und Fehlerpotenziale herausgearbeitet, wobei sowohl Einzelrisiken als auch die Wechselwirkungen von verschiedenen Einzelrisiken betrachtet werden.

Risikoaufklärung: s. ärztliche Aufklärungspflicht.

Risikofaktor: definierbare Noxe, durch deren Wirksamkeit Krankheit entsteht, indem sie allein oder gemeinsam mit anderen Risikofaktoren wirkt [Seel90].

Risikomanagement: engl. Risk Management; s. betriebswirtschaftliches Risikomanagement, klinisches Risikomanagement.

Risikomanagementsystem: s. Frühaufklärungssystem, CIRS.

Risikoschub: negativer →Gruppeneffekt. Gruppenentscheidungen tendieren nach *JAF Stoner* (1968) dazu, risikoreicher zu sein als die Entscheidung einzelner, weil die subjektive Verantwortung für die Entscheidung und ihre Konsequenzen von den einzelnen Mitgliedern weniger wahrgenommen wird und risikofreudige (sozial dominante) Mitglieder den Rest der Gruppe mitziehen.

Risikostrukturausgleich: Abk. RSA; soll die finanziellen Folgen historisch gewachsener Risikostrukturen der einzelnen gesetzlichen Krankenkassen auffangen und untereinander ausgleichen. Der RSA wurde als Bestandteil des Gesundheitsstrukturgesetzes 1994 eingeführt.

Risikosystem: computergestütztes Informationssystem, dessen Elemente oder Relationen besondere Gefahren für die abgebildeten Betroffenen birgt. Derartige Elemente können z.B. sein: Daten (sensitive Datenkategorien in gefährdenden Kontexten), Programme (z.B. zur Synthese von Giften) und Umweltrelationen (besonders bei multifunktionalen Systemen, die sehr heterogenen Interessen dienen oder zu besonders mächtigen oder unkontrollierten Teilsystemen der Gesellschaft in Beziehung stehen) [Seel90].

Risk Management: engl. für → Risikomanagement.

Rolle: s. Soziale Rolle

Rollenspiel: bei bestehenden oder vermuteten Konfliktsituationen angewandte Ideenfindungstechnik, die Spannungen innerhalb einer Gruppe sowie zwischen möglichen Konfliktpartnern aufdecken und neue geeignete Verhaltensweisen (z.B. Überzeugungsstrategien) entwickeln soll. Dazu werden aus einer Gruppe von max. 30 Personen verschiedene Rollenspieler ausgewählt, die vor der Gruppe von ihr benannte Konfliktdiskussionen „durchspielen". Die in der Konfliktdiskussion vorgebrachten Argumente werden protokolliert und nach dem Rollenspiel von der Gruppe ausgewertet (z.B. die unangenehmsten Argumente, die besten Vorschläge) [Seel90].

Röntgendiagnostik: Zusatzbezeichnung, die von einem Arzt nach Ableistung der vorgeschriebenen Weiterbildungszeit und Weiterbildungsinhalte gemäß der ärztlichen Weiterbildungsordnung geführt werden darf. Die Zusatz-Weiterbildung fachgebundene Röntgendiagnostik umfasst in Ergänzung zu einer Facharztkompetenz die Durchführung und Befundung gebietsbezogener Röntgendiagnostik für Skelett

bzw. Thorax, Verdauungs- und Gallenwege, Harntrakt und Geschlechtsorgane sowie Mamma [Bund06].

Röntgenfernsehen: Verfahren zur elektronischen Darstellung von Röntgenbildern.

Röntgen-Paß: gemäß § 28 Abs. 2 der Verordnung über den Schutz vor Schäden durch Röntgenstrahlen (Röntgenverordnung) ein vom Patienten freiwillig geführtes Nachweisheft. Eingetragen werden das Untersuchungsdatum, die untersuchte Körperregion sowie die Adresse (Stempel) und Unterschrift des die röntgenologische Untersuchung durchführenden Arztes.

Rooming-in: gemeinsame stationäre Unterbringung von Neugeborenen und Müttern im selben Raum, verbunden mit einer entsprechenden Ausstattung in Form von fahrbaren Betten für die Neugeborenen und Wickeltischen [Seel90].

Rote Liste: seit 1935 periodisch erscheinendes, nach Indikationsgruppen gegliedertes Verzeichnis der von den Mitgliedern des Bundesverbandes der pharmazeutischen Industrie hergestellten Fertigarzneimittel (einschließlich Preisen, Kontraindikationen und Anwendungsbeschränkungen) [Seel90].

RTH: Abk. für → Rettungshubschrauber.

RTW: Abk. für → Rettungs(transport)wagen.

S

Sachbezogene Führungsfunktionen: s. funktionelles Management.

Sachleistungsprinzip: Prinzip der Leistungsgewährung in der → gesetzlichen Krankenversicherung, demzufolge die Krankenkassen im Gegensatz zum Kostenerstattungsprinzip den Versicherten die Leistungen zur Wiederherstellung und Erhaltung der Gesundheit grundsätzlich in Form von „Naturalleistungen" zu gewähren haben. Neben den Sachleistungen im engeren Sinne (Arzneimittel, Heil- und Hilfsmittel) gehören in der gesetzlichen Krankenversicherung (GKV) dazu auch die ärztlichen und pflegerischen Leistungen. Darüber hinaus bestehen die Leistungen der GKV aus den Einkommensersatz- bzw. Barleistungen. Da der Versicherer den Versicherten die notwendigen Leistungen beschaffen muss, ist die Sicherung eines bedarfsgerechten Angebots an Gesundheitsleistungen zwingend erforderlich. In der ursprünglichen Form des Sachleistungsprinzips schließt der Versicherer mit den verschiedenen Leistungserbringern Verträge ab, in denen die Bereitstellung der medizinischen Leistungen an die Versicherten vereinbart wird. Dass tatsächlich etwa in der vertragsärztlichen Versorgung anstelle der Vertragsärzte die Kassenärztlichen Vereinigungen als Verhandlungspartner der Krankenkassen treten, ist im System der GKV Resultat der Ausgestaltung des Sachleistungsprinzips durch das SGB V, ohne essenzieller Bestandteil dieses Prinzips der Leistungsgewährung zu sein [Seel90].

Sammelbefund: labormedizinischer Befundbericht aller bis zum Ausdruckzeitpunkt erstellten Analysenergebnisse des aktuellen Tages für alle Patienten einer anfordernden Stelle (Einsender). Der Sammelbefund ist i.Allg. nicht kumulativ; er kann ferner, je nach Abarbeitungsgrad im medizinischen Laboratorium, noch offene Positionen beinhalten [Seel90].

Sanatorium: „eine unter (fach-)ärztlicher Leitung stehende klimatisch günstig gelegene, meist einer speziellen Zielrichtung gemäß ausgestattete stationäre Einrichtung zur Behandlung und Betreuung genesender und/oder chronisch Kranker, bei denen kein Krankenhausaufenthalt (mehr) erforderlich ist. Die Patienten werden dort durch spezielle Heilanwendungen, z.B. Ernährungs- und physikalische Therapie, behandelt, wobei ihre Herauslösung aus der gewohnten Umwelt als wichtiger Heilfaktor hinzukommt" (BGH, NJW 1983, S. 2088) [Seel90].

Scanner: Gerät zum punktförmigen Abtasten eines Informationsträgers und zur Registrierung und Darstellung von Messdaten, bestehend aus einem Detektor und einer bildgebenden Einrichtung in Verbindung mit einem Datenverarbeitungssystem; z.b. in der Nuklearmedizin in Zusammenhang mit der Registrierung der Koinzidenzstrahlung bei der Positronenemissionstomographie.

Schlafmedizin: Zusatzbezeichnung, die von einem Arzt nach Ableistung der vorgeschriebenen Weiterbildungszeit und Weiterbildungsinhalte gemäß der ärztlichen Weiterbildungsordnung geführt werden darf. Die Zusatz-Weiterbildung Schlafmedizin umfasst in Ergänzung zu einer Facharztkompetenz die Erkennung, Klassifikation und konservative Behandlung von Störungen der Schlaf-Wach-Regulation und schlafbezogenen Störungen [Bund06].

Schnellschnittdiagnostik: histologische Untersuchung von Gewebsproben unmittelbar nach Entnahme noch während der Operation; das operative Vorgehen wird vom histologischen Befund abhängig gemacht und nicht von der unsicheren makroskopischen Beurteilung [Seel90].

Schnelltest: Verfahren der Trockenchemie bei dem die Reagenzien in trockener Form auf einem Träger (Teststreifen) aufgebracht sind; der Teststreifen wird in die Analysesubstanz getaucht bzw. mit ihr benetzt [Seel90].

Schnittstelle: engl. Interface; gedachter oder tatsächlicher Übergang an der Grenze zwischen zwei voneinander abgrenzbaren interagierenden Elementen (z.B. Systemen) mit den vereinbarten Beziehungsregeln [Seel90].

Schutz- und Fürsorgepflichten: vertragliche Nebenpflichten aus dem →Behandlungsvertrag. Grundsätzlich hat der Vertragspartner des Patienten alle Maßnahmen zu treffen oder zu unterlassen, um eine Schädigung der Gesundheit (auch außerhalb der eigentlichen Behandlung) des Patienten und eine Beschädigung oder Entwendung seines eingebrachten Eigentums zu verhindern. Ferner hat er das Recht des Patienten auf Privatheit zu respektieren.

Schutzimpfung: vorbeugende Immunisierung gegen epidemisch auftretende Infektionskrankheiten durch Einimpfen inaktiver lebender oder abgetöteter Erreger (aktive Schutzimpfung) oder durch Injektion von abgeschwächtem Serum immunisierter Tiere (passive Schutzimpfung) [Seel90].

Schwachstelle: Verbesserungsmöglichkeit; bei einem System das erkannte unerwünschte Abweichen einer Systemeigenschaft von einem definierten Sollzustand [Seel90].

Schweigepflicht: s. ärztliche Schweigepflicht.

Schwerwiegende chronische Krankheit: s. chronische Krankheit.

Schwesternrufanlage: sog. Lichtrufanlage, bei der Patienten durch Knopfdruck einen Notruf auslösen können, der bei einer zentralen Stelle eingeht. Die Zentrale wiederum verständigt dann die diensthabende Pflegekraft. Zusätzlich wird der Notruf sichtbar durch Notruflampen an Krankenzimmern usw. [Seel90].

Screeningtest: diagnostische Filteruntersuchung, Siebtest, Vortest; Methode zur Krankheitsfrüherkennung. Mit einem Screeningtest soll nicht unbedingt die endgültige Diagnose gestellt, sondern es sollen in einem großen Kollektiv (z.B. Gesamtbevölkerung, alle Neugeborenen, alle Männer ab 45 Jahre) die Verdachtsfälle für eine bestimmte Krankheit herausgefiltert werden, um sie in Folgeuntersuchungen genauer (spezifischer und sensitiver) abzuklären. Screeningtests sollen preiswert, risikoarm und einfach praktizierbar sein, aber höchste Sensitivität und Spezifität aufweisen, um bei den i.d.R. sehr niedrigen Prävalenzen, die in der Screeningsituation oft unter 0,1% liegen, hohe prädiktive Werte zu liefern [Seel90].

SDM: bei der Arzt-Patient-Interaktion Abk. für engl. → Shared decision-making.

Sektion: syn. Autopsie, Obduktion; innere Leichenschau; **1.** die lege artis durchgeführte pathologisch-anatomische Leichenöffnung als gesetzlich vorgeschriebene Sektion zur Feststellung der Todesursache bei Verdacht auf eine Straftat nach richterlicher Anordnung im Beisein einer Staatsanwaltschaft, gegebenenfalls auch des Richters (§§ 87 ff. StPO), zur Feststellung infektiöser Krankheiten aus hygienischen Gründen (Infektionsschutzgesetz) und zur Erteilung der Genehmigung zur Feuerbestattung (§ 3 Abs. 2 FeuerbestG); **2.** anatomische Sektion im Rahmen von Lehre und Ausbildung. Soweit eine Sektion nicht gesetzlich vorgesehen ist, darf die Leichenöffnung grundsätzlich nur mit zu Lebzeiten gegebener Einwilligung des Verstorbenen bzw. bei fehlender Willensäußerung

mit Zustimmung der nächsten Angehörigen durchgeführt werden; eine zu Lebzeiten getroffene Entscheidung des Verstorbenen geht dem Willen der Angehörigen grundsätzlich vor (vgl. [Seel90]).

Sekundäre Prävention: Krankheitsfrüherkennung; s. Prävention.

Selbstaufschreibung: Analysetechnik, bei der im Gegensatz zur → Dauerbeobachtung Informationen über Tätigkeiten und Arbeitsabläufe durch die Beschäftigten einer Organisationseinheit selbst schriftlich auf vorbereiteten Vordrucken oder Formularen über einen längeren Zeitraum dokumentiert werden.

Selbstbehalt: Form der → Selbstbeteiligung, bei der sich der Versicherte verpflichtet, einen bestimmten Betrag bei der Inanspruchnahme von Gesundheitsleistungen selbst zu bezahlen. Im Gegenzug verpflichtet sich die Krankenkasse zur Gewährung einer günstigeren Versicherungsprämie oder zur Zahlung eines Bonus bei Inanspruchnahme oder einer Prämie bei Nichtinanspruchnahme von Leistungen.

Selbstbestimmung: Das vom allgemeinen Persönlichkeitsrecht des Art. 2 Abs. 1 Grundgesetz (GG) in Verbindung mit Art. 1 Abs. 1 GG umfasste Selbstbestimmungsrecht gewährleistet die Befugnis des Einzelnen, grundsätzlich selbst über seine leiblich-seelische Integrität zu bestimmen. Das damit grundrechtlich verbürgte Recht des Patienten auf Selbstbestimmung findet sein Korrelat im erklärten Willen des Patienten zum Abschluss und zur Beendigung des → Behandlungsvertrages, zur Steue rung des Behandlungsgeschehens durch →Einwilligung und dem Recht zur Einholung einer ärztlichen →Zweitmeinung. Für den Fall seiner Entscheidungsunfähigkeit kann der Patient sein Recht auf Selbstbestimmung in Gesundheitsangelegenheiten durch eine vorsorglich erklärte Willensäußerung in Form einer →Patientenverfügung, einer →Vorsorgevollmacht und einer →Betreuungsverfügung im Voraus wahren. Das Selbstbestimmungsrecht reicht nur soweit seine Ausübung nicht gegen die verfassungsgemäße Ordnung verstößt oder mit Rechten Dritter kollidiert. Gesetzliche Einschränkungen sind im Rahmen der Verhältnismäßigkeit zulässig. Im medizinischen Bereich ist insbesondere zu denken an hoheitlich angeordnete ärztliche Maßnahmen nach dem Infektionsschutzgesetz (§§ 25, 26, 29, 30 IfSG), dem Geschlechtskrankheitengesetz (§ 3 GeschlKrG) und den Zivilprozessordnungen (§§ 372a ZPO, 81a StPO); diese hat der Patient zu dulden. Auch die gesetzlichen Regelungen zum Schwangerschaftsabbruch schränken das Selbstbestimmungsrecht ein.

Selbstbeteiligung: im Gesundheitswesen die direkte finanzielle Beteiligung der Versicherten an den Kosten der Inanspruchnahme medizinischer Leistungen; z.B. →Praxisgebühr, Zuzahlungen bei Arznei-, Heil- und Hilfsmitteln, häuslicher Krankenpflege und Krankenhausaufenthalten. Weitergehend werden gelegentlich auch (zweckgebundene) Preiszuschläge anlässlich der Produktion und des Konsums gesundheitsgefährdender Produkte sowie Mengenregulierung in Form eines selektiven Leistungsausschlusses aus dem Versicherungsschutz zur Selbstbeteiligung gerechnet. Zu den Zielen, deren Erreichung mit einer Selbstbeteiligung angestrebt wird, gehört unter ordnungspolitischem Aspekt die Stärkung der Eigenverantwortung und die Erhöhung des individuellen Freiheitsspielraumes des Versicherten. Darüber hinaus besteht insbesondere die prozesspolitische Absicht, über eine preisliche Steuerung unmittelbar des Patienten- und mittelbar des Arztverhaltens die Nachfrage nach Gesundheitsleistungen zu beeinflussen. Gleichwohl ist zu beachten, dass bei einer Selbstbeteiligung einkommensschwache Gruppen finanziell nicht zu stark belastet werden und es zu keiner Verschlechterung des Gesundheitsstandes der Bevölkerung kommt. Die Ausgestaltungsmöglichkeiten einer Selbstbeteiligung reichen von Beitragsdifferenzierungen, wie etwa im Falle einer Beitragsrückerstattung bei Nichtinanspruchnahme medizinischer Leistungen, bis zu Selbstbehaltsmodellen, bei denen sich der finanzielle Eigenanteil des Patienten gerade nach dem Umfang der Leistungsinanspruchnahme richtet. Die Selbstbeteiligung kann danach differenziert werden, ob es sich um eine allgemeine Regelung für alle Versicherten handelt oder ob Wahltarife für bestimmte Personenkreise nach Leistungsarten und in Abhängigkeit von der Beteiligungshöhe zugelassen sind. Ferner ist zwischen einer absoluten und einer prozentualen Selbstbeteiligung zu unterscheiden. Beim absoluten Selbstbehalt wird vom Versicherten ein fester vorher vereinbarter Betrag der Kosten übernommen, während er bei der prozentualen Selbstbeteiligung einen bestimmten Prozentsatz der Krankheitskosten (mit/ohne Höchstbetrag) bezahlt [Seel90].

Selbsteinweisung: die ohne Einweisung eines niedergelassenen Arztes durch das Krankenhaus bzw. durch seine angestellten Ärzte oder durch im Krankenhaus tätige Belegärzte veranlasste stationäre Behandlung solcher Patienten, die der stationären Krankenhausbehandlung nicht bedürfen [Seel90].

Selbsthilfegruppen: nach einer Definition des Fachverbandes Deutsche Arbeitsgemeinschaft Selbsthilfegruppen e. V. „freiwillige, meist lose Zusammenschlüsse von Menschen, deren Aktivitäten sich auf die gemeinsame Bewältigung von Krankheiten, psychischen und sozialen Problemen richten, von denen sie entweder selbst oder als Angehörige betroffen sind. Sie wollen mit ihrer Arbeit keinen Gewinn erwirtschaften. Ihr Ziel ist eine Veränderung ihrer persönlichen Lebensumstände und häufig auch ein Hineinwirken in ihr soziales und politisches Umfeld. In der regelmäßigen, oft wöchentlichen Gruppenarbeit betonen sie Authentizität, Gleichberechtigung, gemeinsames Gespräch und gegenseitige Hilfe. Die →Gruppe ist dabei ein Mittel, die äußere (soziale, gesellschaftliche) und die innere (persönliche, seelische) Isolation aufzuheben. Die Ziele von Selbsthilfegruppen richten sich vor allem auf ihre Mitglieder und nicht auf Außenstehende; darin unterscheiden sie sich von anderen Formen des Bürgerengagements. Selbsthilfegruppen werden nicht von professionellen Helfern geleitet; manche ziehen jedoch gelegentlich Experten zu bestimmten Fragestellungen hinzu."

Selbstmanagement: syn. Persönlichkeitsmanagement; **1.** die Wahrnehmung von →Führungsverantwortung in Bezug auf die eigene Person und das eigene Lebensumfeld mit der Zielsetzung, die eigene Persönlichkeit zu stärken und von unnötigen Fremdbestimmtheiten frei zu halten und eine tragfähige Balance zwischen Beruf und Privatleben zu finden [Seel07]; **2.** bezogen auf den Patienten die Führung der eigenen Person im Kontext selbst gesetzter (präventiver) Gesundheitsziele oder gemeinsam mit dem Arzt entwickelter Behandlungsziele.

Selbstmedikation: die Anwendung nicht verschreibungspflichtiger Arzneimittel durch den Patienten selbst.

Selbstmotivation: s. intrinsische Motivation.

Selbstständigkeitsgrad: beim situativen →Verhaltensmodell die Fähigkeit (task maturity) und Bereitschaft (psychological maturity) eines Mitarbeiters eine vorgegebene Aufgabe selbstständig bearbeiten zu können. Fähigkeit wird durch die Konstrukte Wissen, Erfahrung und Verrichtungskönnen, Bereitschaft durch die Konstrukte Motivation, Engagement und Vertrauen jeweils bezogen auf die vorgegebene Aufgabe qualifiziert [Seel07].

Selektivanalysatoren: s. Analyzer.

Self-monitoring: Selbstkontrolle durch kontinuierliches Beobachten des eigenen Handelns, z.B. mit dem Ziel der kontinuierlichen Qualitätsverbesserung.

Semiologie: syn. für → Symptomatologie.

Semistationäre Behandlung: auch teilstationäre Behandlung; stationäre Versorgung von Patienten, die jeweils nur auf den Tag oder die Nacht bezogen ist. Dazu werden u.a. Tages- oder Nachtkliniken eingerichtet [Seel90].

Sensitivität: Empfindlichkeit; **1.** i.S. der Validierung diagnostischer Tests ein Validitätsmaß, das angibt, mit welcher Wahrscheinlichkeit die Fälle, die tatsächlich die Krankheit K haben, auch ein positives Testresultat aufweisen. Die so als bedingte Wahrscheinlichkeit definierte diagnostische Sensitivität wird aus den absoluten Häufigkeiten der Vierfelder(entscheidungs)tafel der Validierung diagnostischer Tests geschätzt; **2.** die analytische Sensitivität einer labormedizinischen Untersuchungsmethode beschreibt deren technische Nachweisgrenzen; z.B. durch minimal notwendige Konzentrationen, maximal akzeptable Verunreinigungen usw. [Seel90].

Sensitivitätsanalyse: 1. Analyse eines Systems hinsichtlich seiner Reaktion auf Störungen oder den Ausfall von Teilen oder Beziehungen; **2.** in der medizinischen Entscheidungstheorie die Variation der Kenngrößen zur Validierung diagnostischer Test, um die Empfindlichkeit der Entscheidung zu prüfen. Hilfsmittel sind hier z.B. diagnostische Entscheidungsbäume und die ROC-Kurve.

septisch: nicht keimfrei; Gegensatz: → aseptisch.

Serologie: Teilgebiet der Immunologie, das sich mit den physiologischen Eigenschaften und pathologischen Veränderungen von Bestandteilen des Blutserums befasst, die mit Hilfe von Antigen-Antikörper-Reaktionen in vitro nachgewiesen werden können [Seel90].

Serum: der von Blutkörperchen und Fibrin befreite, nicht mehr gerinnbare, leicht gelb (Bilirubin-)gefärbte, wässrige Bestandteil des Blutes (und des Liquors); Träger wichtiger biologischer Eigenschaften [Seel90].

SGB: Abk. für → Sozialgesetzbuch.

Shared decision-making: Abk. SDM; partizipative Entscheidungsfindung im Arzt-Patient-Verhältnis; Interaktionsprozess mit dem Ziel, unter gleichberechtigter aktiver Beteiligung von Patient und Arzt auf Basis geteilter Information zu einer gemeinsam verantworteten Übereinkunft zu kommen. Nach der Definition von *C Charles* et al. (1994) müssen für SDM vier Voraussetzungen erfüllt sein: a) SDM verlangt mindestens zwei Akteure: den Arzt und den Patienten; b) beide Akteure partizipieren am Prozess der Entscheidungsfindung; c) das Teilen (Bereitstellen) von Information ist eine Voraussetzung für die zu treffende Entscheidung. Dies betrifft zum einen Informationen über Behandlungsalternativen, Konsequenzen und Risiken, zum anderen Informationen über die beiderseitigen Entscheidungspräferenzen und deren Begründungen; d) beide Akteure sind mit der getroffenen Behandlungsentscheidung einverstanden und bereit, sie aktiv umzusetzen; Gegensatz: paternalistische Form der Arzt-Patient-Interaktion.

Shareholder: Anteilseigner an einem Medizinbetrieb.

Sicherstellungsauftrag: s. Kassenärztliche Vereinigung.

Sicherungsaufklärung: s. ärztliche Aufklärungspflicht.

Signifikanz: wird bei einem statistischen Test die Nullhypothese zugunsten der Alternativhypothese verworfen, so heißt das Testergebnis statistisch signifikant. Wurde dabei eine maximale Wahrscheinlichkeit von alpha für einen Fehler 1. Art festgelegt, spricht man von alpha als dem Signifikanzniveau [Seel90].

Situativer Führungsansatz: die Differenzierung des Führungsverhaltens, abhängig von der Analyse der Führungssituation. Der Führende benötigt dazu nicht nur diagnostische Kompetenz in Bezug auf die jeweilige Führungssituation, sondern auch eine hinreichende Führungsstilflexibilität.

SMART-Formel: s. Zielvereinbarung.

Social compensation: „soziale Kompensation"; positiver motivationaler Effekt bei →Gruppen; liegt dann vor, wenn sich ein Gruppenmitglied besonders anstrengt, weil die anderen keinen nennenswerten Beitrag zum Gruppenerfolg leisten. Dies kann etwa dadurch motiviert sein, dass man schwächere Gruppenmitglieder schützen, selbst mit dem eigenen Beitrag kontrastierend glänzen will oder sich mit der Gruppe und ihrem Ergebnis stark identifiziert.

Social facilitation: „soziale Förderung"; positiver motivationaler Effekt bei →Gruppen. Kann durch eine bewusste Zusammensetzung der Gruppenmitglieder stimuliert werden, wobei insbesondere die Frage nach dem angemessenen Grad der individuellen Heterogenität sowie der sozialen Kompetenz zu beachten ist.

Social loafing: „sozialer Müßiggang"; negativer motivationaler Effekt bei →Gruppen. Das von *SJ Karau* und *KD Williams* (1993) beschriebene Phänomen besteht darin, dass die Leistungen des Einzelnen in der Gruppensituation geringer sind als in der Individualsituation, obwohl die Gruppenmitglieder sich das keineswegs vornehmen und ihnen das auch nicht wirklich bewusst ist [Seel07].

Social support: engl. für psychosoziale Unterstützung; Sammelbegriff für die einer Person angebotenen Hilfen, die im Falle einer Krise (Life event) deren Bewältigung erleichtern und fördern sollen. Social support kann in vielfacher Hinsicht gegeben werden; z.B. in emotionaler Zuwendung, in vertrauenswürdiger Information, in der Stützung des Selbstwertgefühls, in der Gewährung und Vermittlung zwischenmenschlicher Kontakte sowie in persönlichen und materiellen Hilfen [Seel90].

Soft skills: Konstrukte die, bezogen auf eine Aufgabe, das personale Verrichtungskönnen eines Mitarbeiters qualifizieren; für Führungskräfte im Gesundheitswesen geben *A Lüthy* und *J Schmiemann* (2004) acht „Schlüsselqualifikationen" an: Durchsetzungsvermögen, Entscheidungsfähigkeit, Kooperationsfähigkeit, Teamfähigkeit, Kritikfähigkeit, Kommunikationsfähigkeit, Konfliktlösungsfähigkeit, Organisationstalent (vgl. [Seel07]).

Software: Gesamtheit oder Teil der Programme für Datenverarbeitungssysteme. Man unterscheidet die zum Betrieb des Datenverarbeitungssystems erforderliche Systemsoftware und die auf die Anforderungen des Anwenders abgestimmte Anwendungssoftware. Die zugehörige Programmdokumentation ist Bestandteil der Software [Seel90].

Softwarelizenz: das einem Anwender eingeräumte Recht zur Nutzung definierter Software. Konkrete Einzelheiten regelt ein Softwarelizenzvertrag [Seel90].

Solidaritätsprinzip: bezeichnet die Tatsache, nach der die Mitglieder einer Versichertengemeinschaft im Versicherungsfall solidarisch füreinander einstehen; z.B. besteht ein wesentlicher Unterschied zwischen der privaten und gesetzlichen Krankenversicherung darin, dass für die gesetzliche Krankenversicherung der über den versicherungstechnischen Risikoausgleich einer Individualversicherung hinausgehende Gedanke des sozialen Ausgleichs konstitutiv ist; d.h. Erhebung einkommensproportionaler Versicherungsbeiträge (bis zur Beitragsbemessungsgrenze); einkommensunabhängige Gewährung von Leistungen, insbesondere Sachleistungen; beitragsfreie Mitversicherung der Familienangehörigen [Seel90].

somatisch: körperlich.

somatogen: körperlich bedingt.

Sonderkrankenhaus: Allgemein- oder Fachkrankenhaus, das Sonderaufgaben wahrnimmt. Es dient entweder der Aufnahme bestimmter Personengruppen, einer besonderen Unterbringung der Patienten oder der Durchführung besonderer Versorgungsmaßnahmen oder Behandlungsverfahren; z.B. Gefängniskrankenhaus, Suchtkrankenhaus, Rehabilitationskrankenhaus, Sanatorium [Seel90].

Sonographie: in der Medizin oft synonym mit Ultraschalldiagnostik; i.Allg. jedoch umfassender, etwa als Anwendung bei der Werkstoffprüfung, der Rohstoffexploration, der Unterwasserortung usw. [Seel90].

Sozialärztliche Dienste: ärztliche Dienste zur Begutachtung und Beratung in Einzel- und Grundsatzfragen für Sozialversicherungs- und Sozialleistungsträger: Rentenärztlicher Dienst, Medizinischer Dienst der Krankenversicherung, Öffentlicher Gesundheitsdienst, Ärztlicher Dienst der Bundesagentur für Arbeit, Versorgungsärztlicher Dienst [Seel90].

Sozialdaten: alle Einzelangaben über persönliche oder sächliche Verhältnisse einer Person, die den Sozialleistungsträgern und anderen Stellen (vgl. § 35 Abs. 1 Satz 2 SGB I) bekannt werden. Den personenbezogenen Daten werden auch unternehmensbezogene Betriebs- und Geschäftsgeheimnisse gleichgestellt (§ 35 Abs. 4 SGB I). Den Schutz der Sozialdaten gewährleistet § 35 SGB I (→ Sozialgeheimnis). Die Offenbarung von Sozialdaten ist ausschließlich unter den Voraussetzungen der §§ 67-77 SGB X zulässig [Seel90].

Soziale Pflegeversicherung: Zur sozialen Absicherung des Risikos der →Pflegebedürftigkeit wurde 1995 als eigenständiger Zweig der Sozialversicherung die soziale Pflegeversicherung geschaffen (SGB XI). Die Pflegeversicherung hat die Aufgabe, Pflegebedürftigen Hilfe zu leisten, die wegen der Schwere der Pflegebedürftigkeit auf solidarische Unterstützung angewiesen sind. Die Leistungen der Pflegeversicherung umfassen Dienst-, Sach- und Geldleistungen für den Bedarf an Grundpflege und hauswirtschaftlicher Versorgung sowie Kostenerstattung soweit es das SGB XI vorsieht. Die Höhe der Leistungen ist davon abhängig, welcher der drei →Pflegestufen der Betreffende angehört. Träger der sozialen Pflegeversicherung sind die bei den Krankenkassen errichteten Pflegekassen. Die Ausgaben der Pflegeversicherung werden durch Beiträge der Mitglieder und der Arbeitgeber finanziert. Die Beiträge richten sich nach den beitragspflichtigen Einnahmen der Mitglieder. Für versicherte Familienangehörige werden Beiträge nicht erhoben.

Soziale Rolle: bezeichnet zusammenfassend die Verhaltenserwartungen, die sich an den Inhaber einer sozialen Position richten. Soziale Positionen entstehen mit →Organisationen und →sozialen Systemen, die mit der funktionsspezifischen Besetzung der Positionen die Erfüllung ihrer Aufgaben sichern (z.B. Krankenschwester oder Stationsarzt in einem Krankenhaus, Vertragsarzt im System der vertragsärztlichen Versorgung, aber auch Vater, Mutter, Kinder in der Familie). Die analytische Beschreibung sozialer Rollen kann bei der Funktion ansetzen, die eine Rolle in einer Organisation oder in einem Sozialsystem erfüllt (strukturell-funktionale Theorie), oder bei der konkreten Ausgestaltung der Rolle durch den jeweiligen Positionsinhaber im Verkehr mit Personen, die Erwartungen an ihn richten (symbolischer Interaktionismus) [Seel90].

Soziale Schichtung: als soziale Schichten werden in einer arbeitsteiligen Gesellschaft Bevölkerungsteile bezeichnet, die sich einander als zugehörig ansehen und sich von anderen Bevölkerungsteilen distanzieren, ohne formell organisiert zu sein. Die Zusammengehörigkeit gründet sich auf das Bewusstsein der gleichen Lebenslage und auf gemeinsame Überzeugungen. Die Distanz der sozialen Schichten geht zum einen aus Beschränkungen der (Leistungs-)Konkurrenz wie Vermögenskonzentration, Professionalisierung und berufliche Monopole, Zugang zum Bildungssystem hervor; zum anderen distanziert die ungleiche Verteilung der (Leistungs-)Erfolge (Einkommen, soziales Ansehen) die Schichten voneinander: Einkommensschichtung, Schichtung nach Berufsprestige. Das System der sozialen Schichtung wird durch die Sozialisation verinnerlicht: als der durch die Geburt zugeschriebene Status in der primären Sozialisation, als der durch eigene Leistung erworbene Status durch die berufliche Sozialisation. Die Soziologie unterscheidet grob zwischen (Unter-)Grundschicht, Mittelschicht und Oberschicht, die sich nach gesellschaftlichem Ansehen und nach Einkommenslage jeweils nach oben und unten differenzieren. Das System der sozialen Schichtung wandelt sich mit dem Übergang von der Industrie- in eine postindustrielle Dienstleistungsgesellschaft, also mit dem Rückgang der in der Industrie Beschäftigten und der entsprechenden Zunahme der Dienstleistungsgesellschaft (vgl. [Seel90]).

Sozialer Konflikt: Interaktion zwischen Aktoren, wobei wenigstens ein Aktor Unvereinbarkeiten im Denken/Vorstellen/ Wahrnehmen oder Fühlen oder Wollen mit dem anderen Aktor in der Art erlebt, dass im Realisieren eine Beeinträchtigung durch einen anderen Aktor erfolgt (*F Glasl* 1999). Soziale Konflikte in Medizinbetrieben können Rollen-, Ziel-, Aufgaben-, Beziehungs-, Verteilungs- und Kulturkonflikte sein.

Sozialer Wandel: die Veränderung gesellschaftlicher Strukturen; die Ursachen des sozialen Wandels können in wissenschaftlich-technischen, ökonomischen, politischen und kulturellen, aber auch in gesellschaftlichen Bedingungslagen liegen. Die Gesellschaft der Neuzeit zeichnet ein endogener, d.h. aus den gesellschaftlichen Verhältnissen selbst erzeugter sozialer Wandel aus (wissenschaftlich-technischer Fortschritt, Produktivitätssteigerung) [Seel90].

Soziales System: System, dessen Elemente menschliche Individuen und die zwischen ihnen bestehenden Relationen sind; z.B. die Führungsbeziehung zwischen Führendem und Geführten, das Arzt-Patient-Verhältnis.

Sozialgesetzbuch: Abk. SGB; umfassendes Gesetzeswerk, das die wesentlichsten Sozialgesetze zu einer einheitlichen Kodifikation des Sozialrechts zusammenfasst. Das SGB gliedert sich derzeit in zwölf Bücher, die jeweils in sich mit fortlaufenden

Paragrafen nummeriert sind und als jeweils eigene Gesetze gelten: I. Allgemeiner Teil, II. Grundsicherung für Arbeitssuchende, III. Arbeitsförderung, IV. Gemeinsame Vorschriften für die Sozialversicherung, V. Gesetzliche Krankenversicherung, VI. Gesetzliche Rentenversicherung, VII. Gesetzliche Unfallversicherung, VIII. Kinder- und Jugendhilfe, IX: Rehabilitation und Teilhabe behinderter Menschen, X. Sozialversicherungsverfahren und Sozialdatenschutz, XI. Soziale Pflegeversicherung, XII. Sozialhilfe.

Sozialmedizin: Zusatzbezeichnung, die von einem Arzt nach Ableistung der vorgeschriebenen Weiterbildungszeit und Weiterbildungsinhalte gemäß der ärztlichen Weiterbildungsordnung geführt werden darf. Die Zusatz-Weiterbildung Sozialmedizin umfasst in Ergänzung zu einer Facharztkompetenz die Bewertung von Art und Umfang gesundheitlicher Störungen und deren Auswirkungen auf die Leistungsfähigkeit im beruflichen und sozialen Umfeld unter Einbeziehung der Klassifikationen von Funktionsfähigkeit, Behinderung und Gesundheit, deren Einordnung in die Rahmenbedingungen der sozialen Sicherungssysteme und die Beratung der Sozialleistungsträger in Fragen der medizinischen Versorgung [Bund06].

Sozialprodukt: Summe aller während eines bestimmten Zeitraums innerhalb einer Volkswirtschaft von Inländern hergestellten Sachgüter und erbrachten Dienstleistungen, ausgedrückt in Geldwert [Seel90].

Sozialqualität: die Qualität der sozialen Beziehungen in einer →Gruppe; kann z.B.

mit dem von *DW Organ* (1988) eingeführten Konstrukt →OCB qualifiziert werden [Seel07].

Sozialstation: zentrales Leistungsangebot von Einrichtungen der ambulanten Pflege für einen bestimmten örtlichen Einzugsbereich, wobei der Einsatz der Pflegekräfte von der Sozialstation aus erfolgt und die eigentliche pflegerische Tätigkeit in der Regel im häuslichen Kreis der zu betreuenden Person stattfindet. Aufgabe der Sozialstation ist es, der Bevölkerung des Betreuungsbereiches ein umfassendes Angebot auf den Gebieten der Kranken-, Alten-, Familien- und Hauspflege anzubieten. Auf dem Sektor der Krankenpflege kommt der Einsatz von Sozialstationen insbesondere dann in Betracht, wenn Krankenhausbehandlung geboten, aber nicht ausführbar ist, oder wenn sie durch die häusliche Krankenpflege vermieden oder verkürzt wird, ferner zur Sicherung der ärztlichen Behandlung durch sogenannte Grundpflege (§ 37 SGB V). Außerdem sollen die Sozialstationen – teilweise mit ehrenamtlichen Helfern – Ratsuchende in sozialen Fragen darüber unterrichten, welche Stellen für die Gewährung weiterer Auskünfte und Hilfen im sozialen Bereich zuständig sind. Träger der Sozialstationen, die keine ärztlichen Leistungen erbringen dürfen, sind die Verbände der freien Wohlfahrtspflege, die Kirchen und die Gemeinden. Absprachen über die Kostenerstattung werden zwischen den Trägern der Sozialstationen und den Krankenkassen getroffen [Seel90].

Sozialversicherung: Bezeichnung für Leistungen des Staates, um bestimmte Bevölkerungsgruppen vor Nachteilen zu schützen, die durch Krankheit, Mutterschaft, Berufs- und Erwerbsunfähigkeit, Unfall, Alter und Tod eintreten können; i. E. gesetzliche Kranken-, Renten- und Unfallversicherung, soziale Pflegeversicherung, Arbeitslosenversicherung.

Sozio-technisches System: System, das aus einer abgrenzbaren Menge aufeinander bezogener Operationen von sozialen Einheiten und technischen Einrichtungen besteht; z.B. →Medizinbetrieb.

Soziotherapie: Hilfeangebot für Menschen mit psychischen Erkrankungen nach § 37a SGB V. Ziel der Soziotherapie ist es, Menschen mit psychischen Erkrankungen zu helfen, ärztliche Leistungen in Anspruch zu nehmen, durch ambulant-medizinische Hilfen in der vertrauten häuslichen Umgebung eine Einweisung in ein Krankenhaus zu vermeiden oder eine stationäre Behandlung zu verkürzen, psychosoziale Defizite abzubauen sowie die Kontaktfähigkeit und persönliche Initiative der Betroffenen zu fördern. Die Soziotherapie umfasst die im Einzelfall erforderliche Koordinierung der verordneten Leistungen sowie Anleitung und Motivation zu deren Inanspruchnahme. Der Anspruch besteht für höchstens 120 Stunden innerhalb von drei Jahren je Krankheitsfall.

Speichern: im Datenschutzrecht das Erfassen, Aufnehmen oder Aufbewahren →personenbezogener Daten auf einem Datenträger zum Zweck ihrer weiteren Verarbeitung oder Nutzung.

Sperren: im Datenschutzrecht das Kennzeichnen gespeicherter →personenbezogener Daten, um ihre weitere Verarbeitung oder Nutzung einzuschränken.

Spezielle Orthopädische Chirurgie: Zusatzbezeichnung, die von einem Arzt nach Ableistung der vorgeschriebenen Weiterbildungszeit und Weiterbildungsinhalte gemäß der ärztlichen Weiterbildungsordnung geführt werden darf. Die Zusatz-Weiterbildung Spezielle Orthopädische Chirurgie umfasst in Ergänzung zu einer Facharztkompetenz die operative und nicht operative Behandlung höherer Schwierigkeitsgrade bei angeborenen und erworbenen Erkrankungen und Deformitäten der Stütz- und Bewegungsorgane [Bund06].

Spezielle Schmerztherapie: Zusatzbezeichnung, die von einem Arzt nach Ableistung der vorgeschriebenen Weiterbildungszeit und Weiterbildungsinhalte gemäß der ärztlichen Weiterbildungsordnung geführt werden darf. Die Zusatz-Weiterbildung Spezielle Schmerztherapie umfasst in Ergänzung zu einer Facharztkompetenz die Erkennung und Behandlung chronisch schmerzerkrankter Patienten, bei denen der Schmerz seine Leit- und Warnfunktion verloren und einen selbstständigen Krankheitswert erlangt hat [Bund06].

Spezielle Unfallchirurgie: Zusatzbezeichnung, die von einem Arzt nach Ableistung der vorgeschriebenen Weiterbildungszeit und Weiterbildungsinhalte gemäß der ärztlichen Weiterbildungsordnung geführt werden darf. Die Zusatz-Weiterbildung Spezielle Unfallchirurgie umfasst in Ergänzung zu einer Facharztkompetenz die Behandlung von Verletzungen höherer Schwierigkeitsgrade und deren Folgezustände sowie

die Organisation, Überwachung und Durchführung der Behandlung von Schwerverletzten [Bund06].

Spezifität: Validitätsmaß, das die Wahrscheinlichkeit angibt, mit der bei tatsächlichem Nichtvorliegen der Krankheit K ein negatives Testresultat zu erwarten ist. Die so als bedingte Wahrscheinlichkeit definierte Spezifität wird aus den absoluten Häufigkeiten der Vierfelder(entscheidungs)tafel der Validierung diagnostischer Tests geschätzt [Seel90].

Spirometrie: Messung und graphische Darstellung der Atmung zur Lungenfunktionsprüfung.

Spitzenmedizin: apostrophiert die strategische Ausrichtung eines Medizinbetriebs, Medizin an der „Spitze der Entwicklungen" zu betreiben, diese wenn möglich sogar zu initialisieren.

Sportmedizin: Zusatzbezeichnung, die von einem Arzt nach Ableistung der vorgeschriebenen Weiterbildungszeit und Weiterbildungsinhalte gemäß der ärztlichen Weiterbildungsordnung geführt werden darf. Die Zusatz-Weiterbildung Sportmedizin umfasst in Ergänzung zu einer Facharztkompetenz die Vorbeugung, Erkennung, Behandlung und Rehabilitation von Sportschäden und Sportverletzungen sowie die Untersuchung des Einflusses von Bewegung, Bewegungsmangel, Training und Sport auf den gesunden und kranken Menschen [Bund06].

Stadium: Zeitraum, Entwicklungsabschnitt, -stufe; z.B. einer Krankheit.

Stakeholder: die verschiedenen Anspruchs- und Interessengruppen gegenüber einem →Medizinbetrieb; z.B. Patienten, Angehörige, Mitarbeiter, Kostenträger, Lieferanten, Kooperationspartner, Bevölkerung [Seel07].

Station: syn. Pflegeeinheit; Struktureinheit einer bettenführenden Fachabteilung für die stationäre Unterbringung von Patienten, unabhängig von der Ausgestaltung der →Pflegeorganisation. Für gewisse Erkrankungen bzw. die damit verbundenen besonderen grund- und behandlungspflegerischen Maßnahmen können spezielle Pflegeeinheiten bereitgestellt werden; z.B. für die Dialyse oder die Behandlung von Patienten mit Infektionskrankheiten. Die Einführung fallpauschalierter Entgeltsysteme hat die Schaffung interdisziplinärer Pflegeeinheiten begünstigt.

stationär: örtlich, still stehend, bleibend; in der Medizin die Versorgung eines Patienten in einer →Pflegeeinheit.

Stationsarzt: 1. ärztlicher Leiter einer →Station; **2.** der auf einer Station tätige Arzt.

Stationspflege: Form der Pflegeorganisation, bei der ca. 20-35 Patienten nach einer vorgegebenen baulichen Struktur und hierarchischen Aufbauorganisationen auf einer →Pflegeeinheit nach einem →Pflegeprinzip versorgt werden. Der Pflegeeinheit steht eine Stationsschwester vor, die für die qualifizierte Durchführung der Krankenpflege, für Organisation, Koordination, Administration, Mitarbeiterführung und den Personaleinsatz verantwortlich ist.

Stelle: in einer →Organisation das kleinste Strukturelement, bestehend aus Aufgabenkomplexen für einen gedachten Aufgabenträger; i.d.R. näher spezifiziert in einer →Stellenbeschreibung.

Stellenbeschreibung: schriftliche Beschreibung der geforderten Qualifikation, Aufgaben, Kompetenzen und Verantwortlichkeiten eines personalen Aufgabenträgers im Rahmen einer gegebenen →Organisation.

Sterbehilfe: Verweigert der Patient eine Behandlung oder einen Eingriff und weiß der Arzt, dass die Nichtdurchführung unweigerlich zum Tode führen wird, kollidiert das Selbstbestimmungsrecht des Patienten (→Selbstbestimmung) mit der Hilfeleistungsvorschrift des § 323c StGB. Dann muss der Arzt „das Veto des Patienten selbst bei großer Unvernunft respektieren, nachdem er vergeblich versucht hat, Einsicht in das Notwendige zu wecken" (*A Laufs* et al. 2002). Wenn der hinreichend aufgeklärte Patient die Vermeidung oder den Abbruch lebenserhaltender Maßnahmen wünscht – entweder direkt äußert oder seinen Willen in einer →Patientenverfügung oder in einer →Vorsorgevollmacht niedergelegt hat – dann ist sie nicht nur zulässig, sondern auch geboten. „Sterbehilfe durch Sterben lassen" (*A Laufs* et al. 2002) oder passive Sterbehilfe ist in Deutschland erlaubt, soweit sie dem erklärten oder mutmaßlichen Willen des Patienten entspricht. Indirekte aktive Sterbehilfe ist die Lebensverkürzung als unbeabsichtigte, aber in Kauf genommene unvermeidbare Nebenfolge einer ärztlich gebotenen schmerzlindernden Medikation. Sie kann durch die Notstandsregelung des § 34

StGB im Einzelfall gerechtfertigt sein oder nach dem sozialen Sinngehalt entsprechend bereits aus dem Tatbestand der Tötungsdelikte herausfallen. Die Strafbarkeit hängt dementsprechend vom Einzelfall ab. Unter keinem rechtlichen Gesichtspunkt gerechtfertigt und damit strafbar ist, unbeschadet einer eindeutigen Willensbekundung des Patienten, sei es im Gespräch, in einer Patientenverfügung oder in einer Vorsorgevollmacht, jede Verkürzung des verlöschenden Lebens durch eine tätige, gezielte Einflussnahme auf den Krankheits- und Sterbeprozess (direkte aktive Sterbehilfe).

Strahlentherapie: medizinisches Fachgebiet; umfasst die Strahlenbehandlung maligner und benigner Erkrankungen einschließlich der medikamentösen und physikalischen Verfahren zur Radiosensibilisierung und Verstärkung der Strahlenwirkung am Tumor unter Berücksichtigung von Schutzmaßnahmen der gesunden Gewebe [Bund06].

Strategische Allianz: eine zum beiderseitigen (Markt-)Nutzen langfristig angelegte vertrags- oder organisationsrechtlich abgesicherte Kooperation zwischen zwei Unternehmen; wird motiviert durch Anforderungen des Marktes, Kostendruck oder Ressourcenknappheit.

Strategische Unternehmensentwicklung: die zielorientierte Gestaltung des Medizinbetriebs ausgehend von einer Umwelt-, Unternehmens-, Produkt- und Marktanalyse mit dem Ziel der Formulierung eines →Geschäftsmodells, dessen Umsetzung mittels strategischem Controlling kontrolliert wird (s. Abb.).

Strategisches Medizinmanagement: Teilgebiet des →Medizinmanagements, das sich mit der zielorientierten Gestaltung von →Medizinbetrieben befasst [Seel07].

Strichcode: syn. für →Balkencode.

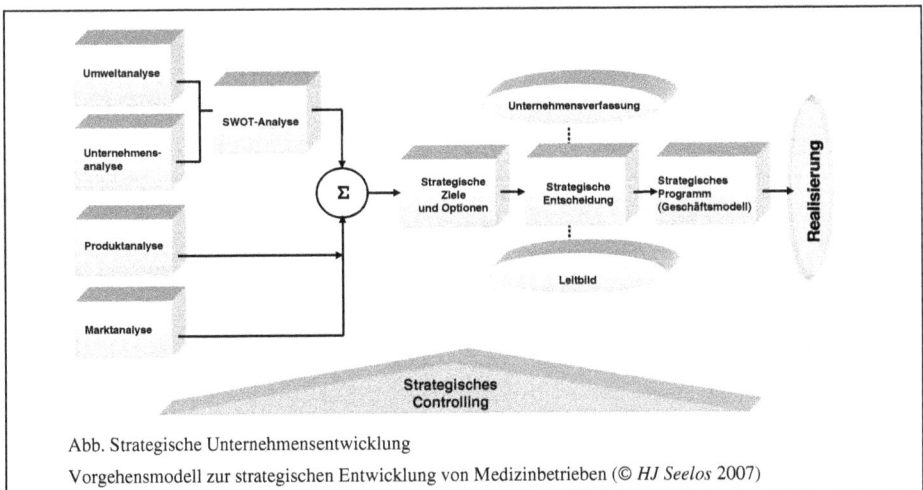

Abb. Strategische Unternehmensentwicklung
Vorgehensmodell zur strategischen Entwicklung von Medizinbetrieben (© *HJ Seelos* 2007)

Strukturorganisation: syn. Aufbauorganisation; Regeln, welche die hierarchische Stufung (Abgrenzung von Basis- und Steuerungsebenen, Differenzierung der Steuerungsebenen) und die funktionale Differenzierung einer →Organisation festlegen [Seel07].

Strukturqualität: s. Qualität.

Subjektsystem: System, das auf ein →Objektsystem i.S. eines Zielsystems einwirkt. Subjektsysteme der institutionalisierten Medizin sind Wirtschaftssubjekte oder sozio-technische Systeme, die Gesundheitsleistungen produzieren oder diesbezügliche Vorleistungen erbringen (s. Tab.). Sie werden repräsentiert durch Unternehmungen, Vereinigungen und Verwaltungen. Während private und öffentliche Unternehmungen mehr oder weniger nach Gewinnmaximierung oder zumindest nach Kostendeckung streben, zielen Vereinigungen und öffentliche Verwaltungen darauf ab, den Bedarf ihrer Mitglieder bzw. der Allgemeinheit zu decken. Ebenso unterschiedlich finanzieren sich diese Wirtschaftssubjekte: Unternehmungen finanzieren sich durch Erlöse, Vereinigungen durch Mitgliedsbeiträge und Verwaltungen durch Steuern und Abgaben.

Subkultur: Teil einer →Organisationskultur, der sich nach berufsständischen (z.B. ärztliche Mitarbeiter), hierarchiebezogenen (z.B. alle Chefärzte) oder aufbauorganisatorischen (z.B. die Beschäftigten einer Station) Kriterien durch gruppenspezifische Wertvorstellungen, Normen, Denk- und Verhaltensmuster definiert [Seel07].

Subsystem: →System, das Teil eines übergeordneten Systems ist [Seel90].

Suchtmedizinische Grundversorgung: Zusatzbezeichnung, die von einem Arzt nach Ableistung der vorgeschriebenen Weiterbildungszeit und Weiterbildungsinhalte gemäß der ärztlichen Weiterbildungsordnung geführt werden darf. Die Zusatz-

Merkmale	Wirtschaftssubjekte		
	Unternehmungen	**Vereinigungen**	**Verwaltungen**
Zielsetzung	Gewinnstreben Kostendeckung	Deckung von Gruppenbedarf	Deckung von Allgemeinbedarf
Finanzierung	(Umsatz-) Erlöse	Beiträge Umlagen	Abgaben
Beispiele	Krankenhäuser Arztpraxen Rettungsdienste	Krankenversicherung Rentenversicherung Unfallversicherung Pflegeversicherung Gesundheitsverbände	Gesundheitsfachverwaltung Gesundheitsämter

Tab. Subjektsystem
Subjektsystemkomponenten der institutionalisierten Medizin nach *HJ Seelos* (1998), Seite 15

Weiterbildung Suchtmedizinische Grundversorgung umfasst die Vorbeugung, Erkennung, Behandlung und Rehabilitation
von Krankheitsbildern im Zusammenhang
mit dem schädlichen Gebrauch suchterzeu-
gender Stoffe und nicht stoffgebundener
Suchterkrankungen [Bund06].

Sucker-Effekt: negativer motivationaler
Effekt bei →Gruppen; beruht wie der
→Freerider-Effekt auf einer bewussten
Reduktion der Anstrengungsbereitschaft
bzw. der Unterstellung, andere in der
Gruppe seien „Trittbrettfahrer", so dass
man im Falle eigener Anstrengung, als der
„Dumme" dastünde [Seel07].

Supervision: Überwachung eines Prozesses; im therapeutischen Bereich häufig eingesetzt, um interpersonale Qualitäten des
Mitarbeiterverhaltens zu beobachten, zu
hinterfragen und zu korrigieren.

Support: 1. Unterstützungsleistungen, die
dem Kunden von einem Lieferanten angeboten werden; z.B. Beratung, Schulung,
Wartung; **2.** →Social support.

SWOT-Analyse: Instrument der strategischen Unternehmensentwicklung; SWOT
steht für engl. Strength, Weaknesses,
Opportunities, Threats. Die in der →Unter-
nehmensanalyse abgeleiteten Stärken und
Schwächen werden den in der →Umwelt-
analyse ermittelten Chancen und Risiken im
externen Umfeld des Medizinbetriebs strategisch gegenübergestellt (s. Abb.).

Symptom: im dt. Sprachgebrauch körper-
liches oder auch labortechnisches Krankheitszeichen (z.B. Ikterus, Hämaturie);

nach amerik. Definition subjektiv empfun-
dene Beschwerden im Gegensatz zu signs
(Zeichen) [Seel90].

Symptomatik: die bei einem Patienten zu
beobachtenden →Symptome; ist u.a. abhängig von der Art der Erkrankung, dem
Alter und allgemeinen Zustand des Patienten, dem Stadium des Krankheitsprozes-
ses, den speziellen genetischen und erworbenen Voraussetzungen und Reaktionswei-
sen des Patienten, der Kombination sich
überlagernder Krankheitsbilder sowie der
Umwelt in der sich die Erkrankung ab-
spielt [Seel90].

Symptomatologie: syn. Semiologie, Phänomenologie; Lehre von den →Symp-
tomen [Seel90].

Syndrom: Krankheitsbild, das sich mit
den etwa gleichen Symptomen manifes-
tiert (Symptomenkomplex). Die Ursache
(Ätiologie) oder die Krankheitsentstehung
(Pathogenese) ist unbekannt. Meist handelt
es sich um Krankheitsbilder verschiedener
Ursachen (Polyätiologie); oft mit Eigenna-
men benannt [Seel90].

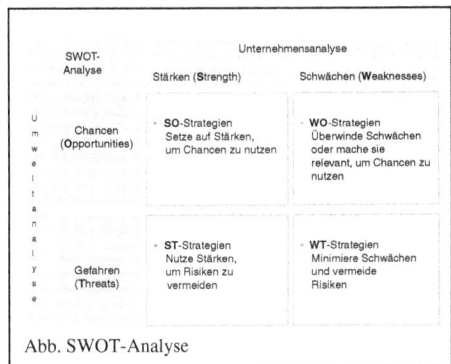

| SWOT-Analyse | Unternehmensanalyse | |
	Stärken (Strength)	Schwächen (Weaknesses)
Chancen (Opportunities)	• **SO**-Strategien Setze auf Stärken, um Chancen zu nutzen	• **WO**-Strategien Überwinde Schwächen oder mache sie relevant, um Chancen zu nutzen
Gefahren (Threats)	• **ST**-Strategien Nutze Stärken, um Risiken zu vermeiden	• **WT**-Strategien Minimiere Schwächen und vermeide Risiken

Abb. SWOT-Analyse

Synektik: gruppenorientierte Ideenfindungstechnik für innovationsbetonte Problemlösungen, deren Ziel es ist, den unbewusst ablaufenden Denkprozess durch gezielte Verfremdung des vorgegebenen Problems und durch Bildung von Analogien
bewusst zu stimulieren, um Lösungsideen
zu entwickeln [Seel90].

Synergie: Zusammenwirken verschiedener Faktoren in einer gemeinsam abgestimmten Leistung [Seel90].

System: nach *AD Hall* und *RE Fagen*
(General Systems Yearbook I (1956), 18)
ein Aggregat von Objekten und Beziehungen zwischen den Objekten und ihren
Merkmalen, wobei unter den Objekten die
Bestandteile des Systems, unter Merkmalen die Eigenschaften der Objekte zu verstehen sind und die Beziehungen den Zusammenhalt des Systems gewährleisten.
Für ein gegebenes System ist die Umwelt
die Summe aller Objekte, deren Veränderung das System beeinflusst, sowie jener
Objekte, deren Merkmale durch das Verhalten des Systems verändert werden.

Systemanalyse: 1. die methodische Zer-
legung eines Systems in seine Elemente
und die zwischen ihnen bestehenden Beziehungen; meist unter dem Gesichtspunkt künftigen Handelns, Planens und
Entscheidens; **2.** eine definierte Phase im
Ablauf eines Problemlösungsprozesses.

systemisch: in der Medizin ein Organsys-
tem (z.B. Blut, Muskulatur, Zentralnervensystem), i.w.S. den gesamten Organismus
betreffend; auch im Sinn von generalisiert
[Seel90].

Systemprogramm: im Gegensatz zum
→Anwendungsprogramm der anwen-
dungsneutrale Teil der Software, der den
Betrieb eines Datenverarbeitungssystems
ermöglicht; z.B. Betriebssystem, Dienstpro-
gramme, Compiler, Interpretierer [Seel90].

Systemumwelt: Die Medizin mit ihren
institutionalisierten Einrichtungen zur Gesundheitsfürsorge und Krankenversorgung
sowie zur medizinischen Forschung und
Lehre ist eingebettet in die soziologischen
Strukturen ihrer Umgebung und wird von
ihr vielfältig beeinflusst. Ebenso gehen
von ihr aber auch Einflüsse auf diese Umgebung aus [Seel90].

Systemvertrauen: das von den →Stake-
holdern einem →Medizinbetrieb entge-
gengebrachte Vertrauen. Inhaltlich geht es
dabei um das Image, das der Medizinbetrieb in der Öffentlichkeit hat, aber auch
um angenommene oder beworbene Sicher-
heitsgarantien (Regeln, Standards, Werte).

Szenario-Technik: Prognosetechnik, bei
der ausgehend von der Gegenwart (Status
quo) oder einer definierten Situation versucht wird, unter Berücksichtigung alternativer Entwicklungen und/oder Entscheidungen schrittweise aufzuzeigen, wie sich
eine künftige Situation als logische Abfolge von Ereignissen entwickeln könnte,
wobei man sich im allgemeinen auf die
Verfolgung der relevanten Alternativen beschränkt. Die Szenario-Technik wird z.B.
im Rahmen des Krisen-Managements und
bei der Planung computergestützter Informationssysteme angewandt.

T

Tagesklinik: Einrichtung zur teilstationären Versorgung von Patienten nur tagsüber.

Tagespflege: 1. teilstationäre Pflege Pflegebedürftiger in Einrichtungen der Tagespflege, wenn häusliche Pflege nicht in ausreichendem Umfang sichergestellt werden kann oder wenn dieses zur Ergänzung oder Stärkung der häuslichen Pflege erforderlich ist (§ 41 SGB XI); **2.** Betreuung von Kindern bis zum 14. Lebensjahr für einen Teil des Tages oder ganztags durch eine Tagespflegeperson in deren oder in dem Haushalt des Tagespflegekindes (§ 23 Abs. 1 SGB VIII).

Tagewerk: Maßeinheit für die Aufwandsschätzung für die Bearbeitung von Beratungsaufträgen. Duch Multiplikation mit dem Tagewerksatz (€/Tagewerk) ergibt sich der finanzielle Aufwand (exkl. Steuer und Spesen). Ein Tagewerk umfasst in der Regel 8 Zeitstunden/Vollkraft. Allerdings werden je nach Beratungsunternehmen Reisezeiten unterschiedlich bewertet, d.h. dem Auftraggeber mit dem vollen oder einem reduzierten Tagewerksatz in Rechnung gestellt.

Tätigkeitsbericht: ein von einem personellen Aufgabenträger erstellter Bericht, der die von ihm erbrachten Tätigkeiten (ggf. einschließlich der dafür aufgewandten Zeitanteile) für eine vergangene Zeitperiode dokumentiert.

Teachware: didaktisch aufbereitetes Wissen zu einem bestimmten Themengebiet, z.B. Lehrbuch, Begleitmedien, Dozentenleitfaden, computergestützter Unterricht, Prüfungsfragen, Testvorgaben.

Team: besonders eng kooperierende →Gruppe; z.B. OP-Team, Pflegeteam, Behandlungsteam [Seel07].

Technikfolgenabschätzung: engl. Technology assessment; Untersuchungen, die Bedingungen und potenzielle Auswirkungen der Einführung und Anwendung von Technologien (z.B. medizintechnische Verfahren und Systeme) systematisch analysieren, beurteilen und gegebenenfalls Möglichkeiten zu einer verbesserten Anwendung aufzeigen.

Technisches Servicezentrum: Abk.: TSZ; Einrichtung in einem Krankenhaus, die, mit mindestens zwei medizintechnisch ausgebildeten Technikern besetzt, die Überwachung, Kontrolle und Wartung von medizintechnischen Geräten durchführt; dies auch im Zusammenschluss mehrerer Krankenhäuser. Meist erfolgt eine Spezialisierung der Mitarbeiter auf bestimmte Gerätegruppen oder medizinische Disziplinen. Das TSZ verschafft sich über die zu betreuenden Gerätearten eine Marktübersicht, nimmt an Schulungen teil, berät bei Neuanschaffungen medizintechnischer Geräte und führt selbst Schulungen des Bedienungspersonals durch. Technische Servicezentren konnten nach Einführung in Krankenhäusern Wartungskosten, insbesondere durch Übernahme einfacher Aufgaben, deutlich senken, die Ausfälle durch Bedienungsfehler reduzieren und durch eine qualifizierte Kaufberatung eine einheitliche bessere Gerätekonfiguration aufbauen [Seel90].

Technology assessment: engl. für →Technikfolgenabschätzung.

Teilautonome Arbeitsgruppen: Gestaltungselement einer bedürfnisorientierten Arbeitsgestaltung. Selbststeuernde Arbeitsgruppen sind Kleingruppen im Gesamtsystem der Organisation, deren Mitglieder zusammenhängende Aufgabenvollzüge gemeinsam eigenverantwortlich zu erfüllen haben, und die zur Wahrnehmung dieser Funktionen über entsprechende – vormals auf höheren hierarchischen Ebenen angesiedelten – Entscheidungs- und Kontrollkompetenzen verfügen. Je nach den Aufgaben und Verantwortlichkeiten, die der Arbeitsgruppe zur eigenverantwortlichen Wahrnehmung übertragen sind, lassen sich verschiedene Formen der Selbststeuerung unterscheiden; z.B. →Profit Center, →fraktale Organisationsstrukturen.

Teilstationäre Behandlung: s. semistationäre Behandlung.

Telematik: Kunstwort aus Telekommunikation und Informatik in Anlehnung an franz. télécommunication et automatique = télématique.

Telemedizin: die überbetriebliche Zusammenführung von Produktionsfaktoren (Patientendaten, Wissen) bei der Gesundheitsleistungsproduktion durch Einsatz von Telekommunikationstechnologien, wenn dabei die räumliche Entfernung einen kritischen Faktor darstellt, d.h. um eine räumliche Trennung zwischen dem Patienten und dem Arzt sowie zwischen mehreren Ärzten zu überwinden. Zur Anwendung kommen allgemeine telemedizinischen Dienste (elektronische Patientenakte, elektronisches Rezept, elektronischer Arztbrief, Gesundheitskarte) und bildgestützte Konsultations-, Befundungs- und Therapiedienste (Telekonferenz, Telediagnostik, Teleconsulting, Teleradiologie, Telepathologie, Telechirurgie).

teleologisch: Handeln oder Verhalten in Organisationen, das sich auf eine Zweck-Mittel-Relation beruft; so z.B. die Orientierung am →ökonomischen Prinzip; vgl. deontologisch.

Theorie der gelernten Bedürfnisse: *DC McClelland (1987)* erklärt menschliches Verhalten als ein ständig wechselndes Zusammenspiel von vier (hierarchisch nicht geordneten) →Motiven: a) Leistungsmotiv. Menschen streben nach Leistung und nach Leistungserfolg bzw. Anerkennung und Belohnung guter Leistungen. Der Mitarbeiter schätzt ein leistungsorientiertes Klima; b) Machtmotiv. Menschen streben danach, anderen überlegene Positionen zu erreichen, d.h. in Organisationen eine höhere Positionsmacht zu realisieren und wachsende Verantwortung zu übernehmen. Der Mitarbeiter schätzt ein machtorientiertes Klima, Hierarchie, Autorität und Verantwortung. Das Machtmotiv kann entweder egoistisch oder altruistisch ausgeprägt sein; c) Zugehörigkeitsmotiv. Menschen streben danach, Bestandteil einer sozialen Gemeinschaft zu sein und dort Sicherheit zu finden. Dies hat Auswirkungen für den Zusammenhalt von Gruppen, für die Zusammenarbeit und für die gegenseitige Unterstützung. Mitarbeiter mit hohem Zugehörigkeitsstreben präferieren konfliktarme Situationen und Interaktionen mit geringem Wettbewerb; d) Vermeidungsmotiv. Menschen streben danach Misserfolge, Ablehnung und Missachtung zu vermeiden. Die jeweiligen Motive, ihre konkrete Umsetzung und relative Vorrangigkeit werden vom Einzelnen in seiner Kultur durch die Verbindung emotionaler Erfahrungen in einer bestimmten Situation (unbewusst) erlernt und in ähnlichen Konstellationen wieder aktiviert. Für die Führungspraxis folgt daraus, dass die Motivstruktur des Mitarbeiters nicht nur durch die Führungssituation, sondern auch durch seine Biografie beeinflusst wird.

Therapie: Maßnahmen zur Behandlung einer Krankheit. Kausale Therapie bedeutet Beseitigung der Ursachen; symptomatische Therapie bedeutet Behandlung eines Symptoms (z.B. Schmerz). Verschiedene Techniken: Diätetische, krankengymnastische, balneologische, medikamentöse, apparative, operative, physikalische Therapie, auch Kurbehandlungen, Psychotherapie, Familientherapie, Soziotherapie.

Therapiefreiheit: Recht des Arztes, unbeschadet, ob die ärztliche Tätigkeit freiberuflich oder in abhängiger Stellung ausgeübt wird, eine übernommene Behandlung nach seiner Methode durchzuführen. Dies schließt nicht aus, dass es im Einzelfall zu einer Kollision mit dem im Sozialgesetzbuch und im Krankenhausrecht für die Leistungserbringer codifizierten →Wirtschaftlichkeitsgebot kommen kann.

Thesaurus: Katalog für die Verschlagwortung von Texten.

Top-down-Methode: allgemein eine vom „Ganzen zum Teil" ausgerichtete Vorgehensstrategie beruht auf einer schrittweisen hierarchischen Strukturierung (Verfeinerung) eines Objekts (System, Aufgabe, Problem); Gegensatz: →Bottom-up-Methode.

Topographie: in der Medizin die Lehre von der Lage der Organe im Körper; meist unter dem besonderen Gesichtspunkt eines chirurgischen Vorgehens; z.B. Topographie der Achselhöhle bei Entfernung von Lymphknoten [Seel90].

Total Quality Management: Abk. TQM; bei der Produktion von Sachgütern wird eine gleichbleibend hohe Qualität vor allem durch die im produzierenden Betrieb selbst durchgeführte Fertigungsendkontrolle angestrebt, die zumeist vor dem Absatz der Produkte und in jedem Fall vor Übergang derselben an den Abnehmer erfolgt. Diese Möglichkeit besteht bei dem dienstleistungstypischen Absatz der Gesundheitsleistung nicht (→Uno-actu-Prinzip). Zielführend bei der Gesundheitsleistungsproduktion ist daher nur ein ganzheitlicher strategischer Ansatz des →Qualitätsmanagements, der Struktur und Ablauf aller medizinbetrieblichen Geschäftsprozesse i.S. eines unternehmensweiten Netzwerkes von einzelnen organisierten Qualitätssicherungsmaßnahmen erfasst (TQM).

Totaler Krankenhausaufnahmevertrag: s. Krankenhausaufnahmevertrag.

Toxikologie: Lehre von den Giften, d.h. die Lehre von den schädlichen Wirkungen chemischer Substanzen auf lebende Organismen [Seel90].

TQM: Abk. für engl. →Total Quality Management.

Tracer: syn. für →Indikatorproblem.

Träger: 1. Rechtsträger eines Medizinbetriebs; nicht zu verwechseln mit dem Betriebsträger, der, insoweit nicht identisch, im Rahmen eines mit dem Rechtsträger geschlossenen Betreibervertrages den Betrieb eines Medizinbetriebs wahrnimmt; **2.** im Gesundheitssystem Wirtschaftssubjekte, die vorrangig Gesundheitsleistungen finanzieren (Finanzierungsträger) und/oder den überbetrieblichen Mitteleinsatz steuern (Hoheitsträger). Zu den Finanzierungsträgern zählen primär: Öffentliche Haushalte, Arbeitgeber, Private Haushalte, Organisationen ohne Erwerbscharakter; sekundär: gesetzliche Kranken-, Pflege-, Renten- und Unfallversicherung, private Kranken-, Pflege- und Unfallversicherung, Versorgungseinrichtungen außerhalb der gesetzlichen Krankenversicherung; zu den Hoheits-

trägern zählen die Einrichtungen der Gesundheitsverwaltung.

Transformationale Führung: s. charismatischer Führungsstil.

Transfusionsmedizin: medizinisches Fachgebiet; umfasst als klinisches Fach die Auswahl und medizinische Betreuung von Blutspendern, die Herstellung, Prüfung und Weiterentwicklung allogener und autologer zellulärer und plasmatischer Blutpräparate und alle Aufgabenbereiche in der Vorbereitung, Durchführung und Bewertung hämotherapeutischer Maßnahmen am Patienten [Bund06].

Transplantat: transplantiertes oder zu transplantierendes Organ(teil) [Seel90].

Transplantation: Übertragung von Zellen, Geweben oder Organen auf ein anderes Individuum (oder an eine andere Körperstelle) zu therapeutischen oder experimentellen Zwecken [Seel90].

Transport- und Lagereinheiten: Oberbegriff für das Zusammenfassen mehrerer Einzelgüter und aus diesen gebildete Einheiten, die durch genormte Maße und Lastaufnahmemittel die Förder-, Lager- und Umschlagvorgänge weitgehend rationalisieren [Seel90].

Traumatologie: auch Unfallmedizin oder Unfallchirurgie; Teilgebiet der Chirurgie, das die Diagnostik, konservative und operative Behandlung von Verletzungen und ihrer Folgezustände umfasst.

Trendkontrolle: Verfahren der Plausibilitätskontrolle im medizinischen Laboratorium zur Erkennung von Probenverwechslungen. Unter Vorgabe einer Irrtumswahrscheinlichkeit, die von den jeweiligen Parametern einer →biologischen Kenngröße abhängt, werden alle unplausiblen (auffälligen) Abweichungen von den Vorwerten zum selben Patienten aufgelistet. Als Abweichungsmaß kann die Differenz der beiden Werte (D-Trend, Delta-Check) oder die prozentuale Abweichung zum vorhergehenden Wert (P-Trend) oder eine Kombination aus beiden (Beta-Check) genommen werden. Zur Erleichterung der Übersicht und um drastische Fälle besonders hervorzuheben, ist eine grafische Darstellung hilfreich. Auffällige Trends werden gegebenenfalls durch Wiederholungsmessungen überprüft [Seel90].

Treuhändermodell: s. Pseudonymisierung.

Tropenmedizin: Zusatzbezeichnung, die von einem Arzt nach Ableistung der vorgeschriebenen Weiterbildungszeit und Weiterbildungsinhalte gemäß der ärztlichen Weiterbildungsordnung geführt werden darf. Die Zusatz-Weiterbildung Tropenmedizin umfasst in Ergänzung zu einer Facharztkompetenz die Epidemiologie, Vorbeugung, Erkennung und Behandlung von Gesundheitsstörungen und Erkrankungen, die mit den besonderen Lebensumständen, Krankheitserregern und Umweltbedingungen in tropischen, subtropischen und Ländern mit besonderer klimatischer oder gesundheitlicher Belastung verbunden sind [Bund06].

TSZ: Abk. für →Technisches Servicezentrum.

Tumorzentrum: regionaler Zusammenschluss verschiedener Kliniken mit dem Ziel, durch Kooperation in Diagnostik, Therapie und Nachsorge eine optimale ärztliche Versorgung Krebskranker in der jeweiligen Region zu erreichen und darüber hinaus durch detaillierte Dokumentation und Registrierung des Auftretens und des Verlaufs von Krebserkrankungen zur Krebsforschung beizutragen. Teilweise sind an den Zusammenschlüssen auch Forschungseinrichtungen beteiligt; s.a. Krebsregister [Seel90].

U

Übermitteln: im Datenschutzrecht das Bekanntgeben gespeicherter oder durch Datenverarbeitung gewonnener personenbezogener Daten an einen Dritten in der Weise, dass die Daten an den Dritten weitergegeben werden oder der Dritte zur Einsicht oder zum Abruf bereitgehaltene Daten einsieht oder abruft.

Übermittlungskontrolle: im Datenschutzrecht syn. für →Weitergabekontrolle.

Überversorgung: gesundheitsökonomischer Begriff für Fehallokationen von Gesundheitsleistungen; eine Behandlung, die aus medizinischen Gründen nicht notwendig und deren Nutzen nicht hinreichend gesichert ist, die in unwirtschaftlicher (ineffizienter) Form erbracht wird und deren geringer Nutzen die Kosten nicht rechtfertigt (vgl. [Bund07]).

Überweisung: die von einem Arzt veranlasste Durchführung einer ambulanten Untersuchung oder Behandlung durch einen anderen Arzt. Man unterscheidet die Überweisung zur Mitbehandlung, zur Weiterbehandlung, zur Konsiliaruntersuchung (→Konsilium) und zur Auftragsleistung (Zielauftrag). Von der Überweisung ist die Einweisung z.B. in ein Krankenhaus zur stationären oder in eine Tagesklinik zur teilstationären Behandlung zu unterscheiden.

Ultraschalldiagnostik: Sammelbegriff für diagnostische Verfahren zur bildlichen Darstellung geweblicher Strukturen und Blutflussmessungen in Gefäßen auf der Basis von Ultraschall. Unterschieden werden das Impulsecho- (Sonographie, Ultraschalltomographie), das Dauerschallverfahren (Doppler-Verfahren) und die gepulste Doppler-Sonographie (Puls-Doppler-Verfahren).

Umweltanalyse: Vorgehensschritt bei der strategischen Entwicklung von Medizinbetrieben. Anhand des Sphärenmodells (s. Abb.) werden für die einzelnen Sphären Risiken und Chancen identifiziert und auf ihre Wirkung für den Medizinbetrieb bewertet; Input für die →SWOT-Analyse.

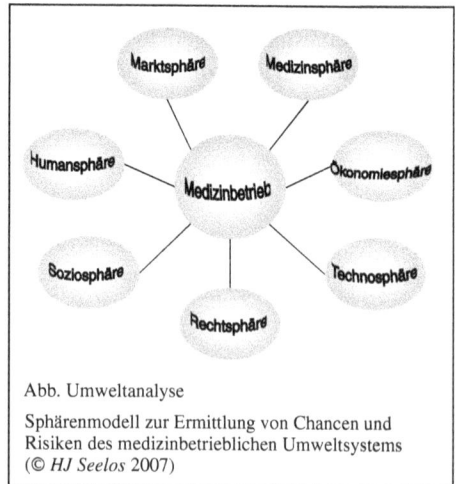

Abb. Umweltanalyse

Sphärenmodell zur Ermittlung von Chancen und Risiken des medizinbetrieblichen Umweltsystems (© *HJ Seelos* 2007)

Unfallarzt: ein als Chirurg oder Orthopäde zugelassener →Vertragsarzt, der nach § 3 des Vertrages über das Unfallheilverfahren in der vertragsärztlichen Versorgung berechtigt ist, Unfallverletzte zu behandeln.

Unfallmedizin: syn. für →Traumatologie.

Uno-actu-Prinzip: direktes Zusammenwirken von Anbieter und Verbraucher bei der Erstellung von Dienstleistungen, d.h. Produktion und Konsum fallen dabei im Unterschied zur Sachgüterproduktion zeitlich zusammen (s. Abb.). Die Erbringung von →Gesundheitsleistungen ist i.d.R. an die Präsenz des Patienten gebunden, d.h. kann nur uno-actu mit diesem erbracht und daher nicht „lagermäßig" vorgehalten werden [Seel90].

Unternehmensanalyse: Analyse des Medizinbetriebs mit dem Ziel der Erstellung eines Stärken-Schwächen-Profils nach den Kategorien des EFQM-Modells, des 7-S-Modells oder anderen Beschreibungsansätzen.

Unternehmensverfassung: rechtsverbindliche Statuten eines Unternehmens, abhängig von der Rechtsform; beschreiben u.a. die betriebliche Zwecksetzung, die Organe und die betriebliche Willensbildung; können durch Organbeschluss geändert werden.

Unternehmer: erwerbswirtschaftlich orientiertes Wirtschaftssubjekt; i.S. des funktionalen Begriffsverständnisses des Gesetzes gegen Wettbewerbsbeschränkungen (GWB) derjenige, der am Markt als potenzieller Konkurrent zu anderen Anbietern auftritt und den Nachfragern dadurch eine

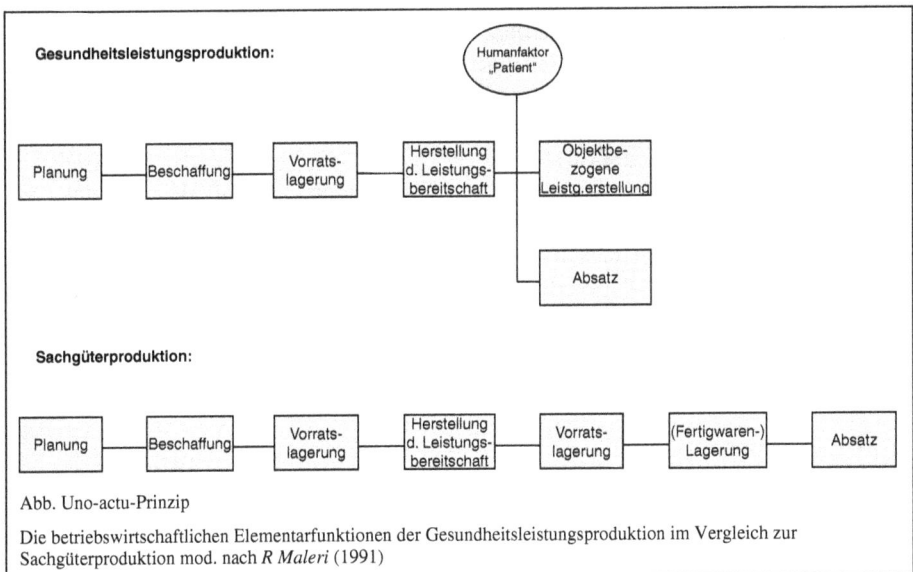

Abb. Uno-actu-Prinzip

Die betriebswirtschaftlichen Elementarfunktionen der Gesundheitsleistungsproduktion im Vergleich zur Sachgüterproduktion mod. nach *R Maleri* (1991)

Auswahlmöglichkeit bei der Bedarfsbefriedigung eröffnet oder erweitert.

Untersuchungsauftrag: Auftrag einer anfordernden Stelle (z.B. niedergelassener Arzt, Station oder Ambulanz eines Krankenhauses) an eine medizinische Leistungsstelle zur Erbringung definierter diagnostischer Leistungen an einem Patienten oder zur Bestimmung →biologischer Kenngrößen aus vorhandenem (mitgesandtem) →Patientenuntersuchungsgut [Seel90].

Unterversorgung: gesundheitsökonomischer Begriff für Fehlallokationen von Gesundheitsleistungen; die teilweise oder gänzliche Verweigerung von Versorgungsleistungen trotz anerkannten Bedarfs, deren Nutzen hinreichend gesichert ist und deren Einsatz wirtschaftlich vertretbar ist (vgl. [Bund07]).

Unterweisung: gesetzlich vorgeschriebene (periodische) Belehrung eines Beschäftigten in Bezug auf medizinbetriebliche Regelungstatbestände; so z.B. im Rahmen des Arbeitssicherheitsgesetzes (ASiG), des Infektionsschutzgesetzes (IfSG), des Medizinproduktegesetzes (MPG) und des vorbeugenden Brandschutzes; erfolgt durch den Vorgesetzten oder entsprechende Fachkräfte. Die Unterweisung ist zu dokumentieren (Zeitpunkt, Inhalt), das Dokument vom Unterwiesenen zu unterschreiben und als Nachweis aufzubewahren.

Upcoding: im →G-DRG-System eine systematische Höherstufung des →Casemix mit dem Ziel der Erlössteigerung; z.B. infolge einer genaueren Kodierung der Diagnosen und Prozeduren bzw. eines Ermessensspielraums bei der Kodierung oder einer fehlerhaften Kodierung zur Casemix-Maximierung.

Urographie: Röntgenkontrastdarstellung der Nierenkelche, des Nierenbeckens, der Harnleiter und der Blase nach Abdomenübersichtsaufnahme, auch als Leeraufnahme bezeichnet, weil sie vor der Kontrastmittelinjektion gemacht wird (vgl. [Seel90]).

Urologie: medizinisches Fachgebiet; umfasst die Vorbeugung, Erkennung, Behandlung, Nachsorge und Rehabilitation von Erkrankungen, Funktionsstörungen, Fehlbildungen und Verletzungen des männlichen Urogenitalsystems und der weiblichen Harnorgane [Bund06].

Utopiespiel: Ideenfindungstechnik, mit der, losgelöst vom Ist-Zustand, Meinungen (Wünsche) zu Szenarien ermittelt werden. Dazu entwickeln moderierte Untergruppen Ideen.

V

Valenz-Instrumentalitäten-Erwartungs-theorie: Abk. VIE-Theorie; nach der von *VH Vroom* (1964) entwickelten VIE-Theorie hängt die Umsetzung der extrinsisch und/oder intrinsisch motivierten Verhaltens-/Leistungsbereitschaft bei einem Beschäftigten in eine konkrete Handlung vom Anreizwert (Valenz) der Bedürfnisse und der subjektiven Einschätzung der Wahrscheinlichkeit (Erwartung) ab, die angestrebten Bedürfnisse auch tatsächlich befriedigen zu können (Instrumentalität). Bei alternativen Handlungsmöglichkeiten geht die VIE-Theorie von einer subjektiv empfundenen Nutzenmaximierung aus [Seel07].

Validität: Richtigkeit, Gültigkeit; Grad der Genauigkeit, mit dem ein Testverfahren das misst, was es messen soll. Bei einfachen (dichotomen) diagnostischen Testsituationen wird das Testresultat als binäre Aussage T+ (= positiv) und T- (= negativ) dargestellt, was beim quantitativen Test z.B. über eine Trenngröße (z.B. ROC-Kurve) erreichbar ist. Als Validierungskriterium wird eine möglichst fehlerfreie, unabhängig vom zu validierenden Test über eine Referenzmethode bestimmte binäre Aussage über das tatsächliche Vorliegen (K+) oder Fehlen (K-) der Krankheit K mit hoher Reliabilität benötigt. Die Validität diagnostischer Tests (Testvalidität) wird mit den Qualitätsmaßen Sensitivität (Se) und Spezifität (Sp) quantitativ beschrieben, die als bedingte Wahrscheinlichkeiten aus den absoluten Häufigkeiten a bis d einer Vierfelder(entscheidungs)tafel ermittelt werden (s. Tab.). Sensitivität und Spezifität sind formal unabhängig von der Prävalenz P(K), die die Wahrscheinlichkeit über das Vorliegen der Krankheit im Gesamtkollektiv angibt und die durch (a + b)/n geschätzt wird. Bei der praktischen Validierung muss aber beachtet werden, dass die in einem Validierungsexperiment bestimmten Se und Sp nur auf andere Kollektive übertragen werden können,

Testergebnis Krankheit vorhanden? *	positiv	negativ
ja	a	b
nein	c	d

* als Ergebnis einer vom validierten Test unabhängigen Referenzmethode

a	= Anzahl richtig positiver Fälle
b	= Anzahl falsch negativer Fälle
c	= Anzahl falsch positiver Fälle
d	= Anzahl richtig negativer Fälle
n	= a + b + c + d = Gesamtheit der Fälle
Se	= P (T + I K +) geschätzt durch a/(a+b)
Sp	= P (T - I K -) geschätzt durch d/(c+d)
PWp	= P (K + I T +) geschätzt durch a/(a + c)
PWn	= P (K - I T -) geschätzt durch d/(d + b)
Prävalenz	= P(K) geschätzt durch (a + b)/n
Effektivität	= k geschätzt durch (a + d)/n

Tab. Validität

Vierfelder(entscheidungs)tafel zur Bestimmung von Test- und Resultatvalidität [Seel 90]

wenn diese in ihrer Struktur dem Kollektiv des Experiments hinreichend gleichen und gleiche Beobachtungsbedingungen vorliegen. Als gemeinsame Kenngröße für die Testvalidität wird auch häufig eine Linearkombination aus Se und Sp benutzt, wobei der sogenannte Youden-Index $Y = Se + Sp - 1$ besonders oft angegeben wird. Von der durch Se und Sp beschriebenen Testvalidität ist die Resultatvalidität zu unterscheiden, die in der ärztlich-diagnostischen Entscheidungssituation die Richtigkeit eines positiven oder negativen Testresultats angibt. Hierzu dienen die prädiktiven Werte PWp und PWn. Der prädiktive Wert des positiven Testresultats PWp gibt an, mit welcher Wahrscheinlichkeit vom positiven Testresultat (d.h. T+) auf das tatsächliche Vorliegen der Krankheit (d.h. K+) geschlossen werden kann; der prädiktive Wert des negativen Resultates PWn zeigt die Wahrscheinlichkeit für das Fehlen der Krankheit (also K-) bei negativem Testausgang (also T-). Beide prädiktiven Werte sind bedingte Wahrscheinlichkeiten, sie werden auch als a-posteriori-Wahrscheinlichkeiten für das Vorliegen K+ oder das Fehlen K- der Krankheit K bezeichnet und lassen sich aus den absoluten Häufigkeiten der abgebildeten Vierfeldertafel ermitteln (schätzen).

Verändern: im Datenschutzrecht das inhaltliche Umgestalten gespeicherter → personenbezogener Daten.

Verantwortliche Stelle: früher „speichernde Stelle"; im Datenschutzrecht jede Person oder Stelle, die personenbezogene Daten für sich selbst erhebt, verarbeitet oder nutzt oder dies durch andere im Auftrag vornehmen lässt. Sie ist Normadressat des Bundesdatenschutzgesetzes und der Landesdatenschutzgesetze, weil sich auf sie die datenschutzrechtlichen Rechte (Erhebung, Verarbeitung, Nutzung) und Pflichten (Auskunft, Berichtigung, Sperrung, Löschung) beziehen. Verantwortliche Stelle im nicht-öffentlichen Bereich ist die natürliche oder juristische Person, Gesellschaft oder andere Personenvereinigung des Privatrechts, die personenbezogene Daten für sich selbst verarbeitet oder durch andere verarbeiten lässt. Im öffentlichen Bereich wird dagegen nicht auf die juristische Person des öffentlichen Rechts abgestellt, sondern – wesentlich enger – auf die jeweilige, eine bestimmte sachliche, funktionale oder regionale Aufgabe wahrnehmende „Behörde oder sonstige öffentliche Stelle". Als andere öffentliche Stelle gelten dabei auch Teile derselben Stelle mit anderen Aufgaben oder anderem räumlichen Bereich.

Verarbeiten: im Datenschutzrecht das Speichern, Verändern, Übermitteln, Sperren und Löschen → personenbezogener Daten. Nutzen ist jede Verwendung personenbezogener Daten, soweit es sich nicht um Verarbeitung handelt.

Verbraucher: im Gesundheitssystem Personen (z.B. Versicherte, Patienten) oder Personengruppen (z.B. Bevölkerung), die → Gesundheitsleistungen zwecks Bestätigung und Wiederherstellung ihrer Gesundheit nachfragen bzw. in Anspruch nehmen.

Verbund: Zusammenwirken von Medizinbetrieben zum Zweck eines Lastausgleichs (Lastverbund), einer Aufgabenteilung i.S. einer Spezialisierung (Funktionsverbund) oder der gemeinsamen Nutzung zentralisierter Ressourcen (Leistungsverbund).

Verfügbarkeit: bei einer Funktionseinheit die Zeitspanne, in der diese die durch den Verwendungszweck bedingten Funktionen fehlerfrei ausführt, d.h. einsatzbereit ist.

Verfügbarkeitskontrolle: ist nach Nr. 7 der Anlage zu § 9 BDSG eine technische und organisatorische Maßnahme i.S. von § 9 Satz 1 BDSG, um die Ausführung des Bundesdatenschutzgesetzes zu gewährleisten. Darunter fallen alle Vorkehrungen, die gewährleisten, dass personenbezogene Daten gegen zufällige Zerstörung oder Verlust geschützt sind. Art und Umfang der Verfügbarkeitskontrolle muss in einem angemessenen Verhältnis zu dem angestrebten Schutzzweck stehen. Ob die Verhältnismäßigkeit beachtet wird, ist aus der Sicht des Betroffenen unter Berücksichtigung der Qualität und Sensibilität der Daten, des Verarbeitungsrisikos und des Missbrauchsrisikos zu bestimmen (→Angemessenheitsgrundsatz) (vgl. [Seel90]).

Verhaltensbeeinflussung: Personalführung soll das organisational-konforme Verhalten der Beschäftigten sichern durch Verhaltensselektion (Entscheidungen über das organisational-konforme Verhalten), Verhaltensstabilisierung (Maßnahmen zur Sicherung erwünschter und Verhinderung unerwünschter Verhaltensweisen) und Verhaltensänderung (Bewirken erwünschter Verhaltensweisen bestimmter Art (z.B. rollenkonformes Verhalten) und bestimmten Ausmaßes (z.B. Intensität der Unterstützung von Organisationszielen)). Sieht man

wie *L von Rosenstiel* (2000) die Determinanten des Verhaltens in den Faktoren individuelles Können (Fähigkeit), persönliches Wollen (Bereitschaft), soziales Dürfen oder Wollen (organisations-kulturelle Spielregeln) und situative Ermöglichung (Infrastruktur i.w.S.), kann sich →Personalführung auf alle oder nur einzelne dieser Faktoren beziehen.

Verhaltensgitter: engl. Managerial Grid; Die (willkürlich) jeweils mit einer neunteiligen Skala versehenen beiden Achsen des von *RR Blake* und *AA McCanse* (1992) entwickelten Verhaltensgitters zur Ausrichtung einer Führungsbeziehung stellen das Aufgabenverhalten in Korrelation zum Beziehungsverhalten dar (s. Abb.). Danach bildet sich mit jeder der von den Autoren ausgewählten fünf Kombinationen aus Aufgaben- und Beziehungsverhalten eine andere Qualität der Führung ab: (1,1) reflektiert geringes Interesse sowohl für die

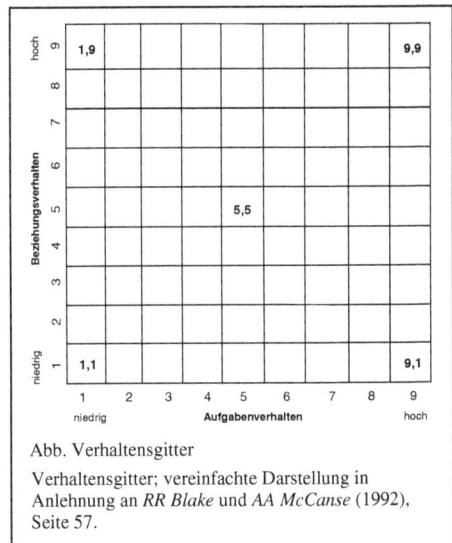

Abb. Verhaltensgitter

Verhaltensgitter; vereinfachte Darstellung in Anlehnung an *RR Blake* und *AA McCanse* (1992), Seite 57.

Aufgaben als auch für die Mitarbeiter; (1,9) reflektiert geringes Interesse für die Aufgaben, hohes Interesse für die Mitarbeiter; (5,5) reflektiert ein mittelmäßiges Interesse für beide Führungsdimensionen; (9,1) reflektiert ein hohes Interesse für die Aufgaben, ein geringes für die Mitarbeiter; (9,9) reflektiert sowohl ein hohes Interesse für die Aufgaben als auch für die Mitarbeiter. Führung ist dann erfolgreich, wenn der Führende den Führungsstil (9,9) antizipiert.

Verhaltensmodell: von *P Hersey*, *KH Blanchard* und *DE Johnson* (2001) entwickeltes situatives Führungsmodell. Ausgangspunkt des Verhaltensmodells ist eine Führungsstiltaxonomie, welche die beiden Variablen „Aufgabenverhalten" und „Beziehungsverhalten", abhängig vom Selbstständigkeitsgrad des Geführten oder einer

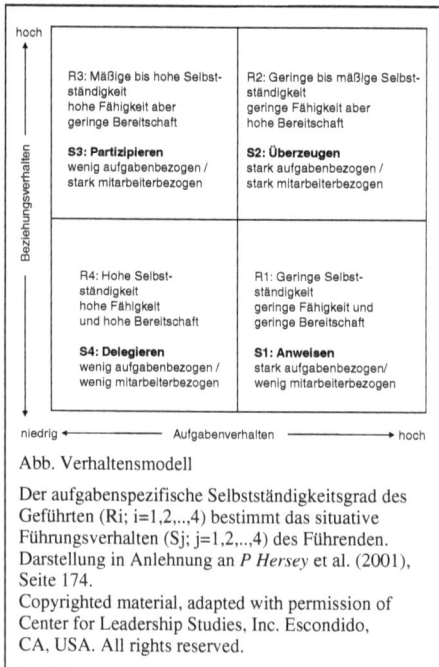

Abb. Verhaltensmodell

Der aufgabenspezifische Selbstständigkeitsgrad des Geführten (Ri; i=1,2,..,4) bestimmt das situative Führungsverhalten (Sj; j=1,2,...,4) des Führenden. Darstellung in Anlehnung an *P Hersey* et al. (2001), Seite 174.

zu führenden Gruppe eine vorgegebene Aufgabe bearbeiten zu können, kombiniert. Von daher bestimmt nicht der Führende, sondern der (innerhalb der organisatorischen Grenzen) aufgabenbezogene Selbstständigkeitsgrad des oder der Geführten das Führungsverhalten. Den Selbstständigkeitsgrad (readiness) bestimmen *P Hersey* et al. nach der Fähigkeit (task maturity) und der Bereitschaft (psychological maturity) des Geführten ein vorgegebenes Organisationsziel erreichen bzw. eine vorgegebene Aufgabe bearbeiten zu können. Fähigkeit wird durch die Konstrukte Wissen, Erfahrung und Verrichtungskönnen (knowledge, experience, skill), Bereitschaft durch die Konstrukte Motivation, Engagement und Vertrauen (motivation, commitment, confidence), jeweils bezogen auf die vorgegebene Aufgabe qualifiziert. Das Modell unterscheidet vier Selbstständigkeitsgrade (Ri; i=1,2,..,4), denen wiederum vier Führungsstile (Sj; j=1,2,..,4) zugeordnet werden. Das situative Führungsverhalten folgt dann reaktiv aus der Diagnose der Führungssituation durch den Führenden. Bei Mitarbeitern mit geringem oder mäßigem Selbstständigkeitsgrad (R1, R2) ist ein Aufgabenverhalten (Stil S1, S2), mit zunehmendem Selbstständigkeitsgrad (R3, R4) ein Beziehungsverhalten (Stil S3) oder ein delegatives Führungsverhalten (Stil S4) effektiv (s. Abb.). Der Führende sollte sich aber bei seinem Führungsverhalten keinesfalls nur auf eine reaktive Anpassung an den Selbstständigkeitsgrad seiner Mitarbeiter beschränken, sondern diesen u.a. durch Zielvorgaben, Lob und Kritik im Laufe der Zusammenarbeit steigern. Dies schließt nicht aus, dass der Führende, falls es erforderlich sein sollte, situativ auch von einem höheren Führungsstil zu einem niedrigeren wechseln kann; z.b. von S4 nach S3. Die in der Originaldarstellung (*P Hersey, KH Blanchard, DE Johnson* 2001, Seite 182) eingezeichnete „Leistungskurve" (Normalverteilung des Selbstständigkeitsgrades) steht für diesen angestrebten Entwicklungsprozess des Mitarbeiters und ist das charakteristische Merkmal des Verhaltensmodells, das in der ursprünglichen Fassung als „Life Cycle Theory of Leadership" bezeichnet und im deutschsprachigen Schrifttum (unzutreffend) als „Reifegradmodell" zitiert wurde (vgl. [Seel07]).

Verhaltenstheoretischer Führungsansatz: versucht die Frage nach der erfolgswirksamen Gestaltung der →Führungsbeziehung zu beantworten. Anders als beim →eigenschaftstheoretischen Führungsansatz wird hier davon ausgegangen, dass Führungserfolg vom Verhalten des Führenden und nicht (nur) von seinen Persönlichkeitseigenschaften abhängt, sich Personalführung mithin durch Führungstraining verbessern lässt. In mehreren Forschungsprogrammen war man damit befasst, Führungsverhalten systematisch zu erfassen, um daraus Führungsstiltypologien abzuleiten. Zur Qualifizierung der Führungsstile wurden gewisse, zur Ausprägung der Führungsbeziehung als relevant identifizierte Variable herangezogen wie z.B. der Grad der Entscheidungspartizipation, das Aufgaben- und Beziehungsverhalten oder der Selbstständigkeitsgrad des Geführten. Abhängig von der Anzahl der in ein Modell einbezogenen Variablen werden ein- und mehrdimensionale Führungsstilkonzepte unterschieden (s. Tab.).

Verlaufsaufklärung: s. ärztliche Aufklärungspflicht.

Verlaufsdokumentation: ärztliche Dokumentation zum zeitlichen Ablauf einer Krankheit bei einem Patienten während einer Behandlungsperiode; Teil der →Krankengeschichte. Bestandteile der Verlaufsdokumentation bei stationärer Behandlung sind das Krankenblatt, die geordnete Sammlung der vom Patienten beigebrachten und erhobenen Befunde (z.b. medizintechnische Untersuchungsbefunde) und die →Verlaufskurven. Eine Verlaufsdokumentation für einen (lebens-)langen Zeitraum wird als **Patientenkarriere** bezeichnet [Seel90].

Verlaufskurve: kurz auch nur Kurve; Teil der →Verlaufsdokumentation bei stationärer Behandlung; zeitgerasterte Kurven oder Eintragungen von Körpertemperatur, Pulsfrequenz, Blutdruck etc., richtungsweisende Labor- und Röntgenbefunde (stichwortar-

Dimensionen	Variable	Konzept
Eindimensional	Partizipations-orientierung	Führungsstilkontinuum (*R Tannenbaum, WH Schmidt* 1958)
		Entscheidungsmodell der Führung (*VH Vroom, PW Yetton* 1973)
Zweidimensional	Aufgaben- u. Beziehungsverhalten	Verhaltensgitter (*RR Blake, AA McCanse* 1992)
Dreidimensional	Aufgaben-, Beziehungsverhalten u. ...Führungseffektivität	3-D-Programm (*WJ Reddin* 1977)
	...Selbstständigkeitsgrad des Geführten	Verhaltensmodell (*P Hersey, KH Blanchard* 1969)
	...Günstigkeit der Führungssituation	Kontingenzmodell (*F Fiedler* 1967)

Tab. Verhaltenstheoretischer Führungsansatz
Ein- und mehrdimensionale Führungsstilkonzepte im Vergleich nach *HJ Seelos* (2007), Seite 63

tig) sowie andere Untersuchungsergebnisse. Die Kurven sollen dem Arzt am Patientenbett einen raschen Überblick über das Krankheitsgeschehen ermöglichen; sie können bei detaillierter und lückenloser Führung einen Verlaufsbericht im →Krankenblatt ganz oder teilweise ersetzen.

Verlegung: Überweisung eines stationären Patienten von einer Fachabteilung in eine andere innerhalb eines Krankenhauses (interne Verlegung) oder in andere (externe) stationäre Einrichtungen (z.B. Spezialklinik, Pflegeheim).

Verordnung: im Sprachgebrauch der gesetzlichen Krankenversicherung (GKV), von einem →Vertragsarzt zu Lasten der GKV für einen Versicherten schriftlich angeforderte Sach- oder Dienstleistung; z.B. Arzneimittel, Heil- und Hilfsmittel, häusliche Krankenpflege, Soziotherapie, Physiotherapie.

Verschreibung: syn. Rezept; die persönlich von einem Arzt ausgestellte schriftliche Anweisung an einen Apotheker auf Überlassung eines genau bezeichneten →Arzneimittels an einen Patienten oder an den Arzt selbst für den Bedarf in seiner Praxis [Seel90].

Verschreibungspflicht: Beschränkung der Abgabe bestimmter Arzneimittel, die nur nach Vorlage einer ärztlichen oder zahnärztlichen →Verschreibung an Verbraucher abgegeben werden dürfen.

Versicherter: Person, die Mitglied einer Versichertengemeinschaft ist. Abhängig von den Statuten umfasst der Kreis der An-spruchberechtigten nicht nur die Versicherten, sondern auch die mitversicherten Familienangehörigen.

Versorgungsamt: Dienststelle der Versorgungsverwaltung; zuständig für Feststellungen nach dem Schwerbehindertengesetz und für die Gewährung von Leistungen nach dem Soldatenversorgungsgesetz, Zivildienstgesetz, Häftlingshilfegesetz, Infektionsschutzgesetz und dem Gesetz über die Entschädigung für Opfer von Gewalttaten. Es bestehen neben den Versorgungsämtern orthopädische Versorgungsstellen, Versorgungskrankenhäuser und –kuranstalten. Die Versorgungsämter sind Länderbehörden, die den Landesversorgungsämtern unterstehen. Die Aufsicht führen die Arbeits- und Sozialminister der Länder. Ferner obliegt der Versorgungsverwaltung die Durchführung der Kriegsopferversorgung nach dem Bundesversorgungsgesetz [Seel90].

Versorgungsärztlicher Dienst: ärztlicher Gutachterdienst der Versorgungsverwaltung, mit hauptamtlichen Ärztinnen und Ärzten (Versorgungsärzt/innen/en) besetzt, die zu ihrer Unterstützung vielfach „Außengutachter" benötigen. Zuständig für die gutachterliche Beurteilung medizinischer Sachverhalte, welche die Versorgungsverwaltung (s. Versorgungsamt) zur Durchführung ihrer gesetzlichen Aufgaben begutachten lassen muss [Seel90].

Versorgungsstufen: Mit der Festlegung von Standorten, Fachabteilungen, Bettenzahlen und fachlichen Schwerpunkten hat die Krankenhausplanung der Länder die Form einer Rahmenplanung. Ausgefüllt wird sie durch das tatsächliche Leistungsangebot des Krankenhauses, welches dieses durch eigene Schwerpunktsetzungen in Abhängigkeit von der Patientennachfrage und durch die Leistungs- und Entgeltvereinbarung mit den Kostenträgern entwickelt. Mit Einführung des fallpauschalierten Vergütungssystems (→G-DRG-Systems) hat sich daher die Einteilung der Krankenhäuser einer Region nach Versorgungsstufen überholt. Unterschieden wurden die örtliche Versorgungsstufe mit Grundversorgung und →Regelversorgung und die überörtlichen Versorgungsstufen mit →Zentralversorgung und Maximalversorgung.

Vertragsarzt: →Arzt, der zur →vertragsärztlichen Versorgung zugelassen und in freier Praxis tätig ist. Er kann für anspruchsberechtigte Versicherte Leistungen nach § 73 Abs. 2 SGB V zu Lasten der gesetzlichen Krankenversicherung erbringen. Die Zulassung ist an bestimmte Voraussetzungen gebunden und erfolgt über den zuständigen gemeinsamen Zulassungsausschuss der Kassenärztlichen Vereinigung und Krankenkassen.

Vertragsärztliche Versorgung: die ambulante medizinische Versorgung der Bevölkerung durch →Vertragsärzte. Die vertragsärztliche Versorgung gliedert sich in die hausärztliche oder hausarztzentrierte und die fachärztliche Versorgung. Sie wird durch einen ambulanten ärztlichen Notdienst ergänzt.

Verwaltungsleiter: auch Betriebsdirektor, Krankenhausdirektor; Mitglied des →Krankenhausdirektoriums, dem die Organisation und Beaufsichtigung des Krankenhausbetriebs insgesamt in administrativer Hinsicht obliegt [Seel90].

Verweildauer: syn. Aufenthaltsdauer; Kennzahl für die Dauer des stationären Aufenthalts von Patienten im Medizinbetrieb. Die Verweildauer wird üblicherweise stations-, abteilungs-, fachgebiets-, krankenhaus- und krankheitsartenbezogen ermittelt und als Steuerungsinstrument, auch für Krankenhausvergleiche (extern, intern) eingesetzt. Die Verweildauer wird vor allem determiniert durch Art und Schwere der Erkrankung, gegebenenfalls Mehrfacherkrankungen der Patienten. Im →Fallpauschalenkatalog ist für jede G-DRG eine durchschnittliche Verweildauer genannt (→Grenzverweildauer). Für die amtliche Krankenhausstatistik wird die Verweildauer VD folgendermaßen berechnet: VD= (2 x Pflegetage)/Σ(Zu- und Abgänge).

VIE-Theorie: Abk. für →Valenz-Instrumentalitäten-Erwartungstheorie.

Virtuelle Krankenschwester: Erinnerungsservice via SMS, den der Hersteller eines Medikaments zusammen mit dem Arzt und Apotheker anbietet. Über einen PIN kann sich der Patient bei einem Server anmelden und wird ab dann regelmäßig per SMS an die Tabletteneinnahme erinnert. Der Erinnerungsdienst der „virtuellen Krankenschwester" endet mit Einnahme der letzten Tablette; die entsprechenden Daten sind bei der Anmeldung codiert und gespeichert worden.

Visitation: ein der KTQ®-Zertifizierung vorgeschaltetes Prüfverfahren, das auf der Basis einer vom Krankenhaus eingereichten

Selbstbewertung, die Begehung einzelner Organisationsbereiche und die Durchführung kollegialer Dialoge mit ausgewählten Beschäftigten durch →Visitoren umfasst. Der von den Visitoren verfasste Visitationsbericht ist anschließend bei der KTQ-Zertifizierungsstelle einzureichen, die über die Zertifikatsvergabe auf der Grundlage der Empfehlung der Visitoren und des Visitationsberichtes zu entscheiden hat.

Visite: (regelmäßiger) Besuch eines Kranken durch den Arzt zur Knüpfung von menschlichen Kontakten (Arzt-Patient-Beziehung) sowie zur Überprüfung der Therapie bzw. der gestellten Prognose oder auch Diagnose; z.B. die Visite im Krankenhaus oder der Hausbesuch eines Arztes beim Kranken [Seel90].

Visitoren: von der →KTQ® GmbH nach entsprechender zusätzlicher Qualifizierung im Qualitätsmanagement zur Durchführung einer →Visitation ermächtigte, beruflich aktive und erfahrene Führungspersönlichkeiten aus dem ärztlichen, pflegerischen und Verwaltungsdienst eines Krankenhauses. Die Visitoren begehen anlässlich einer Visitation einzelne Organisa-

tionsbereiche eines Krankenhauses und führen kollegiale Dialoge mit den von ihnen vorab bestimmten Beschäftigten.

Vollnarkose: syn. für →Narkose.

Vorabbefund: labormedizinischer Befundbericht, der unmittelbar nach der Resultaterstellung und Datenfreigabe i.d.R. vor Ort auf den Stationen als Einzelbefund ausgedruckt wird [Seel90].

Vorgesetztenbeurteilung: Beurteilung eines Vorgesetzten durch die ihm nachgeordneten Mitarbeiter bezüglich seiner Leistung, seines (Führungs-)Verhaltens und seiner sozialen Kompetenz in Form einer anonymen Befragung oder einem Vier-Augen-Gespräch zwischen Vorgesetztem und Mitarbeiter. Üblicherweise werden zu den Problembereichen Konfliktlösung, Initiativverhalten, Informationsbeschaffung, Meinungsverhalten, Entscheidungsverhalten und konstruktive Kritik geschlossene Fragen gestellt und mittels einer mehrstufigen Skala beantwortet.

Vorkombination: Nach dem →Uno-actu-Prinzip umfasst die Gesundheitsleistungs-

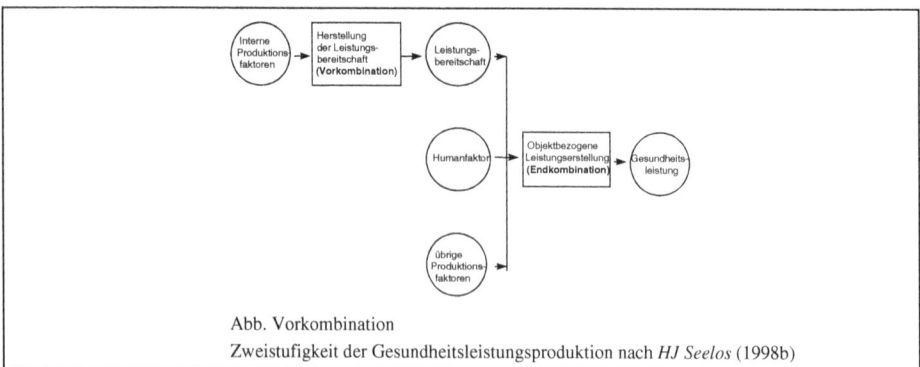

Abb. Vorkombination
Zweistufigkeit der Gesundheitsleistungsproduktion nach *HJ Seelos* (1998b)

produktion nicht nur die Erstellung einer konkreten Gesundheitsleistung, sondern auch die Herstellung und Vorhaltung einer nach dem Versorgungsauftrag oder dem medizinbetrieblichen Leistungsprogramm definierten Leistungsbereitschaft (Vorkombination). Sie ist als derivativer Produktionsfaktor für die objektbezogene Leistungserstellung (**Endkombination**) aufzufassen (s. Abb.).

Vorsorge- und Rehabilitationseinrichtung: i.S. der gesetzlichen Krankenversicherung (§ 107 Abs. 2 SGB V) Einrichtungen, die 1. der stationären Behandlung der Patienten dienen, um a) eine Schwächung der Gesundheit, die in absehbarer Zeit voraussichtlich zu einer Krankheit führen würde, zu beseitigen oder einer Gefährdung der gesundheitlichen Entwicklung eines Kindes entgegenzuwirken (Vorsorge) oder b) eine Krankheit zu heilen, ihre Verschlimmerung zu verhüten oder Krankheitsbeschwerden zu lindern oder im Anschluss an Krankenhausbehandlung den dabei erzielten Behandlungserfolg zu sichern oder zu festigen, auch mit dem Ziel, eine drohende Behinderung oder Pflegebedürftigkeit abzuwenden, zu beseitigen, zu mindern, auszugleichen, ihre Verschlimmerung zu verhüten oder ihre Folgen zu mildern (Rehabilitation), wobei Leistungen der aktivierenden Pflege nicht von den Krankenkassen übernommen werden dürfen; 2. fachlich-medizinisch unter ständiger ärztlicher Verantwortung und unter Mitwirkung von besonders geschultem Personal darauf eingerichtet sind, den Gesundheitszustand der Patienten nach einem ärztlichen Behandlungsplan vorwiegend durch Anwendung von Heilmitteln einschließlich Krankengymnastik, Bewegungstherapie, Sprachtherapie oder Arbeits- und Beschäftigungstherapie, ferner durch andere geeignete Hilfen, auch durch geistige und seelische Einwirkungen, zu verbessern und den Patienten bei der Entwicklung eigener Abwehr- und Heilungskräfte zu helfen, und in denen 3. die Patienten untergebracht und verpflegt werden können. Diese definitorische Abgrenzung zu → Krankenhäusern (§ 107 Abs. 1 SGB V) erfolgte, weil beide Arten von Einrichtungen hinsichtlich ihrer Zulassung zur stationären Versorgung der Versicherten als auch hinsichtlich ihrer Finanzierung und der Vergütung ihrer Leistungen unterschiedlichen Regeln folgen. Vorsorge- und Rehabilitationseinrichtungen sind von der staatlichen Krankenhausplanung ausgenommen. Sie gelten als zugelassene Einrichtungen, wenn sie einen Versorgungsvertrag nach § 111 SGB V mit den Landesverbänden der Krankenkassen und den Verbänden der Ersatzkassen abgeschlossen haben. Die Vergütung für ihre Leistungen wird zwischen dem Träger der Einrichtungen und den Krankenkassen (außerhalb der Regelung des KHG) frei vereinbart.

Vorsorgevollmacht: Mit einer Vorsorgevollmacht kann der Patient für den Fall, dass er nicht mehr in der Lage ist, seinen Willen zu äußern, eine oder mehrere Personen bevollmächtigen, Entscheidungen mit bindender Wirkung für ihn, u.a. in seinen Gesundheitsangelegenheiten, zu treffen (§ 1904 Abs. 2 BGB). Vorsorgevollmachten sollten schriftlich abgefasst sein und die von ihnen umfassten ärztlichen Maßnahmen möglichst benennen. Eine Vorsorgevollmacht muss schriftlich niedergelegt sein, wenn sie sich auf Maßnahmen erstreckt, bei denen die begründete Gefahr besteht, dass der Patient stirbt oder einen schweren und länger dauernden gesundheitlichen Schaden erleidet. Schriftform ist auch erforderlich, wenn die Vollmacht den Verzicht auf lebenserhaltende Maßnahmen umfasst [Grundsätze der Bundesärztekammer zur ärztlichen Sterbebegleitung 2004].

Vorstationäre Behandlung: Krankenhausbehandlung ohne Unterkunft und Verpflegung, um die Erforderlichkeit einer vollstationären Krankenhausbehandlung zu klären oder die vollstationäre Behandlung vorzubereiten (§ 115a Abs. 1 SGB V); s.a. nachstationäre Behandlung.

W

Wachstation: Bettenstation zur intensiven Überwachung und zur Behandlung Frischoperierter nach ausgedehnten Eingriffen und zur präoperativen Überwachung und Behandlung Schwerkranker; s.a. Intensiveinheit [Seel90].

Wahlleistung: bei voll- oder teilstationärer Behandlung von einem Patienten gegen gesonderte Berechnung vereinbarte, von der Regelbehandlung abweichende Leistung; z.B. wahlärztliche Leistungen, besondere Leistungen im Bereich Unterkunft und Verpflegung.

Walk-in Klinik: niederschwelliges Angebot an präventiven Gesundheitsleistungen auf Selbstzahlerbasis. Die Patienten werden ohne Terminvereinbarung und möglichst ohne Wartezeiten gemeinsam von einem Arzt und einem Apotheker medizinisch-pharmazeutisch beraten.

Warngrenzen: für →biologische Kenngrößen festgelegte Werte, die bei Unter- bzw. Überschreitung eine lebensbedrohliche Situation für den Patienten bedeuten können und folglich eine entsprechende Warnmeldung am Messplatz, auf Terminals, Listen oder Berichten auslösen. In einigen computergestützten Laborinformationssytemen sind Warngrenzen und Extremwert (s. Extremwertbereich) identisch.

Wartung: sämtliche Leistungen zur →Instandhaltung und →Instandsetzung einer Funktionseinheit [Seel90].

Wechselseitige Führung: umschreibt die Tatsache, dass in einer Führungsbeziehung nicht nur der mit Positionsmacht ausgestattete Führende den Geführten führt, sondern auch umgekehrte Relationen möglich sind. Wie *J Weibler* (2001) zeigen konnte, versuchen Mitarbeiter den Führenden vor allem durch folgende Strategien in ihrem Sinn zu beeinflussen, um sachliche oder persönliche Ziele zu erreichen: seine zeitliche Inanspruchnahme, eine rationale Argumentation, den Verweis auf geltende Werte und Normen (Führungsgrundsätze, bisherige Praktiken etc.), die Präsentation anregender Vorschläge, eine Koalitionsbildung mit Gleichgesinnten, besondere Freundlichkeit in der Zielverfolgung, die Konsultation des Führenden, um ihn durch die Bitte um Rat einzubinden und ihn dadurch für die eigene Sache zu gewinnen. Wechselseitige Führung im Medizinbetrieb basiert vor allem auf dem Experten- und Faktenwissen der Geführten, insbesondere der unmittelbaren Kenntnis der Patientensituation.

Weitergabekontrolle: ist nach Nr. 4 der Anlage zu § 9 BDSG eine technische und organisatorische Maßnahme i.S. von § 9 Satz 1 BDSG, um die Ausführung des

Bundesdatenschutzgesetzes zu gewährleisten. Darunter fallen alle Vorkehrungen, die gewährleisten, dass personenbezogene Daten bei der elektronischen Übertragung oder während des Transports oder ihrer Speicherung auf Datenträger nicht unbefugt gelesen, kopiert, verändert oder entfernt werden können, und dass überprüft und festgestellt werden kann, an welche Stellen eine Übermittlung personenbezogener Daten durch Einrichtungen zur Datenübertragung vorgesehen ist. Art und Umfang der Weitergabekontrolle muss in einem angemessenen Verhältnis zu dem angestrebten Schutzzweck stehen. Ob die Verhältnismäßigkeit beachtet wird, ist aus der Sicht des Betroffenen unter Berücksichtigung der Qualität und Sensibilität der Daten, des Ver-

arbeitungsrisikos und des Missbrauchsrisikos zu bestimmen (→Angemessenheitsgrundsatz) (vgl. [Seel90]).

Weltgesundheitsorganisation: Abk. WHO; engl. **W**orld **H**ealth **O**rganization; Sonderorganisation der Vereinten Nationen mit Sitz in Genf. Die Mitgliedschaft in der WHO steht allen Staaten offen. Organe der WHO sind die Weltgesundheitsversammlung, der Exekutivrat und das Sekretariat. Neben dem Sekretariat in Genf bestehen sechs Regionalbüros: Brazzaville, Kairo, Kopenhagen, Manila, Neu Delhi, Washington. Ziel der WHO ist der Schutz und die Förderung der Gesundheit der Völker aller Länder. Ihre Aufgaben bestehen in der internationalen Zusammenarbeit auf dem Gebiet des öffentlichen Gesundheitswesens, insbesondere der Seuchenbekämpfung, Verbesserung von Ernährung und Umwelthygiene, Koordinierung der Gesundheitsforschung, Abgabe von Empfehlungen über internationale Gesundheitsfragen, Gesundheitsaufklärung, Aufstellung von Nomenklaturen von Krankheiten und Todesursachen, Verbesserung der Ausbildungsvorschriften für Berufe im Gesundheitswesen (*www.who.int*).

Wertekonflikt: die Unvereinbarkeit einzelner Werte des →Wertesystems oder mit Werthaltungen der Beschäftigten [Seel07].

Wertekonformität: Kongruenz des (Führungs-)Verhaltens eines im Medizinbetrieb Beschäftigten mit den Grundorientierungen des medizinbetrieblichen →Wertesystems [Seel07].

Wertedimension	Bezug (©EFQM, KTQ®)
Medizinbetriebsorientierung	Politik u. Strategie (EFQM)
Patientenorientierung	Kundenzufriedenheit (EFQM), Patientenorientierung (KTQ)
Mitarbeiterorientierung	Mitarbeiterorientierung (EFQM, KTQ), Mitarbeiterzufriedenheit (EFQM)
Prozessorientierung	Prozesse (EFQM), Sicherheit (KTQ)
Lernorientierung	Mitarbeiterorientierung (EFQM, KTQ)
Orientierung am ökonomischen Prinzip	Geschäftsergebnisse (EFQM)
Qualitäts- und Innovationsorientierung	Qualitätsmanagement (KTQ)
Ressourcen- und Umweltorientierung	Ressourcen (EFQM) / Image (EFQM)
Zielorientierung	Führung (EFQM, KTQ)
Ethikorientierung	Ethik-Kodes

Tab. Wertesystem

Grundorientierungen eines medizinbetrieblichen Wertesystems nach *HJ Seelos* (2004a), Seite 621

Wertesystem: die Gesamtheit der ent-scheidungs- und handlungsleitenden Werte (Grundorientierungen), die das Selbstver-ständnis der Handelnden und die Identität eines →Medizinbetriebs prägen (s. Tab.). Als Gesamtheit der von den Beschäftigten gemeinsam geteilten, gelebten und symbo-lisch repräsentierten Werthaltungen stellt es sich als Organisationskultur, als das vom Träger des Medizinbetriebs er-wünschte (zu lebende) Wertesystem als →Leitbild dar [Seel07].

Wertorientiertes Management: ein inte-grierter Managementansatz, der auf eine Maximierung des Shareholder-Value ab-zielt; Planung, Beurteilung, Vergütung und Kommunikation beruhen im Rahmen die-ses Ansatzes auf der erreichten Wertsteige-rung des Unternehmens; nicht zu verwech-seln mit der werteorientierten Führung (→identitätsorientierte Führung).

Wertschöpfungsprozess: Kernprozess der betrieblichen Wertschöpfung; im Medizin-betrieb der Prozess der Gesundheitsleis-tungsproduktion, also die Erbringung von Einzelleistungen im Bereich von Patien-tenmanagement, Diagnostik, Therapie, Pflege und gegebenenfalls Hotelversor-gung. Die übrigen im Medizinbetrieb re-präsentierten Geschäftsprozesse sind im Verhältnis zum Kernprozess Unterstüt-zungsprozesse (s. Abb.).

Wertstrom: nach *P Womack* und *T Jones* (2004) die spezifischen Tätigkeiten, die für die Herstellung und Bereitstellung eines bestimmten Produktes erforderlich sind und zwar über alle Phasen des Wertschöp-fungsprozesses. Die Wertstromanalyse un-terscheidet a) Tätigkeiten, die aus der Sicht des Kunden keinen Wert erzeugen; b) Tä-tigkeiten, die aus der Sicht des Kunden keinen Wert erzeugen, aber für den Wert-

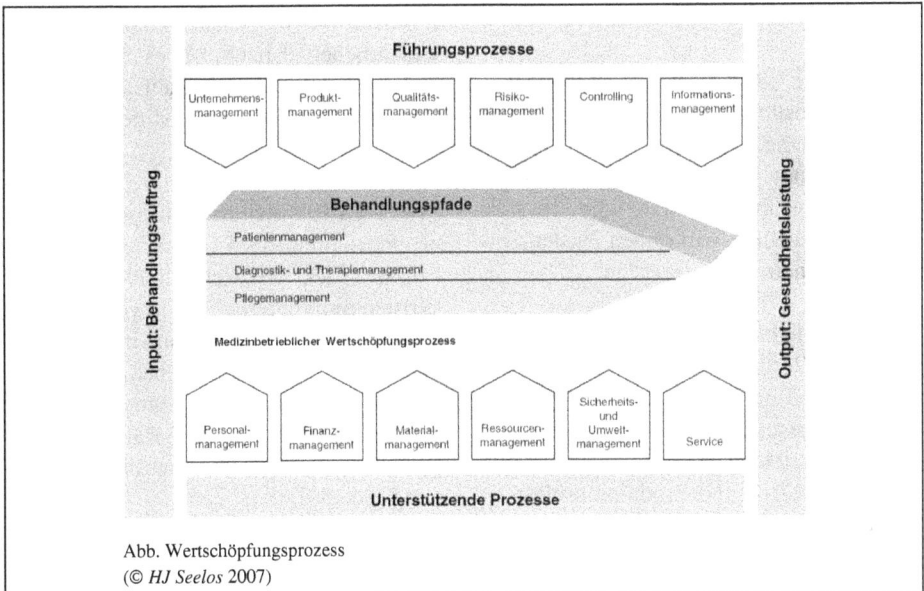

Abb. Wertschöpfungsprozess
(© *HJ Seelos* 2007)

schöpfungsprozess zwingend notwendig
sind; c) Tätigkeiten, die umgehend elimi-
niert werden können, da sie keinen Wert
für den Kunden erzeugen und für den
Wertschöpfungsprozess entbehrlich sind.

Wettbewerbsstrategien: das Ergreifen
offensiver oder defensiver Maßnahmen,
die auf die Schaffung einer gesicherten
Marktposition in einer Branche zielen.
Nach *ME Porter* (1999) gibt es nur drei
schlüssige und erfolgreiche Strategien zur
Überrundung der Konkurrenz: Kostenfüh-
rerschaft, Differenzierung (Marktführer für
ein Produkt bzw. dessen vom Markt benötigten einzigartigen Eigenschaften), Konzentration (auf eine bestimmte Kunden-
gruppe innerhalb eines Marktes oder auf
eine begrenzte Produktlinie – Nischenstra-
tegie).

WHO: Abk. für →Weltgesundheitsorga-
nisation.

Wirkstoffe: i.S. § 4 Abs. 19 AMG Stoffe,
die dazu bestimmt sind, bei der Herstellung von Arzneimitteln als arzneilich wirksame Bestandteile verwendet oder bei ihrer
Verwendung in der Arzneimittelherstel-
lung zu arzneilich wirksamen Bestandteilen der Arzneimittel zu werden.

Wirtschaftlichkeit: 1. die Wirtschaftlichkeit der Gesundheitsleistungsproduktion
definiert sich für die Vorkombination über
die Angemessenheit der verursachten Kosten zur Erzielung der definierten Leistungsbereitschaft und Produktionselastizität; für die Endkombination über die Angemessenheit von Art und Umfang der einge-

setzten Produktionsfaktoren oder der dadurch verursachten Kosten zur Erreichung
des Behandlungsziels; **2.** →Effizienz.

Wirtschaftlichkeitsgebot: Ausgehend von
den auch für die Produktion von Gesundheitsleistungen geltenden allgemein-formalen Wirtschaftsgrundsätzen gilt diejeni-
ge Kombination von →Produktionsfakto-
ren als optimal (effizient), mit der ein definierter Output bei minimalem Faktoreinsatz (**Minimalprinzip** bei mikroökonomi-
scher Sichtweise) oder, alternativ, mit der
ein größtmöglicher Output bei definiertem
Faktoreinsatz (**Maximalprinzip** bei ma-
kroökonomischer Sichtweise) erzielt werden kann. Ob ein →Medizinbetrieb wirtschaftlich arbeitet oder nicht, richtet sich
nach dem im Krankenhausrecht (§§ 1 Abs.
1 KHG, 2 Abs. 2 BPflV, 2 Abs. 2
KHEntgG) und im Sozialgesetzbuch (§§
12 Abs. 1, 70 Abs. 1, 72 Abs. 2 SGB V)
codifizierten Wirtschaftlichkeitsgebot im
wesentlichen danach, ob es ihm gelingt,
die angestrebte Gesundheitsleistung mit
dem geringstmöglichen Mitteleinsatz zu
erreichen.

Wirtschaftlichkeitsrechnung: Bewertungsverfahren zur Überprüfung der Einhaltung des Wirtschaftlichkeitsprinzips
(Kostenminimierung bei vorgegebener
Leistung oder Leistungsmaximierung bei
vorgegebenen Kosten). Neben Kosten und
Leistungen sind die Nutzungsdauer, die
Diskontierungsrate und die Randbedingungen Elemente der Wirtschaftlichkeitsrechnung [Seel90].

Wissensmanagement: im Medizinbetrieb, die zielorientierte Gestaltung des Wissensflusses; nicht das Wissen selbst, sondern die gemeinsame Fähigkeit einer Organisation, es sich anzueignen, zu verbreiten, zu erzeugen und zu nutzen, sichert einen echten Wettbewerbsvorteil.

Workflow: die zeitlich-organisatorische Abfolge von Arbeitsvorgängen im Rahmen des medizinbetrieblichen Wertschöpfungsprozesses.

Z

Zentralinstitut für die kassenärztliche Versorgung in der Bundesrepublik Deutschland: Abk. ZI; Forschungsinstitut in der Rechtsform einer Stiftung bürgerlichen Rechts. Das ZI wurde im Jahre 1973 gegründet und wird finanziert durch jährliche Zuwendungen der Kassenärztlichen Bundesvereinigung und der Kassenärztlichen Vereinigungen der Länder. Die Forschungsarbeiten und Studien des ZI beschäftigen sich vorwiegend mit dem ambulanten Gesundheitsbereich. Die Projekte werden teils durch einen eigenen Stab wissenschaftlicher Mitarbeiter im ZI, teils durch Vergabe von Forschungsaufträgen durchgeführt. Zu den wesentlichen Aufgabenbereichen gehören: Gesundheitsökonomie und Wirtschaftlichkeitsanalysen in der ambulanten Versorgung, Versorgungsforschung, Konzeption und Auswertung von Programmen im Bereich der primären und sekundären Prävention, Disease management für chronische Erkrankungen (*www.zi-berlin.de*).

Zentralversorgung: allgemeine und spezielle Krankenhausversorgung in den Grunddisziplinen Chirurgie, Innere Medizin, Gynäkologie/Geburtshilfe und Pädiatrie, ferner allgemeine Versorgung in den Spezialdisziplinen Hals-Nasen-Ohrenheilkunde, Augenheilkunde, Urologie, Orthopädie, Geriatrie, Neurologie, Psychiatrie sowie Intensivmedizin und Anästhesiologie. Dabei wird in den Grunddisziplinen eine nach Teilgebieten und Spezialbehandlungen differenzierte Versorgung angeboten (z.B. Stoffwechselerkrankungen, Gefäßchirurgie). Hinzu treten zusätzliche Dienste und technische Einrichtungen wie fachärztliche Strahlendiagnostik und –therapie, Laboratoriumsmedizin, Pathologie und Apotheke. Dabei kann die Versorgung einzelner Teil- oder Spezialgebiete der Grunddisziplinen auch als Neben-, Beleg- oder Konsiliarfach geführt werden. Je nach der fachlichen Differenzierung und der Betriebsgröße kann man gegebenenfalls auch nach normaler und differenzierter Zentralversorgung unterscheiden. Die Bettenzahl eines Krankenhauses der Zentralversorgung liegt zwischen 500 und 700 Betten. Krankenhäuser der Zentralversorgung übernehmen für ihr engeres Einzugsgebiet auch Aufgaben der →Regelversorgung [Seel90].

Zertifizierung: Konformitätsbestätigung; Verfahren, in dem ein (unparteiischer) Dritter i.d.R. nach eingehender Prüfung schriftlich bestätigt, dass ein System, ein Produkt, eine Person oder eine Organisation in ihrer Gesamtheit die der Prüfung zugrunde liegenden Anforderungen erfüllt. Zertifizierungen werden von Einrichtungen durchgeführt, die für das Zertifizierungsobjekt akkreditiert (zugelassen) sind.

ZI: Abk. für →Zentralinstitut für die kassenärztliche Versorgung in der Bundesrepublik Deutschland.

Zielsetzungstheorie: Nach der von *EA Locke* (1990) entwickelten Zielsetzungstheorie haben medizinbetriebliche Organisationsziele intrinsischen Anreizcharakter, wenn sich der Mitarbeiter mit ihnen identifizieren kann, sie mit seinen Individualzielen und persönlichen Motiven weitgehend kongruent sind (Zielakzeptanz) und/oder ihn persönlich interessieren [Seel07].

Zielsystem: bezogen auf ein Unternehmen die Gesamtheit der i.S. eines Top down-Ansatzes strukturierten (Unternehmens-)Ziele. Dabei stellt jedes Ziel eine Maßnahme zur Erreichung des jeweils hierarchisch übergeordneten Ziels dar. Abhängig vom Zielhorizont unterscheidet das medizinbetriebliche Zielsystem langfristig die Vision und die in der Unternehmensverfassung festgelegten Aufgaben, das mittelfristig angelegte strategische Programm und die kurzfristigen Ziele in Form der Business-Pläne (s. Abb.).

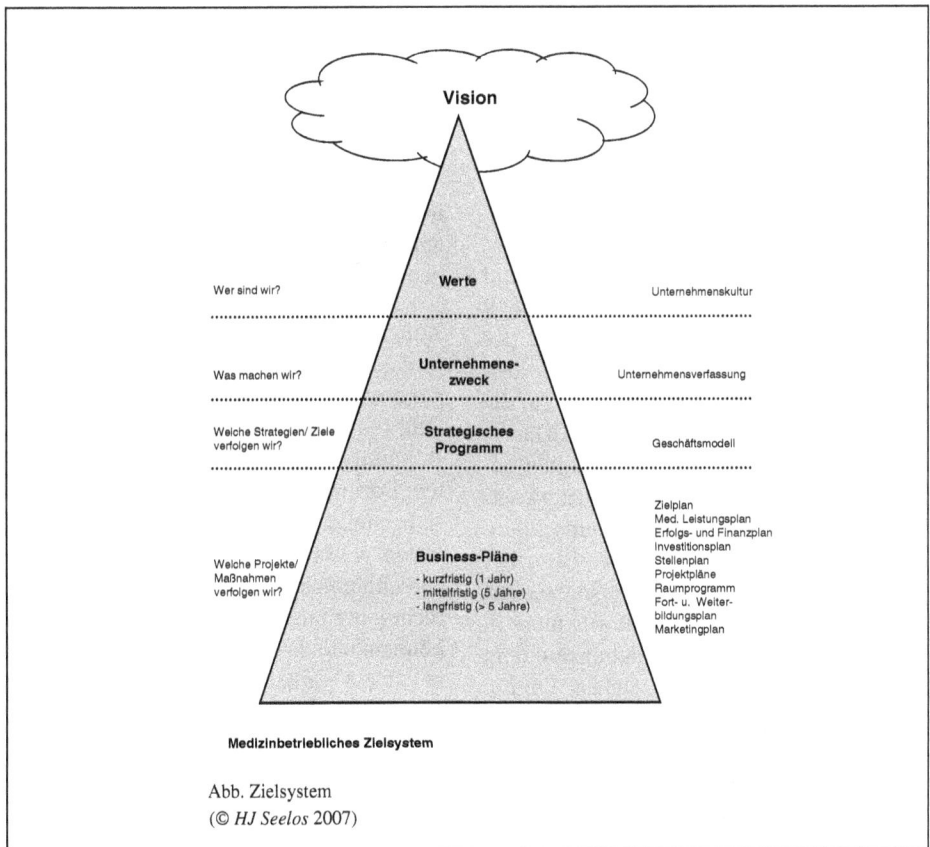

Abb. Zielsystem
(© *HJ Seelos* 2007)

Zielvereinbarung: schriftliche Absprache zwischen Führendem und Geführten über prospektiv zu erreichende Organisationsziele; unverzichtbares Instrument bei der Führung durch Zielvereinbarung. Bezogen auf eine Planperiode sollte man sich auf 3 bis 5 Ziele je Mitarbeiter beschränken. Die einzelnen Ziele sollten nach der **SMART-Formel** definiert werden, d.h. **s**pezifisch sein (ein Ergebnis beschreiben, keine Tätigkeit), **m**essbar, **a**ktionsorientiert, **r**ealistisch und **t**erminiert sein.

Zimmerpflege: Form der Pflegeorganisation, bei der die Zuordnung pflegerischer Aufgaben an das Pflegepersonal unabhängig von der gegebenen baulichen Struktur und Aufbauorganisation des Krankenhauses nach Patientenzimmern vorgenommen wird.

Zugangskontrolle: ist nach Nr. 2 der Anlage zu § 9 BDSG eine technische und organisatorische Maßnahme i.S. von § 9 Satz 1 BDSG, um die Ausführung des Bundesdatenschutzgesetzes zu gewährleisten. Darunter fallen alle Vorkehrungen, die geeignet sind, zu verhindern, dass Datenverarbeitungssysteme von Unbefugten genutzt werden können. Der Zugangskontrolle unterliegen alle Personen einschließlich des Wartungspersonals, der Besucher und zeitweise „befugter" Personen. Art und Umfang der Zugriffskontrolle muss in einem angemessenen Verhältnis zu dem angestrebten Schutzzweck stehen. Ob die Verhältnismäßigkeit beachtet wird, ist aus der Sicht des Betroffenen unter Berücksichtigung der Qualität und Sensibilität der Daten, des Verarbeitungsrisikos und des Missbrauchsrisikos zu bestimmen (→Angemessenheitsgrundsatz) (vgl. [Seel90]).

Zugelassene Krankenhäuser: Hochschulkliniken im Sinne des Hochschulbauförderungsgesetzes, Krankenhäuser, die in den Krankenhausplan eines Landes aufgenommen sind (Plankrankenhäuser), oder Krankenhäuser, die einen Versorgungsvertrag mit den Landesverbänden der Krankenkassen und den Verbänden der Ersatzkassen abgeschlossen haben (§ 108 SGB V). Die gesetzlichen Krankenkassen dürfen Krankenhausbehandlung nur durch zugelassene Krankenhäuser erbringen lassen.

Zugriffsberechtigung: die Berechtigung eines Benutzers auf bestimmte Daten, Programme und Funktionseinheiten eines →Anwendungssystems zugreifen zu können. Die Zugriffsberechtigung kann z.B. anhand eines →Passwortes abgeprüft werden [Seel90].

Zugriffskontrolle: ist nach Nr. 3 der Anlage zu § 9 BDSG eine technische und organisatorische Maßnahme i.S. von § 9 Satz 1 BDSG, um die Ausführung des Bundesdatenschutzgesetzes zu gewährleisten. Darunter fallen alle Vorkehrungen, die sicherstellen, dass die zur Benutzung eines Datenverarbeitungssystems Berechtigten ausschließlich auf die ihrer Zugriffsberechtigung unterliegenden Daten zugreifen können, und dass personenbezogene Daten bei der Verarbeitung, Nutzung und nach der Speicherung nicht unbefugt gelesen, kopiert, verändert oder entfernt werden können. Art und Umfang der Zugriffskontrolle muss in einem angemessenen Verhältnis zu dem angestrebten Schutzzweck stehen. Ob die Verhältnismäßigkeit beachtet wird, ist aus der Sicht des Betroffenen unter Berücksichtigung der Qualität und Sensibilität der Daten, des Verarbeitungsrisikos und des Missbrauchsrisikos zu bestimmen (→Angemessenheitsgrundsatz) (vgl. [Seel90]).

Zusatzentgelt: Über Zusatzentgelte werden im →G-DRG-System solche Leistungen zusätzlich zur DRG-Fallpauschale vergütet, die nicht sachgerecht durch Pauschalen abzubilden sind wie z.b. hoch spezialisierte und sehr teure Leistungen und Medikamente (§§ 17b KHG, 6 Abs. 1 KHEntgG).

Zutrittskontrolle: ist nach Nr. 1 der Anlage zu § 9 BDSG eine technische und organisatorische Maßnahme i.S. von § 9 Satz 1 BDSG, um die Ausführung des Bundesdatenschutzgesetzes zu gewährleisten. Darunter fallen alle Vorkehrungen, die Unbefugten den Zutritt zu Datenverarbeitungsanlagen, mit denen personenbezogene Daten verarbeitet oder genutzt werden, verwehren. Art und Umfang der Zutrittskontrolle muss in einem angemessenen Verhältnis zu dem angestrebten Schutzzweck stehen. Ob die Verhältnismäßigkeit beachtet wird, ist aus der Sicht des Betroffenen unter Berücksichtigung der Qualität und Sensibilität der Daten, des Verarbeitungsrisikos und des Missbrauchsrisikos zu bestimmen (→Angemessenheitsgrundsatz) (vgl. [Seel90]).

Zuzahlung: Form der →Selbstbeteiligung in der gesetzlichen Krankenversicherung für Arznei-, Heil- und Hilfsmittel, häusliche Krankenpflege und Krankenhausbehandlung. Die Zuzahlungen sind

derzeit auf 2% der jährlichen Bruttoeinnahmen zum Lebensunterhalt begrenzt, bei schwerwiegend chronisch Kranken 1%. Kinder und Jugendliche bis zum vollendeten 18. Lebensjahr sind generell von Zuzahlungen befreit, ausgenommen die Zuzahlungen bei Fahrtkosten. Zuzahlungsfrei sind Arzneimittel, deren Preis mindestens 30% unterhalb des Festbetrags liegt. Verordnet der Arzt ein Arzneimittel, dessen Preis über dem Festbetrag liegt, so muss der Patient diesen Differenzbetrag zusätzlich zur gesetzlichen Zuzahlung entrichten. Das gilt auch für Patienten, die von der Zuzahlung befreit sind. Der Arzt ist verpflichtet, den Patienten in diesem Fall vorher darüber zu informieren. Die Krankenkassen haben jedoch die Möglichkeit, mit den Herstellern spezielle Rabattverträge abzuschließen, damit die Arzneimittel mit Preisen über Festbetrag für die Versicherten ohne Mehrkosten verfügbar sind [Bund07].

Zweckbindung: Vorgabe im Datenschutzrecht nach der →personenbezogene Daten nur zu dem Zweck gespeichert und verarbeitet werden dürfen, zu dem sie erhoben oder übermittelt worden sind.

Zwei-Faktoren-Theorie der Arbeitszufriedenheit: Ausgangspunkt der von *F Herzberg* (1966) entwickelten Zwei-Faktoren-Theorie der Arbeitszufriedenheit ist die Feststellung, dass auf Arbeitszufriedenheit andere Faktoren einwirken als auf Unzufriedenheit (s. Abb.). Arbeitszufriedenheit lässt sich nach *Herzberg* nur durch die Gegenwart von Motivatoren, d.h. die Arbeit selbst, die Anerkennung der Leis-

tung, Aufstiegschancen und die Übertragung von Verantwortung erzielen, nicht
durch die Befriedigung der sogenannten
Hygienefaktoren (z.B. gutes Betriebsklima, Entlohnung, Sozialleistungen, sicherer
Arbeitsplatz, Arbeitsbedingungen, interpersonale Beziehungen). Fallen diese weg,
weil beispielsweise freiwillige Sozialleistungen plötzlich nicht mehr gezahlt werden oder sich das bislang gute Arbeitskli-
ma durch Vorgesetztenwechsel ändert,
werden Unzufriedenheit und Demotivation
ausgelöst. Hygienefaktoren vermeiden Unzufriedenheit, bewirken aber keine Arbeitszufriedenheit. Motivatoren begünsti-
gen Arbeitszufriedenheit, vermeiden aber
keine Unzufriedenheit. Anders ausgedrückt: Die Arbeit entscheidet über die Arbeitszufriedenheit, die Kontextvariablen
(Hygienefaktoren) über Unzufriedenheit.
Um eine hohe Arbeitsleistung und → Arbeitszufriedenheit der Mitarbeiter zu erzielen müssen daher Motivatoren und Hygi-

enefaktoren gleichermaßen zum Einsatz
kommen (vgl. [Seel07]).

Zweitmeinung: den begründeten Wunsch
des Patienten, einen weiteren Arzt hinzu-
zuziehen oder an einen anderen Arzt
zwecks Einholung einer weiteren Meinung
überwiesen zu werden, soll der behandelnde Arzt nach der ärztlichen Berufsordnung
nicht ablehnen.

Zytodiagnostik: Herstellung gefärbter Aus-
striche und mikroskopischer Untersuchung
von aus dem Gewebeverband gelösten Ein-
zelzellen zur Früherkennung von Krankheiten, insbesondere Tumoren und Entzün-
dungen; mit Hilfe der Zytodiagnostik ist es
u.a. möglich, schon im Vor- bzw. Frühsta-
dium der Karzinomentstehung auftretende
Zelldysplasien zu erfassen (vgl. [Seel90]).

Zytologie: Lehre vom Bau und den Funktionen der Zellen des menschlichen Organismus.

Abb. Zwei-Faktoren-Theorie der Arbeitszufriedenheit
F Herzberg (1966) unterscheidet zwischen Faktoren,
die Arbeitszufriedenheit fördern (Motivatoren) und
Faktoren, die Unzufriedenheit verhindern
(Hygienefaktoren).